八大神話時代的解讀

重構神話在歷史與信仰中的影響

將神話置於多學科視角，融匯史學、文學與人類學觀點，強調其歷史化與文化基因的意義

穿越盤古開天的混沌，追尋女媧造人的足跡，

揭開華夏民族記憶——

高有鵬 著

每章聚焦特定時代，深入闡釋該時期神話的特徵與影響；

以嚴謹的研究為基礎，採用生動的敘述方式，使學術內容更具吸引力。

目錄

目錄

第一章
作為民族記憶與民間文學的神話傳說

在中國民間文學發展史上，神話傳說具有開創性的意義。在華夏民族的記憶長河中，神話傳說和歌謠等藝術形式如同源頭，成為後世民間文學的述說背景，堪稱文化的底色。

神話是一種超越自然形態和社會現實生活的文化概念，其本質在於透過藝術文化生動地展示民族的信仰與審美。許多歌曲中曾提及長江、長城、黃山、黃河，在整個華夏民族的心中都重若千鈞。

這是一個民族最深刻的記憶，其實就是一種文化傳承，是對自身歷史的重新融合和描述。從某種程度上來說，神話傳說就是民族最古老的歷史記憶。

直到近期「神話」才被確立為一門現代學科，然而這個詞千年前就已經存在了，明代湯顯祖在《虞初志》中就已經使用了這個說法。「神話」一詞進入學術體系，較早是由梁啟超、蔣觀雲等提出來的。一八四〇年以後，中華民族飽受列強蹂躪，在這樣的背景下，一群知識分子遠渡重洋，尋求民族生路。在日本，梁啟超、蔣觀雲等就關注人種存續的議題，結合中國古代的文化理念，創新提出了「神話」這一詞。

神話的「神」，指祖先神明；「話」借鑑了日語說話、物語的用法。因此，「神話」這一學科的概念，也是在喚醒中華民族的民族記憶。在多種因素交織之下，形成了中華民族對歷史的特殊需求，正如司馬遷所說：「昔三代之居，皆在河洛之間。」

現今若要重新解析神話傳說，不能僅依靠「口傳」這種方式，還要依據文獻。中國神話的體系並非一朝一夕形成的，而是經過不同時代，由不同群體逐步整合而成。每一個神話故事背後，都有一個特殊的文化歷史背景。

我們對歷史文化有其特殊的理解。一是「國之大事，在祀與戎」，二是「欲滅其國，先毀其史」。其中，「戎」是國防，「祀」是記憶 —— 敬天敬地，告慰先人。許多節日儀式在某種程度上，都是透過神話傳說的方式來敘述自己的文化與身分認同，從中可以看到民族的記憶方式與神話傳說的緊密關聯。

正如聯合國教科文組織（UNESCO）提出對非物質文化遺產保護的要求所強調的：一個民族的記憶會影響其想像力，而要讓一個民族不斷豐富和發展自己的想像力、保持生機，就應該持續修復並守護自己的記憶。「國之大事，在祀與戎」，祀的目的，就是不斷修復自身的民族記憶。

再說「欲滅其國，先毀其史」。神廟裡供奉著祖先，流傳著他們的傳說和故事。在建造歷史過程中，可以看到一個民族的記憶方式和生存方式，它們之間有著非常密切的關聯性。要毀滅一個民族，首先要讓它失去文化的記憶能力。

以芬蘭史詩《卡勒瓦拉》（*Kalevala*）為例，芬蘭民族的語言曾被其他民族蹂躪，在學校教育中被抹去。《卡勒瓦拉》喚醒了芬蘭民族的記憶，讓民族從自己的歷史中尋找家園。再如法國小說家阿爾豐斯・都德（Alphonse Daude）《最後一課》（*La Dernière Classe*）裡寫道，當敵人到來的時候，一個老師在上最後一堂法語課，他喊出了「法蘭西萬歲」，告訴學生們法語是世界上最美麗的語言，永遠不能忘記。

一個人想知道自己從哪裡來、要往哪裡去，一個民族也是一樣。有人說，若一個民族過於沉醉於自己的歷史輝煌，會形成惰性，失去對創造的熱情。但如果一個民族忘卻了自己的根源，又會面臨怎樣的處境呢？他們所面臨的困境叫做「失憶」。

神話傳說是最古老的記憶，它以原始的思維方式與想像方式來表達情感、回答訴求。先民面對自然界所提出來的一系列問題，都成了後來生動的神話傳說。在這個意義上，神話傳說以歷史的方式被敘述和詮釋，構成了中國古典神話時代這一個特殊的文化階段。

神話傳說並非對歷史的簡單敘述，而是一種充滿想像力的表達，關鍵在於如何把神話歷史化。這種歷史和歷史記載有很大的差別，比如天地是怎麼形成的、外星人是否存在，雖然都有科學的解釋，但神話傳說該怎麼回應這些問題呢？我們選擇了一個詞 —— 盤古。「盤古」這個詞是後人創造的，是經由後人敘述逐漸形成的。神話傳說並沒有與歷史同步發展，它是一種想像，它包含了歷史的內容、歷史進化的過程，但並不等同於歷史。

在日常生活中，我們經常可以看到這種現象：當人們敘述自己記不清的事情時，常常用一種「模糊」的表達方式，反而能更生動。同樣的，如果要完全用考古學或者歷史學的觀點敘述中華民族的歷史，可能會失去它最動人的部分。神話傳說是用一種特殊而模糊的方式，記述了歷史。

「盤古」這個詞較早出現在三國時期，吳人徐整寫了兩本書 ——《三五歷記》、《五運歷年紀》，這兩本書都是在探討中國古代文化神學的著作，現今把它們概括為「三才五行」。事實上，「三才五行」的概念也是戰國之後才逐步發展並完善而成的。最初，五行稱為「五方」，五方就是東、西、南、北、中，而天、地、人稱為「三才」，類似的還有「太極生兩儀，兩儀生四象，四象生八卦」等。

《三五歷記》、《五運歷年紀》以及魏晉南北朝時的《神異記》中，一再提到最初的天地像雞蛋一樣，陽清為天，陰濁為地，盤古居於其中。如此一萬八千年，時天極高，時地極低，於是就有了天地之分。盤古的呼吸變成了風雷，眼睛變成了日月，毛髮變成了森林、草木，身上的蝨子、跳蚤變成了豺狼、虎豹，經脈變成了山川。由此可見，人們根據當時的生存環境，敘述著關於起源的傳說，而世界各民族都有相似的現象，表示其具有普遍意義。盤古開天闢地表明了華夏民族的天地觀、日月觀、自然生成觀。

有了天地，人又從哪裡來？於是進入了神話傳說的第二個階段。華夏民族的祖先說是女媧摶土造人，典籍還說「仲春之月，令會男女，於是時也，奔者不禁」，讓不同部落的青年男女在春光明媚的時候得以「自由結合」，但這也不能解釋最初的人是怎麼誕生的，這裡便涉及神話傳說的流傳問題。

女媧是怎麼來的？是源自於一種合理的想像。比如盤古，不止一個民族信奉盤古的故事，古代文獻中提到南海有盤古國，三國徐整也提到了盤古，魏晉南北朝時，盤古的神話故事更加完整，尤其到了明代，特別寫有《盤古演義》。

女媧的傳說也是如此。較早提到女媧摶土造人的典籍為東漢泰安太守應劭所著的《風俗通義》，這是一本研究風俗的著作，書中寫道：「俗說天地開闢，未有人民，女媧摶黃土作人。劇務，力不暇供，乃引繩於絙泥中，舉以為人。故富貴者，黃土人也；貧賤凡庸者，絙人也。」應劭將民間流傳的故事整理記錄起來，而在這之前，女媧摶土造人的故事就已經存在了。

屈原《天問》說：「女媧有體，孰制匠之？」意思是女媧也有自己的身體，但是是誰製造的呢？《山海經》中寫道：「有神十人，名曰女媧之腸，化為神，處栗廣之野，橫道而處。」按照民俗學的解釋，女媧是一個部落的大神，從她的腸子、腹腔裡走出來十個人，變成了許多小部落。由此可見，神話是一種記憶方式，如果把它等同於歷史，就失去了它應有的表達效果與象徵意義。

華夏民族用盤古的開天闢地規定了空間，用女媧摶土造就了軀體，所以中國有著非常重的崇土觀念，認為一個人死後要「入土為安」。

有了男人和女人，便有了陰陽調和，於是就有了伏羲、女媧結合的傳說。

伏羲是農耕文明的重要開創者。在早期文字中，女媧跟伏羲並沒有太多關聯，直到唐代詩人盧仝在詩中說，女媧、伏羲本是夫妻，這樣的傳說更常見於其他唐詩之中。那麼造人和農耕有什麼關聯呢？《周易・繫辭下》云：「古者包羲氏之王天下也，仰則觀象於天，俯則觀法於地，觀鳥獸之文，與地之宜，近取諸身，遠取諸物，於是始作八卦，以通神明之德，以類萬物之情。」伏羲透過觀察，看到天上日月星辰變化，地上江河湖海奔流，周邊事物的變化，就作了「八卦」。

八卦，其實是伏羲對人類發展的思考。《周易》說這八種元素構成了基本的時間和空間概念。在神話傳說中，「始作八卦，以通神明之德，以類萬物之情」是為了總結天地變化和人類發展規律。

北宋的范仲淹是著名的思想家、政治家、文學家，他在文章中常常引用《周易》的「窮則變，變則通，通則久」，這是他的政治智慧。《周易》和八卦之所以能夠提供我們這麼多的精神財富，從某種程度上說，是因為華夏民族與「易」有著非常密切的關聯。「變」就是以天道規律來塑造成人們最深刻的文化記憶，天人合一、天人相應，成為華夏民族對神話傳說的一種特殊理解方式，構成了早期中國哲學的一部分。

伏羲和女媧的結合其實是一種文化的發展，突顯了文明的自我修復能力。神話傳說中有了天地，就有了舞臺，也就需要演員（人）。然而，造人用手捏還不夠，於是出現了「滾磨成親」。女媧和伏羲的功績，就是用儀式（婚）取代了簡單的摶土造人，讓人們明白了婚姻與生育的密切關聯性，從中可以看到從親婚制到對偶制的漫長發展過程。有的學者用雲南瀘沽湖那種「只知其母，不知其父」的原始色彩婚姻方式來解釋這種現象，但無論民族學、人類學還是考古學，很多時候無法有效解釋一些人類生活和文化現象，因為先民的敘述本質上是一種記憶，是對歷史的模糊表達，不是簡單、準確的歷史紀錄。

盤古開天闢地，創造了人類的活動空間；女媧摶土，創造人類；伏羲教人漁牧、製作衣裳、制定婚儀，接下來又出現了神農嘗百草。在神話傳說中，用「神農」形象來象徵農耕，這是民族的特殊記憶。人們對自身的認識往往源自於想像，但這種想像並非憑空而來，而是根據自己的歷史經驗。

神農以後，又有燧人氏、有巢氏等一系列與人們居住生活密切相關的人物，接著又進入了一個新的階段——炎帝和黃帝。炎帝和黃帝並不屬於一個緊密的整體，所謂「炎黃子孫」，其實炎黃之間存在著時代差異。

炎帝是五方之帝的南方赤帝，傳說炎帝發現了火，並推廣如何使用火，讓人們的生活水準不斷提高，告別了茹毛飲血的蠻荒時代。「炎」字由兩個「火」組成，其實是火圖騰。華夏民族有多種圖騰，火圖騰是其中一種。神話傳說給予火很高的地位，除了炎帝之外，還有燧人氏鑽木取火的故事，這些傳說反映著社會發展過程中的集體智慧，只是用炎帝、神農氏、燧人氏這些代表性的形象來概括。

黃帝是五方之帝的中央之帝，是中華文明形成的重要代表性人物。有學者考證，「黃」就是「華」，黃帝就是華夏之祖。司馬遷的《史記》對伏羲、女媧、神農、盤古等不予著墨，只提到了黃帝，他說：「然《尚書》獨載堯以來，而百家言黃帝，其文不雅馴，薦紳先生難言之。」司馬遷寫

《史記》的重要特點，就是把一部分神話傳說作為歷史記述 —— 當然也經過他自己的考辨研究。有許多學者批評司馬遷不嚴謹，把神話傳說當作歷史，其實歷史與神話傳說往往有相同的元素內容以及想像的空間。

再如倉頡造字，《淮南子》說：「昔者倉頡作書，而天雨粟，鬼夜哭……」文字的創造是人類文明偉大的轉折。倉頡造字告別了結繩記事，使得文化可以被記錄、被傳承。有許多關於黃帝時代的神話傳說，說明那時是華夏民族發展的重要階段，黃帝時還設立了許多制度，現今現實生活的許多方面，其源頭都可以追溯到黃帝時代。

黃帝傳說人神雜糅。《山海經》中曾提到「建木神樹」，說是黃帝所植，參通天地。有人說這個神樹就是扶桑，其實不是。扶桑是太陽升起的地方。黃帝的孫子是顓頊，《山海經．海內經》說黃帝生駱明，駱明生白馬，昌意生顓頊，顓頊是為帝也。顓頊出生時像頭豬，卻善弄琴，他手下有兩個大臣，一個叫重，奮力將天托起來；另一個叫黎，用力地把地往下壓。顓頊生了九個孩子，卻沒有一個成器的，黃帝的子孫到此算是一個時代結束，接下來是堯、舜、禹的時代。

黃帝以前，諸部落相互打殺，直到堯時進行了秩序的整合，而舜時又走向親民，最後，大禹成了中國神話傳說的重要小結。有些專家說，大禹是條蟲，其實這裡的「蟲」是一個民族的文化表達方式，是指龍的變體。蟲圖騰信仰在很多少數民族都有，而在文化整合過程中，這種信仰常以新的形式出現，於是就有了「大禹治水」。

「大禹治水」的犧牲精神，反映了華夏民族特殊的精神嚮往，構成了華夏民族重要的精神主體。正是因為大禹的偉大精彩、悲壯生動，而成為最有影響力的民族神話傳說。中國神話傳說在這樣的文化傳承與演變中，一代一代地延續。

偉大的民族認同，構成了神話傳說的記憶起源與敘述方式，這正是華夏民族偉大復興的福音。中國神話傳說與民族記憶緊密相連，神話傳說的流傳不只是故事的流傳，更包含了對自身歷史的認識、對傳統文化的總結，尤其是對民族精神品格的認同與發展。

第二章
中國神話時代

所謂神話時代，是按照神話的內容所呈現的社會性質進行劃分的。無論這種時代是否在歷史上真實存在過，它作為對人類文明發展的投射，確實是值得重視的。

古人把神話時代的帝王概括為三皇五帝[01]，而對三皇和五帝又有不同的理解。如今，在明白了神話和歷史的分野後，自然能更容易地避免將神話解讀為歷史的錯誤，但前人劃分的依據依然具有重要的參考價值，是不容忽視的。當然，所謂的三皇五帝與所說的神話時代，仍是有著重要區別的。

關於這一點，呂思勉的《中國民族史》、徐旭生的《中國古史的傳說時代》等著作皆有詳盡的討論。這裡所提出的神話時代及其劃分的方法，既有像呂思勉、徐旭生等學者依據古文獻所進行的神話內容分析，又有更為重要的田野作業（即科學考察）所發現的意義。

基本上，可以把整個中國神話時代劃分為以下幾個階段：

1. 盤古時代：中國古典神話的開端，象徵著天地的生成。

2. 女媧時代：隨著社會的發展，女性在這一階段占據特殊地位，以文化方式闡釋人類的誕生，生育為這一時期的核心內蘊。

---

[01] 作者注：三皇五帝的稱謂始見於《呂氏春秋》，此前《孟子》、《荀子》中已有三王五霸，這不是原始神話，而是政治神話；但他們的出現是有歷史文化根據的，並具有文化英雄的特徵。

3. 伏羲時代：主要內容是文化（文明）初創，包括漁獵文明的興起。

4. 炎帝神農時代：農耕文明的開創時代。

5. 黃帝時代：中國神話一個重要轉折時期，一方面是原始文明的集大成，另一方面是第一次以無比輝煌的神性業績[02]構築成龐大的神系集團，對中華民族的形成產生深遠影響。

6. 顓頊、帝嚳時代：其神性業績主要在於絕地天通，這一時代的文化核心「巫」成為社會精神的支柱。

7. 堯舜時代：關於政治理想的時代，以禪讓為核心。

8. 大禹時代：洪水神話成為大禹神性業績的基本背景，同時，這一時代也意味著中國神話時代的終結。

筆者在勾勒中國神話時代時，主要是以古典文明為劃分依據，且不排斥少數民族。關於這個問題，我將在《少數民族民間文學卷》中進一步探討。各民族在歷史中相互交融，各自創造了絢麗多彩的神話。在古典文化中所展現的漢族神話時代和神話系統，與各少數民族中的神話內容，都來自口頭描述。從許多少數民族的神話中可以十分清楚地看到各族人民的緊密連繫，而且也可以看到，即使是漢民族的神話，也同樣包容著許多非漢民族的文化元素。若沒有多民族的交融，就沒有今日的中華民族。

神話傳說故事是在歷史文化漫長的發展過程中逐漸形成的。少數民族，特別是長期沒有文字的少數民族，其口頭流傳的神話傳說同樣是中國古代神話傳說體系的重要組成部分。古文字學家告訴我們，文字的產生和發展是一個十分漫長的過程，神話傳說的流傳不能僅僅依靠文字，因為有許多語言沒有被文字記錄。一個典型的例證就是，在甲骨文中已經出現了「王母」的概念，但是沒有出現伏羲、女媧之類的大神。那麼，是否那一個時代就沒有伏羲、女媧的故事流傳呢？甲骨文記載是否全面？

---

[02] 指神話人物在當時時代所完成的偉大創舉，並將這些行動賦予神話價值。

第一節　神話時代與文化傳承

神話傳說的本質是上古人民的想像，是一種建立於想像的述說。神話時代是在口耳相傳中形成的，是歷史的影子，但並不等同於歷史本身。但是，神話的產生也絕對不是無中生有。有學者提出神話時代就是特殊的歷史階段，甚至可以用史前考古證明神話作為歷史的可靠性。有西方學者提出「神話歷史」的概念，即一切歷史都開始於敘述，而一切敘述又源自於神話。對此，有學者解釋道：

……西方歷史之父希羅多德（Herodotus）用希臘文撰寫的《歷史》裡充滿了神話。今日表示「歷史」的英文「history」就是源於拉丁文的「historie」，其本義是「探究」。希羅多德在這書裡講述了自己探究希臘神話歷史的經歷，跑了很多地方，小亞細亞、埃及，為什麼？就是想弄清楚希臘神話歷史中的很多人物究竟是從哪裡來的。

大英雄海克力斯（Hercules）被公認為希臘英雄，《荷馬史詩》裡也講過，但希羅多德卻提出不同的觀點，他說海克力斯的名字是希臘語，但原型卻來自古埃及。而在古埃及，他不是英雄，而是神廟中的神。為了一探究竟，他就跑到古埃及去看。

所以說，歷史的開端與神話是密不可分的，每一個民族的歷史毫無例外都帶有神話色彩。要追溯中國歷史的開端，炎黃稱帝、炎黃大戰、黃帝殺蚩尤、堯舜禪讓、鯀禹治水等，都被現代學者當成了神話傳說，這就叫古史的傳說時代。它不能被一一還原，但它帶有遠古人的文化記憶，這一記憶用了很多超自然的因果關係來解釋，這樣的歷史與其說是歷史，不如說是神話歷史。

後現代的西方史學界出現一個潮流，認為純客觀的歷史是不存在的。西方的學科背景把人文學科主要劃分為文、史、哲三科，其分界標準跟研究方法息息相關。歷史學被認為是研究歷史真相和史實的學科，排斥和反對虛構的內容；哲學是研究自然和社會等一切知識的總和、追尋真理的一門學科；文學因為與想像和創作有關，所以無法求真。也就是說，文、史、哲三科中，歷史和哲學被認為是求真的，文學研究則是處理虛構的對象。在理性主義占主導的時代，「神話」自然也被歸入想像和虛構的一類。

當二十世紀初「神話」這個概念經由日本被引入現代漢語中的時候，最初熱衷於介紹和研究的學者主要以文學家為主體，如魯迅的《中國小說史略》就是從神話開篇，而他的《故事新編》就是重述神話，聞一多《神話與詩》是以多學科視角重新研究《詩經》與《楚辭》的論文集，郭沫若《女神》就是寫神的。處於中國新文化運動伊始的文人幾乎都會關注神話，同時也都是在西學東漸的學科背景下從事教學和研究的。也因此，在中國唯一可以公開講述神話的地方，主要是大學中文系的民間文學課堂。

可是對照國際神話學研究，比如以一位國際神話學理論權威羅伯特·西格爾（Robert Segal）所編著的六卷《神話理論》來看，作為文學的神話僅僅是占六分之一而已，可見文學本位的神話觀，以及僅僅將神話視為想像和虛構的觀念，不利於我們理解事物的真相，在當下是需要突破的。應該有一個新導向：神話不僅僅屬於文學。今日使用「神話歷史」這一個詞，就是要重新認識神話的文化基因和歷史敘事性。

歷史為什麼被當成是客觀的、求真實的學問呢？這主要源於近代以來，西方史學主流觀點——歷史屬於科學。但是在二十世紀中後期發生了變化，很多歷史學家開始提問：客觀的歷史真的存在嗎？怎麼求證？尤其是來自於人類學家的提問最為尖銳：歷史究竟是曾經發生的事實？還是人們對曾經發生事件的敘述？這一點一定要加以區分。

比如辛亥革命，我們所接觸到的都是關於它的各種記述，有革命一方的敘事，有清政府一方的敘事，還有民間立場的敘事，究竟哪一方的敘事是最真實的，是真正的歷史？人類學家提出的問題與此相似，代表人物是芝加哥大學的薩林斯（Marshall Sahlins）—— 他的代表性著作都有中譯本，如《歷史之島》（*Islands of History*），談的是夏威夷原住民的故事。

當殖民者英國的庫克船長（Captain Cook）率領船隊第一次登上夏威夷島的時候，夏威夷島民才第一次進入世界史。從此以後，關於夏威夷群島的歷史如何書寫？是聽殖民者庫克船長為代表的英語敘事者的講述，還是聽原住民自己的講述？誰講述的是客觀的歷史？

歷史永遠是勝者記述自己的光輝事蹟，記下來的必然帶著強烈的政治意識，特別是政權的選擇，也就是說，通常所說的歷史無非是掌握書寫權的人建立的一套敘事。新史學為什麼要如此強烈和尖銳地反對傳統史學的客觀性和真實性呢？就是因為人類學家指出，無論是歷史的書寫也好，成文的史書也好，這只是有文字民族使用書面符號的記錄，夏威夷原住民沒有文字怎麼辦？

如果要尋找他們世世代代如何生活的真相，必須訴諸他們的口頭傳統（oral tradition），沒有文字的民族歷史是透過口耳相傳的神話傳說流傳下來的。沒有例外，所有原住民的歷史一般都是從開天闢地和英雄祖先講起，然後講到部落領袖，也就是說，今天被當作虛構和想像的神話故事，對於那些沒有文字的民族來說，其實是他們世世代代口耳相傳的活態歷史和文化記憶。

在前現代社會，不存在無神論的歷史講述，因為那個時候沒有不信神的人，人人都生活在神靈信仰的世界裡，所以歷史的敘事都從天神開始。這一發現對西方史學的唯一性構成了挑戰。[03]

這是很有道理的。神話傳說故事若失去流傳（口頭與文字等形式），就很可能失去其文化生命力。古史辨學派的懷疑方式影響深遠，他們是在用一般歷史學的方法研究非常複雜而特殊的歷史文化問題，所以在許多時

---

[03]　葉舒憲。《文學人類學探索》。陝西師範大學出版總社，二〇一八年，第二六六～二六八頁。

候表現出無能為力。今天對神話時代的劃分，事實上就是依靠多種材料，透過神話傳說故事體系來進行研究，當然，也不能排除對歷史事實的具體認定。

中華文明是一個相互連繫的整體，神話時代中，神性主角與原始文明之間密不可分，尤其不能以記錄時代的早晚來判斷其先後。如關於盤古時代的劃分，神話中的盤古既不是實際存在的部落領袖，也不是特定的祖先神，他就是一個想像中的文化共同體。

在文獻中關於盤古的記述比其他神祇都要晚，三國時期吳國太常徐整最早在《三五歷記》和《五運歷年紀》中提到了盤古，顯然，盤古神話只是根據那個時代的流傳狀況被記述下來，而它應該是在此之前就已經流傳了很久的。同時，關於徐整的出身問題，也影響了盤古神話的發源地究竟是「南來說」或「北來說」的重要前提。

追本溯源，徐氏一族出自塗山氏，其地望是在「昔三代皆居」的河洛地區，待武王伐紂，發生了非常重要的「殷民六族封魯」的大事件，在殷民六族中就有徐氏，《左傳．定公四年》有這一相關記載。西周時期的徐氏，居住地主要在山東（歷史上山東有三個徐州，一在今滕州市官橋附近，一在東平舒縣，一在曲阜以東）。周人多次伐徐，才使他們南遷至今江蘇省所屬的徐州。

西元前五一二年，發生了吳人滅徐事件，徐氏族人再次大規模遷徙，一部分移至越國，一部分仍居留在淮河中下游地區。到了西元前四九四年，距吳人滅徐已有十八年，吳又打敗了越國。越人的集中地在會稽，距吳人集中地姑蘇較近，越人不敢輕舉妄動，他們祕密聯繫，終於等到了復仇的機會。《左傳．哀公十三年》有這樣一段記述：

六月丙子，越子伐吳，為二隧。疇無餘、謳陽自南方，先及郊。吳太子友、王子地、王孫彌庸、壽於姚自泓上觀之。彌庸見姑蔑之旗，曰：「吾父之旗也，不可以見仇而弗殺也。」太子曰：「戰而不克，將亡國，請待之。」彌庸不可，屬徒五千，王子地助之。乙酉，戰，彌庸獲疇無餘，（王子）地獲謳陽。越子至，王子地守。丙戌，復戰，大敗吳師，獲太子友、王孫彌庸、壽於姚。丁亥，入吳。

「姑蔑之旗」蘊含著一個非常重要的訊息，即徐人參戰。徐人為何參加這次復仇戰爭？因為當年吳人滅徐時，一部分徐氏族人遷到越國，自然就與越人聯盟了。從考古發現來看，吳越地區的青銅器鑄造吸收了中原地區的技術，與徐人的參與密不可分。

今天的吳越腹地浙江、江蘇一帶有徐偃王的許多傳說，有些地方還建有徐偃王廟，徐氏成為影響很大的族系。徐整作為吳人，當屬偃王一系，其祖先當居中原，那麼，他記述盤古神話就不排除有中原遺民的口頭記述成分。更何況徐整的著述名為《三五歷記》、《五運歷年紀》，是很典型的北方道家文化概念，與吳越文化相異。僅以徐整為「吳人」就斷言盤古神話屬於南方民族，顯然是過於片面的。尤其是歷史上太行山被稱作五行山，三才、五行學說發生在北方，是中原文化的重要概念，徐整為中原人後裔，記述北方遺民流傳的盤古神話就是很自然的事情了。

民族遷徙留下的文化之謎太多了。現在，不僅中原地區發現大量盤古神話，在西北地區、華北地區的甘肅、河北、山西、陝西[04]一帶也發現許多盤古神話，這就說明盤古神話並非僅在南方民族中流傳，在其他地區同樣有。所以，綜合上述材料，可以確立盤古神話時代為中國古典神話的第一個時代。

原始神話的主角無疑是原始大神，而這些原始大神或者是氏族部落的

[04] 作者注：從一九八〇年代所展開的中國民族民間文藝十大整合（包括中國民間故事整合、歌謠整合、諺語整合）材料可知，中國民間文藝、民間文學的類型分布應該要重新認識。諸如盤古神話傳說故事分布在中國大地、陝甘寧地區，甚至新疆、青海、內蒙古地區也有不同類型的流傳，這是有許多原因造成的。

酋長，或為人們總結經驗所想像出來的祖先。在每一尊神像的背後，都閃爍著遠古人民智慧的光輝，不同的神話時代在人們的精神世界所處的地位不同。如黃帝時代之前的盤古神話、女媧神話、伏羲神話，一般是單體神性，即使有一個以上的神祇，也被描述成兄妹婚姻中的夫婦。而到黃帝時代，這種局面就被打破了。事實上，這種局面早在炎帝、神農時代的炎黃戰爭中就已經出現。

黃帝在中華民族的形成過程中具有非凡的意義，許多神性角色與他有關，一方面說明歷史上以他為首的政治集團統一了諸多部落，另一方面說明在神話發展變化中，存在著一個非常普遍的依附現象。特別是後者，對於劃分中國神話時代具有非常重要的意義，使我們能把許多表面看來零亂無章的神性角色聯繫在一起，大致勾勒出漫長的遠古時代歷史發展的軌跡。

如果要用史學上的考古論證來理解這些內容，則會束手無策。這就是李維史陀（Lévi-Strauss）在《結構神話學》中所提到的置換變形原則——神話不僅存在於歷史之中，它更根植於於人們的精神世界，承載著一個民族充滿神聖信仰的記憶。

要劃分中國神話時代，還必須回答兩個問題：西王母等獨立系統神話和洪水神話究竟分別屬於哪一個時代？西王母神話原是一個相對獨立的體系，它出現的時代應該與女媧神話相當。但在文獻中，最早是與黃帝有關，就是《瑞應圖》中提到的「黃帝時西王母使乘白鹿，獻白環之休符」。此後《新書．修政語上》提到堯「身涉流沙，地封獨山，西見王母」，《竹書紀年》提到帝舜時「西王母來朝」，《論衡．別通》提到「禹使益見西王母」，這些記載和周穆王西征崑崙見西王母及漢武帝見西王母的意義是一樣的，都表明西王母在民間信仰中的具體影響。

那麼，在論述神話時代時，也就有較多的理由把西王母放在黃帝時代來論。這不僅是出於方便，更是因為西王母作為一個相對獨立的神話體系，與黃帝的聯繫更為密切。

洪水神話是世界各民族普遍流行的文化現象，一般都是把洪水作為上天對人類的懲罰，或把它作為人類再生的背景，為劫難之後的兄妹婚提供必要的環境依託。中國少數民族中的洪水神話格外豐富，在許多地方同葫蘆崇拜有密切相關。而漢民族的洪水神話在民間口述中表現為伏羲兄妹或盤古兄妹，也有直接描述為兄妹婚的。

古典文獻中許多記述卻限於大禹神話，為大禹征服洪水、統一九州、鑄鼎立國來製造必要的環境。那麼，洪水神話是不是一個獨立的神話時代，或存在於某一個神話時代之中呢？這種災難的記憶和描述，絕非僅限於某一個神話時代，它不止發生一次，在更多時候，它成為原始人（遠古人類）異常恐慌的記憶，甚至構成一個神話母題，具有久遠的影響。在論述神話時代時，也就只能根據實際問題分析。

在中華民族漫長的史前時代，神話以多變的方式反映出各個歷史時期的不同特徵。中國神話時代的劃分是相對的，我們目前所掌握的古典神話材料，大部分都可以在這裡找到相應的時期，但由於中華民族獨特而曲折的發展歷史，筆者所使用的材料多限於古文獻和文物，論述的神話時代也以漢民族的為主。關於少數民族的神話，在一些章節中有專門論述。許多少數民族在社會發展中或沒有文字、或文字出現很晚，這就在神話時代劃分上造成了一定的不便。對於這類情況，同樣要以實際問題額外分析。

第二節　盤古時代

盤古神話的主要內涵是開天闢地，這反映了原始人民對自己生存空間的探尋。這個時代其實就是天地形成的階段，在全世界各民族的神話傳說中幾乎都有。中國的盤古神話顯現出獨特的文化性，展現在中華民族的自然發生觀念及樸素而生動的原始審美觀念。

「盤古」概念出現較晚，而「盤」和「古」兩個漢字早已存在。有學者考證殷墟甲骨文中的殷前古史體系，提出「在殷卜辭中，殷前古史並不是雜亂無章」，其古史體系即「盤古 —— 王母 —— 三皇 —— 五帝」[05]，甚至考證出在甲骨文中，盤古即「凡母」、「盤母」，並透過卜辭整理出一個較為系統化的記錄：

熊到發惠小宰又大雨[06]（從黃帝祭祀到帝發，求大雨）

求其年熊與烈山[07]（乞求黃帝帝發與伏羲、神農保佑，今年大豐收）

飫與古至於大甲[08]（飫祭盤古一直到大甲）

其解釋「盤」即「凡」，意思為可以包含一切，而「古」為「先王」，合起來即「天地萬物之根」，其依據在於《詩經》、《禮記》、《廣雅・釋詁》。這位學者注意到《路史》之《前紀》卷、《六韜・大明》，特別是徐整《三五歷記》、《五運歷年紀》中的盤古事蹟，以及《述異記》、《益州名畫錄》等，以此推定「伏羲氏風姓奉盤古為祖源」[09]。

「盤古」這個詞在中國古代典籍中出現的時代較晚，初見於三國時吳人徐整的《三五歷記》和《五運歷年紀》，但它的形成時間肯定是更久遠的。在先秦典籍中，盤古神話就已經有了雛形，如《莊子》和《山海經》所提到的「倏」、「忽」、「燭龍」等神性人物概念。

值得注意的是，在各民族文化發展過程中，關於神話的記憶及描述普

[05] 李元星。《甲骨文中的殷前古史 —— 盤古王母三皇夏王朝新證・序言》。濟南出版社，二〇一〇。
[06] 李元星。《甲骨文中的殷前古史 —— 盤古王母三皇夏王朝新證》。濟南出版社，二〇一〇，第二、第二〇八頁。
[07] 李元星。《甲骨文中的殷前古史 —— 盤古王母三皇夏王朝新證》。濟南出版社，二〇一〇，第二〇八頁。
[08] 李元星。《甲骨文中的殷前古史 —— 盤古王母三皇夏王朝新證》。濟南出版社，二〇一〇，第三十二頁。
[09] 李元星。《甲骨文中的殷前古史 —— 盤古王母三皇夏王朝新證》。濟南出版社，二〇一〇，p.11。

遍存在一個規律，即越是離我們久遠的時代，往往越晚被記述，而且描述的內容越詳細，盤古神話的出現正是證明了這一點。在三國時代才出現的盤古神話，絕不意味著在三國時代才發生，而是這時才被記述。在這之前，盤古神話肯定已有廣泛的流傳，只是由於記述手段欠缺，形成文字才如此遲晚。

如屈原在《楚辭．天問》中就提出過一系列問題：「遂古之初，誰傳道之？上下未形，何由考之？冥昭瞢暗，誰能極之？馮翼唯象，何以識之？明明暗暗，唯時何為？陰陽三合，何本何化？圜則九重，孰營度之？唯茲何功，孰初作之？斡維焉系？天極焉加？……九州安錯？川谷何洿？東流不溢，孰知其故？東西南北，其修孰多？南北順橢，其衍幾何？」雖然這時已進入相對發達的文明階段，即已超越了神話產生的原始思維階段，但原始思維的審美形式仍然存在，神話記憶也就自然透過言語載體等媒介而表現出來，形成了神話傳說。

神話是人類童年期的智慧，其闡釋的特徵促使神話在民間流傳並成為人們認識世界的重要因素。於是，《三五歷記》和《五運歷年紀》就有了對〈天問〉中關於起源的具體解答。如：

「天地混沌如雞子，盤古生其中。萬八千歲，天地開闢，陽清為天，陰濁為地。盤古在其中，一日九變，神於天，聖於地。天日高一丈，地日厚一丈，盤古日長一丈。如此萬八千歲，天數極高，地數極深，盤古極長」。

「盤古之君，龍首蛇身」。

「首生盤古，垂死化身。氣成風雲，聲為雷霆，左眼為日，右眼為月，四肢五體為四極五嶽，血液為江河，筋脈為地理，肌肉為田土，髮髭為星辰，皮毛為草木，齒骨為金石，精髓為珠玉，汗流為雨澤，身之諸蟲，因風所感，化為黎氓」。

在後來的《述異記》等典籍中，也有許多類似的闡釋性內容，如：「昔盤古氏之死也，頭為四嶽，目為日月，脂膏為江海，毛髮為草木。秦漢間俗說，盤古氏頭為東嶽，腹為中嶽，左臂為南嶽，右臂為北嶽，足為西嶽……盤古氏泣為江河，氣為風，聲為雷，目瞳為電。古說，盤古氏喜為晴，怒為陰……盤古氏，天地萬物之祖也，然則生物始於盤古」。

神話世界中的盤古氏被描繪成如此豪邁、博大、遼闊的巨人形象，顯現出古代人民非凡的氣派和胸懷。

神話有歷史的影子，但它卻不能等同於人類發展的實際時期。關於這一點，著名神話學家李維史陀在他的《結構神話學》中有詳細的論述。他認為神話的語言結構有著很重要的置換原則，這與神話的傳承方式息息相關。也就是說，中國的神話時代以盤古為起始並非偶然，這背後有深厚的心理基礎，並以「歷史文化遺留物」的形式表現出來，其中最具代表性的證明，就是在中國廣大地區分布著傳說中的盤古「遺跡」。

從文獻上看，盤古「遺跡」主要分布在中國南方，如《述異記》中講到「南海中有盤古國，今人皆以盤古為姓，則盤古亦自有種落」。在少數民族地區，盤古信仰非常深廣，如瑤族《過天榜》中說：「昔時上古天地不分，世界混沌，乾坤不改，無日月陰陽，不分黑白晝夜，是時忽生我盤古。聖皇首先出身置世，鑿開天地，置水土，造日月陰陽。」《粵西瑣談》中說：「盤古本為苗人之祖，原為盤瓠之轉。」

白族《打歌》也有關於盤古的記載。《兩般秋雨庵隨筆》中有「荊州以十月十六日為盤古生辰」，「始興縣南十三里，有鼻天子陵，……淩元駒重訂《始興縣誌》，斷以為盤古之墓」，「郴州有盤古倉，會昌有盤古山，湘鄉有盤古堡，雩都有盤古廟」等記載；《路史》寫到「廣陵有盤古塚、廟……成都、淮安、京兆皆有廟祀」；《錄異記》記有「廣都縣有盤古三郎廟，頗有靈應」；《元史．祭祀志》有「至元十五年四月修會川縣盤古祠祀」；

《明史．錫蘭傳》有「側有大山，高出雲漢，有巨人足跡，入石，深二丈，長八尺，云是盤古遺跡」等，都是講盤古信仰的物化形式。

在這裡，盤古崇拜同自然崇拜、祖先崇拜等信仰有關。顧炎武〈天下郡國利病書〉等文獻提到祭祀盤古的行為，如「衡人賽盤古，重病及仇怨皆禱祀」；「巫有帛，長二三丈，畫盤古而下，以至三皇，無所不有……謂之盤黑鼓」，甚至地方農民起義也以盤古為號，召令人民起來鬥爭。

南方是盤古神話流傳的密集區域，擁有許多與盤古相關的神話傳說，所以聞一多等學者斷言盤古為南方民族的神祇。儘管有人提到盤古神話之所以在南方流傳是因為中原移民，但畢竟缺乏實證。

《莊子．應帝王》中的渾沌記述為：「南海之帝為儵，北海之帝為忽，中央之帝為渾沌。儵與忽，時相與遇於渾沌之地，渾沌待之甚善。儵與忽謀報混沌之德，曰：『人皆有七竅，以視聽食息，此獨無有，嘗試鑿之。日鑿一竅，七日而渾沌死。』」

《淮南子．精神訓》中的陰陽二神記述為：「古未有天地之時，唯象無形，窈窈冥冥……有二神混生，經天營地……於是乃別為陰陽，離為八極。」

《山海經．海外北經》中的燭陰則記述為：「鍾山之神，名曰燭陰。視為晝，瞑為夜，吹為冬，呼為夏；不飲，不食，不息，息為風。身長千里。……其為物，人面、蛇身、赤色，居鍾山下。」

明代周遊《開闢演義》是一部非常特殊的文獻，記述了明代盤古故事的形態，中間夾雜許多宗教文化元素，諸如佛教、道教的影響。其第一回引他人言語稱：「混沌之世，天地始分，有盤古氏者，生於大荒，莫知其始，明天地之道，達陰陽之變，為三才首君。於是，混茫開矣。」

其描述「盤古氏開天闢地」道：「昆多崩娑那受佛命畢，只得頂禮辭別世尊並諸大菩薩，駕一朵祥雲，離了西方佛境，直來至南贍部洲大洪荒處，大吼一聲，投下地中，化成一物，團圓如一蟠桃樣，內有核如孩形，於天地中滾來滾去；約有七七四十九轉，漸漸長成一人，身長三丈六尺，頭角猙獰，神眉怒目，獠牙巨口，遍體皆毛；將身一伸，天即漸高，地便墜下，而天地更有相連者，左手執鑿，右手持斧，或用斧劈，或以鑿開，自是神力。久而天地乃分，二氣升降，清者上為天，濁者下為地。自此而混茫開矣，即有太極生兩儀，兩儀生四象，四象變化，而庶類繁矣，相傳首出御世。從此，昆多崩娑那立一石碑，長三丈，闊九尺，自鐫二十字於其上曰：『吾乃盤古氏，開天闢地基。』……」顯然，這裡的盤古即佛界英雄，已經不是原始大神了。

值得注意的是，盤古作為一種神話概念，在徐整的記述中，與「三才五行」的概念緊密相關，而太行山被稱作五行山。在一些方志、筆記中，盤古故事自然與太行山聯繫在一起。也就是說，早在三國時期，徐整就用「三五學說」解釋盤古故事。那麼，盤古與五行文化有什麼關聯呢？

《三才圖會．太行山圖考》記述：「太行山在河南彰德府城北二十里，其山綿亙數千里，峰谷巖洞，景物萬狀，為中州巨鎮。」

《河南通志》之《山川」記述道：「太行山在懷慶府城北二十里，其山西自濟源，東北接河內修武、衛輝、林縣至磁州界。……《禹貢》：『太行、恆山至於碣石，亦相聯屬之意。』」

《古今圖書集成．方輿彙編．山川典》第四十七卷《太行山部》記述：「黑石嶺郡南八十里，太行絕頂，登其上，中原在目矣。」

顧起元《名山記》（《古今圖書集成．山川典》第四十八卷）記述：「《山海經》云：『太行山一名五行山。《列子》作太形。則行本形也。』《河圖括地象》云：『太行天下之脊。』郭緣生《述徵記》：『太行首始河內，至幽州，凡有八陘。』崔伯易《感山賦》：『上正樞星，下開冀方。起為名丘，妥為平岡。巍乎甚尊，其名太行。蓋趁韻之誤耳。』」

《古今圖書集成．山川典》第四十七卷《陽城縣誌．山川》有「太行山部」記述：「太行山，在縣東南，與析城、王屋諸山相連亙。《山海經．北次山經》之首曰太行之山。……《河圖括地象》云：『太行天下之脊。』《博物誌》曰：『太行山北不知山所限極。』朱子曰：『太行自崑崙北支西南行，歷並、冀、三晉抵河東。』《丹鉛錄》曰：『太行山一名五行山。』《一統志》云：『山勢綿亙數千里，雖因地立名，總皆太行。』《省志》（山西）曰：『太行，中原望鎮也。』」

河南濟源有盤古寺，存光緒二十九年（一九〇三年）重陽日所立碑石，載《盤谷寺考》，記述：「邑北盤谷寺，舊有關聖殿一座，地宮母廟三楹，不知創於何時。至我朝高宗純皇帝敕重修。現有碑記可考，不復敘。迄今時遠年湮，廟宇復為傾頹……佛殿一座。」同時，筆者注意到，近年流傳的《伯希和西域探險日記》，記述中國西北地區也有盤古故事。盤古神話的形成肯定有自己的特殊背景，而其與民間傳說的緊密結合，又形成新的神話時代內容。這些內容非常複雜，是否屬於原始文明的遺存呢？

湖北神農架發現的《黑暗傳》，保留了許多與盤古相關的內容：

一

混沌之時出盤古，
鴻蒙之中出了世，
說起盤古有根痕。
當時乾坤未成形，
青赤二氣不分明，
一片黑暗與混沌，
金木水火土，
五行未成形。

乾坤暗暗如雞蛋，

迷迷濛濛幾千層。

不知過了多少年，

二氣相交產萬靈，

金木水火是盤古父，

土是盤古他母親。

盤古懷在混沌內，

此是天地產育精。

二

盤古分了天和地，

天地依然是混沌，

還是天黑地不明。

……

見座高山毫光現，

……

盤古用斧來砍破，

一輪紅日現出形。

裡面有棵扶桑樹，

太陽樹上安其身；

太陽相對有一山，

劈開也有一洞門。

洞中有棵梭羅樹，

樹下住的是太陰。

三

盤古得知天皇出，
有了天皇治乾坤。
盤古隱匿而不見，
渾身配與天地形。
頭配五嶽巍巍相，
目配日月晃晃明。
毫毛配著草木枝枝秀，
血配江河蕩蕩流。
頭東腳西好驚人，
頭是東嶽泰山頂，
腳在西嶽華山嶺，
肚挺嵩山半天雲，
左臂南嶽衡山林，
右膀北嶽恆山嶺，
三山五嶽才成形。

四

陰陽五行才聚化，
盤古懷在地中央。
懷了一萬八千歲，
地上才有盤古皇。

《黑暗傳》具有道教文化的成分，但這並不影響盤古神話故事的流傳。盤古神話時代的發展，一方面是原始文明的自然遺存，更重要的是與其他文化一起形成文明生態環境。這是中國神話流傳與存世的重要特徵。

一九八〇年代，一批中原學者走進荒野，調查到大量珍貴的盤古故事，為中國神話傳說研究取得重要突破。如：

盤古寺 [10]

王屋山東邊有座山，山半腰有座古廟，叫「盤古寺」。據說，這座高山，就是盤古出世的地方。

傳說盤古沒有爹，也沒有娘。他是從一個混混沌沌的大雞蛋裡生出來的。

盤古在這個大雞蛋裡孕育成人以後，睡了一萬八千年，才醒了過來。盤古心裡憋悶得慌，渾身像被繩子綁著一樣不好受。他想活動筋骨，手臂一伸，腿腳一蹬，「咔嚓」一聲，大雞蛋就被蹬碎啦。

盤古睜開眼睛一看，上下左右，黑忽忽的一團，四面八方沒有一點亮光，啥也看不見。盤古一急，掄起拳頭就砸，抬起腳就踢。

盤古的手臂和腿腳又粗又大，像鐵打的一樣。他這一踢一打不打緊，凝聚了一萬八千年的混沌四周，都給踢打得稀里嘩啦。三晃兩晃，緊緊纏著盤古的混沌黑暗，輕的東西慢慢地飄動起來，變成了藍天；重的東西慢慢下降，變成了大地。天和地裂開了一條縫。

天地一分開，盤古覺得舒坦多了。他長長地透了口氣，就一骨碌坐了起來。可是縫太小了，天在上邊壓著他的頭，地在下邊擠著他的屁股，站不起來。

盤古怕天地再合起來，就手撐天，腳蹬地，猛一用力，又把天撐開了一截。盤古站直了，身子一天長一丈，天地也一天離開一丈。又過了一萬八千年，盤古長成了一個高九萬里的巨人，天地也被他撐開了九萬里。這

[10] 張振犁與程健君編。《中原神話專題資料．太行山地區盤古神話》。中國民間文藝家協會河南分會，一九八七年編印。

就是人們說的「九重天」的來歷。

盤古開天闢地，耗盡了心血，流盡了汗水，不久就累死了。

盤古心眼好，臨死前，心裡還想著：光有藍天、大地不行，還得在天地間造個日月、山川、人類、萬物。可是他已經累倒了，再不能親手造這些了。最後，他只說了一句：「把我的身體留給世間吧。」然後就死了。

說也奇怪，盤古死後，真的實現了。

他的左眼，變成了又圓又大又明亮的太陽，高掛天上，日夜替大地送暖；右眼變成了明光光的月亮，替大地照明。他睜眼時，月兒是圓的；眨眼時，成了月牙兒。他的頭髮、鬍子變成了密密麻麻的星星，撒滿藍天，伴著月亮走，跟著月亮行。

他嘴裡撥出來的氣，變成了風、雲、霧，使得萬物生長。

他的聲音，變成雷霆閃電。

他身上的肉變成了土地，筋脈變成了道路。

他的手足四肢變成了高山峻嶺，骨頭、牙齒變成埋藏在地下的金銀銅鐵、玉石寶藏。

他的血液變成滾滾江河，汗水變成了雨露。

他的汗毛變成花草樹木。

他的精靈變成人畜鳥獸魚蟲。

從此，天上有了日月星辰，地上有了山川樹木、人畜鳥獸。人們管理著萬物，天地間從此有了世界。

盤古砸碎的那個混混沌沌的雞蛋殼，被高山壓在下面，日子久了，就變成了薄薄的、一層疊著一層的石頭。這石頭細膩光滑，做出硯臺，不滲水、不滲墨，研一次墨，放一年也不會乾。傳說這就是孕育盤古成人的混沌雞蛋殼變成的硯石。後人為了紀念盤古開天闢地、創造萬物的功勞，就在這裡修建了「盤古寺」，說這裡是他出世的家鄉。年代久了，人們說多了，就把「盤古寺」叫成了「盤谷寺」。

講述人：程玉林，男，七十歲，濟源城關，小販

整理人：繆華、胡佳作

時間：一九八一年七月十五日

流傳地區：太行山

天書緣[11]（盤古令）

傳說，離天宮不遠的地方有一棵大樹，樹下有座漂亮的房子。房子兩頭各住一人，男的叫祖先，女的叫姑娘，他倆是天上的金童玉女，天齡兩歲。

一日，祖先對姑娘說：「姑娘妹妹，我們整天在這裡砍柴修枝，多孤寂啊！不如撥開一層層的樹枝，往雲海下游游，看看雲海下到底是什麼樣子吧！」

姑娘說：「祖先哥哥，我也是這麼想的，只是這一層層的樹枝遮擋得像一層層的圍牆一樣，你前邊砍倒一枝，後面就又冒出一枝，啥時才能砍出通往雲海的路呢？」

祖先說：「我砍倒一枝，妳就用唾沫在楂口上抿一下，它就不會發芽了。」

姑娘說：「好！祖先哥哥，你是怎樣知道的呀？」

祖先回答說：「有一次，我去天宮煉丹爐旁送柴時，那個煉丹大仙交代我，莫在砍過的樹楂上抿唾沫，就能保持這棵大仙樹永發青芽。」

說著說著，祖先掄起斧子砍了起來。祖先在前面砍，姑娘在後面抿，很快見到雲海了。

---

[11] 張振犁與程健君編。《中原神話專題資料．桐柏山地區盤古神話》。中國民間文藝家協會河南分會，一九八七年編印。

祖先和姑娘剛踏入雲海，怎麼會不斷地直直往下落？原來，他們沒穿登雲鞋，沒辦法控制自己的身子。

落呀落呀，祖先落在桐柏山內的一個山頭上；落呀落呀，姑娘落在桐柏山內的另一個山頭上。二人誰也不知道對方落到哪兒去了。

他們正在昏迷時，不知是老天爺託夢給他們，還是老天爺派天神來傳令，說他們私自下凡，違犯了天規，本該處死。但念起過去的功勞和開闢天地的業績，才免一死。不過，必須各自守護著自己的山頭，在地上修練六千五百七十年，長足天齡二十歲，才能自由自在地在地上生活。

祖先和姑娘昏迷中醒來以後，就嚴守天規，各自守衛著自己的山頭，抱著一扇磨，修練起來了。

祖先在東山，盤坐在一扇磨盤邊修練。過了十年，磨盤上鍊出一道磨齒。就這樣，一直守了六千五百七十年，磨盤上鍊成了密密麻麻數不清的磨齒。

姑娘在西山，盤坐在一扇磨盤邊修練。過了十年，磨盤上鍊出一道磨齒。就這樣，守了六千五百七十年，磨盤上也鍊成了密密麻麻數不清的磨齒。

地上的六千五百七十年，就是天上的十八年。按天上的時辰，祖先和姑娘都滿二十歲了。

六千五百七十年的最後一天過去了，東山的祖先起身了。

六千五百七十年的最後一天過去了，西山的姑娘起身了。

他倆誰也不知道對面山上有人，只知道陪著自己的是一盤磨，也不知道天下其他地方是什麼樣子，也不知道除自己外，還有無別人。

祖先想，我要用磨盤滾出一條路，順路下山，看看山下的其他地方是什麼樣子。

姑娘想，我要用磨盤滾出一條路，順路下山，看看山下的其他地方是什麼樣子。

祖先將磨盤向東山的西坡滾，樹木閃路，草叢伏地，百花相映。此刻他覺得對面山上好像有什麼動靜似的。

姑娘將磨盤向西山的東坡滾，樹木閃路，草叢伏地，百花相映。此刻她覺得對面山上好像有什麼動靜似的。

祖先順著磨轍向山下走。

姑娘順著磨轍向山下走。

祖先見對面山上也滾下一扇磨盤，兩扇磨盤往同一處滾。

姑娘見對面山上也滾下一扇磨盤，兩扇磨盤往同一處滾。

這時，只聽見「咔嚓」一下，兩扇磨盤合攏了，扣得密不透風的。

祖先見到了合攏的磨盤。

姑娘見到了合攏的磨盤。

祖先見到了姑娘，姑娘見到了祖先。

他倆都在想：原來凡間不只是我一個人呀！

「她是個女的？」

「他是個男的？」

「妳叫什麼呀？」

「你叫什麼呀？」

兩人都說不清自己的名字，祖先說：「我盤坐在東山由來已古，什麼也記不得了。」姑娘說：「我盤坐在西山由來已古，什麼也記不清了。」

祖先說：「我是男的，妳就叫我盤古人算了。」

姑娘說：「我是女的，你就叫我盤古女算了。」

二人異口同聲地說：「乾脆我們結成兄妹吧！」話音落地，正是日頭當午，突然天上飄下一張紙。這張紙不偏不歪正好落在磨盤上。祖先和姑娘拿起一看，上寫「天書落地正當午，祖先姑娘稱盤古，滾磨合攏就成親，莫稱兄妹稱夫婦」四行字，後邊還蓋有老天爺的金璽。

二人剛看罷，旋風一陣，這張天書飛往東山頂上。天書落地的地方，起來一片瓦舍。據說，這是老天爺為盤古爺和盤古奶造的新房。

不知過了多少年，人類繁衍以後，這片房舍被稱為盤古廟了[12]。這座山呢，被稱為盤古山了，盤古爺和盤古奶的故事也就越傳越廣了。

講述人：南陽平氏縣（鎮）一李姓木匠

整理人：馬卉欣、王英布

時間：一九八一年十月

流傳地區：河南南陽、湖北襄樊

河南南部的盤古山位於桐柏山地區，許多地名與盤古相關。如地方民眾講述：

「盤古原先下來坐在現在盤古山東面的山頭上。因為盤古身體巨大，一坐上去，山就被壓歪了。後人就把這座山叫歪頭山。後來，盤古離開這座山去西邊不遠的山上坐下來，這就是如今的盤古山。」

「鬧水災以後，盤古爺坐在黃山包上，比太白頂還高三尺。他屁股底下坐了九條龍，水下去了。過了一段時間，盤古爺想看看水淹得還有多深。他一走，九條龍跑了八條。跑哪兒去了？跑到南邊去了，一直去到漢口。所以，盤古山又叫九龍山。遠處都知道叫九龍山，近處都叫盤古山。」

「盤古兄妹開始生活，沒有穿衣服。一日，二人走到水邊，看見自己水中的影子，覺得很醜，又沒有什麼辦法。正在這時，樹上落下幾片葉

[12] 現今的桐柏山與盤古山因為行政區域劃分關係，形成不同地域的盤古故事。在歷史上，桐柏與泌陽同屬於南陽，而盤古山和盤古廟在桐柏山主峰太白頂往北五十公里處。

子，貼在妹妹身上。又飛下幾片葉子，護在盤古身上。盤古用七片葉，妹妹用九片葉。二人都用葛條纏了一纏，從此，盤古兄妹有了衣服。盤古兄妹有衣服了，很感激這種樹，想讓這種樹趕快結果，可這種樹就是不開花。盤古著急地說：『多懂人情的樹，快結果吧！』話音一落，樹真的結果了。妹妹又高興又奇怪地說：『這是無花果呀。』從那時起，無花果不開花授粉便結果。」等等[13]。

《古今圖書集成・山川典・泌水部・匯考》記述：「泌（沘）陽故城南有蔡水，出盤古山，亦曰盤古川。西北流注於泌（沘）水。」

光緒《泌陽縣誌》記述：「盤古山。在泌陽縣南三十里，蔡水出焉。本名盤山，後訛為盤古山，因建盤古氏廟。」

光緒《桐柏縣誌》引〈大復山賦〉記述：「昔盤古氏作，茲焉用宅。是以濁清判，三紀揭，洞開，明劃日月。厥山既形餘乃發。故爾上冠星精，下首地絡。聚膏以為崇，滲洩以成川。竅若浮肺，萬谷瀵旋，神瀑湧焉。飛流崩崖，走壑蹴石。噴雪釘鍾，礲砰鏗鍧。迅霆擊虹，震於太空。若其勢磅礴，逆折狀若胎簪。嵩首殿其北，荊沔包其南。右枕熊耳之巔，左朝桐柏之山。」

民間傳說的流傳依賴於受眾，而受眾的知識結構往往具有共通性，即文字與口頭共同構成地方文化。以往更多強調神話傳說的講述者來自不識字的群體，從而認定他們的講述更有價值，這是非常偏頗的。

盤古神話的核心內容是開天闢地，造就人類生存的自然環境。而故事的流傳卻形成各具地方風物的特色故事，並融入許多洪水故事，這是盤古神話能夠流傳於世的重要因素。其中，盤古兄妹婚神話的傳說化尤其值得注意：

---

[13] 張振犁與程健君，編。《中原神話專題資料・桐柏山地區盤古神話》。中國民間文藝家協會河南分會，一九八七年編印。

盤古兄妹婚[14]

一

我還是小孩時，老一輩子人都在傳哩，聽說盤古那時天塌地陷。咋會天塌地陷呢？因為下紅雨，下了七七四十九天，下得沒人煙了。

咱這裡的人是從哪裡來的呢？是從山西洪洞縣遷來的。

有姊妹倆在山上一起生活。後來，姊妹倆說成親，滾磨定親。從頂上往下滾，石磨到山底下，「啪嚓」合住了就成親，合不住就不成親。那一扇滾到陝西去了，這一扇滾到大河南這村兒。這個村就叫大磨，一盤青磨很大，下面刻的還有花兒。

人們說：姊妹倆沒成親。

姊妹倆在山上咋辦哩？沒人煙了，就做泥巴人，往下傳。這是小時候聽說的，不假麼！

做泥巴人，下雨了，拿不及，有的眼碰爛了，腿碰瘸了。所以世界上有這些人。

盤古山，每年三月三古來大廟會，外地來的人擰成繩往上上，打著旗，像樹葉子一樣，吹著響器，一班離不了一班，打著鑼。再多的人，上去幾十萬，地方不大，再多都得下了。

山上盤古廟，蓋的有閃棚，有捲棚，有大殿，兩邊有廊當，棟梁是石頭造成的。前頭沒牆，三間大殿，裡面有盤古的像，又大又胖，泥塑的。身穿葫葉，腰束葛條。光腳丫，沒鞋。窮人多，沒啥穿麼！

講述人：席志有，男，七十歲，粗通文字

採訪錄音：中原神話調查組，張振犁、程健君、馬卉欣

[14] 張振犁與程健君，編。《中原神話專題資料．桐柏山地區盤古神話》。中國民間文藝家協會河南分會，一九八七年編印。

時間：一九八四年十二月二十二日

地點：泌陽縣陳莊鄉大磨村

二

古時候大磨人說，盤古小時候上學。一天，走到石獅子跟前，石獅子跟他說：「要天塌地陷，恁回去要讓恁媽烙饃，拿來擱我這裡。天塌地陷，恁鑽我這肚子裡，我給你攢著。」

時候長了，盤古爺給它拿的饃也不少了。回回拿，回回拿。天塌地陷了，石獅子張開嘴，姊妹倆也鑽到它的肚裡去了。

天塌地陷之後，石獅子說：「天塌地陷過去了，恁倆出來吧！」

盤古爺姊妹倆出來了，沒人煙了，就他姊妹倆。姊妹要成親。說是這兩盤磨，滾到一塊合住就成親，滾不到一塊，合不住不成親。那一扇磨滾到陝西去了，這扇磨滾到大磨去了，他姊妹倆算成了親了。

後來，姊妹倆就捏泥巴人兒。天陰了，有的上午翻，往屋裡搬。有的沒有翻，眼看搬不過去，就往一堆兒掃起來了。後來，世上的好人、健全人，都是搬攎的；不好的，瞎的、瘸的、羅鍋腰子，都是後來雨下大了，搬不及、攎不及了，用掃帚掃的人兒。

如今所說的人是灰人兒、灰人兒，恁咋洗也洗不乾淨，就是因為人原先是泥巴捏的。

以後，每年在盤古山，三月三有廟會。都說盤古爺是人根之祖。會上人多得很，熱鬧。車從馬桿嶺可卸到老車場。唐縣、桐柏、泌陽各縣的人都來趕會。

盤古山上會時有戲，燒香的、看景緻的人可多了。

天旱了，大磨街把大磨一支起來，盤古就可以下三場時雨。會罷，山上有屎尿，很髒，要下一場淨山雨。唱十年戲，不下雨最多三次。

講述人：石太秀，男，六十六歲，識一些字，農民

採訪錄音：中原神話調查組，馬卉欣、程健君、張振犁

時間：一九八四年十二月二十二日

地點：泌陽縣盤古山北麓擂鼓臺村

三

先時候，有個小孩見天上學。到半路上，見一個石獅子站在那裡，張著大嘴。小孩說：「石獅子，你是不是要吃我？」石獅子說：「我不吃你。」小孩問：「那你張著嘴幹什麼？」石獅子說：「你只要往我嘴裡放個饃，我就合住了。」真個哩，這個小孩連忙把自己帶的一個饃放在石獅子嘴裡，石獅子的嘴也就合上了。

停了好長時間，小孩他姐見這個小孩見天多拿一個饃，就不依他了。

他姐嚷他說：「你見天多拿個饃給誰吃？」小孩沒法了，只好說：「我給了石獅子吃了。」小孩他姐又問：「石獅子還會吃饃？我不信！」於是小孩就把當時情況說了一遍。他姐給他說：「你明天去了，問問它為什麼吃個饃！」真個哩，小孩第二天上學去，在半路上見到石獅子張著口，就問：「你見天吃個饃幹啥哩？」石獅子說：「再一百天就要天塌地陷了，你誰也甭給別人說。我現在吃你的饃，都在我肚裡存著哩，到一百天頭上，吃了清早飯，你趕快跑來，鑽到我肚子裡，就不會死了。」

小孩回去把這話跟他姐說了說，姐姐叫小孩幫她也拿去個饃。真個哩，這小孩見天拿去倆饃。他還有一個後娘，見天虐待他姊妹倆，他們沒給她說。真個哩，到一百天頭上，吃了清早飯，他倆就跑。他後娘不知是咋回事，就在後頭攆。到石獅子跟前，小孩抓著拱了進去，他姐也跟著拱了進去，等到他後娘也去拱時，石獅子馬上把嘴合著了。霎時間，天「咕咚咚」塌下來了，地也陷了。他後娘也叫砸死了。

姊妹倆在獅子肚裡住著。裡面也有一出院子，他們拿的饃也都在屋裡放著。有好饃，有花捲，也有黑饃。他們啥都吃，沒事了，就用泥巴捏人

玩。裡面也會颳風下雨，一變天，收不及了，他們就用掃帚往屋裡掃。有的眼扎瞎了，有的掃得缺手臂少腿的。

等住了一百天，石獅子的口開了，他們往外一瞅，天也長好了，藍絲絲的，地也長好了，平展展的，他們就出來了。出來了，也沒人煙哪，咋過哩？石獅子給他們一本書，翻開一看，上面說找個好日子，叫他們結婚。姐弟咋結婚呢？書上說弄兩扇磨，東山一扇，西山一扇，往一塊滾，要是能合住，就結婚。真個哩，他們跑到東南山弄磨一滾，真個合著了，於是他們就結婚了。一結婚，就開始生育。由於他們從前做的泥人啥號哩都有，生的人也各式各樣，於是人又多起來了。他們倆是人類的老祖先。人們叫他們盤古爺、盤古奶。

講述人：趙成先，男，二十歲，河南大學學生

時間：一九八二年五月

地點：南陽社旗縣

四

很早以前，有倆上學的是姊妹倆。老大是個小兒，老二是個妮兒。後來，時候長了，倆人上學走的路上，有個石獅子。他們經常走來走去。石獅子見了她姊妹倆會說話兒，見了別人不會說話兒。

後來，石獅子跟姊妹倆說：「將來有一天要有大災大難哩。到時候，恁倆藏在我的肚子裡頭。將來為了恁吃，這會兒要經常給我拿點饃，將來恁倆好吃。」

姊妹倆可聽話兒，每天上學偷塊饃。偷一塊都放到獅子肚裡。時間一長，堆的饃也不少了，數也沒得了。

這一天到了，她倆就從石獅子的嘴裡鑽到肚子裡了。後來天下大雨，沒鑽的人都淹死了，所有的動物都不存在了。水消了以後，只有盤古爺和盤古奶兩個人。

以後，她倆在大山上度日。吃的是茅草根，穿的是葫葉，對對乎乎能穿到身上。腰裡束的葛草根，叫起（勉強）能維持住生命。

後來，不對呀，世上沒人了。還是盤古爺提出要求來：「乾脆咱倆成親算了。」盤古奶奶不願意。盤古爺說：「那就算了。咱弄上一對磨扇子，我拿一扇從這山頭上往下骨碌，妳拿那一扇子從那山頭上骨碌。中間一道溝，往下滾，合住了就成親，合不住，就算了。」

兩人費了很大氣力，把磨弄到山脊上。弄好以後，就一路往下骨碌，到底下以後，看好合得應。兩人就成親了。

二人成了親以後，照常度日。可是，兩個人生太慢，生得快也不中。那得生多少人！二人乾脆捏泥巴人算了。

兩人在盤古山上面，捏了許多人，院子裡晒的都是人。整個山尖上到處都是泥巴人。突然颳大風，下大雨啦！開始沒下雨，還是一個一個往裡挪。這時挪不及了，沒法了，就用掃帚掃。一掃掃成堆。有的手臂掃斷了，有的眼睛掃瞎了，有的腿斷了。現有的瞎子、瘸子等等都是掃的了。

講述人：劉太舉，男，二十三歲，中學文化，大隊團支書

採訪錄音：中原神話調查組，馬卉欣、程健君、張振犁

時間：一九八四年十二月二十二日

地點：桐柏縣盤古山南麓黃楝溝

五

古時候，兄妹倆上學。天塌地陷。石獅子救盤古兄妹。

盤古與妹妹滾磨結婚時，石磨滾下去迸有火花，碰到哪裡，都開花。

當時，石磨沒有合嚴，一隻烏龜走過來一碰，就到一起了。

盤古還是不答應成親。一生氣，掄起一扇石磨就扔到陝西西大山去了（有的說扔的地方是西峽、魯山）。

盤古當時怪烏龜多事，就把龜蓋砸碎了。三姑娘一見烏龜被砸了，就大哭起來。

原來，石獅子說媒，想叫盤古與妹妹結婚。盤古對妹妹說：「妳能把爛龜蓋兒起來，就結婚，兒不起來，就不結婚。」

果然，後來三姑娘忙了一晚上，就把烏龜蓋兒成了四十五塊。烏龜又活了。

這樣，盤古兄妹就成了親。

如今，人們到四十五歲，就迴避，原因就是如此。

講述人：姚義雨，男，四十歲，桐柏縣安棚鄉農民

轉述人：馬卉欣，桐柏縣文化館工作人員

時間：一九八四年十二月二十二日

地點：桐柏縣招待所

採訪錄音：中原神話調查組，張振犁、程健君

六

盤古的妹妹，原來是玉皇大帝的三女兒。見盤古開天闢地很辛苦，一個人很孤單，就下凡來到盤古山，做了盤古的妹妹，補天，一塊過日子。

原來，天上有一個天將想娶玉皇的三姑娘為妻。玉皇三女兒不答應，下凡走了。天將很生氣，想懲罰盤古兄妹。

一天，這個天將趁玉皇大帝不在，就約一道人撕破天河，用洪水淹沒了世界。

因此，盤古兄妹才補天的。

講述人：黃發美，桐柏縣人，六十一歲，男，善講故事

轉述人：馬卉欣，桐柏縣文化館工作人員

採訪錄音：中原神話調查組，程健君、張振犁

時間：一九八四年十二月二十二日

地點：桐柏縣招待所

七

盤古爺和盤古奶成親了，捏了好多泥人。後來，泥人都活了，就問盤古奶奶人的來歷。

盤古奶奶害羞就走了。

盤古奶奶去西大山走時，前邊有蛤蟆、長蟲磕頭送行。

據說，盤古山上有一條朝西方向的路，就是盤古奶奶下山時走的路。

講述人：楚新餘，二郎山鄉文化站大河文化員

轉述人：馬卉欣，桐柏縣文化館工作人員

採訪錄音：中原神話調查組，張振犁、程健君

時間：一九八四年十二月二十二日

地點：桐柏縣招待所

八

盤古兄妹上學，路上見一石獅子。

一天，石獅子叫兄妹給它帶饃。二人答應。每天帶兩個饃，放到石獅子嘴裡。

過了好久，有一天，石獅子給兄妹說：「趕快鑽到我的肚裡來吧！要天塌地陷了。」盤古兄妹鑽到石獅子肚裡，每天吃過去放的饃。

洪水過後，石獅子讓二人出來。

天下這時沒有人了。盤古的妹妹說：「咱倆成親吧？」盤古不答應。他們問石獅子。石獅子讓二人滾磨成親。盤古見兩塊石磨合在一起了，很

惱，掂扇石磨就扔到西大山去了。

盤古兄妹成親後，為繁衍後代人煙，就捏泥人。泥人長大了，就問人的來歷。盤古奶奶害羞，不好意思說兄妹成親，就一個人和盤古爺爺分開去陝西西大山走了。

有的說：盤古奶奶去南召、魯山去了。也有的說：盤古奶奶去了豫西嵩縣石門鄉。那裡的石磨和磨村的磨正是一對。那裡的人還專程來大磨村查對過石磨的情況。

每年三月三日有三至五天廟會，十分隆重，人山人海。

講述人：馬獻占，男，六十五歲，農民

採訪錄音：中原神話調查組，馬卉欣、程健君、張振犁

時間：一九八四年十二月二十一日

地點：桐柏縣盤古山南麓黃楝溝

九

人多壓塌地。

從前有個時候，人很多。多得連鬼也沒有了，神也沒有了。什麼都沒有了。到處都是人，差不多和現在一樣。

有一家，姐弟兩個。弟弟上學，姐姐在家。

這一天，弟弟去上學，走到半路上，被一個鐵獅子攔著了。鐵獅子說：「你得每天上學走這裡，給我拿個饃，我給你說啥時候天塌地陷。」

弟弟不吭氣，鐵獅子又說：「你不答應我，你今兒不得走。」

弟弟只好答應了。

以後，弟弟每天上學都偷偷地揣個饃，給鐵獅子吃。

時間一長，姐姐發現了，就問弟弟說：「你見天吃得飽飽的，為什麼還偷饃？給誰拿哩？」

弟弟說：「我自個晌裡餓了吃。」

「老師叫你吃？」

「我偷偷吃，不叫老師知道。」

「饃涼吃了會生病，以後不得吃饃。」

弟弟被逼得沒法了，只好說一個鐵獅子攔著路，叫他給它拿饃吃，它好給他說啥時候天塌地陷。不哩，不叫他走。姐姐不信，說：「明兒你多拿點饃，我也去。」

到了第二天，姐弟倆都去了。鐵獅子說：「啥時候我眼裡流血，啥時候天塌地陷。」

誰知這話叫殺豬匠聽見了。殺豬匠不相信，心裡說：我弄點豬血抹到它的眼裡，看會不會天塌地陷。於是，他就弄了點豬血，抹到鐵獅子眼上。

弟弟一見，趕緊跑回家，拉著他姐姐就跑。邊跑邊說：「到時候了，要天塌地陷了。」

跑到鐵獅子跟前，鐵獅子張開大嘴，弟弟拉著姐姐的手爬了進去。殺豬匠跑來也要往裡爬，鐵獅子的嘴合住了。

這時，天可就爛了。「噗嗒！」「噗嗒！」一塊一塊往下掉。地也化成了水。殺豬匠也陷到地裡去了，別的人也陷到地裡去了，啥都陷到地裡去了。

姐弟倆在鐵獅子肚裡，餓了啃饃吃。原來，鐵獅子把饃都藏在這裡預備著。

不知過了多久，姐弟倆問：「地繄著沒有？」

鐵獅子說：「沒有。」

過了一會兒，姐弟倆又問：「地繄著沒有？」

「沒有。」

又過了一會兒，姐弟倆又問：「地縏著沒有？」

「縏著了，就是北邊還有一塊沒有縏著。」

「拿冰塊堵住算了。」

於是，北邊就比南邊冷。

姐弟倆出來以後，地上什麼也沒有了，就用刺把樹葉穿起來當衣服穿。沒有東西吃，就吃野果子。

後來，山上颳起了大風，樹碰著樹，磨出了火，燒著了樹，也燒熟了果子。姐弟倆撿起燒熟的果子吃，覺得比生的好吃。又用水煮，覺得更好吃，就把火藏起來，學會了用火。

地上沒有人，姐弟倆就用泥捏，捏了很多很多人，把長得好的配成一對，把長得賴的也配成一對。

颳風下雨了，人推人，人擠人，爭著往屋裡跑。結果，踩斷了這個手臂腿兒，踩瞎了那個眼，碰壞了那個臉。人們就成了瘸子、瞎子、麻子。

人還少。盤古奶要姐弟倆也配成夫妻。弟弟不同意，說：「哪有姐弟倆是夫妻的哩？」

姐姐就想了個主意，說山上一盤磨，從山上往下推。要是兩扇磨滾到山下合到一起，姐弟倆就配夫妻，要是合不到一起就算了。

弟弟想：「恁高一座山，恰好就合到一起了？」於是就同意滾磨了。

姐弟倆一人推一扇磨：弟弟滾上扇，姐姐滾下扇。兩扇磨骨碌碌從山上到山下，「哐嗒」一聲，整整齊齊合到了一起。弟弟一看，沒什麼話說了，也就和姐姐配成了夫妻。

盤古爺怕地上人多了，再天塌地陷，就把一扇磨扔到大磨山（村），一扇磨扔到了陝西。要人間夫妻分離，少生點人。人們到東南山上去拉柴，就能看到大磨山那扇大磨。可誰也數不過來有多少齒齒。

講述人：申風芝

記錄人：張明理

時間：一九八六年七月十四日

地點：唐河縣

這種典型的人類再造故事模式，適用於講述許多故事。但是，它如何融入盤古、女媧、伏羲等神話傳說元素，還需要深入研究。這些故事的記錄並不是在一九八〇年代才開始，早在一九三〇年代林蘭等蒐集整理《民間故事》時就已出現，只是在當時並沒有足夠的學術知識。現今認同這些內容的價值時，才有相應的「發現」，這也是中國民間文學研究的不足之處。

不獨南方有盤古神話，北方——尤其是中原地區——也廣泛流傳。如桐柏縣的盤古山每年三月三有廟會，合於中國古代的上祀節。中原腹地西華縣、甘肅張掖等地也發現盤古遺跡「盤古城」，太行山濟源等地的盤古廟至今奉有香火。

盤古之神在各地都贏得開闢天地的讚頌，展現出深厚的民族感情。把這些內容概括為「盤古時代」，可以更清晰地看到浩如煙海的神話傳說之間錯綜複雜的連繫。更重要的是，透過盤古神話，可以從中看到中華民族億萬子孫在歷史發展中血肉相連的深情厚誼，以及勇於開拓、勇於犧牲的大無畏精神。

盤古神話代表著古老的民族精神，其核心內容就是開拓（開天闢地）、奉獻（化生萬物），激勵著人們去創造更美好的生活，為全人類的進步與發展做出更大的貢獻。

盤古時代是中國神話時代的第一個階段，象徵著中國神話系統的形成，並顯現出豐富性。不僅從古代文獻典籍中可以看到一系列的神話時代，而且能從浩如煙海的民間傳說——即活的口頭作品——中看到，這是中華民族的光榮和自豪。

第三節　女媧時代

女媧是傳說中的民族母親神，其主要神性業績在於「補天」和「造人」，並打開了人類的文化活動。如果說盤古時代是一個開闢時代，那麼女媧時代就是創造時代。

女媧神話集中了中華民族最神聖也最親切的情感。補天，是生存的基礎；造人，是生命的起源。文獻材料中的女媧具有多種身分，其神話遺跡分布甚廣。

女媧補天故事詳細記述在《淮南子．覽冥篇》中：「往古之時，四極廢，九州裂；天不兼覆，地不周載；火炎而不滅，水浩洋而不息。猛獸食顓民，鷙鳥攫老弱。於是，女媧煉五色石以補蒼天，斷鰲足以立四極，殺黑龍以濟冀州，積蘆灰以止淫水。蒼天補，四極正；淫水涸，冀州平；狡蟲死，顓民生；背方州，抱圓天。……當此之時，禽獸蝮蛇，無不匿其爪牙，藏其螫毒，無有攫噬之心。考其功烈，上際九天，下契黃壚；名聲被後世，光暉燻萬物。乘雷車，服（駕）應龍，驂青虯，援絕瑞，席蘿圖，絡黃雲，前白螭，後奔蛇，浮游消搖，道鬼神，登九天，朝帝於靈門，宓穆休於太祖之下。然而不彰其功，不揚其聲，隱真人之道，以從天地之固然。」

《博物誌》卷一：「天地初不足，故女媧氏練五色石以補其闕，斷鰲足以立四極。其後共工氏與顓頊爭帝，而怒觸不周之山，折天柱，絕地維，故天後傾西北，日月星辰就焉。地不滿東南，故百川水注焉。」

李石《續博物誌》卷五：「女媧之功烈，上際九天，下契黃壚，名聲被後世，光暉燻萬物。乘雷車，服應龍，驂青虯，席蘿圖，震黃璐，援絕瑞，前白螭，後奔蛇。」

其造人故事首見於《風俗通義》，《太平御覽》卷七八引《風俗通》之〈佚文〉:「俗說天地開闢，未有人民，女媧摶黃土作人。劇務，力不暇供，乃引繩於泥中，舉以為人。」《事物紀原》卷一補充道：「故富貴者，黃土人也；貧賤者，人也。」被賦予神聖性質的言語方式通常存在於特定的宗教儀式中，也作為生活知識傳達的方式，解釋人的由來，這是創世神話流傳的普遍規律。

與之相關聯，形成許多獨具特色的神話遺址——女媧陵、女媧墓、女媧山、女媧城、女媧廟，是特殊的原始文化遺跡，也是地方民眾敬仰的文化聖地。文獻中相關記載很多，如《舊唐書》:「女媧氏陵，在城西四十里，墓在縣西南黃河中，後風姓因名陵堆。唐天寶十一載六月，閿鄉縣黃河中女媧墓，因大雨晦冥失所在。乾元二年六月，瀕河人聞有風雷聲，曉見墓湧出，上有巨石，石上有雙柳，時號風陵堆雲。」

《太平廣記》卷三九〇引《唐歷》:「潼關口河潭上有樹數株，雖水暴漲，亦不漂沒。時人號為女媧墓。唐天寶十三年五月內，因大風吹失所在。乾元二年六月，虢州刺史王晉光上言：『今月一日，河上側近忽聞風雷，曉見墳踴出，上有雙柳樹，下巨石，柳高各丈餘。』」

《太平寰宇記》:「風陵城在其下閿鄉津，去縣三里，即風陵故關也。女媧之墓，秦漢以來，俱系祀典。……然《九域》、《寰宇》，濟之任城東南三十九里，又有女媧陵。」

《河南府志》[15]:「女媧陵在閿鄉縣黃河濱。唐天寶末忽失。乾元初，復湧出。遂名風陵渡，蓋後風姓故也。」

光緒《閿鄉縣誌》:「天寶十一載六月，閿鄉縣黃河濱女媧墓因大雨晦冥，失所在。乾元二年六月，瀕河人聞有風雷，曉見其墓湧出。上有巨石，石上有雙柳，時號風陵堆。蓋女媧亦風姓。」「風陵渡，城西六十里北

[15] 施誠修、童鈺、裴希純、孫枝榮纂，乾隆四十四年（1779）刻本。

岸有風後陵，故名。」

康熙《開封府志》：「南十五里，上有伏羲廟。其西曰白玉嶺，有女媧祠。宋程顥詩：『仙掌遠相招，縈紆度石橋。暝雲生澗底，寒雨下山腰。樹色千層亂，天形一罅遙。吏紛難久駐，回首羨漁樵。』」

《古今圖書集成》第四〇四卷《職方典》：「媧皇廟，在唐王山，三月十八日致祭。」

《地理通釋．十道山川考》：「河北名山太行，在懷州河內縣西北，連亙河北諸州，為天下之脊。一名皇母，一名女媧。其上有女媧祠。」「秦漢之間稱山北、山南、山東、山西者，皆指太行。以其在天下之中，故指此山以表地勢。《正義》以為『華山之西』，非也。」

《澤州志．山川圖說》：「太行自崑崙北支入中國。」

《丹鉛錄》：「太行山一名五行山。」

《事物異名錄．坤輿．山》引《十道山川考》：「太行山為天下之脊。一名王母，一名女媧。」

《戎幕閒談》存宋崔伯易〈感山賦〉：「客有為餘言太行之富。其山一名皇母，一名女媧。或云：『於此煉石補天。今其上有女媧祠。』因感其說，為之賦。其辭曰：『仁智所依，仙聖其跡。其動能龍，非迅雷烈風不起；其出如風，非醴泉甘露不食。服皇媧之妙道，藏補天之神石；或餌術而採芝，或吞陽而嗽液；或偶懷於老易，引公和之餘韻，振文舉之歸策。』」

光緒《衛輝府志》引《寰宇記》：「太行山一名皇母山，一名女媧山。」

光緒《西華縣誌》記述河南西華女媧後裔思念女媧故都：「縣北二十里。《河南通志》云：『女媧氏遺民思故都，因以為名。』按《水經》云：『又東南過茅城邑之東北注入洧水，又南經一故城西，世謂之思鄉城。』人疑之即為思都崗。」

《陳州府志》保存明劉景矅詩歌：「客到女媧城，但見千年樹。古怪如蛇龍，恐逐風雷去。」其記述西華女媧城：「女媧城在縣西北十里。曹植贊曰：『古之國君，造簧作笙。人物未就，軒轅纂成。』

或云：『二皇人首蛇身。形化七十，何德之靈。』史女媧氏起於承匡之山[16]，都於中皇之山，葬於風陵。則此或所築之城而非所都也。」其記述西華八景之一媧城曉煙：「在縣東北十里。《東野紀聞》云：『陳之長平即女媧煉石補天處。』今有女媧城在焉。舊志以為女媧所築之城。故老相傳，其來已久。春夏之交，城上朝煙，繽紛在目。詩曰：『女媧煉石自何年？補足人間缺漏天。石屑化為城上土，常將五色幻朝煙。』」此處還提到甘肅天水等地區的女媧廟。

清道光《秦安縣誌》：「隴城又有媧皇故里坊，巡檢某所立。」

一九八〇年代，中原神話研究所做的田野考察中，一個明顯的特徵就是，講述的內容與女媧故事相聯，成為其神話背景的說明，即可以從這裡找到神話故事發生的依據。女媧神話時代不僅僅是以早期文獻為依據，應該涵蓋著後世傳說中的「文明遺跡」。

筆者曾在河南省西華縣思都崗地區採風，親身感受到這裡的女媧神話作為民眾信仰的一部分，呈現出以民間古廟會為文化集散地，擁有許多相關神話傳說的特徵[17]。從家譜等材料得知，這裡的居民多是明代洪武、永樂年間從山西遷移來的。其實，無論民眾從哪裡來，都會遵照本地的文化傳承，使得這裡的神話遺跡得到延續與發展。最為典型的例子是，河南西華思都崗女媧神話傳說形成獨具語域特色的神話群體[18]：

[16] 原注：承匡，春秋宋地，在今河南睢縣西。襄邑有承匡城。承注山，在山東濟寧縣南四十里。

[17] 見作者〈女媧城廟會採風思索〉，載《民間文學研究動態》一九八六年第一、二期合刊。

[18] 張振犁與程健君，編。《中原神話專題資料．思都崗地區女媧神話》。中國民間文藝家協會河南分會，一九八七年編印。

女媧補天

女媧是個女的。開天闢地的時候，天下淨是洪水橫流，氾濫於天下。草木茂密，草棵子丈八子高，多麼深。禽獸繁殖，蟲羽子咕哇咕哇亂叫喚。那個時候，天還沒煉成長成哩。再後來，水一下去，安民哩，天沒長成咋弄。叫女媧煉石補天，女媧從那兒得的功。

女媧補天。當時天還沒補成哩，多大一塊還沒補成哩，雞子就叫喚了。女媧抓塊冰凌把東北角子一堵，就把口子堵住了。所以後來一刮東北風就冷。

再後來，回來就又修這女媧城。修了有裡八子地，還顯堆口，城簣。再後來，雞子一叫喚，女媧抱這三包土，抓住往那兒一擢，三包土成了三個大崗嶺子。現在發黃水淤住了。要不淤住（一丈三尺深），還可以去看看。土也不簡單，修了半載子，沒修完。

女媧自己抱了三堆土，為什麼？

傳說：女媧要造三座山，土地爺不想把這裡變成山地，才變成雞子叫的。他不想叫修城。

女媧城寨門上的三個大字，我見過。

原來，上幾年來調查時，「女媧城」的「女」、「城」字都找到了，就是「媧」字沒找到。誰能找著「媧」字賞二百塊錢。最後，找到了「媧」字，又找不著那兩個字了。

思都崗有八大景。

講述人：李燕賓，男，八十四歲，農民，私塾文化

錄音：張振犁、程健君

時間：一九八三年十一月三日

地點：河南省西華縣思都崗村

女媧補天（三都崗）

女媧，那時候不穿衣裳，沒衽啥兒。女媧是咋來的呢？是從天下掉下來的。

還有伏羲。天還沒長出來哩，伏羲是從哪裡來的？原來天地渾沌，跟一個雞蛋似的，他就從那裡頭生出來的。

口傳：後城口是女媧城。現在，寨上還寫有「女媧城」三個字。女媧城本為女媧寨。因其煉石補天有功，後世尊為皇媧，同為寨子，獨此叫城。寨沒多少年。「女媧城」三個字早了。女媧城東邊一個門，西邊一個門。那時候，還沒發洪水（在一九三一年冬）。

修女媧城，是幾千年前的事。三皇五帝之前，煉石補天，地點在後城口，三都城（女媧城別名，在女媧城內。）女媧墳一帶是女媧補天之處。去年在此地挖河時，挖出不少古物。筒子磚、花瓶、寶劍一大堆。

有一次，女媧和二郎賭輸贏。女媧說：「我抱土能叫長一座山。」二郎說：「妳長不成山。」女媧說：「我長成山了。」二郎說：「咱試試吧！」

她去抱土，女媧最後抱三包土，後因二郎學雞叫，就不修了，不長了。所以沒修成。女媧以為天亮了，就把三抱土一倒，成了三個大土崗，即今天的三都崗。

口述：張慎重，七十二歲，農民，私塾文化

錄音：張振犁、程健君

時間：一九八三年十一月三日

地點：河南省西華縣思都崗龍泉寺

思都崗（女媧城）

女媧城外下雨後，洩水，亦叫女窪（媧）城。

思都崗，女媧城在龍泉寺上有碑，上有明萬曆年間碑文：「西華縣北十五里許，有思都崗，女媧之故墟也。」幾千年前就有了。女媧早就有了。

伏羲與女媧為兄妹倆，開天闢地頭兩個人。咱這些人相傳是泥捏哩。他們站在水邊看見自己的影像了，就用泥捏出人來了。

三都城就是口傳的女媧墳。猜想有十來丈長，高有一人高。女媧墳實際應在河身溝裡，當初要修廟，修女媧城，地點誰也不知道。黃水不淹女媧城，頭天黃水還沒底兒，第二天水就沒有了。外邊人都說是女媧顯靈了。

女媧墳西邊有家姓吳的，他回來見修女媧塚(女媧墳)，能說出確鑿地點。過去，黃水頭裡興扒墓，官員之家、資本家的墓，都被扒了。女媧墓也被扒了。其中只見有一個小黑瓦罐兒。思都崗裡衝出來的還有箭頭，作戰旗桿上的槍尖。

思都崗有個王威義當寨長。他是地主，幹這幹那。領著扒女媧墳，剜黃香焊筆。其中確實沒有東西。那時候還不興殯埋儀式、棺材、墓墳的。

講述人：張慎重，七十二歲，農民

錄音：張振犁、程健君

時間：一九八三年十一月三日

地點：河南省西華縣思都崗

女媧顯靈

要說起來，思都崗女媧也顯過靈。

那時候，思都崗是老城，經常有刀客拉大桿兒的，因此要修寨。我那時十來歲，也參加修寨。寨一修好，就亂起來了。這大桿兒來了，那大桿兒來了，周口也失了，西華縣也失了，黃頭也窩票子。到處人都跑完了。

那時候，要守寨。人攜上鋪蓋，拿個傢伙，打個燈籠守寨。大桿兒來扒寨了，好跟他打。有巡更的，一更敲一點，二更敲兩點，一直敲到天明。我在東門外守寨。

拉桿子的打寧崗寨了（六裡）。寧崗寨長要說和，給桿子多少匹馬，多少錢。那要的錢多辦不到。怎麼辦？把孩子交土匪（九生兒，還有個姪）。他們就打多少刀，多少槍。我一夜沒睡。

第二天，都傳說打寧崗寨哩，寨長老裴家的孩子都弄走了。打寧崗，思都崗一點動靜也沒有聽見。

有的說：夜裡看見思都崗城上燈籠一個挨一個。這是女媧顯靈了。

口述人：張慎重，七十二歲，農民，私塾文化

錄音：張振犁、程健君

時間：一九八三年十一月三日

地點：河南省西華縣龍泉寺內

在河南省中部的西華縣如此，而在南部的信陽地區、歷史上屬於楚國的南方，有這樣的流傳：

龜為媒[19]

洪水淹田的時候，天底下只剩姐弟二人沒被淹死。這姐弟二人就是女媧和她的弟弟。

有一天，弟弟提出來要跟姐姐成親。女媧聽了很生氣，對弟弟說：「咱是一母所生，哪能成親？不行！」女媧氣得離開弟弟走了。弟弟在後邊跟著。

女媧心生一計，對弟弟說：「我藏起來，你能找到，咱就成親。」弟弟說：「行。」女媧說罷就跑，弟弟在後邊追。

[19] 張振犁與程健君，編。《中原神話專題資料．豫南地區女媧神話》。中國民間文藝家協會河南分會，一九八七年編印。

繞過一個山角，女媧藏了起來。弟弟找來找去，不見女媧的蹤影。

弟弟到處找，路上碰見一隻烏龜。牠對弟弟說了女媧藏的地方。弟弟一找就找到了。女媧問弟弟：「你咋知道我藏在這裡？」弟弟說：「烏龜給我說的。」女媧恨這隻烏龜。她對弟弟說：「我不信。走，咱去問問牠。」他倆找到那隻烏龜，女媧也不問，一腳跺下去，把龜蓋跺成八十八塊，然後又對弟弟說：「我再藏個地方，你能找到，咱就成親。」說了又跑了。

弟弟見女媧把龜蓋跺碎了，很可憐牠，又一塊一塊地把龜蓋對起來。現在龜蓋上還留著花紋，看上去像是一塊一塊對起來的，就是這個緣故。弟弟把龜蓋對好了，又去找女媧。

他找呀，找呀，哪裡也找不到。最後還是這隻烏龜給他說了女媧藏的地方。弟弟一找，又找到了。女媧問弟弟：「你咋知道我藏在這裡？」弟弟說：「還是那隻烏龜給我說的。」女媧說：「我不信。那隻烏龜早死了。」弟弟說：「牠還活著。不信咱去看看。」他倆又找到那隻烏龜。女媧一看，被她跺碎的龜蓋又長到了一塊兒，真的還活著。她說：「不死的東西，叫你多嘴！」飛起一腳，把烏龜踢了起來，落在好遠好遠的地方。這隻烏龜正巧落在一塊石稜上，把下甲摔斷成兩截。至今雞公山一帶還有這種下甲是兩塊、可以活動的龜，名叫夾板龜。這種龜敢與蛇鬥，牠的兩塊活動的下甲還能把蛇夾死呢。女媧踢開了烏龜，對弟弟說：「你找到我藏的地方，是烏龜給你說的，這不行。咱倆放火，你在東山頭放，我在西山頭放。火能燒到一塊兒，咱就成親。」弟弟說：「行。」

於是，姐弟倆分別爬上東西兩個山頭，點著了火。也怪，兩個山上的火頭，不管刮啥風，都不順風跑，東山上的火頭向西跑，西山上的火頭向東跑，很快便碰了頭，燒到了一塊兒。女媧對弟弟說：「這還不行。咱倆滾磨，一個人滾一扇磨，同時從山上往下滾。兩扇磨滾到山下，若能合在一起，咱倆就成親。」弟弟說：「行。」

姐弟倆就滾磨。一個人搬一扇磨上了山，喊聲「一、二」，同時往山下滾。兩扇磨滾到山下，密不透風地合在了一起。

女媧想，我藏起來，烏龜給弟弟指點；兩個山頭放火，火頭不順風跑，燒到了一塊；從山上往下滾磨，兩扇磨又合在一起。這樣巧的事，除非天意，否則是絕對不可能的。至此，女媧也不再出難題了，就答應了弟弟的要求。女媧當時不知，烏龜就是來做「媒人」的。火能燒在一塊兒，磨能合在一起，還是烏龜神的意思。

姐弟倆成親以後，他們就捏泥人。女媧捏一百個女的，弟弟捏一百個男的，捏好後吹口氣，泥人都成了活人。後來男女婚配，人類又繁衍開了。

講述人：丁廣有，男，五十八歲，農民

蒐集整理：梁耀、鐵頭

時間：一九八五年二月二十日

地點：河南信陽李家寨鄉武勝關村

同樣，在湖北神農架，《黑暗傳》[20] 講述男女兄妹婚與人類的產生：

當時天昏地也暗，
洪水滔滔如雷鳴。
老祖便把男童叫：
「我今與你取個名，
取名就叫五龍氏。
如今世上無男女，
怎傳後代眾黎民？
我今與你把媒做，
配合夫妻傳後人。」

[20] 《神農架〈黑暗傳〉多種版本彙編．原始數據之五》。中國民間文藝研究會湖北分會，一九八六。

童女這時把話云：
「哥哥與我同娘養，
哪有兄妹結為婚？」
……
童女一聽忙答話：
「請聽我來說原因，
若要兄妹成婚配，
要你的金龜把話應。」
忽然金龜來說話：
「叫聲童女妳是聽。
混沌初開有男子，
世上哪有女子身？
一來不絕洪水後，
二來不絕世上人。」
童女一聽怒生嗔，
石頭拿在手中心，
將石就把金龜打，
打成八塊命歸陰。
童男又把金龜湊，
八塊合攏用尿淋。
金龜頓時又說了，
開口又把話來明：
「叫聲童女姑娘聽，

生也勸妳為夫妻，

死也勸妳為婚姻。」

童女這時心思量，

難得逃躲這婚姻。

二人成親三十載，

生下男女十個人。

一切文化現象都有自己生長的土壤，那些神聖性敘事都以地方民眾的情感為依託，進而形成本土且具有地域特色的神話傳說。諸如其中的女媧顯靈，這類傳說在歷史上並不少見，在現今則更多。如《太平廣記》卷三〇四引《酉陽雜俎》講述甘肅靈武（今屬寧夏）的女媧神顯靈故事：「肅宗將至靈武一驛。黃昏有婦人長大，攜雙鯉，吒於營門曰：『皇帝何在？』眾以為狂。上令潛視舉止。婦止大樹下，軍人有逼視，見其臂上有鱗。俄天黑失所在。及上即位，歸京闕，虢州刺史王奇光奏《女媧墳》云：『天寶十三載，大雨晦冥忽沈。今月一日夜，河上有人覺風雷聲，曉見其墳湧出，上生雙柳樹，高丈餘，下有巨石。上初克復，使祝史就其所祭之，至是而見。眾疑向婦人是其神也。』」皇家故事如此，普通百姓具有同樣的心理，這是神話傳說故事能夠持續不斷流傳的主要原因。

女媧形象的不僅在久遠前就已出現，而且在古籍中頻繁被提及，這在中國古代文獻典籍中是個奇特的現象。她最早出現的面目是「化生」，如《山海經．大荒西經》：「有神十人，名曰女媧之腸，化為神，處慄廣之野，橫道而處。」屈原在《天問》中也有一句看似沒頭沒腦的話：「女媧有體，孰制匠之？」顯然，裡面包含著女媧造人的神話。王逸注也說「一日七十化」，「化」就是變，隱含著生育主題。

補天的情節在《淮南子》中出現：「往古之時，四極廢，九州裂；天不兼覆，地不周載；火爁而不滅，水浩洋而不息。猛獸食顓民，鷙鳥攫老弱。」此神話場景的設定以災難為開端，突顯女媧救世的神性地位：「於是，女媧煉五色石以補蒼天，斷鰲足以立四極，殺黑龍以濟冀州，積蘆灰以止淫水。蒼天補，四極正；淫水涸，冀州平；狡蟲死，顓民生；背方州，抱圓天。」然後才大力渲染神話場景：「乘雷車，服應龍，驂青虯，援絕瑞，席蘿圖，絡黃雲，前白螭，後奔蛇，浮游消搖，道鬼神，登九天。」顯然這是神仙化後的景觀，雖然保留了原始神話，但因為被宗教情緒所影響，已發生了變異。以此與畫像石中的女媧形象聯想，便有許多方便。

《山海經》和《淮南子》都是中國神話傳說史上不可忽視的重要典籍，在某種程度上是中國上古神話傳說的集大成者，對後世的民間文學產生了相當重要的影響。女媧神話在這些典籍中被詳述絕不是偶然，而是因為有著深厚的文化基礎作為傳播背景。它在神話時代中處於極其重要、承前啟後的地位，即以補天與盤古神話中的開闢天地相銜接，而以造人與後世的創造性神話連結。

女媧神話在晉朝被皇甫謐《帝王世紀》記述為「禹納塗山女，曰女媧」。這又該如何解釋呢？或者說，女媧時代與大禹時代又如何連結在一起呢？歷史上的原始文明在民間信仰與生活傳承中，多是混沌而柔和的狀態，如果堅持準確區分或剝離出具體的部分文明，恐怕只能依賴考古，用實物做證明了，因為神話時代的階段性特徵都是相對的。

類似補天的神話在中國少數民族中也有流傳，如苗族的《龍牙顆顆釘滿天》、阿昌族的《遮帕麻與遮米麻》、原住民的《蜜蜂》等，其中都有補天大神，體現出不同民族的天時觀。在白族神話中，傳說龍王導致大洪水，形成天地崩潰，盤古、盤生兄弟殺死龍王後變成天和地，並分別用雲和水加以補造。彝族神話中稱，天地開闢後，天神要檢查天地的堅固程度，就打雷試試天、地震試試地，待天地損壞，就用雲和地公葉子分別彌補。在布依族神話中，傳說力戛用手舉起了天，但若一鬆手，天就要塌下，他就拔下自己的牙齒把天釘起來，於是牙齒就變成了一顆顆明亮的星星。這些神話都充滿了神奇的想像。女媧神話和這些神話一樣，是遠古人民對天體認識的藝術表現。

天地構造在中國古代文化中是方圓形狀，即天圓地方。人們又依據這種形狀把天地分為數重。「天人合一」是當時一種普遍的信仰，如果天穹發生了奇異景觀，意味著人間就要招致不幸。如《太平御覽》就曾轉述過許多「天裂」現象：「天開東北，長二十餘丈，廣十丈」（《漢志》），「天裂，廣一丈，長五十餘丈」（《十六國春秋》），「天裂見人，兵起國亡；天開見光，血流滂滂」（《易妖占》）。在這種觀念之上，女媧補天信仰也就自然為社會所廣泛接受。於是，補天的神話傳說不僅流傳於人們的口述歷史之中，而是體現在民間節日和「文化遺跡」上。如楊慎在《詞品》中稱：「宋以前以正月二十三日為天穿節。相傳云：『女媧氏以是日補天，俗以煎餅置屋上，名曰補天穿。』」《事文類聚》：「江東俗，正月二十日為天穿，以紅縷繫煎餅餌置屋上，謂之補天穿。」（《癸巳存稿》卷十一引）《風俗》稱：「正月十九日，廣州謂為天穿日，作餺飥禱神，曰補天穿。」（《癸巳存稿》卷十一引）

《路史．後紀》中提到古人把太行山稱作「女媧山」，傳說女媧「於此煉石補天」。至今，陝西驪山六月十六日為補天節，人們在民間廟會中朝拜女媧宮。在桂林疊彩山明月峰和江蘇連雲港花果山，都有傳說中的「仙石」——即女媧補天後遺留的石頭。在河北涉縣有媧皇山，在河南西華有女媧城、女媧陵、女媧廟，民間百姓舉辦廟會祭祀其補天「偉業」，這說明補天信仰在現代社會仍然存在。

造人的傳說看起來似乎晚於「補天」，但若按神話發生理論推究，當早於「補天」。造人反映的是人們對生命起源的探尋，而記載女媧造人最為詳細的材料，就現在能夠見到的，當數漢應劭的《風俗通義》:「天地開闢，未有人民，女媧摶黃土作人。劇務，力不暇供，乃引繩於泥中，舉以為人。」有的版本還加上了一句「故富貴賢知者黃土人也，貧賤凡庸者引人也」，明顯帶有上智下愚的等級觀念。

造人主題在後世文學作品中也屢屢出現，如李白〈上雲樂〉中有「女媧戲黃土，團作愚下人。散在六合間，濛濛若沙塵」之句，皮日休〈偶書〉也提到:「女媧掉繩索，泥成下人」。女媧造出的人是貧賤還是富貴並不重要，重要的是對於人類生命起源的神話闡釋，體現了神話的審美思維。

類似女媧摶土造人的神話中，有的少數民族中就稱是其他神用泥、雪或神樹造人，再再都反映出勞動創造世界、創造人自身的文化母題。如瑤族的《密洛陀》、彝族的《梅葛》、布依族和布朗族的族源解釋，以及納西族的《天女織錦緞》等，都提到捏製、紡織或雕琢人的情節。有的學者將此與生產力發展相連結，反而違背了神話發生的規律。比如有的神話提到神人能飛，那麼是否意味著那時也有高度發達的航太事業呢？神話是原始人民的想像，儘管這種想像的心理機制要受制於客觀條件，但主要還是源於人類對世界的直覺理解。

女媧神話的生育主題產生變異，是轉換成了對婚姻起源的闡釋。這是女媧神話時代重要的代表性內容，是延續和變異了「化生」主題，其中包含著兩層內容：一是《風俗通義》中所提及的「為女婚姻，置行媒，自此始」；二是唐盧仝〈與馬異結交〉中所提到的「女媧本是伏羲婦」，女媧神話與伏羲神話產生相互關聯的核心正在於此。

女媧與伏羲結為婚姻有一個前提，那就是兄妹婚。《路史．後紀》注引《風俗通》云：「女媧，伏希（羲）之妹。」《獨異志》講得更詳細：「昔宇宙初開之時，只有女媧兄妹二人在崑崙山，而天下未有人民。議以為夫妻，又自羞恥。兄即與其妹上崑崙山，咒曰：『天若遣我兄妹二人為夫妻，而煙悉合；若不，使煙散。』於煙即合。其妹即來就兄，乃結草為扇，以障其面。」

女媧為生育女神，其婚姻形態從個體發展為合體，反映了從群婚轉向偶婚的過程。類似的神話情節相當多，如彝族的《阿細人的先基》、獨龍族的《嘎美嘎莎造人》、瑤族的《插田鳥》等，都是反映創造人類的故事。《插田鳥》的變異成分更多，講到女媧與盤古相結合生下人，這和女媧與伏羲相結合的意義本質上是一樣的。

直接提到女媧與伏羲相結合生育人類的還有水族的《空心竹》、仡佬族的《伏羲兄妹制人煙》、土家族的《兄妹開親》、瑤族的《伏羲兄妹》等，其中還增加了洪水神話的內容，使情節更為繁複。有的說兄妹為躲避洪水鑽進葫蘆中，由此也可以管窺葫蘆在原始思維中的信仰意義。與《魏書·臨淮王傳》中所載「夫婦之始，王化所先，共食合瓢，足以成禮」結合，可以想像到葫蘆、洪水等內容與生殖、性崇拜之間的關係所在。它告訴我們，生育主題早在遠古時期就已占據民俗生活中的重要位置，現今生活中的許多民俗符號[21]和女媧神話及其信仰崇拜是分不開的。

女媧遺跡在中國分布相當廣，如《路史·後紀》所舉「任城縣東南七十里」的承匡山女媧廟、驪山女媧谷、峨眉女媧洞、趙城女媧墓等。其神話傳說在口頭上的流傳更廣泛，遍布長江和黃河流域。黃河中上游地區分布尤為密集，而在甘肅天水等地區的流傳與分布有著特殊的意義，更不用說整個黃河流域畫像石都不乏女媧的形象。

我們不能將女媧神話時代簡單比照歷史上實際的女權時代，而應該看到其悠遠綿長的存在意義，特別是它所承載之格外豐富的信仰意義。這個時代代表著中華民族對生命起源問題的辛勤探索歷程，讓我們看到中華民

[21] 意指象徵性或獨具文化意義的圖案、物品、行為、儀式等。

族形成的凝聚力與神話傳說流傳之間的密切關係。

同胞，這是一個神聖的字眼，而其具體意義就在於對偉大的民族母親神的敬仰，這份敬仰所產生的人世間特殊感情。即使我們現在已經十分清楚人的生命和生育等一系列科學常識，但不可否認的是，女媧神話有著永久的魅力，它不僅激勵和鼓舞著我們，更凝聚成一股強大的力量，讓我們所向披靡，一往無前。

第四節　伏羲時代

伏羲神話的核心在於開闢文明，這個神話時代的意義在於上承盤古對天地的開闢、女媧對生命的創造，賦予人以文明的面目，從而使人與動物有所區別。伏羲的神性角色即文明開創大神，《風俗通義》中的《皇霸》引《春秋運斗樞》說：「伏羲、女媧、神農，是三皇也。」中國古代文化尤其講究至尊的地位，把伏羲列為「三皇」之首，正是對其開創文明的功業推崇。

伏羲的神性角色最早在《易》中得到詳盡描述，如《易・繫辭下》記述道：「古者包羲氏之王天下也，仰則觀象於天，俯則觀法於地，觀鳥獸之文與地之宜，近取諸身，遠取諸物，於是始作八卦，以通神明之德，以類萬物之情。」其勞動創造的偉大事績在於「作結繩而為網罟，以佃以漁」云云。

《路史》中記述其業績更多，如「豢育犧牲，服牛乘馬，草鞮皮蒙，引重致遠，以利天下，而下服度」（《後紀一》），「伏羲化蠶」（《後紀五》注引），「聚天下之銅仰觀俯視，以為棘幣」（《後紀一》），「伏羲推策作甲子」（《後紀一》注引），「古者庖（伏）羲立周天歷度」（《後紀一》注引），「（其）正姓氏，通媒妁，以重萬民之麗，麗皮薦之，以嚴其禮」（《後紀一》），

「(其) 爰興神鼎，制郊禪」(《後紀一》) 等。

《拾遺記》中提到伏羲的「春皇」，記載了他「去巢穴之居」，「絲桑為瑟，均土為壎」，「規天為圓，矩地取法，視五星之文，分晷景之度，使鬼神以致群祠，審地勢以定山岳」，「立禮教以導文，造干戈以飾武」等傳說。

《廣韻》注引《河圖挺佐輔》中稱伏羲「鑽木取火」；《太平御覽》引《春秋命歷序》說伏羲「始名物蟲鳥獸之名」，並引《帝王世紀》說伏羲「嘗味百藥而制九針，以拯夭枉焉」；《孔叢子．連叢子下》稱「伏羲始嘗草木可食者，一日而遇七十二毒，然後五穀乃形」；《繹史》稱其「冶金成器，教民炮食」，「因居方而置城郭」；《新論》稱「伏羲制杵臼，萬民以濟」；《管子》稱其「作九九之數，以合天道，而天下化之」；《史記．太史公自序》和《藝文類聚》引《古史考》等文獻也說伏羲開制八卦，帶領人類進入一個新階段。

這些文獻所描繪的伏羲不僅是一個非凡的文化英雄，而且是一位無與倫比的科技領袖。若沒有伏羲氏如此艱辛而偉大的創造，世界將是一片洪荒。所以《文選．東都賦》由衷讚嘆道：「且夫建武之元，天地革命，四海之內，更造夫婦，肇有父子，君臣初建，人倫實始，斯乃伏羲氏之所以基皇德也。」稱伏羲為科學大神、文化大神、哲學大神、音樂大神、宗教大神，把所有文明的桂冠都獻給他也不為過。而歷史表明，伏羲氏不是別人，而是千百萬勞動者智慧和勇敢的化身，他代表著中華民族對全人類的卓越貢獻。

圖騰，是神話傳說流傳過程中的特殊遺跡，文學作品與地方文獻中的伏羲一直是聖賢的形象，他既是部落領袖，又是開創文明大業的文化英雄。除了龍首蛇身的外表，他的生活行為與龜有著密切關係。那麼，在神話傳說中，龜的神聖性符號又是如何產生的呢？生命的延續又是如何透過伏羲神話傳說來解釋的呢？一切都納入神聖性敘述，便與後世將神龜卑賤化的反圖騰主義大相逕庭。這是神話傳說作為民族記憶，如何在文化傳統中形成認同與選擇。

《禮記．月令》曾記述「季夏，命漁師登龜取黿」，《禮記．禮運》記述「麟鳳龜龍，謂之四靈。……龜以為畜，故人情不失」，表明龜在上古文化生活中非常崇高的地位。

《古今圖書集成．禽蟲典》第一五二卷《龜部》存裴度〈神龜負圖出河賦〉：「茫茫積流，祚聖有作。動上天之密命，假靈龜以潛躍。蓋欲以慶遙源，敷景鑠，寫物象之精密，化人物之樸略。豈不以河之德兮靈長，龜之壽兮會昌。載禎符，先呈於古帝，稱大寶，後遺於寧王。故將出也，感天地，動陰陽，浮九折之澄碧，散五色之榮光。……列聖過而每喜。出朝日，如臞其寶圖；伏靈壇，狀陳其鏤篋。布爻象之糾紛，蘊天地之終始。負謀謨之畫，將化洪荒。當授受之時，豈思綠水。」

丁澤《龜負圖》：「天意將垂象，神龜出負圖。五方行有配，八卦義寧孤。作瑞旌君德，披文葉帝謨。乘流喜得路，逢聖倖存軀。蓮葉池通泛，桃花水自浮。還尋九江去，安肯曳泥塗。」

乾隆四十四年《河南府志》卷三七《聖蹟圖》述「龍馬負圖」稱：「伏羲時，龍馬負圖於河，背有文：一六居下，二七居上，三八居左，四九居右，五十居中。伏羲則之，以畫八卦。《三墳》詞曰：『唯天至仁，於革生月，天雨降河，龍馬負圖，實開我心。』河即今之黃河，在孟津縣西五裡，負圖裡是也。」

《古今圖書集成．禽蟲典》第一五一卷《龜部》存《龜策傳》：「龜有神龜、靈龜、攝龜、寶龜、文龜、筮龜、山龜、澤龜、水龜、火龜。大非古山產三足龜。文龜甲有文采。《河圖》曰：『靈龜負書，丹甲青文。筮龜，常在蓍叢下潛伏。』」其注曰：「龜，能前知人所決，以知可否。故不失其情之正也。鄭注：『龜北方之靈，信則至矣。』正義：按《月令》孟冬之日其蚧注云：『龜鱉之屬則龜為水蟲。水主信，故信至。』」

「《周禮訂義》鄭鍔曰：『釁龜之時，追報古先，首為龜卜之事以教人者，而祭祀之民，不知避凶趨吉，以犯於害者多矣。有智者出，因神物而教之，使前知吉凶，其仁遠矣。烏可忘其功而不報乎！然地曰祭，天曰祀，兼稱祭祀，以龜卜之事通天地，蓋尊之也。』」

地方文獻又從另一個角度講述伏羲神話時代。如伏羲神話傳說遺跡分布於中國大地，《古今圖書集成》所列：「陳州有太昊祠，在州西北三里陵上。」「商水縣有伏羲、神農、黃帝祠，在城外東北。順治八年重修。」「揲蓍壇，在陳州城外伏羲揲蓍之所，內有蓍草堂。」「八卦臺，陳州北一里。昔伏羲於蔡水得神龜，因畫八卦於此。壇後有畫卦臺。」「伏羲廟，在上蔡城東三十里，蓍臺之傍。春秋祭。一在信陽州治子城放生池東。」「太昊陵，在陳州西北三里。伏羲廟，在上蔡城東三十里。」《開封府志》記述畫卦臺稱：「八卦臺，在陳州北一里，畫八卦處，有畫卦臺。葉盛詩：『羲皇古神聖，御宇三皇初。茫茫大河上，龍馬出負圖。一雲蔡水陽，亦有龜瑩如。聖心與天契，奇文照軌模。七六前後列，八九左右俱。出茲啟後聖，大易逐以敷。維陳有遺臺，下有靈蓍祐。偉哉方冊存，萬世開群愚。』」在甘肅天水與成紀等地，古代文獻中的伏羲神話傳說同樣豐富。

伏羲神話從不同方面顯現出中華民族曾經有過的圖騰體系，即原始民族的徽幟世界。《文選．魯靈光殿賦》中曾提到伏羲「龍身」、「鱗身」，《藝文類聚》引《帝王世紀》中說他「蛇身人首」，這都是龍圖騰在伏羲身上的典型表現。

還有一些文獻把伏羲同太昊合在一起，按一般道理講，太昊是東夷大神，代表著太陽圖騰，為何與伏羲這位「生於成紀」（即西戎之地）的龍神相牽涉呢？有學者稱其「風馬牛不相及」，其實，這正是伏羲神話的演變規律，反映了神話是如何在不同地域與文化背景中相互影響與融合。

太昊、伏羲之稱的典型案例在河南省淮陽縣伏羲陵廟會。淮陽古稱宛都，是中原腹地，東夷集團和西戎集團在這裡相匯融合為一體是很正常的事。《路史．後紀一》中說「今宛丘北一裡有伏羲廟、八卦壇。《寰宇記》云：『伏羲於蔡水得龜，因畫八卦之壇』。」「《九域志》：陳蔡俱有八卦壇」即指此。

中原地區不但是中華民族的文化發祥地，而且是重要的文化匯聚地，伏羲神話在此處分布密集不是偶然的，這個神話時代的具體形成和中原地區較早地發有著密切關係。《藝文類聚》卷十引《帝王世紀》說：「燧人之世，有大跡出雷澤，華胥履之，生庖羲氏於成紀也。」《拾遺記》中說：「華胥之州，神母遊其上，有青虹繞神母，久而方滅，既覺有娠，歷十二年而生庖羲。」這些文獻是民間神話的記載，並深刻地影響著後世的神話傳說。

再者，前面提到的伏羲、女媧兄妹婚，也是伏羲神話不能忽視的問題。《路史．後紀二》注引《風俗通》較早提到「女媧，伏羲之妹」，儘管《淮南子．覽冥訓》早就提出「女媧，陰帝，佐慮戲治者也」，但是盧仝〈與馬異結交〉詩明確提出「女媧本是伏羲婦」。

唐李亢《獨異志》詳細記述了伏羲女媧兄妹婚神話傳說：「昔宇宙初開之時，只有女媧兄妹二人在崑崙山，而天下未有人民。議以為夫妻，又自羞恥。兄即與其妹上崑崙山，咒曰：『天若遣我兄妹二人為夫妻，而煙悉合；若不，使煙散。』於煙即合。其妹即來就兄，乃結草為扇，以障其面。今時人取婦執扇，像其事也。」

這些內容表現出中國上古文明的遺跡，同時也記述了神話傳說流傳過程中，不同時代的民族感情與信仰體系的變遷。值得注意的是，這些兄妹婚神話在現今許多地方仍然在講述，在中原地區的流傳更有群體特色[22]：

[22] 張振犁與程健君編。《中原神話專題資料．伏羲女媧神話》。中國民間文藝家協會河南分會，一九八七年編印。

伏羲和女媧

在很古很古的時候，伏羲天天去打柴，路過河邊，常常在河裡玩耍。

有一天，伏羲正在河裡邊戲水，忽然聽到有人喊他：「伏羲！」伏羲抬頭一看，一個人也沒有。他吃了一驚，還是繼續玩水。

「伏羲，不要害怕，我在水裡。」伏羲朝水裡一瞅，嚇了一跳，原來是一隻老龜。老龜身子方圓百丈，幾乎遮住河面，眼睛像兩盞燈，正伸長脖子，昂著頭，瞅著伏羲。

伏羲有些害怕，朝後退了幾步，心裡想：這老龜咋知道我的名字？老龜又說話了：「伏羲，一百天後，天下有大災大難，那時候，天塌地陷。從今以後，你每天給我送一個饃來，到時候我搭救你。」伏羲聽罷，心裡難以平靜。

「真的？」

「真的，不許對外人說！」

伏羲眨眨眼睛，見水面起了一股清風，濺起一個漩渦，轉眼老龜就不見了。河面平靜了。

從這天起，伏羲每天打柴，送給老龜一個饃。天長日久，拿饃的事被伏羲的妹妹知道了。

伏羲的妹妹叫女媧，父母早年去世，就剩他們兄妹兩個。

「哥哥，不短你吃，不少你喝，天天你又拿個饃幹啥？」

伏羲想對妹妹說明，又一想，老龜不叫對外人說。停了一會兒，他又一思忖：不，老龜說，不叫對外人說，妹妹不是外人。他想到這裡，就原原本本地告訴了女媧。

以後，女媧也每天準時給老龜送一個饃，老龜也都一一收下了。

一百天後，果然如老龜所說，天上濃雲翻捲，火龍亂竄，暴雷一個接著一個，大雨瓢潑。這時候，又該送饃了。

伏羲和女媧頂風冒雨又來到河邊。

狂風，暴雨。兄妹倆簡直睜不開眼。

這時候，隨著電閃雷吼，一聲山崩地裂的巨響，伏羲和女媧只覺得一陣冷風吹來，身子站立不住，原來是老龜張嘴把兄妹倆吞進了肚裡。

「別怕，你兄妹倆拿的饃都放著呢，足夠吃一百天。」

伏羲、女媧抬頭一看，果然，兩人拿的饃全堆在裡面，兄妹倆既擔心又高興。

從此，兄妹二人就在老龜肚裡靠吃饃生活，過日子。女媧拿的饃不到一百，伏羲飯量又大，不到一百天，藏的饃就吃完了。一頓兩頓不吃，還能對付，天長日久，餓得前心貼後心。伏羲、女媧再也忍受不住了，和老龜說，要出去找點吃的。老龜很生氣，把伏羲、女媧罵了一頓，訓斥他們兄妹不會過日子，就張開嘴，呼了口長氣，兄妹倆被吐了出來。老龜一眨眼，頭一低，轉眼就不見了。

伏羲和女媧多日困在老龜肚裡，憋得慌。一出來，覺得空氣很甜，美美地吸了幾口。抬頭一看，天塌地陷過後，世界混混沌沌，黑濛濛的。天上的日月星辰還沒有長好，地上山川樹木毀得一片淒涼，河裡的水黏糊糊的。在西北方向，還有一塊天塌了兩個窟窿，冷風嗖嗖直吹。兩個人都發愁了：這怎麼辦呢？

伏羲跟女媧說了一聲，出外找東西吃去了。

女媧望著西北天上的大窟窿，決心把天補起來。

女媧在大河裡揀來了許許多多的五色石，用黏糊糊的河水把彩石黏了起來，一點點疊起，天上的大窟窿終於被補好了。

女媧擔心天會再塌下來，就捉了一隻小烏龜，斬下了它的四條腿，頂住天的四方，當作支天柱子。柱子很結實，天再也不會倒塌了。

西北天上的窟窿因為是河水黏石頭補的，沒有補嚴，所以西北風一刮就冷。

伏羲回來了，他尋回了樹皮、草根。見妹妹女媧補了天，很高興，一邊嚼樹皮、草根，一邊誇獎妹妹的本領。

天補好了，天底下就他兄妹倆。伏羲和女媧四處尋人，翻過了九十九座山，過了九十九條河，過了九十九年，一個人也沒找到。伏羲想跟妹妹結婚，女媧搖搖頭，說：「兄妹怎麼能結婚呢？」

伏羲說：「那這樣吧，咱用一盤磨，從山頂上朝山下滾。如果兩扇磨分開，咱就還是兄妹；如果兩扇磨分開又合在一起，咱就結為夫妻，好嗎？」

女媧點頭答應了。

兩個人一起來到高山腳下，把一盤磨弄到高山頂上。

伏羲、女媧把磨放好，兩個人一齊跪下，朝上天拜了一拜，同聲說道：「老天在上，俺兄妹結婚，順天意，磨就合為一盤；逆天意，兩扇分開。」

兩人說罷，站起身，把一盤磨從山頂上用力朝下一推，一盤磨分成兩扇向山下滾去。說也奇怪，眼看兩扇磨齊下，到了山腳，就逐漸靠近，馬上合在一起，朝山下滾去了。兄妹倆手拉手兒追到山下，看著磨笑了。從此，兄妹結了婚。

這時候，天晴了，已經有了日月星辰。大地上有了各種牲畜莊稼，就是沒有人。

女媧順手從河邊撮起一團黃泥，摻和了些水，在手裡輕輕地揉著，很快就揉成了第一個娃娃。

女媧把小娃娃放在地上，娃娃迎風長，一會兒就活蹦亂跳，會喊「媽媽」了。

女媧和伏羲高興地拉著小娃娃，親得沒個夠。

找到了造人的法子，伏羲和女媧日夜摶泥人，一下子摶了許多許多。

有的晾乾了，跳著蹦著跑了。還有一部分沒有晾乾。

一天晚上，天快黑了，天空起了烏雲，下起了大雨。一個個朝屋子裡收，來不及了。伏羲急忙跑回屋裡，拿來了一把大掃帚，呼呼啦啦地掃起來。這樣一來，大部分被收進屋裡，有的少了手臂，有的斷了腿，有的瞎了眼，有的少了耳朵。所以後來世上有瞎子、瘸子、少手臂短腿的。

因為人是泥捏的，所以人身上的灰塵總是擦不淨。直到現在，淮陽的太昊陵二月古會上，還有賣各式各樣泥人的。

記錄：楊牧

時間：一九八二年三月

地點：河南省淮陽縣文化館

太昊

從前，有倆小孩兒，下地裡拾柴火的時候，在槐樹底下歇著。正玩哩，看見個白鬍子老頭從樹上飄下來，對他倆說：「知道不知道啊，馬上都要天塌地陷了，啥東西都得重做一遍。」

倆小孩嚇壞了，哭起來了。

老頭說：「你倆甭哭，你倆想活呀，就天天給我拿個饃，等到時候還叫你吃。不過你們得記著，這事不能叫別人知道。」

倆小孩說：「好。」

這以後，倆小孩兒天天拾柴火的時候，拿個饃放籃子裡，不叫大人看見，也不跟旁裡小孩兒一起玩。那個老頭兒天天在槐樹底下等著，收一個饃說一聲。

到了一百八十天頭上，老頭對他倆說：「別拿了，恁倆也別回去了，就上我懷裡吧，馬上就要天塌地陷了。」

倆小孩說：「那不中，俺想俺娘。」

老頭說：「好，恁倆回家再看一下，得記著別說話。」

倆小孩跑回家看了看，娘沒在家，就拿了倆饃走了。

天摸黑的時候，老頭叫倆小孩兒閉著眼，叫睜開再睜開。

倆小孩暈暈地睡著了，也不知道啥時候，老頭說：「出來吧。」

老頭說：「恁倆成家吧，地上沒人煙了，以後的人都靠恁倆了。」說著說著變了個大鱉，滾到溝裡去了。

她哥說：「咱倆成家吧。」

妹妹說：「那不中，兄妹們不興成親。」

她哥說：「那這樣吧，妳藏去，我找著妳了，就得成親。」

妹妹說：「好。」

一藏，找著咧。還藏，又找著咧。

妹妹還不願意。哥就說：「那這樣吧，就最後一回啦，咱倆往天上扔石頭，石頭合一塊了，就得成親。」

一扔，合一塊兒來。

倆人成親咧，嫌人生得慢，用泥巴捏，用棍挑，捏的挑的都活咧。一到晚上，小孩光哭鬧，倆人哄不及，就用唾沫把小孩的眼塗住，小孩閉著眼睡著了，就不哭了。所以，後來的人睡著後，眼裡就生眼屎。

一到白日裡，小孩沒事玩，光跑迷路。倆人又都把小孩兒的腳指甲兒掐劈一半，小孩就老實了。

倆人年紀大了，就教小孩學做飯、做衣裳、種莊稼。那時候莊稼都在樹上，一棵長的糧食夠好幾個人吃哩。後輩人都稱他倆叫人祖「太昊」。

講述：劉永民，二十八歲，曾任民辦教師

記錄整理：高有鵬

時間：一九八三年三月十九日

人祖爺

從前，有姊妹兩個，經常上山打柴、放牛。有一次經過一條河，河裡翻著花，一會兒，冒出個大老鼋，農村說叫鱉，也說龜。鱉從河裡出來，一變變個老頭兒。兩個小孩一看老頭兒是鱉變的，就嚇跑了，老頭兒呼喊不讓他們走，告訴說：「不久將要天塌地陷，人類要滅亡。」

兩個小孩就停下來，開始很害怕，一聽老鱉要保護他們，就停住。老頭兒叫他們每天給他送一個饃，拿到河邊，到時候還給他們吃。先幫他們保存起來，到那一天天塌地陷，經過這裡的時候，老鱉出來保護他們。

這兩個小孩，大的是姐，小的是弟。姐姐給弟弟說：「咱就按他說的辦吧，拿一個饃也沒有啥。」

每天二人打柴、放牛時，都給他捎個饃。一天拿一個，一天拿一個，拿到二百九十九個時，後來送來一個饃，老鱉出來說：「不用走了，天要變了，你們在我肚子裡藏起來吧。當天復原、地長嚴的時候，再把你們放出來。」

說著說著，天就有雷鳴電閃，天塌地陷，洪水橫流。姐弟倆就藏在老鱉肚子裡，老鱉又潛進水裡。

他們在老鱉肚子裡藏了兩年多，差兩天就到三年。大的女孩叫女媧，等得不耐煩了，她要出來，老鱉不依她。最後沒辦法，把他們送出水面。

送出水面以後，女媧和弟弟出來，登上山頭一看，天還沒長嚴，地上洪水還往東南流，這時候天還很冷。他們登上山頭以後，女媧跟她兄弟說：「天能不能補住呢？補住，天不就不冷了嗎？」她就想辦法，拾了些石子，用獸骨、獸筋把天繚一下，補一下。天上有了星星。

最後，還有風，發現東北角缺一塊，就用冰凌掩了，掩不太牢。所以，現在刮東北風，天比較冷。

他們看著天也補好了，地也基本長嚴了，就在山上採果兒，尋點東西吃。

後來，兩人漸漸地長大了。看著地上沒有人，女媧要和弟弟結婚，當時兩個人也不太好意思。姐弟倆從小一塊長大，夫妻怎麼能是親姐弟！這時老鱉出來了，給他們出個主意：「恁倆上山滾石磨吧，如果磨合到一起，恁就結婚。」

於是，兩個人一人拉一扇石磨，一個從東山，一個從西山，往下滾。一滾，磨合住了，兩人就結婚了。

兩人結婚以後，山上長出了樹木、水果，地上長出了五穀、花朵，野獸也有了。

後來，還是沒有人。有一天，女媧和泥巴的時候捏了一個小孩兒，往地上一放，黃泥巴做的小孩兒活了。活了以後，就跟她弟弟一起捏泥巴孩兒，捏了很多。最後就把黃泥巴孩兒擱在半坡洞門口晒。一天颳風下雨，小泥巴孩兒走得快了，到洞裡了；走得慢了，沒走到洞裡。有的才捏出來，走得慢，他倆就拿樹枝往屋裡掃。有的掃斷了手臂，有的掃斷了腿，所以人現在還有瞎子，有瘸子，有殘疾。

後來人也有了，逐漸多了，山洞住不下了。女媧就想辦法，把他們分到各地去謀生，有的去打魚，有的去打獵，有的去採果，有的去放牧，有的去種穀子。

這一天，把他們召集起來，叫他們分出去。有的說：「開始捏的那個黃土人很能幹。」大家就推選他替女媧做首領，因為是黃土捏的，所以叫黃帝。

這樣一來，黃帝就率領他們。

後來，女媧老了，就召集黃帝他們一族人開會。為了不忘本，就把本族的來歷講了，是老黿救了他們，就把住的洞叫玄黿洞，住的山叫玄黿山（黑鱉黿），把黃帝叫玄黿黃帝，後來就叫軒轅黃帝。

女媧、伏義下世後，黃帝率領著族人到各地謀生，黃帝族就在中原繁衍了。黃種人就是黃帝後代。

口述人：耿如林、沈邱，耿莊人

轉述人：耿瑞，河南大學學生

錄音：張振犁、程健君

時間：一九八三年十一月十四日

地點：河南沈丘劉莊店鄉耿莊

白龜寺

上蔡有個白龜廟，平常人們叫銀杏廟。

有個賣茶老頭講了白龜廟的故事：天地十二萬年一混沌（甲子年光時）。有座城門旁有座橋，橋頭刻有一個石龜。

初先，有伏義、女媧兄妹兩個。伏義天天上學，上學走過橋頭石龜跟前。

這一天，伏義上學又走到石龜跟前的時候，龜叫住他。伏義問它：「你為什麼會說話呢？」

石龜說：「我對你說，很快天就要塌，地要陷，就要混沌了。到混沌的時候，人都要死了。」

伏義說：「這怎麼辦呢？」

石龜說：「我可以救你。不過你得每天上學來時給我拿個饃，給我吃。啥時候混沌了，我對你說。」

從此，伏義天天上學都拿一個饃，路過石龜旁邊時，把饃放在龜嘴裡。龜就吃了。

每天拿饃，叫伏義的妹妹女媧看見了。妹妹問他。他說：「妳別管了，烏龜不讓我告訴別人。」

他妹妹說：「不行。不說不准你帶饃。」

伏義被逼緊了，說：「龜不讓我說，我說了可不准再說給別人。」

妹妹說：「我不說，你說吧。」

伏羲就說：「烏龜對我說，馬上要天塌地陷，叫我每天給它拿個饃餵它吃，到混沌時救我。」

他妹妹一聽，就叫哥哥問問烏龜，能不能幫她也帶一個饃。

伏羲第二天又見了烏龜，說：「我有個妹妹聽我說了，也想每天拿一個饃。」烏龜就答應了。

因此，伏羲每天拿兩個饃，龜都吃下去了。

又遲了一些天，伏羲又走到龜跟前時，龜說：「要天塌地陷了，你趕緊回去叫你妹妹來。」

伏羲就趕緊回家去了。跟妹妹說了，妹妹就跟他去了。他倆到龜身旁，龜張開口說：「你們藏到我肚裡。」

二人鑽的時候，天地就冒出一股白氣，就天塌地陷混沌了。

又過了不知多少時間，天地又開了，恢復了。伏羲和妹妹女媧就從龜肚裡出來了。出來以後，天地仍然很好。他們到處看看，都沒有人了。

又過了一段時間，他妹妹提出說：「現在天地之間沒有人怎麼辦吶？現在就我們兩個。要想天地間有人，除非咱倆結婚。沒辦法，只有咱倆結婚了。」

這時候，伏羲還是不願意：「那不行。我們是兄妹，哪有這個道理。」

結果，妹妹就提出看看天意如何。兩人從山上推下來兩塊石頭，如果兩塊石頭推下來合在一起，就是天意讓兩人結為夫妻。兩塊石頭推下來分開，仍不能成為夫妻。

伏羲沒法兒，只好同意了。兩人把石頭從山上推下去了，一下去，兩塊石頭就合一頭兒啦。這時候，伏羲很生氣，舉起一塊石頭一拎，就拎過一座山去了。再氣也沒法兒，既然是天意，兩人就結婚了。

結婚以後，從此有了人。

又遲了若干年，伏義察地形。有一天，他走到上蔡看到有蓍子草很好。伏義一看，就扒蓍子草，底下有白龜陷在地下。

伏義因為白龜救過他，所以就蓋了座廟，叫白龜廟。

講述人：彭興孝，男，淮陽文化館人員

錄音：張振犁、程健君

時間：一九八三年十一月十日

地點：太昊陵東彭家

可以看到，與之前盤古時代、女媧時代相似的故事結構 —— 即災難之後人類重生的記述，與許多地方流傳的洪水神話有著相同的部分。設定的場景中有兩兄妹，或者上學，或者在原野玩耍，遇見神奇的人物或者神奇的動物，被告知大災難的來臨；然後有躲避，災難之後只有兄妹兩人；他們不願意違背傳統的婚姻形式，進入驗婚儀式，被證明具有合理性，形成某一個神話時代的全人類再造過程。

這樣的神話傳說內容作為故事結構，應該既可以獨立存在，又可以與其他神話傳說融合。如以下洪水後的兄妹婚故事[23]：

兩兄妹

很久很久以前，有兄妹二人，住在一座山下。家門前有一頭大青石獅子，是兄妹倆最要好的夥伴。白天，兄妹倆常守在獅子旁，跟獅子一塊玩耍；晚上，獅子為他們當哨衛，壯膽子。一來二去，兄妹倆和獅子的交情很是深厚。

一天，兄妹倆又來到獅子跟前。哥哥抓著獅子，一躍跳在獅子背上。獅子的嘴一張一合、一合一張的。妹妹看到這情形，趕忙招呼哥哥：「哥

[23] 張振犁與程健君編。《中原神話專題資料 · 洪水神話》。中國民間文藝家協會河南分會，一九八七年編印。

哥，快下來，看獅子都不高興啦！」哥哥跳下來，真的是。忙問：「獅子，是不是累了？」獅子不吭聲，嘴還是一合一張、一張一合的。妹妹說：「一定是獅子餓了。」妹妹連忙跑回家拿來饃饃，填到獅子嘴裡。獅子嘴一合，脖子一伸，嚥了。哥哥也趕緊跑回家拿來饃饃，填進獅子嘴裡。獅子嘴一合，脖子一伸，嚥了。獅子吃了兄妹倆的饃，真的又像原先那樣安詳地立著，一動也不動。

從那以後，兄妹倆每天來找獅子玩，都要帶來些饃饃，給它吃。吃飽了，才玩。

一天，兩天，一個月過去了。哥哥從沒有忘了每天給獅子送饃饃吃。

一月，兩月，一年過去了。妹妹也從沒忘記每天給獅子送饃饃吃。

一年，兩年過去，兄妹倆也長成大人了。可他們還是沒有忘記給獅子送饃饃吃。

這天，兄妹倆又來找獅子玩。他們把帶來的饃送給獅子，獅子怎麼也不張嘴。

哥哥問：「獅子，是不是渴了？」

妹妹問：「是不是病了，獅子？」

一問，獅子不吭聲；再一問，獅子流下淚來。

這一哭，兄妹倆可就慌了神兒，一起叫道：「獅子哥，獅子哥！俺又不曾委屈你，你倒是說話呀！」

獅子收住了淚，非常沉重地對兄妹倆說：「小弟弟、小妹妹，告訴你們一個不幸的消息，這世界原來是一萬八千年要『混沌』一次的。每次混沌，都是天地相合，萬物俱滅呀。再無窮大一天，正好又是一萬八千年。」

這一說，兄妹倆更慌張了。他們一起請求獅子幫助拿拿主意。獅子說：「好弟弟、好妹妹，別著急，等到那一天，你們來找我，我自有辦法。」

兄妹倆提心吊膽地等到第三天。正中午時，果然平地捲起大風，天霎時昏暗了下來，接著，便是電光閃閃，雷聲隆隆，傾盆大雨下將起來。哥哥妹妹冒雨來到獅子跟前。獅子正焦急地等著他們，一見，忙說：「快，我張開嘴，你們快跳進來吧。」兄妹縱身跳進獅子的嘴裡，又從嘴裡來到肚子裡。在肚裡，他們才發現平日送給獅子吃的饃全存放在這裡，完完整整，沒有一點壞。

離開人間，是多麼痛苦啊！過了些天，兄妹倆真有點急了。鄉親們的下落怎樣？他們會遇到危險嗎？兄妹倆恨不得快些知道個究竟。

等了十天，哥哥終於耐不住了。他請求獅子放他出去看看。獅子說：「不行！現在正是天塌地陷，山崩塌，水倒流，連我都有點站不穩呢！」哥哥用耳朵貼著獅子肚皮聽聽，真聽到一種「隆隆」的聲音，也就不說啥了。

又等了十天，妹妹也有些待不住了。她請求獅子放她出去瞧瞧。獅子說：「快了！如今混天老祖正在補天，混地老祖正在修地哩。」妹妹只好耐住性子等下去。

七七四十九天過去了。這天，獅子才告訴哥哥和妹妹：「混天老祖和混地老祖已把天地修好了，世上太平了，你們出來吧。」兄妹倆重新回到世上。一看，天還是過去的天，地還是過去的地，可是沒有了村莊，沒有了鄉親。他們成了世界上最孤獨的人。

兄妹倆從山上割來些黃草，從樹上摺些枝枝杈杈，搭成棚棚，這是他們的房子。

又過了些年，兄妹倆都長成大人了。也不知為什麼，他們都感到有些憂慮和愁悶，又感到像是有些話想互相講講。

哥哥想：「眼下這世上只有自己和妹妹，要是不跟妹妹結合，過後不是沒有人了嗎？」又一想：「不行，她是我的妹妹，我咋好張口呢？」

妹妹想：「這種生活也真是太單調了，要是能跟哥哥結合就好了。」又一想：「不行，他是我的哥哥，我咋好出唇呢？」

最後還是哥哥先向妹妹說了。妹妹答道：「那就先問問那頭石獅子的意思吧。」

兄妹倆來找大青石獅子。獅子想了想說：「這樣吧，你們各背一扇磨盤，各立一個山頭，讓磨盤從山上滾下，要是兩扇磨合在一起，你們就結婚。」

兄妹倆都覺得獅子的辦法可行。哥哥背了一扇石磨，來到東邊一座山頭上；妹妹也背了一扇石磨，來到西邊一座山頭上，兩人約好同時放。只見兩個圓圓的磨盤順著山坡，「骨碌碌 —— 叭」一聲，正好合在一起。

從此，兄妹倆結為夫妻，生兒育女。後代人就尊他們為自己的祖先。有人說，這兄妹倆為了使人類更快地繁衍起來，還從河上挖來好多黃膠泥，用來捏成泥人。有一天，一大批泥人才晒個半乾，忽然天上長出烏雲，一會就下起雨來。兄妹倆一個用簸箕往屋裡端，一個用掃帚掃。結果，有的不是手臂被碰掉，就是腿被弄斷，再不就是眼睛被扎瞎。所以，後來世上就有了殘疾人。又因為人都是用泥捏成的，所以現在人們每次洗臉總要洗掉些泥土。還有人說，現在有的地方還保留著古時候留下的石刻劃像，上面那個揹著磨盤的男人就是哥哥，另一個是妹妹，也揹著一扇磨盤。

講述人：王金合，九十多歲，農民，不識字

轉述人：王樹林

記錄：定翔

整理：定翔、王樹林

流傳地區：河南省商丘、開封等地

記錄時間：一九八一年二月

玉人和玉姐

很古的時候，有兄妹二人，哥哥叫胡玉人，妹妹叫胡玉姐。兩個人常到親戚家去讀書，來回常常從一棵奇樹旁經過。這棵奇樹有幾十摟粗。一到夏天，奇樹的枝葉像碧綠的寶蓋，遠遠看去，就像一個鬚髮飄動的仙翁。走到跟前一看，樹上有一個大洞。這個洞黑得看不見底。兄妹二人就常常在這裡歇息。

有一天，正是三伏天。兄妹二人又路過這裡，奇樹忽然說起話來。他倆一聽，嚇得拔腿就跑。奇樹說：「你們不要害怕，我是人間正神。地上的人都是我的子孫。從今往後，你們要天天拿一個饃或一碗米，倒在樹洞裡。這件事，千萬不能叫任何人知道。」

兄妹二人當時聽著，心裡不害怕了，話也記住了。從這以後，一天三次，兄妹倆把饃和米倒進樹洞裡。天天如此，日不錯影。

第二年三伏天，兄妹倆剛剛走到奇樹跟前，黑洞裡就亮了。只見裡面堆著很多米和饃饃。這時，裡面走出一個老人，對他倆說：「你們快快進來！」

胡玉人、胡玉姐剛進到樹洞裡，老人用手把洞口一推，洞口被堵得結結實實。老人說：「從今天起，你倆就住在裡面，餓了吃你們的饃饃。」老人說完，只見一道亮光一閃，他就不見了。

這時候，樹洞外面的大地上，颳了一月的寒風，河裡的水凍得實確確的。人們雖說死了些，不過有的還可以活著。又颳了一個月的熱風，人們可受不住了。人被熱死的萬不留一。接著，只見天邊藍光閃了半天，大地一聲巨響，四周就全黑了下來。又過了一個月，地上到處一片泥海。從此，地上的一切就全毀滅了。

大約又過了半年時間，地上的泥濘變成了大地；地上的水流到一塊，成了海洋；內地沒流出去的水，匯積在一起，成了湖泊、河流。

有一天，奇樹又在地面上長了起來。老樹又說話了：「孩子們，出來吧！」

玉人和玉姐走出樹洞一看，整個大地上什麼也沒有了，覺得非常孤單、無聊。兄妹倆正在發愁，老仙翁又出現了。他把樹枝砍下來，做成掃帚，又把樹幹修成圓錐形的房子。然後，他就倒下了。兄妹倆趕來時，老漢已經上氣不接下氣了。二人一見，不覺流起淚來。

老仙翁說：「我已經活了一世，下一世的祖先就是你們兄妹了。我死後，就要變成人間的花草樹木、蟲鳥萬物了。」說罷，兩眼一閉，就死了。兄妹倆撲上前去痛哭，一轉眼，老漢的屍體也不見了。

從此以後，兄妹二人就在一起幹活，把還沒有吃的米種到了地裡。閒時沒事，玉人和玉姐便在水池旁邊捏起泥人來。先捏的人，高個子、雙眼皮、方面大耳；又捏的人，矮個子、單眼皮、尖嘴猴腮；再捏的是漂亮、美麗、能生兒育女的女人；最後還捏了一些稀奇古怪的人。

兄妹倆把泥人捏好了，就放到平地上去晒。泥人快被晒乾了，也沒颳風。後來，忽然天上烏雲翻滾，霹靂火閃，雷電交加。玉人急了，拿起掃帚，一下子就把泥人掃進溝裡，跑回房裡去了。

過了好久，天晴了。水裡就跳出一個個活蹦亂跳的小孩兒來找母親。小孩兒來到胡玉人家門前。玉人讓小孩在外面等著，自己進房去，好久也沒有出來。

小孩兒跪了好久，抬頭看著爹媽還沒出來，就又低下頭跪在那裡。

後來，玉人和玉姐出來一看，心裡很是喜歡。他們就囑咐這些孩子，叫他們以後再來時，都要跪下磕頭。

小孩子聽了，都高高興興地散去了。只有一個小孩子在地上跪著，不肯走。這個女孩子長得像朵花一樣，又嬌又嫩。玉人問她為什麼不起，這個女孩子說：「我想服侍爹娘。」

玉人問她：「妳做我的女兒行不行？」女孩子聽了高興地連連磕頭。玉人笑著說：「女兒，趕快起來。」

玉人這時候心想：老這樣出口一個女兒，合口一個女兒，不如起個名字好，喊起來方便。他想了半天，也想不出合適名字。

玉姐在一旁早看出他的心事了，就說：「她是個女的，就是個女貨。」

玉人一聽，十分高興，說：「是 —— 是個好名。」玉姐聽說是「是」，就說：「她的名字就叫『女貨是』吧！」後來，人們把字音念轉了，就叫成了「女媧氏」。

一天，玉姐和玉人正休息，女媧氏進來說：「外面來了一個和尚，要見爹媽。」兄妹二人出來，正好碰見這個和尚，正是如來佛。身後面還跟著一個五官端正的少年，正是玉皇大帝。

他們是怎麼來的呢？原來如來佛是老仙翁的兄弟。這個玉皇大帝就是沒被玉人掃進水池，讓如來佛拾去放在一盆仙水裡鑄成金身玉影的人。今天，如來佛帶他來找玉人、玉姐，就是讓認兒子的。

玉人不知道如來佛的壞心眼，當然很喜歡。當時，就認下玉皇大帝為兒子。這樣，如來佛就成了玉皇大帝的恩師最高佛爺。

後來，又過了五千年，胡玉人和胡玉姐死了，玉皇大帝就把一些妖魔鬼怪都收到天宮裡去了。他們苦害生靈，跟地上老百姓作對。不過，人們從來也沒向玉皇大帝低過頭。

講述人：張昀的鄰居老人，農民

記錄人：張昀，河南省正陽縣袁寨公社元寨大隊

整理人：張振犁

時間：一九八一年五月

人祖爺

原先，人祖爺和人祖奶不是兩口子。人祖爺是兄弟[24]，人祖奶是他姐。

人祖爺去上學，離家很遠，中午得捎一頓饃。捎這一頓饃，沒頭擱，擱哪兒哩？路旁是一座碑，碑底下壓個龜，時間長了，烏龜成精了。人祖爺回回把饃擱烏龜嘴裡頭，烏龜一回給他扣摟[25]起來一個。

有一回，他問烏龜：「為什麼回回我的饃子不夠數兒哩？我捎這三個饃，你回回都給我吃一個，掉[26]兩個？」

烏龜說：「我沒有吃，我給你保存著哩。地殼快變化了，十萬八千年一變化，一混沌。」

「那怎麼辦哩？」

「你回回都給我捎點饃，我給你保存著，到混沌的時候，地不就變成水了，你好跟我走。我是個烏龜，泥裡水裡都不怕。」

以後，人祖爺就回回給烏龜捎個饃。姐姐問他：「你往日捎饃捎得少，這些時咋捎恁多哩？」

人祖爺見瞞不住了，就從頭到尾說了：「我回回捎饃沒頭保存，都放到烏龜嘴裡頭，烏龜回回吃我個饃。我問牠：『你為什麼要吃我的饃哩？』牠說：『我沒吃，我給你都保存著哩。地球十萬八千年一混沌，地球都變成水了。將來到時候了，我的眼珠子一紅，你拱[27]到我的肚子裡，你可以吃這些饃。』」

他姐一聽，說：「一混沌，就沒人沒世界了。那我給你多烙點，你連我的也捎去。」

---

[24] 作者注：即弟弟。

[25] 作者注：即「藏」的意思，音「黑摟」。

[26] 作者注：即剩。

[27] 作者注：即鑽。

人祖爺也把姐姐的饃捎去了。捎的時候長了，時間到了，人祖爺拿著饃又往烏龜嘴裡擱哩，烏龜說：「你趕緊喊恁姐吧，時間到了！」

他一看，烏龜眼珠子都紅了，就趕緊回去喊他姐。

他姐弟倆跑到了，烏龜張開嘴，他倆就拱到烏龜的嘴裡。烏龜把嘴一繃，地球一混沌就變成水了，烏龜就浮在水上面。

後來，地球又長出來，先長出來的是山。烏龜就爬到山上，張開嘴，他倆就出來了。

二人出來以後在山上過日子，吃啥哩？啥都沒長出來。想喝點茶，也沒有火燒，姐弟倆就鑽木取火，燒點茶喝。還沒有啥吃，沒有動物。颳大風，水裡漂來了草籽。他倆就嘗百草，嘗嘗哪好吃，就保存下來好種，哪不好吃就不種。麥、豆子、綠豆，這些好吃的就是他倆保存下來的好種子。

有一天，不知從哪兒來個老頭兒，要給他倆說媒，叫他倆結婚。哪有姐弟倆結婚的事？老頭說：「世界上沒長出來人，恁倆不結婚，旁的沒有人，咋弄哩？這樣吧，山上有兩個小拐磨兒，從山上往下骨碌，要是合不到一塊兒，就不結婚；合到一塊兒，恁倆就結婚。」

姐弟倆就把小石磨朝山下滾。一滾，看到合到一塊兒，倆人就成兩口子了。

結婚後，沒有地方住，倆人就在地下挖個圓洞，住在裡頭。幹啥工作哩？沒啥工作可幹。每天捏泥人，晒乾了，拿屋裡。泥人捏得過多了，天下雨了拿不及，倆人就推的推，擁的擁，把泥人弄到了屋裡。瞎子瘸子都是那時候扎爛眼睛、擁斷腿的。從此，天底下才有了人類。

講述人：劉炎，六十歲，農民，討過飯

採錄時間：一九八三年十一月四日

採錄地點：河南省西華縣逍遙鎮

採錄者：中原神話調查組

錄音整理：張振犁、程健君

人祖爺和白龜寺

從前，有姐弟倆。姐姐供養弟弟去白龜寺上學。白龜寺前有一口井，是弟弟上學常經過的地方。

一天，弟弟又去上學，經過白龜寺那口井時，從井裡突然出來一隻白龜，告訴弟弟說：「天要塌、地要陷，天下人類要覆滅。從今你給我拿饃存在井裡，那時我度你成人祖爺。」說完，白龜就不見了。

弟弟信以為真，就每天上學順便拿個饃放在井裡。後來姐姐發現弟弟每天上學都要拿個饃，就問弟弟是自己吃，還是給別人拿的。起初，弟弟不說。姐姐不依：「不說，就別想再拿饃！」弟弟無法，只好把白龜的話重複一遍。姐姐也信以為真。不但準弟弟天天拿饃，而且還叫弟弟每天給她也捎去一個。

一天，兩天。到了最後一天，弟弟放學又經過井邊時，白龜突然從井裡出來告訴他：「趕快回去拿個饃，天馬上就要塌了。」弟弟一聽，跑到家裡拿個饃就跑。姐姐以為弟出了事，就邊喊邊追弟弟。弟弟跑到井邊，白龜一張嘴把他藏在肚裡了。姐姐見弟弟掉在井裡了，就在井邊哭喊。這時天地暗起來。弟弟聽見姐姐的叫聲，就央求白龜把他姐姐也救下。白龜答應了，於是把姐姐也藏在肚裡。

等到天快長好、地快復原時，白龜把他們姐弟倆送到地面上。還教他們用冰碴子補住東北的一角天。

天補好了。天下除了他們姐弟倆，沒有別人了。白龜叫他們上山滾石磨遊戲。磨合住了，白龜就叫他們結了婚。婚後，姐弟倆就捏黃土泥人玩。誰知這些泥人往地上一放都活了起來，於是姐弟倆就天天捏。黃種人就是這樣來的。後來這些黃土人就稱那姐弟倆為人祖爺和人祖奶。後代人到陳州給人祖爺奶燒香求子就是這個緣故。

當時，這些黃土人都光著身子，沒衣裳穿。人祖爺就掐來荷葉給人們裹在腰下。現在，淮陽的人祖爺腰裡圍著荷葉就是這個緣故。

講述人：齊春明，男，四十歲，農民

整理人：耿瑞

時間：一九八三年三月十七日晚

流傳地區：河南省沈丘東南地區

人祖廟

在很久以前，人類作惡很多。玉皇大帝為了懲罰人類，就降了大禍：天塌了，地陷了，人類都滅絕了。

這時，只有一男一女兄妹倆活了下來。他們在災禍降臨以前，得到太白金星的指點，躲藏在一個鐵水牛的肚子裡。過了很長很長時間，他們出來一看，茫茫大地，沒有一個人。他們感到害怕。

後來，妹妹向哥哥提出要跟他結婚。哥哥開始不願意，後來見世上沒有人怎麼行？最後就答應了。他們結婚後，生了許多男女，慢慢才有了人類。

玉皇大帝知道了世上人類並沒有滅絕，就格外惱火。他下去一查看，見人祖爺和人祖奶不光沒有死，還生了這麼多人，就發雷霆，要懲罰他倆。這時，又是太白金星給兩人每人一顆金丹。二人吃了以後，馬上變成兩條小蛇，鑽進草叢裡，玉皇大帝再也沒找著。

後來，兒孫們為了紀念他倆的功勞，就建造了人祖廟。解放前，每年三月三，還要在西華縣逍遙鎮唱四臺大戲。從人祖廟裡把這兩尊蛇神抬出來，享受人們的祭祀、供奉。

講述人：胡說，男，五十歲，盲人

採錄人：劉洪彬，男，二十歲，河南大學學生

地點：河南省西華縣逍遙鎮

人的起源

古時候，有姊弟倆，在一起念書。他們念書的地方有個廟，廟裡住個和尚，廟門前有個大鐵獅子。這姊弟倆好到廟裡騎鐵獅子玩。有一天，和尚對這姊弟倆說：「往後，你倆見天早上來上學的時候，拿個饃，填到鐵獅子肚裡。」姊弟倆不懂啥意思，問老和尚：「鐵獅子又不會吃，填饃幹啥？」和尚說：「你們別問，只管填就是了。」姊弟倆照辦了。

這以後，每天早上，姊弟倆都要拿個饃，填到鐵獅子肚裡。過了多少天，和尚對姊弟倆說：「你們往後細心點，看鐵獅子眼紅了，就趕緊鑽到鐵獅子肚裡。」姊弟倆問和尚：「鑽裡面幹啥？」和尚說：「別問，到時候你們就知道了。」姊弟倆又問：「鐵獅子嘴恁小，咋鑽進去哩？」和尚說：「到時候就能夠鑽進去了。」

過了一個月，有一天，姊弟倆又往獅子肚裡填饃的時候，姐姐看見鐵獅子的眼通紅，對兄弟說：「獅子眼紅了，我們鑽進去吧。」才說完，看見獅子嘴張得跟個大水缸一樣，他們趕緊鑽了進去。

他倆鑽進去不大一會，看見外頭黑風陡暗，又聽見「轟」的一聲，天就亮了。他倆出來看看，連一個人影也看不見。往天上看看，才知道是天塌了下來，人都死完了。他倆又鑽進獅子肚裡，吃幾個饃，又拿幾個，出來找房子去了。

姊弟倆跑呀跑，跑到一座山上，看見一個老太婆。他倆問老太婆：「老奶奶，人都死完了，咋整哩？」老太婆說：「你們倆不死就行了。你們是姊弟倆不是？」他倆說：「是哩！」老太婆說：「山上有盤磨，我把一扇放到山底下，一扇放在山頂上，叫山頂上那一扇往下滾，能跟山底下那一扇合住，你倆就得成親，合不住，不叫你們成親。」後來，山頂上那一扇磨下來，恰好跟山底下那一扇合住，老太婆叫這姊弟倆成了親。

姊弟倆成親後，養了五個男娃、五個女娃，他們又成了親。後來，一輩一輩往下傳，人多了起來，就成了這世界。

講述人：彭廷政的母親，農民

蒐集：彭廷政，河南大學學生

時間：一九八二年七月十日晚

地點：河南省南陽縣

捏泥人

天地相合以前，也是一個世界呀，也是人、粹啥都有。天地相合了，天昏地暗吶。

原來，一個妮兒、一個孩兒是姊弟。倆人在寺院上學哩。寺院門口有個石獅子。它說：「恁來時，天天來給我捎個饃。」石獅子會說話兒。

二人天天給石獅子捎一個饃，石獅子吃了。捎的天數不少了。

天地該合了。他說：「天昏地暗哩，咱二人就去找石獅子。」

一尋尋它去了。石獅子說：「天地要相合了，老厲害。恁拱到我的肚裡來吧！我一張嘴，恁就拱我肚裡吧。」

石獅子一張嘴，他倆就拱到獅子肚裡了。

天地成一體了。姊弟倆就在獅子肚裡吃他們送的饃。

饃一吃吃清了，天地相合也過去了。水下去了。石獅子就把他倆吐出來了。

一吐吐出來了，四外都沒有人哪，怎麼辦哩？

後來，世上光剩他姊弟倆啦，沒其他人哪。他姐想與弟弟二人結婚吶。她兄弟不願意。

他姊說：「世上沒有哪，過一場怎麼辦哩。」

她弟說：「咱就滾磨成親吧！你站在這山上，我站在那山上，兩扇磨咱就往下骨碌哪，會碰到一頭，我們就成親，碰不到一頭就不成親。」

「中。」

他站在這山尖上，她站在那山尖上。兩扇磨都往下骨碌。一骨碌下來了，合到一頭兒了。只該成親了。

人根之祖，從哪兒，他倆分[28]開咱這人。

後來，老天爺跟老佛爺他們說：「人真[29]稀，得生法叫他們配合。」

老佛爺說：「叫好的配好的，賴的配賴的，窮的配窮的，富的配富的。」

老天爺說：「窮的配窮的，叫他怎過哩！賴的配賴的，好的會尋賴的！」

老佛爺就叫兄妹倆把好些泥人捏捏晒晒，晒乾了就是人。

正晒哩，天下雨了。

老佛爺怕泥人淋了，就撮到一塊兒了，好賴也分不清了。還是這樣混雜在一起，賴的也尋好的，好的也尋賴的。

以前就是娃娃媒，說啥是啥。生下來，半生兒就尋下了。一尋下了就不興變了。常常很好的一個妻子，尋個賴漢子；很賴一個漢子，尋個好妻子。只要傳了期兒，睛跟人家過了。離婚？沒那事。

講述：張振恆

錄音：程健君、張振犁

時間：一九八三年十一月三十日

地點：河南省密縣超化鄉堂溝村

人祖爺

人祖上學，碰見水牛。水牛說：「你每天給我帶個饃，天塌地陷時，我搭救你。」

---

[28] 作者注：音「奮」，繁。

[29] 作者注：音「陣」，這樣。

從此，人祖天天拿一個饃，牛就吃了。

不久，天塌地陷了，人死完了。牛叫他倆鑽進牛肚子裡。饃還都在那裡放著哩！他倆一個一個把饃吃完了。天塌地陷也過去了。

姊弟二人出來了，沒有人煙了。怎麼辦哩！牛說：「沒人了，就恁姊弟兩人，成親吧！」

當時，這座廟在山頭上。水牛說：「恁從山頭上滾石磨吧。從山尖上往下滾，滾下去合住了，恁倆成夫妻，合不住，不成夫妻。」

兩個小磨從上往下一滾，小磨合一塊了。二人也結婚了。

姊弟成夫妻。可是沒有人怎麼辦哩？發展人太慢，就用泥捏。捏成人的形狀就晒。一晒，天變了。天一變，一下雨，沒辦法了。往回搬多慢哩，乾脆掃吧，兩人就用笤帚掃起來了。所以有瞎子，有瘸子，各式各樣，這是人祖爺留傳下來的。

今天人身上再洗都有灰，說明人原是泥巴捏出來的。

講述人：高老師，四十五歲，項城一中

錄音：張振犁、程健君

時間：一九八三年十一月十七日

地點：河南省項城縣招待所

人祖爺

人祖上學，上學來回挨這走。有個老頭兒，在河沿跟前蹲著。有天跟人祖說：「你這個學生，上學跟我拿兩個饃來。」人祖天天跟他拿饃。他姐見了，問他為什麼拿饃。人祖一說。他姐說：「你也給我拿個。」一天六個。倆人十二個。拿多了，時候到了，老頭說：「恁倆來吧，來我跟前。我算著恁倆都該來了。馬上該天塌地陷了。」來了，老頭兒說：「你們到我跟前來，擠住眼兒，扳住我的肩膀頭。」扳住他肩膀頭了，他往水裡一扣。

兩人一睜開眼，看看地裡會冒白，都是樓房。他們的兩堆饃放著還沒吃哩，老頭兒叫他倆在裡頭吃饃，不叫出來。他不想等。老頭兒說：「東北方天還沒長成哩，不長成，恁出去咋弄哩！」「那俺也要出去。」還是非要出去。兩人就出發了。

出來了。東北天冷，都是冰凌，冰凌掩著哩。說實話，人祖才苦哩，沒衣穿，赤著腳，泥巴著腿，人祖才受罪哩！如今人祖塑的像，你看看還是赤著腳，泥巴著腿，渾身披著藕蓮葉。

二人光捏泥巴孩兒，捏著晒夠一百天就會跑，不得了。這一回晒的不夠一百天，大雨來了。咋弄，也收拾不及，掌掃帚掃、擁，擁得瞎的瞎，瘸的瘸。沒晒成的成了這樣。

二人弄兩扇子磨，一齊往下骨碌，一鬆，後來，一直到底了，兩扇磨「撲稜」一下子合一頭啦。這咋說法哩。就那樣了，兩人就成親了。

兩人成親後，光捏泥巴孩兒。捏的時候大了，兩個人看地勢。人祖看的陳州，他姐看的馬來蛋（郎店）。馬來蛋北邊八裡在小溝裡，東一拐、西一拐，拐的淨彎子。到裡頭起個大塚子，蓋個方三丈客屋，一個老婆兒專門伺候著她。好不下來，送著讓她吃，現在還在這裡哩。鄉下人管她飯，管她穿。老婆也成了半仙之體了。

這是他姐弟倆的事。

人祖挑城海子，挑了個人頭八斤半。有的能人說是人祖爺的頭。用秤量，正好斤半。埋在陳州北關，墳地方圓五頃四。人祖爺可靈啦！燒香去，誰也不敢說謊話。從前多靈呀。這會兒不行啦！那時候，誰說句謊話就不得了。

那時候，燒香，香灰像小糞堆一樣。香火可旺了。

口述人：喬振幫，八十七歲，農民

錄音：張振犁、程健君

時間：一九八三年十一月十三日錄音地點：河南省沈丘縣喬莊

人頭爺

從前，有姐弟二人，因父母死得早，姐姐只好供養弟弟上學。弟弟每天到莊外的白龜寺裡去念書。這座白龜寺門口有一眼井，弟弟上學去的時候，放學回來，都從井旁走過。

一天，弟弟剛放學走到井旁，就見從井裡伸出個白龜頭來，朝他說道：「小孩，要不多長時間就天塌地陷了，你讀書也是白搭。」弟弟問道：「那怎麼辦呢？」白龜就說：「你天天給我拿個饃來，我給你攢著。到天塌地陷的時候，我對你說，你就鑽到我肚裡來，那饃還是你自己吃，我不要你的。」弟弟便答應了。

天天，他拿一個饃去上學，從來沒有不拿過，姐姐感到奇怪，問他：「弟弟，你天天拿饃！給誰吃？」弟弟便把這事告訴了姐姐。姐姐一聽，馬上說：「那也給我拿一個吧！」弟弟便帶著兩個饃去上學。白龜見他拿兩個饃，覺得奇怪，就問他為什麼拿倆。他又把姐姐要他捎饃的事講了一遍，白龜同意了。

就這樣，一直拿了三百六十四天，白龜對他說：「就要天塌地陷了，你快回去，再拿兩饃來。」弟弟趕緊往回跑，一進屋，看見姐姐正在烙饃，他二話沒說，抓起烙好的饃就朝外跑，姐姐慌忙喊他，他頭也不回。姐姐氣呼呼地追了上來。到了井旁，白龜正等著呢，看他來了，一張嘴，把他吞進肚裡。剛一合嘴，他在肚裡喊道：「別合嘴，俺姐還在後頭哩！」等姐姐一到，白龜也把她吞進肚裡。

也不知過了多久，累積的饃吃光了。白龜對他倆說：「現在饃吃光了，出來吧！天已經補好了三邊，只剩下東北角沒有補好，用冰冰碴哩！」姐弟二人出來一看，天真的補好了，萬物也都長了起來，只是人死絕了，怎麼辦呢？白龜對他們說：「山上有兩扇磨盤，你倆一人推一扇，朝山下滾，合到一塊，就可結為夫婦了。」兩個人到山上，把磨盤朝下一滾，正好合上，於是他們就結婚了。

可是，因為東北角的天沒補好，一刮東北風就凍得撐不住。沒辦法，弟弟只好到水裡採些荷葉，用藤蔓一穿，護著身子。身上好一些了，腳仍沒鞋穿，有時候，蒺刺一扎，疼得直掉眼淚，只好少走動，坐在家裡捏泥人。姐弟倆整天捏，晴天裡，泥人很快晒乾了，看著很好；大雨一來，晒的泥人收拾不及就用掃帚掃、擁，這樣一來，有的眼瞎了、耳聾了，有的腰駝了、嘴歪了，少手臂掉腿的都有。現在世上好好的人，都是晴天晒的，殘疾的都是雨淋的。

他們二人後來有兒子，又有了孫子。在野地裡找到了棉花，才穿上衣裳。因為他們姐弟倆造出了人類，所以後世就尊他們為人頭爺、人頭姑奶奶。至今，陳州還有人頭爺墳，人們還常去那裡燒香哩！

講述人：齊永利，劉風運及其父

整理人：齊春旺

時間：一九八二年四月

地點：河南省沈丘縣劉莊店

人祖爺

老人祖爺住（沙河）河北，前面靠一條河，上河南去上學。來回一天三趟去上學。上學咋弄哩，咋過去哩，有個大老鱉來回去馱他，上河南去上學。馱一綳子了，說話了：「我只馱你，我還得吃飯，你得回家給我拿饃。」「拿啥饃哩？」「你得給我拿烙饃捲生蔥。生裡都不中，不給我拿饃，我就不馱了，到河裡就把你淹死。」

好，人祖回去給他娘說了。他娘給他烙烙饃，知道年輕人好吃生蔥，給他捲生蔥，天天攜一些子，一天三趟。拿了一綳子，老鱉又給他說：「你拿這饃給我吃，啥時候天塌地陷了，世界就成了水，啥時候我一叫喚，你就跑來，鑽到我的肚裡。你有姐姐，也叫你姐姐來。」

好，他怪聽牠的話。回去給他姐一說，他姐說：「那你拿一份，也給我拿一份。」

那一個小孩上學，拿兩份，攜一大些子。攜著去了，老鱉問一綳子，說天塌了，地陷了。是啥子叫喚了，他們就往那跑。跑到河邊上，老鱉正張著嘴等著哩，牠說：「趕緊來吧，鑽我肚裡就淹不死了。」

他姊弟倆都鑽到老鱉肚裡了。老鱉肚裡面長著夜明珠，照得肚子裡也明亮了。老鱉肚子裡有一間房子那麼大，裡面堆著一大堆烙饃。姊弟倆在老鱉肚子裡吃起來了。

吃了一綳子，也不知道啥時候，老鱉說：「恁姊弟倆還不出去呀？天長好了，恁出去吧，同去看看。」

好，饃也吃好了。姊弟倆出去一瞧，這時也有天了，也有山了，也有地了，啥都有了。

沒有人了，咋弄哩？人祖說：「妳是一個女，我是一個男，兄妹結婚也沒法結。」她說：「咱倆成親吧！」

老人祖爺是她兄弟哩。他姐大些，他小些。就說：「那好，咋成親？」這會兒都有說媒的，那會兒沒說媒的，咋說哩？

「咱上山頂上，滾小磨兒。一人推一個小磨子，上到山頭頂上，不是一順坡兒往下骨碌。若小磨能合到一塊兒，咱就能成親，合不到一塊，不成親。」

「好嘞。」一個人推一個小磨兒，攜到山頂上，二人往下放開了，說話一齊放。往下放，小磨子往下跑，跑著跑著，兩小磨滾到底下，小磨子一合，往處一對，一撥楞，歪那兒啦。一歪那兒，上扇磨疊到下扇磨上，小磨子合得成了。

成了親了，姊弟倆過起來了。

姊弟每天捏泥人，捏了一大片。天爺刮南風，下點雨，淋不壞；一刮東北風，泥巴孩不大乾，一凍一酥，都爛了。這咋弄哩？一瞧，原來天東北角還有個大窟窿哩。這大窟窿真冷，颼大風，都凍壞了，咋弄？

人祖爺說：「我給他補住，用啥補住哩？我搬塊大冰冰碴補住。」

人祖爺搬塊冰冰，把大窟窿都補住了。

把窟窿一堵住，風小了些，泥巴孩好些了。可是，天還要下雨，天一下雨，就沒法弄了。兩個人就想辦法。想啥辦法哩？那時候，兩人剛出去，莊稼沒莊稼，啥沒任啥兒。有些草末末子、秋稞稞子，兩人拾一把，綁綁纏纏，睛擁了。就這東西，跟那掃帚一樣，擁開了。連擁帶掃，往一塊弄。一擁，枝裡巴杈的，有的腿擁斷了，有的手臂擁掉了，有的把眼扎瞎了。就這擁到一頭兒，泥巴孩兒剛一乾，他兩口子挑這個照照，拿那個看看，嘴一吹，就活了。吹口氣，活一個。幾吹幾不吹，都吹活了。小泥巴孩都活了。掉手臂的就殘壞了，掉腿的就是瘸子了，扎兩眼的就是瞎子了。

小泥巴孩都吹活了，人祖他就叫他們下去安民去了。

挨那兒起，地裡也沒有東西，天氣還冷。老人祖爺他倆也沒有衣裳穿，就襯些藕葉子，圍著身子，赤巴著腳，撓著頭。

口述人：耿玉璋，六十歲，農民

錄音：張振犁、程健君

時間：一九八三年十一月

地點：河南省沈丘劉莊店

洪水泡天

有兄妹兩個：哥哥是個學生娃，妹妹在家裡做針線。學生娃上學的路上，有一個石獅子。學生娃賤，從這哈走，往石獅子嘴裡抹點米粥。奇怪，學生娃抹上的米粥，都被石獅子吃了。這以後，每回打這哈過，學生娃都要把自己吃的飯分一點給獅子吃。

妹妹在家裡，覺著哥哥一天比一天吃得多，忍不住地問：「你咋吃恁些？」哥哥說：「我上學路上有一個石獅子，會吃飯，我就多帶點飯，餵它了。」妹妹不相信，跟去看了看，果真如此，就對哥哥說：「你給它吃得太少了，它肚大，吃不飽，我多做點饃，你好餵它。」這一頓，妹妹做了一鍋饃，哥哥帶去喂石獅子。石獅子全吃了。妹妹不知石獅子有多大飯量，又多做了一鍋饃，哥哥帶去，石獅子又都吃了。

就這樣，送多少，石獅子就吃多少。時間長了，把兄妹倆吃窮了。哥哥餓著肚子上學，也就沒提餵獅子的話了。學生娃走到石獅子跟前，勾著頭，想矇混過去。這時候，石獅子突然說話了：「你站住，聽我說，再過三天要天塌地陷，洪水泡天，不要告訴任何人，到時候你來找我，我救你。」

轉眼到了第三天，哥哥十分傷心，想來想去捨不得妹妹，就把妹妹也帶來了。石獅子念起妹妹的好處，也沒說什麼，就張開了口，讓兄妹倆進去了。

二人進去，黑咕隆咚的，又走了一遍，裡面青堂瓦舍，一處宅子，存放的都是兄妹倆餵石獅子的飯。兄妹倆在裡面餓了吃，吃了玩，十分痛快，忘了外面世界。

不知過了多長時間，飯也吃光了，石獅子說話了：「你們出來吧，外頭太平了。」等到兄妹倆出來一看，哪有什麼人家。到處是洪水爛泥，沒有人煙，沒有禽獸、樹林，啥子都給毀壞了。

哥哥對妹妹說：「沒有人煙了，我們成親吧？」妹妹不同意，說：「除非兩個碾盤從東西兩個山頭滾下來，合在一塊。」二人就各背了一個碾盤到山頂上往下放，誰知放到山谷裡，剛好兩個碾盤合在一起，兩個人就成了親。

兩人挖了好多泥巴，和熟後不分晝夜地捏泥人。捏好泥人，放在當院晒乾。誰知有一天，刮開了狂風，大雨鋪天蓋地來了。兩人慌忙向屋裡搬泥人。搬不及了，就用掃帚掃到一塊，用木鍬擁了回去，有的手臂壞了，有的腿壞了。這以後，我們人類中就有瞎子、聾子、塌鼻子、歪嘴、瘸子。到現在，我們各人身上都還有灰，咋洗也洗不完，就是因為我們早先是泥人變的。

講述：曹衍玉，女，六十歲

記錄：鄭大芝，女，二十歲

時間：一九八四年四月五日地點：河南省桐柏縣

人的來歷

這一家養了個大老鼋（老鱉），姐弟倆對大老鼋可好啦。

這一天，大老鼋把姐弟倆馱到大山裡頭，藏到山洞裡的水裡面，一連幾天不讓出來。天也塌了，地也陷了，沒有人了。修天吧。

他們問那老鼋：「多點出去哩，俺倆？」

「多點出去？那天還沒修好哩。」

「多點修好？」

它說：「那還卯[30]東北角沒修。」

「東北角沒修，用啥修哩？」

「用冰冰碴子往上擱。」

東北角用冰冰碴子補哩，因此一刮東北風就冷。

天修好了，姐弟倆出來了。出來了，沒有人。沒有人咋弄哩？

他姐說：「就咱倆，算咋著哩。那不然，咱倆就結婚吧。」

她兄弟說：「那不中，親姊弟倆咋能哩？」

她說：「這，滾磨，滾磨，咱叫這兩扇子磨，一個人推一個。向底下一放，跑遠了，咱就不講了。要是摸一堆去了，就得結婚。」

[30] 作者注：剩的意思。

姊弟倆一個人推一扇子磨，打那山頂上往下一推，放下去了。這一扇子磨跟那扇子碰到一塊了。下底下一看，擱在一起了，就結婚了。

成天天說，就是姊弟有小孩，那人也少，就捏那個小泥巴孩。天塌地陷了，沒房子，就往山洞裡擱。捏著捏著也晒乾了。雨來了，有的收也收不及，咋弄？唉，山上撲撲稜稜多些，上那弄個掃帚有個尖，弄個木鍁推推怪得。那時候上哪弄掃帚哩？啥也沒任啥，有點石塊子，撲稜撲稜，一個人折一把攏了攏，攏得腿斷手臂折哩。

捏了正好一百對，一百個姓。百家姓就打這裡來，拐手臂拐腿也是打這裡來。人身上洗不淨，原是用泥捏哩。

講述人：李文忠母親，四十歲

記錄：李文忠

時間：一九八二年暑假

地點：河南省駐馬店平輿縣

人祖爺

很久很久以前，有這樣的小孩，每天上學很早，晚上回家很晚，不怕幹活。他因為這感動了上神。他每天上學走過白龜寺（白龜池）門口。白龜覺得這個學生很好，勤奮好學，在家在學校都好。

白龜知道天文地理。他知道某時間有洪水興起。

有一天，小孩又經過這裡，白龜就問他說：「你還去上學嗎？」

「是。」

「我給你說個事。你知道嗎？某年某月有洪水。我看你很好。你每天回家給我拿一個饃，給我塞嘴裡。」

從這以後，這個小孩天天拿一個饃。一直到後來，送了好多東西。

有一天，白龜說：「你不用去了。因為天氣的變化，洪水要來了。到了開天闢地的冰河時期。洪水過後，萬物滅亡。因為你很誠實，一般神不敢動，就躲進我的肚裡。啥時候我叫你出來，你再出來。裡頭有饃，你睛吃啦！」

第二天，這個小孩就躲進了白龜肚裡，吃他自己塞進去的饃。洪水氾濫，淹得是房倒屋塌，到處洪水丈八深。啥都沒有啦。以後又猛一冷，來了個大的冰河。無論動物、植物都沒有了。

從這以後，又經過了某年某月多少時候，小孩在白龜肚裡，饃也吃完了。他往外邊出來一看，啥都沒有了，吃啥也很難啦！衣裳穿爛以後，也沒啥穿啦。人祖身披葫衣，赤著腳，冬天披獸皮。

這個孩子就是人祖爺。淮陽是人祖爺發祥地，有太昊陵、人祖廟。人祖姑奶奶，也叫人祖給她帶給白龜一個饃。

講述：齊永會，男，四十歲，農民

錄音：振犁、健君

地點：河南省沈丘趙德營

時間：一九八三年十一月十日

人祖造人

講說從前的人光知道娘，不知道爹，這是咋回事呢？

傳說天塌地陷了，天底下光剩下人祖奶奶一個人。她想想，就一個人過日子，也怪沒意思哩！就問老天爺咋弄。老天爺說，想造人，妳就用泥巴捏吧，一刮一晒就成了。人祖奶奶就黑裡白裡捏，也不知道捏了多少，累得她瘦得跟啥一樣。老天爺怪可憐她，就說：「我給妳一根繩子，妳綳吧！」她看看怪省事，就天天綳起來。末了，她死了，人逢年過節給她擺供，燒香叩頭紀念她的恩德。

現在的人身上都有枯出皮[31]，就是綳得。

[31] 作者注：即皺紋。

講述人：丁榮華，項城縣新橋鄉丁莊人

整理人：高有鵬，河南大學學生

時間：一九八三年

流傳地區：河南省項城東南

人祖爺

我小時候看麥，聽老婆兒說：有姊弟倆上學。龜給他倆說：「要天塌地陷了，恁往哪去哩？恁給我拿饃，我給恁擱肚裡保存著。到那時候，恁上這裡好吃，過生活。」

果不其然，天塌地陷了，他倆得訊息，就進龜肚裡不出來了。

後來天成了，地成了，姊弟倆出來了。他倆就是人祖、人奶。啥也沒有了。

人祖說：「有兩人兩盤磨，咱倆死了，不就結局了嗎？」

姊弟倆要成親。

這就結婚。結婚就滾這個磨，有兩扇子磨，一個往東軲轆，一個往西軲轆。軲轆到一頭兒，就成夫妻。那會兒有磨哩？吃啥穿啥？

結婚了。咋這麼些人嘞？他在水邊看見自己的影子了，照著自己的影子捏小泥人，都活了。

活了，雨來了。往屋裡收，回屋裡就堆起來了。有的眼戳瞎了，有的腿瘸了。眼戳瞎了是瞎子，腿瘸了是瘸子。

口述人：張慎重

錄音：張振犁、程健君

時間：一九八三年十一月三日

地點：河南省西華縣思都崗

人祖的傳說

話說從前有倆小孩兒，是姐弟倆，春天挖個野菜，捋個桑葉兒，秋裡拾把柴火，扳個乾巴。坡裡有棵大槐樹，他倆夏天待到底下躲躲陰涼避避雨，冬裡跑到樹洞裡暖和。

槐樹洞裡有個大老鱉精。

有一天，老鱉精出來對姐弟倆說：「我出來，恁倆別怕。馬上啊，天快塌了，地快陷了。恁倆想不想活？」

他倆說：「想活呀，那咋弄哩？」

老鱉精說：「恁別急。要活呀，只準恁倆知道這事兒，誰也別給說。」

倆小孩說：「中。」

老鱉精說：「你倆呀，再出來天天往我嘴裡擱饃，我給恁倆放著。」

從前的人不知道過年，光知道做了吃，吃了做。過了一百八十天，二人拿來三百六十個饃。

到一百八十天頭上，老鱉精對姐弟倆說：「恁倆一個人再回家拿倆饃，趕快鑽我肚裡來吧。」

他姐多拿了一個饃，正好三百六十五個饃。

他倆在老鱉精肚裡暈暈乎乎地睡著了。一醒來，老鱉精就說：「你倆出來吧。天長嚴了，地長圓了。」

姐弟倆出來了，光想娘。老鱉精對他倆說：「恁倆呀也別哭了。嗯，地上的人就剩下恁倆了，恁倆就成親吧。」

姐弟倆說：「那不中，親姊弟不行。」

老鱉精說：「那這樣吧，恁倆從山上往溝裡放兩扇子磨，要是滾下去合一塊兒了，恁倆就得成親。」

石磨一滾，滾到一塊兒合上了。

他倆說：「那還不中。」

老鱉精說：「好吧。恁倆閉著眼，一個拿針，一個拿線，對著臉走，要是線插到針眼裡了，恁倆就得成親。」

姐弟倆一弄，線就穿到針眼裡了。還得成親。他倆還是不答應。

老鱉精說：「那，就再試最後一回罷。恁倆往天上扔石頭，石頭長到一塊了，恁倆就得成親。」

姐弟倆一弄，石頭長到一塊了。

姐弟倆結婚後蓋房子，生孩子。一天一天過去了，饃正好吃完。姐姐說：「這就算一年吧。」一天吃一個饃，正好一年三百六十五天。饃吃完了，揪樹葉子吃，沒樹葉子了就接著吃草。老鱉精說：「吃完了又該挨餓了，恁倆種點莊稼吧。」莊稼就是從那時候種的。

姐弟倆嫌人煙太少，就用泥巴捏泥人，捏好了，一晒就活啦。有時候下雨了，收不及，姐弟倆就掃到一堆兒。因為沒照顧好，泥人就有的瞎，有的瘸，有的是聾子，有的是啞巴。

兒女多了，都光著身子不好看呀，兄弟抓藕蓮葉遮著肚子，姐妹扯草葉子遮著。不信，你看看，太昊陵老人祖爺腰裡有個蓮花子，人祖奶下身圍草葉子，就是這個意思。

老鱉救過人，老人祖爺封牠大水淹不死，大旱旱不死。老鱉不就不會絕種了。

講述人：高李氏，八十一歲

記錄整理：高有鵬

時間：一九八三年春節

地點：河南項城縣高寺

兄妹造人

據說很久以前，一個村居住兄妹二人。爹娘早死，兄妹兩人一起生活。哥哥疼妹妹，妹妹愛哥哥。兄妹二人對鄰里也很好，遠裡近裡，誰家有了什麼事總是去找他們，他們也熱心助人。他們的好心感動了老天爺。

有幾天人們都說，要發大水了。大家都準備著吃的、用的。有的往山上跑，有的往樹上爬。兄妹二人也非常著急。

一天夜裡，兄妹二人喝了湯，正準備關門睡覺，一頭獅子來到他們的院子裡。哥哥先發現，嚇得慌忙關住門，頂結實，把妹妹藏在嚴實地點。

獅子開口說話了：「不要害怕，我是老天爺派來的。天下該發大水了，誰也跑不掉，都會被淹死的。老天爺說你們兄妹二人良心好，你們的爹娘在世時也行善厚道，特地派我來保護你們了。」

獅子說了勸了好大一會兒，門還是不開。

獅子又說：「不開就算了，我也知道你們害怕我。我對你們說，等到七月十五日那一天，就要發水了。到那一天日頭剛出來的時候，你們在院子裡等著，哪兒也別去，到時候我來救你們。」

說著說著，明天就是七月十五了。

這天一早，兄妹二人就讓人們往山上跑，說今天水要來了。天慢慢變紅了，一會兒日頭就露出來了。這時候，狂風颳起來了，就變得渾黃一片。

兄妹正焦急的時候，只聽三分鐘熱風聲朝他們院子裡刮來，他們睜眼一看，是一頭大獅子。獅子就在大門口說：「不要害怕，早上我就已經來過了。再等一會就要發水了。來吧，我把你們兩人吞到肚子裡，飛到天上。等到地上的水過去以後，我再把你們送回來。」

獅子說了兩、三遍，兄妹二人還站在那兒不動。眼看著天變得更灰了，遠處也好像聽到大水流淌的聲音。

這時，獅子慢慢走過去，離他們不遠了，獅子說：「你們看，那邊的水已經來了。」就在兄妹二人扭頭看的時候，獅子一口把他們兩人吞到肚子裡，三分鐘熱風飛到天上去了。

等了七七四十九天，地上的水過去了，獅子又把他們送回來，還從天上帶回了種子。

獅子把一個紅布包交給了妹妹，把一個藍布包交給了哥哥。他們把布包裡的種子種在地裡，然後，兄妹二人分別用紅包和藍包盛土，放在一起，就出現了很多小螞蟻似的人。

從此以後，人就出現了。

講述人：任氏，八十九歲，朱占迎之祖母

記錄整理：朱占迎，河南大學學生

時間：一九八六年八月

地點：河南省駐馬店、上蔡一帶

洪水滔天

很早的時候，有兄妹倆，天天蹚水到洪河對岸去上學。在河這岸，有一頭大鐵牛，平時老合著嘴。每天，當兄妹倆走過鐵牛身旁時，就把沒吃完的饃餵牠。牠只有在這時，牠才把嘴張開，讓兩個孩子把饃塞進牠的嘴裡。接著，就又緊緊地合上了大鐵嘴。以後，兄妹倆就故意從家裡多拿些饃，放進鐵牛的嘴裡。這樣一連很多天。

有一回，當兄妹倆又走過鐵牛身旁，向牠餵饃時，牠不再張嘴了。這時，天上忽然下起雨來。雨越下越大，河水也不停地往上漲。兩個孩子找不到地方躲雨，渾身淋得像落水雞一樣。正在這時，鐵牛慢慢張開了嘴巴。孩子們一看，便麻利地鑽進了牛肚子裡。接著，鐵牛就「乓」的一聲，把嘴死死地合上了。

兄妹倆進了鐵牛肚子裡，見裡面好些乾饃。原來這些饃都是他倆餵牛的饃。他們就這樣在牛肚裡躲著。每天，他們餓了就吃些乾饃。後來，他們發現牛肚裡的饃快讓他倆吃完了，都很發愁。這時候，只聽「呱嗒」一聲，鐵牛把嘴張開了，他倆這就蹦了出來。

二人出來一看，遍地的洪水也漸漸退完了，到處是一片荒涼，連一個人影也沒有。兄妹眼瞅著這種景象，心裡很不好受，便一心挑起生兒育女的重擔。

這時，茫茫大地，只有他們兄妹二人。兄妹咋能婚配呀！不結婚又沒有別的啥辦法。哥哥猜想：這可能是老天爺的意思，就自言自語說：「要是眼前水裡立即出現一對紅魚，俺倆就可以成親了。」

話剛說完，地上沒退盡的洪水裡就浮出了兩條紅魚。

哥哥心想這太偶然，就又起誓說：「要是天空正飛的大雁，飛著飛著頭掉了，俺倆就成親。」

這時，空中果然飛來一隻大雁，正飛的時候，頭一掉，身子就掉在他們面前。哥妹二人覺得還是不能成親。哥哥就對妹妹說：「妳朝東走，我朝西走，不管走多長時間，要是咱倆最後又見面了，咱就成親。」

這樣，二人就走啊，走啊，終於這一天，兄妹又碰在一起了。他們這時才相信是老天爺的意思。從此，兄妹就結成夫妻，繁衍、生育了後來一代一代的子孫。

講述人：周合成，男，五十二歲，農民。舞陽縣袁集村人

記錄：周領順，二十五歲，河南大學教師

時間：一九八六年四月三十日

地點：河南大學西一齋

兩兄妹

從前，在一個小山村裡，住著一戶人家。他們有兩個孩子：一個男孩，一個女孩。兄妹倆天天一起上學，放學以後就一起到山上打柴。

他倆上學的路上，有一座大山，山上有一個大鐵牛。一天，他們揹著書包，又從鐵牛身邊走過時，見鐵牛流淚了。他們就問鐵牛：「老牛啊，你咋流淚了？」

鐵牛說：「眼看要天塌地陷了，要發大水了，他們都還不知道。」

兄妹倆一聽，都很害怕，連忙問老牛怎麼辦。

老牛說：「從今兒個起，恁倆每天上學時帶幾個饃饃，放到我嘴裡，到時候我救你們。這事可不能對誰說呀！」

從這以後，兄妹倆老說上學時肚子餓。父母想著可能是小孩子家貪玩，餓得快，就讓他們捎上饃饃去上學。他倆都把饃放到了老牛嘴裡。天天放學後打柴時，也省下一份，交給老牛保管。

一天，他倆放學回家，走到老牛身邊時，老牛叫住了他們說：「別回家了，明兒個就要發大水了，要天塌地陷了，快藏到我的肚裡，快，從我嘴裡爬進來吧！」

兄妹倆想回家告訴父母，老牛一張嘴便把他倆吞到了肚裡。

第二天，果然天塌地陷，洪水漫過房頂。兄妹倆在鐵牛肚裡，黑咕隆咚的，什麼也不知道。餓了，就吃以前存的饃饃；渴了，就喝老牛事先預備的水。

不知過了多長時間，老牛才讓他們出來。出來一看，他們根本不知道自己在什麼地方了，世界已經變了樣子。這時，老牛又開話了：「世上只剩你們兩個人了，你倆拜拜天地，成親吧！」

兄妹倆說啥也不願意，老牛勸也沒用。後來，老牛說：「你們出外找找，如果一個月內能找到其他的人，你倆就不成親，找不到了，再成親，好吧？」

兄妹倆找啊找啊，哪有個人影子！一個月到了，他倆還不願意成親，老牛就再讓他們找一個月……直到第三個月，他倆才成了親。

一年又一年，妹妹幾次懷孕，都是生個肉蛋蛋，他們便把它扔到山溝裡。又一年，他們又生了個肉蛋蛋，看看裡面是啥？

他們割開了肉蛋蛋，原來裡面是一對雙生子：一男一女。從此，他們每年生一對雙生子，人類便慢慢地又多了起來。

講述人：侯運華祖母

記錄：侯運華

時間：一九八三年

地點：河南平輿縣

亞當和愛娃

有姊弟倆，還有他爹他娘，四口人。兄弟叫亞當，姐叫愛娃。兄弟上學，放了學，有個老頭兒叫他拿個饃。天天給他拿饃。問他：「拿饃弄啥？」老頭說：「拿饃，天塌地陷，我管救你。」

天天上學拿個饃，拿多了，他姐有點煩：「我天天做飯，你吃罷飯還拿哩？給誰吃呀？」

弟弟說：「我給老頭兒吃，老頭說等天塌地陷救我。」

「救你，那你也給我捎個吧。」

「好，拿倆。」

他天天上學拿倆饃，一天去幾趟，拿倆饃。老頭兒說：「這是誰的？」

「俺姐的，俺姐叫給她捎的。該到天塌地陷時，她還來哩。」

一攢攢兩茓子饃饃。老頭兒說：「石獅子眼紅了，恁往這裡來。」

門口跟前有個把門獅子。一看獅子眼紅了，他就趕回家，叫他姐來了。姐來了一看，也不見老頭兒了，只見個大天門。姊弟俩就往裡擠，裡頭還有瓦樓房，啥都有。進到裡頭，看有兩茓[32]子饃。老頭說：「啥時候天長平了，你俩啥時候出來。」

兩茓子饃也吃了，天也長平了。兩人一出來，天上就剩東北角還沒長好哩。姊弟俩就搬來冰凌碴住。以後刮東北風就冷。

這時，天底下就他姊弟俩。他姐說：「你正東，我正西，咱俩裝著不認哩。」

後來，兩人走的時候長了，還是走到一堆兒了。就他俩，天底下沒人。

他姐說：「咋弄哩，就咱俩。咱俩上山軲轆磨吧。兩磨合到一堆兒了，咱就是夫妻，就是一家人家兒。」

「好。」從山頭上一軲轆，一盤磨「乓」一下子合一堆兒啦。姊弟俩沒話說了。

「咱俩就一塊兒捏泥巴孩兒吧。」捏泥巴孩，捏好了，就擱那兒晒著。

雨來了，好往屋裡撮。撮不及了就往屋裡擁。擁得少手臂沒大腿的，還有瞎子、瘸子。

姊弟俩也不知道身醜。

後來，長蟲叫亞當吃無花果，他不吃。長蟲說：「亞當，你怎麼不吃這果子呀？」

他說：「上神不叫我吃，我敢吃？」

長蟲說：「愛娃，妳吃呀。」

她伸手摘了個無花果，吃了半拉，給亞當留了半個。她吃了半拉果子，知道身上醜了。

---

[32] 用蘆葦編成狹長的草蓆。

天神叫她：「愛娃，愛娃，妳怎麼不來，不見我呀！」

「我身上很醜，沒法見你。」

「妳咋知道身上醜哇？」她天天把無花果葉子束在腰裡，束在身上。

天神一看無花果少了一個，問她：「誰叫妳吃這？」

「長蟲叫我吃的。」她說。

長蟲犯了錯，就把長蟲腿弄沒有了。到這早晚都怕長蟲，誰見了長蟲就跑。

以後，老人祖爺都是身披葫葉，腳無鞋。

口述人：黃喬氏，女，七十八歲

錄音人：張振犁、程健君

時間：一九八三年十一月十三日

地點：河南省沈丘新集鄉喬莊

我們的祖先

地上原來就有人，不過他們大多都很壞，所以上帝決定要毀滅他們，只有一個學生和他的姐姐例外。這個學生，雖然他家裡很窮，只有姐弟二人，弟弟上學，姐姐種地，可是他們都很善良。弟弟每次上學時，總要把自己極少的乾糧分一些給蹲在路邊的石獅子吃。姐姐也從不因此而責備弟弟，有時還盡力支持弟弟這麼做。上帝被他們的善行感動了，於是就決定把他們留下。

這一天，那個學生正要把乾糧塞進石獅子嘴裡去，獅子突然發話了。這一說話不打緊，學生嚇得面無人色，扭頭想逃，以為石獅子成精了。獅子看得很明白，說道：「別害怕，我是來搭救你們的。明天要發大水，你們姐弟倆趕緊收拾點吃的，到我這裡來。」

學生當時就跑回家，把東西收拾停當，姐弟二人就挑著來到獅子面前。獅子把嘴張開，有笸籮那麼大，讓他們倆鑽進去，然後又合上嘴，依舊安詳地蹲在那兒，執行上帝給它的命令。

過了不知多久，石獅子才又張開口說：「沒事了，出來吧！以後你們要好好地過活，有什麼難處就來找我。」

姐弟倆平安地走了出來，可是地上的變化簡直把他們嚇壞了。山上只剩下些彼此相連的大石頭，莊稼地裡只剩下死土板，樹木花草沒了，房子沒了，到處一片黃色，人和飛禽走獸更是沒個影兒。沒有風，也沒有雲，只有燙皮的日頭靜靜地晒在大水洗劫後的土地上。

姐弟倆感到有些餓了，想吃些東西。可是他們把所有的口袋都翻了個遍，除了一丁點兒乾饃屑之外，什麼也找不到。怎麼辦呢？到別處去找吃的是不可能了。姐弟倆都餓得肚子「咕咕」直叫喚，愁眉不展，甚至後悔不如和大家一塊死了好。

獅子看到了，就說：「有什麼難處了，孩子們？」姐弟倆忽然記起了獅子的話，就把事情原原本本地告訴給獅子，並把饃屑給它看。獅子接過饃屑說：「不會餓死你們的，孩子們！」說著它把饃屑向四方撒去。真是奇怪，那乾透了的饃屑一沾了地就發了芽，一眨眼就長出了葉，又眨眼就抽了穗，很快就結出沉甸甸、黃澄澄的麥穗。姐弟倆高興極了，他們把新收的麥粒重新撒開去，又是一下子就結出了麥穗。這樣，他們一次又一次地反復，每次打下的糧食都比上一次多幾倍，沒多久就打下了他們幾輩子也吃不完的糧食。

有了吃的，姐弟倆就快快活活地生活著。可是沒過幾年，他們又悲傷起來。為什麼呢？原來他們都早已到了結婚的年齡。可是和誰結婚呢？別說人，就是個活螞蟻也找不到。姐姐找不到男人，弟弟找不到老婆，他們都為自己要做一輩子絕戶頭而憂愁得黃皮刮瘦。後來弟弟想起了獅子的話，就拉著姐姐的手到了石獅子那兒。可是他們你推我，我推你，誰都羞於開口。

獅子看透了姐弟倆的心事，說：「別推讓了，我保準知道你們想問什麼，是不是想成親了？」獅子一語說破了姐弟倆的心事，他們倆都紅著臉、勾著頭，從鼻子眼兒裡答應了一聲：「嗯！」獅子笑著說：「我早就給你們準備好了。這南山、北山上各有一扇石磨盤，你們倆一人一個，從山上往下滾，要是它們合到一塊兒，你們就可以結為夫妻了。」獅子說罷，哈哈大笑起來。

姐弟倆開始很為難，極力反對這個主意，因為他們畢竟是一母所生呀！經過石獅子的百般勸解，弟弟登上北山，姐姐登上南山（據說這就是男女陰陽之分的由來）。只聽石獅子一聲喊：「放！」姐弟二人都提心吊膽地鬆開了手，兩扇石磨盤箭也似的一閃就到了溝底，都直接向對方滾去，不偏不斜合到了一塊，於是姐弟倆就變成了夫妻倆。

結婚以後，他們夫妻恩愛和睦，都眼巴巴地盼小寶寶。剛結婚不久，他們就開始給小寶寶裁製各種衣裳，又收藏了許多好吃的東西和好玩的東西。可是盼呀盼，盼了一年又一年，五年過去了，他們也沒有生出一個小寶寶。他們知道自己不可能有後代，就對望著哭起來，越哭越傷心，越哭聲音越大，把睡了五年的石獅子也驚醒了。

獅子問他們：「你們哭啥呢，這麼傷心？」姐弟倆就這樣詳細地告訴石獅子，他們不會有後代了。獅子的大眼睛滴溜溜一轉，說道：「有了。這裡黃土多得是，你們做小泥人好了。」

姐弟倆照著獅子的話去做。他們做了很多很多小泥人，都放到場裡去晒，可是總還嫌少，不滿足，於是就去拿些草繩來，把泥往繩子上一裹，三捏兩捏就成了一個小泥人，做起來比以前快多了。就這樣，他們做呀做呀，做得數都數不清有多少。

有一天，忽然來了大風雨，他們倆怎麼也搬不及，就用掃帚往屋裡掃。這麼一掃，有的折了手臂，有的斷了腿，有的少了耳朵，有的掉了眼珠。後來，這些小泥人都變成了有血有肉的活人。用草繩做成的人就愚笨些，用純泥做的就聰明些，原來缺什麼的變成人還缺什麼：沒手臂的變成了枴子，少腿的成了瘸子……還因為這些人是用黃土做成的，所以人也是黃色的，而且人身上的灰塵總也洗不乾淨，洗洗還有，洗洗還有。

這些黃土變成的人就可以自由結婚了，他們生下孩子，孩子又生孩子，人就這樣一代代地延續下來，直到今天。那姐弟倆就成了我們的祖先。

講述人：孫均芝，七十歲

整理：傅新超

時間：一九八四年三月二十五日

流傳地區：河南內鄉一帶

洪水神話

在鄉下，農民每家都有雞，天天都見，很少有人知道雞是怎麼來的。也許有人說，雞不就是雞蛋孵出來的嗎？愛鑽牛角尖的人又說了：「雞蛋從哪裡來的？」可能他會說：「雞下的唄！」實際上等於沒說到底雞從哪裡來的。

傳說從前，在黃河兩岸住著很多人，人們一塊吃、住，生活很幸福。可是，有一天，黃河突然開口了，沖走天下所有的房子，淹死了天下所有的人。只有兄妹二人沒有被淹死，因他倆抱著一棵大木頭，漂到一座高山崗上。

過了不久，洪水退下去了，二人在山崗上相依為命。看著周圍荒涼的一切，除了大水剩下的泥沙，啥也沒有。天長日久，為了繁衍後代，讓子孫過上好日子，他們便私合了。

後來，有一天，妹妹要生孩子，哥哥聽了很高興，說：「這下子總會有人在這土地上生活了。」可是，生下來的卻不是他久已盼望的胖兒子，而是一個大白蛋。

哥哥說：「扔了它吧！說不定是個什麼不吉利的東西。」可是，到底是妹妹身上的一塊肉啊，哥哥越是逼，妹妹越是不讓。哥哥一下子火冒心頭，掄起棍子便打起來。可憐妹妹就只有哭著求饒說：「哥哥打，哥哥打吧！」

到底是親生兄妹，哥哥也就軟下心來，饒她一次。這樣，後來小雞在「媽媽」精心哺育下，就又生了小雞。代代繁衍下來。這樣就有了雞。

為了免受哥哥的毒打，每下一個蛋，就要喊：「咯咯嗒！咯咯嗒！」（哥哥打！）

不信，你仔細聽聽母雞下蛋後的叫聲，到今天還在叫著「哥哥打」呢！

講述人：解克仁，男，五十五歲，農民

採錄：解國旺

時間：一九八四年七月

講述地點：河南省原陽縣

以上這些故事的普遍性意義非常明顯。其中的「祖先」未必都是伏羲與女媧，但是伏羲、女媧的形象融為一體，在敘述方式與表達效果上則非常自然。而且，這些故事不僅僅具有原始文明遺跡的價值，作為故事學的研究對象更具有重要意義，若從故事人類學的角度切入，或許更有意義。透過對這些故事的發掘，我們能夠進一步深入探究其中的原始文明，並以此研究神話時代，恰恰是我們在相關研究中所缺少的。換句話說，對於民間文學的研究，特別是對於神話時代的研究，僅僅納入人類學的體系是遠遠不夠的。

民族文化的傳承也是與此分不開的，典籍文獻以文字為載體，口頭傳說以口語為載體，還有相關的民俗生活形成的文化行為，使伏羲神話時代更完整地保存在人們的記憶中。這裡，最典型的當數每年農曆二月二到三月三的河南淮陽太昊陵廟會，人們把伏羲稱作「人祖爺」，把二月十五作為他的神誕日，舉行大規模祭祀活動。

這個廟會與其他地方廟會的不同之處在於保存了許多活化石般的「古文化」，有傳說象徵伏羲、女媧相交的「龍配」——花籃舞，有傳說歷史悠久而帶有濃郁的民族圖騰，生殖崇拜、性崇拜和祖先崇拜色彩的各類泥狗，有古壎的泥玩具，以及進香的民間齋公手持的龍旗等。

淮陽當地民間傳說中，伏羲、女媧相結合，並加入洪水神話的背景，形成一個獨立而完整的神話系統。在家祭中，人們將伏羲和玉皇同等敬祀，作為生育萬物的「人祖」供奉。在西北、西南、東南廣大地區，尤其是大西南地區的少數民族中，伏羲也受到廣泛的崇祀，其神話傳說與中原地區大致相同。還有人強調伏羲作卦影響了後世的二進位制，更說明中華民族對全人類的傑出貢獻。所有的神話傳說都具有原始文明的痕跡，但這些神話並不等同於原始文明本身，這正是民間文學研究在歷史文化長河中展現出的獨特風采與魅力。

第三章
炎帝神農時代

炎帝與神農應該是兩個神祇，而在神話的流傳中卻合為一體，如《世本》:「炎帝，神農氏。」炎帝神農的神話時代，是伏羲神話時代之後，漁獵文明過渡到農耕文明的重要轉折。其中，火神、太陽神、農神三位一體的神性融合，宣告著中國神話時代進入了一個新的發展階段。

炎帝神農神話時代是第一次出現龐大的神性力量集團，從某種意義上說，它寓意著國家的雛形。國家的徽幟就是太陽，這是太陽崇拜。《白虎通．五行》:「炎帝者，太陽也。」《左傳．哀公九年》:「炎帝為火師。」太陽崇拜自神話時代開端就已存在，盤古神話中的日月起源闡釋、女媧神話中的補天和伏羲神話中的「仰則觀象於天」，都蘊含著這種崇拜。但只有在炎帝、神農時代，作為太陽神的炎帝，其神職才明確確立。這說明在農耕文明的發展中，太陽崇拜具有十分獨特的意義。

關於炎帝神農氏的出生，《水經注》卷十八《渭水》引晉皇甫謐的《帝王世紀》說其「姜姓」，其母「女登」在「遊華陽」時「感神而生炎帝」。《太平御覽》卷七八引《帝王世紀》云:「神農氏，姜姓也。母曰任姒，有喬氏之女，名女登，為少典妃。遊於華陽，有神龍首，感女登於常羊。」

唐司馬貞補《史記．三皇本紀》:「炎帝神農氏，姜姓。母曰女登，有媧氏之女，為少典妃，感神龍而生炎帝，人身牛首。長於姜水，因以為姓。火德王，故曰炎帝，以火名官。斫木為耜，揉木為耒。耒耨之用，以教萬人，始教耕，故號神農氏。於是作蠟祭，以赭鞭鞭草木，始嘗百草，始有醫藥。又作五絃之瑟，教人日中為市，交易而退，各得其所。」

〈三皇本紀〉將炎帝神農之母述為「有媧氏之女」，其中出現女媧神話的內容，有著更複雜的因素。《國語．晉語四》：「昔少典娶於有氏，生黃帝、炎帝。黃帝以姬水成，炎帝以姜水成。成而異德，故黃帝為姬，炎帝為姜。」在《新書．益壤》中，也提到黃帝為炎帝之兄。《太平御覽》卷七九引〈帝王世紀〉云：「黃帝，有熊氏，少典之子，姬姓也。母曰附寶，其先即炎帝母家有氏之女，世與少典氏婚。」《新書．制不定》：「炎帝者，黃帝同父母弟也，各有天下之半。黃帝行道而炎帝不聽，故戰涿鹿之野，血流漂杵。」少典為炎帝、黃帝共同的先人，這一說法暗示著炎帝神農時代是伏羲神話時代走向黃帝神話時代的漫長過渡階段。

《路史．後紀三》：「於是修火之利，範金排貨，以濟國用，因時變焫，以抑時疾，以炮以燖，以為醴酪。」《論衡．祭意》：「炎帝作火，死而為灶。」《左傳．昭公十七年》：「炎帝氏以火紀，故為火師而火名。」顯然，炎帝最初的神性面目是火神，那麼，他又如何具有了農神的神性呢？《國語．魯語上》說得很明白：「昔烈山氏之有天下也，其子曰柱，能殖百穀百蔬。」烈山氏即炎帝，《路史．後紀三》講「肇跡列山，故又以列山、厲山為氏」，即指此。火在農業生產中具有非同尋常的作用，以此相推，炎帝在使用火的同時對開拓農業做出了重大貢獻，這道理不難理解。

在史籍文獻的記載中，火神並不僅炎帝一人，如韋注《國語．周語》中提到「回祿，火神也」；《左傳．昭公十八年》提到「禳火於玄冥、回祿」，正義曰「吳回為祝融」。祝融與炎帝是何關係？《山海經．海內經》載：「炎帝之妻赤水之子聽生炎居，炎居生節並，節並生戲器，戲器生祝融。」祝融當為炎帝的後代。祝融是南方神祇，後來被列為顓頊之後，這同樣是神話融合的產物。其他還有「舜使益掌火」等，這些都說明火在史前社會所具有的特殊意義，沒有火的運用，是不可能產生農耕文明的。

炎帝神農開拓了農業，替代伏羲時代的漁獵生產方式，在古代文獻典籍中多有記載。前面曾提到「炎帝居姜水以為姓」；「人身牛首」（見《帝王世紀》、〈三皇本紀〉、〈鹿門隱書〉等），這一方面表明牛圖騰的存在，另一方面說明牛在農耕文明中具有重要作用。

炎帝神農時代以農耕構成自己的基本特色。《太平御覽》卷七二一引《帝王世紀》：「炎帝神農氏長於姜水，始教天下耕種五穀而食之，以省殺生。嘗味草木，宣藥療疾，救夭傷之命，百姓日用而不知；著《本草》四卷。」神農之名在於農業開創，《搜神記》：「神農以赭鞭鞭百草，盡知其平毒寒溫之性，臭味所主。以播百穀。故天下號神農也。」茆泮林輯《世本・作篇》記述「神農和藥濟人」云云。

神農時代被後人不斷記述，如《莊子・盜蹠》中稱「神農之世，民知其母，不知其父，耕而食」；《管子・形勢解》稱「神農教耕生谷，以致民利」；《管子・輕重戊》稱「神農作樹五穀淇山之陽，九州之民乃知穀食，而天下化之」。誠如《禮記正義》所引《世紀》所言：「神農始教天下種穀，故人號曰神農。」這個時代不僅改變了人們獲取食物的方式，更是改變了人們的生存方式，在某種程度上來說，它可以被視為自盤古、女媧至伏羲時代的總結，這一時期突破性的發展與變革，為黃帝神話時代鋪墊了必要的歷史背景。

在文獻中，可以看到火神系統中融入了太陽神、炎帝、神農、烈山氏、祝融、閼伯與火官、灶神等一批神話人物。炎帝之火，象徵其夏季之神的特殊身分。

《呂氏春秋・孟夏紀》：「孟夏之月，日在畢，昏翼中，旦婺女中。其日丙丁，其帝炎帝，其神祝融。」高誘注：「丙丁，火日也。炎帝，少典之子，姓姜氏，以火德王天下，是為炎帝，另曰神農，死託祀於南方，為火德之帝。祝融，顓頊氏後，老童之子吳回也，為高辛氏火正，死為火官之神。」

《淮南子．氾論訓》：「故炎帝於火而死為灶。」高誘注：「炎帝神農以火德王天下，死託祀於灶神。」

《白虎通．五行》：「時為夏，夏之言大也。位在南方，其色赤，其音徵。徵，止也。陽度極也。其帝炎帝者，太陽也。其神祝融。祝融者，屬續，其精為鳥，離為鸞。」

各種神話傳說的融合，都以信仰為基礎，而炎帝時代與神農時代的融合基礎則是農耕信仰，而農耕信仰的基礎源自於農時，所以，秩序與季節在神話傳說中被安排為太陽、火，以及保障生命的糧食和醫藥，這也是神話時代的普遍性解釋與講述方式。

炎帝也好，神農也好，作為農耕文明的開拓者，其神性的光輝被不斷張揚，代表著中國神話時代又創造一個新的高峰。

《藝文類聚》卷十一引《周書》：「神農之時，天雨粟，神農耕而種之。」《淮南子．修務訓》：「古者民茹草飲水，採樹木之實，食蠃蛖之肉，時多疾病毒傷之害。於是神農乃始教民播種五穀，相土地宜燥溼肥磽高下，嘗百草之滋味，水泉之甘苦，令民知所避就。當此之時，一日而遇七十毒。」

《新語．道基》：「民人食肉、飲血、衣皮毛，至於神農，以為行蟲走獸難以養民，乃求可食之物，嘗百草之實，察酸苦之味，教民食五穀

《白虎通》：「古之人民，皆食禽獸肉。至於神農，人民眾多，禽獸不足。於是神農因天之時，分地之利，制耒耜，教民農作，神而化之，使民宜之，故謂之神農也。」

《淮南子．主術訓》：「昔者神農之治天下也……甘雨時降，五穀蕃植。」

《太平御覽》卷十引《尸子》：「神農理天下，欲雨則雨，五日為行雨，

旬為穀雨，旬五日為時雨，正四時之制，萬物咸利，故謂之神雨。」

炎帝、神農的業績在這裡被描繪成一座輝煌的里程碑。也就是說，在盤古神話中，看到了天地的開闢；在女媧神話中，看到了人類的誕生；在伏羲神話中，不僅看到了漁獵生產的起始，而且看到了文明的「曙光」—— 即卦的創造；在神農神話中，則看到人類賴以生存發展的最重要基礎 —— 農耕，意味著人類告別了茹毛飲血的蒙昧階段。

在其他文獻中，這種自身發展被描繪為農業技術和農業工具的發明創造。如《論衡．感虛》：「神農之橈木為耒，教民耕耨，民始食谷，谷始播種，耕土以為田，鑿地以為井。」

《論衡．商蟲》：「藏種之方，煮馬屎以汁漬種者，令禾不蟲。」

《藝文類聚》卷七二引《古史考》：「神農時，民食谷，釋米加燒石上而食之。」

《藝文類聚》卷十一引《周書》：「作陶冶斤斧，為耜鋤耨，以墾草莽。然後五穀興，以助果蓏實。」

《藝文類聚》卷五引《物理論》：「疇昔神農始治農功，正節氣，審寒溫，以為早晚之期，故立曆日。」

《三皇本紀》：「作五絃之瑟，教人日中為市，交易而退，各得其所，遂重八卦為六十四爻。」

《路史．後紀》卷三注引《錦帶書》：「神農甄四海。」

《繹史》卷四引《春秋命歷序》：「神農始立地形，甄度四海，遠近山川，林藪所至，東西九十萬里，南北八十三萬里。」

《太平御覽》三六引《春秋元命苞》：「神農世，怪義生白阜，圖地形脈道。」「白阜為神農圖畫地形，通水道之脈，使不壅塞也。」

《水經注．漻水》：「神農既誕，九井自穿。」

《路史．後紀三》：「教之桑麻，以為布帛。」

總之，神農之神奇在於開闢了農耕時代，教會了人民生產，在製作工具、保存種子、制定日曆圖畫水道、甄度四海，以及做瑟、制卦爻、製衣帛等一系列創造中，顯現出他卓越的智慧和非凡的功勳。

農耕時代改變了人類的生存方式，其最顯著的標誌就是勞動技術的進步與勞動工具的發明創造。神農即農神，其意義就在於此。在神話時代中，農耕火神不獨炎帝，或不僅有此神農，還有稷、叔均、柱等神話人物。他們之間是否有血緣上的關聯？是否同處於一個時代呢？

《太平御覽》卷五三二引《禮記外傳》：「稷者，百穀之神也。」

《詩經．魯頌．宮》和《詩經．大雅．生民》以及《世本》中都稱姜嫄生下了后稷，《山海經．大荒西經》中則稱「帝俊生后稷」。

從《尚書．呂刑》、《國語》、《孟子》、《新語》、《淮南子》、《史記》、《漢書》、《越絕書》等典籍所記述之稷的業績中，可知稷與神農在許多地方是一樣的。其不同處在於，炎帝、神農雖生於姜水，活動地點多在南方，而《史記．周本紀》中明確提到「周后稷」。

神農的「遺跡」分布點，有「澴水」（《水經注》卷三二）、「荊州」（《初學記》卷七引）、「淮陽」（《三皇本紀》）、「長沙」或「茶陵」（《路史．後紀三》）、「上黨羊頭山」（《路史．後紀三》）、「河北昭德百谷嶺」（《水滸傳》第九十六回引傳說）等處。

后稷「廣利天下」，其「遺跡」分布點有「雍州武功城西南二十二里古邰國」（《史記．周本紀》正義引《括地誌》）、「絳郡」（《太平御覽》卷四五引《隋圖經》）和山西稷山等。《左傳．昭公二十九年》載：「有烈山氏之子曰柱，為稷。」《禮記．祭法》：「厲山氏之有天下也，其子曰農，能殖百穀。」在《國語．魯語》中則稱：「昔烈山氏之有天下也，其子曰柱，能殖百穀百蔬。」《山海經・海內經》:「稷之孫日叔均，是始作牛耕。」

不論神農與后稷是否真正如前所說存有血緣關係，在中國神話中，神農與稷大致是同時代的，其中包含著不同地域文化間的交流，尤其體現了神話的融合與滲透，因此后稷神話當屬炎帝、神農時代。

炎帝神話遺跡以陝西省寶雞為勝，在湖北隨州有烈山氏，也是炎帝神話聖地。《潛確居類書》卷三一記述「神農澗在衛輝府溫縣。神農採藥至此，以杖畫地，遂成澗」，《元和郡縣誌》卷十五引《後魏風土記》記述「神農城在羊頭山，山下有神農泉，即神農得嘉穀之所」等等。其中河南溫縣流傳的「神農澗」，形成了對神話遺跡的詮釋與地方特色的「名片」。：

相傳，在遠古時代，有一個部落首領，姓姜，名炎帝。他勤勞勇敢，天資聰慧，為人善良，不但最早從事農業，而且在長期的生產勞動中，發明了木製起土鋤地用的耒耜，教人們種植五穀，啟蒙人們「耕而食，織而衣」，還創立了集市，互通有無。此外，他又親自發明了草藥，無論走到哪裡，都要為那裡的人們醫治百病。為此，他深受百姓的擁護和愛戴，人們尊稱他為「神農氏」。時至今天，在溫縣還流傳著這樣一段故事。

據說，有年春天，溫縣正普遍流行一種傳染病。染上此病的人，被折磨得面黃肌瘦，體弱無力，整日臥床不起，奄奄一息，不少人被病魔奪去了生命。當時人們也沒能力醫治此病，只好整日燒香叩頭，求天祈神，坐等著有朝一日神靈降臨，來斬除病魔。

一天，風和日麗，「神農氏」皇帝帶領眾位大臣西征出訪，正好路經此地。當他看到這裡大片土地荒蕪，無人耕種，心裡實感納悶。便勒住馬頭，吩咐下官傳得地方知縣問明情由。這時一位大臣上前說：「萬歲，我們這次西征出訪，路途遙遠，在此停留，會影響我等之大事，路上遇到行人，順便問問行了。」說話間，只見前邊路上有個老頭，手拄枴杖，一步三晃，無精打采地走了過去。

神農氏翻身下馬，迎上前去問道：「請問老丈，此地出了甚事，是遇得強盜響馬搶劫，還是流傳什麼邪惡病魔，怎麼田裡無人耕作，到處死氣沉沉的呀？」那老頭抬頭看了神農氏一眼，沒有作聲。神農氏見他不答，便又繼續問道：「如果是遇強盜響馬，搶劫黎民，你快把詳情告訴我，我去捉拿強賊，為民平憤；如有邪惡病魔作怪，吾輩也能為百姓治病去痛、驅邪斬魔，恢復身心元氣，好耕種田地。請問老丈，究竟是出了甚事，你便說來。」可是，這位老頭只用目光掃了神農氏一眼，仍沒作聲，心裡暗自說：自從病魔降臨以來，我們整日求天靠神，請了多少個神通廣大的法師還不頂用，你個過路平民，來問此事，真多此一舉。想到這裡，便轉身要走。

神農氏的一位侍從大臣見此情景，非常氣憤，上前說道：「你這老者，好生無理，皇帝問話為何不語？」說著便要抬手動打。這時，神農氏喝了一聲，侍從便退了回去。這老頭聽到「皇帝」二字，嚇得臉色由黃變白，兩腿發抖，跪倒在地，連聲道：「為民不知您就是萬歲，一時糊塗，冒犯了聖駕，實在罪該萬死。」神農皇帝向來以民為本，來往於平民之中，絲毫沒有什麼架子，忙上前扶起老頭，安慰他不必害怕。老頭見這個皇帝和藹可親，平易近人，便緊握著神農氏的雙手，傾吐了這方土地所發生疾病的情由。

神農氏聽罷，心裡很急，這麼多人生命危在旦夕，急需醫治，只有趕快尋找藥物，才能為黎民解除疾病痛苦。於是他不顧長途跋涉之勞累，帶了兩名大臣爬上荒山野嶺，採藥去了。採藥中，他們爬坡越溝，手腳都被劃破了也全然不顧。採到一種草，都親口嘗嘗，終於找到了能治病的草藥，神農氏萬分高興，吩咐大臣火速送往村中，讓人們煎藥服用。

這時，神農氏發現，流行的時氣病與這裡的地理水土有關。他彎腰抓了一把土，用舌頭嘗了嘗，又苦又澀，心想這裡土地常年潮溼，一片鹽鹼，如不改變地理形勢，開溝引水，撤走地下之瘴氣，人們還會受害的。

想著，他便抽出閃光寶劍，在地上狠狠劃了一道，隨著寒光閃過，「轟隆」一陣巨響，地面瞬間出現了二道深澗。地裡的水就滲到洞裡，所以澗底終年流水淙淙，霧氣升騰而上。

送藥的大臣回來稟報，人們吃了藥，病好了，神農氏才滿意地笑了笑，帶領眾位大臣繼續西征去了。話說村中老幼患者吃了神農氏採的草藥，頓時覺得身爽目清，病減大半，不上幾日，便化疾為癒，下田生產。

後來，當人們聽說神農氏弄劍劃澗的消息後，方圓幾十里的人們扶老攜幼紛紛前來觀看，只見澗有二丈多深，十丈多寬；上下野草菲薇，周圍林木成蔭，仙草、仙藥長滿兩岸。人們又驚又喜，讚嘆不已。為了永久記住神農氏的功績，就把這條澗尊稱為「神農澗」[33]。[1]

炎帝神農神話不僅在漢民族中廣泛流傳，而且也在一些少數民族中流傳。如苗族神話說，神農時的西方恩國有穀種，神農曾告示天下，若有人取回穀種，便可娶其公主。結果神農家的狗翼洛取回了穀種，娶了公主。公主生下血球，血球中跳出七男七女。同類的神話還有許多，在各民族的發展中，農耕成為神話敘事中無法迴避的主題。

炎帝與神農除了融合了火神、太陽神、農神之外，還具有一個更為複雜的神性角色 —— 戰神，這一形象展現最具代表性的便是炎帝與神農在與黃帝的爭鬥中失敗，卻仍然被視為失敗的英雄神。炎帝與黃帝是中華民族不可分割的兩位神話人物，其民族迄今仍自稱炎黃子孫。同時，炎帝、神農還是一位醫藥之神，是民間百姓的生命保護神。

《淮南子．修務訓》中說他「嘗百草之滋味，水泉之甘苦，令民知所避就。當此之時，一日而遇七十毒」;《搜神記》卷一載「神農以赭鞭鞭百草，盡知其平毒寒溫之性，臭味所主」。其他如《太平御覽》卷七二一引《帝王

[33] 張振犁與程健君編。《中原神話專題資料．神農神話》。中國民間文藝家協會河南分會，一九八七年編印。

世紀》和《文選．蜀都賦》、《事物紀原》、《夢粱錄》、《弘明集》等典籍中，都有類似的事蹟。

今日，許多地方還敬祀炎帝、神農，如河南商丘火星臺（即閼伯臺）附近有神農墓，是把神農作為火神敬祀；在中國南方廣大地區，特別是江南地區，一些草藥行也曾供奉神農。相比黃帝神話及其信仰而言，神農神話的流傳和信仰更多存在於普通百姓之中，若追溯其源頭，那就是影響了中國神話時代構成的炎黃戰爭吧！

炎帝神農在民間傳說中講述的方式多種多樣，如：

龍蟲、虎蟲、鳳凰蟲[34]

傳說，神農不是凡人，他能上天面見南海觀音。

神農見了南海觀音，拿著觀音給他的鞭，在大地上亂打鞭，結果世上就長出來藥草了。原先，神農愁著世上的人有了病沒草藥吃，這麼一來，他不愁了。

神農自鞭了藥，天天愁人吃的事。他品了幾番，要再去天上求助。

神農來到了天上，天宮的守門不叫神農進宮。神農苦苦哀求，後來到底見到天帝了。天帝問神農：「神農，你給我說說世上有啥難吧！只要你說出來了，我想法給你辦。」神農對天帝說：「打從天塌地陷以後，世上光禿禿一片。後來，有了藥草，世上再也不愁有了病沒藥吃了。」天帝聽了神農的話，覺得世上的人也該有吃、穿、住的呀！他又問神農：「你那兒還有啥難？」神農說：「天帝，您不知道呀！世上的人都缺吃的，天天為這發愁。」天帝說：「神農，你不要為這發愁了。」

天帝說罷，隨即命人取了小瓶子，交給神農。神農接過瓶子，趕緊拜謝天帝。天帝又對神農說：「這瓶子裡裝了龍蟲、虎蟲、鳳凰蟲，待你回去，把這三隻蟲取來，放到事先收拾好的土裡，過一段時間，能長出人要

[34] 作者注：龍蟲、虎蟲、鳳凰蟲即麥蛾蟲、麥牛子、麥蚱子。

吃的糧食——麥子。收了這代種那代，代代相傳，還愁人沒吃的？」

神農別了天宮，回到人間。他按照天帝的囑咐去做了，果真長出了麥子。從此，麥子在大地上代代相傳，直到如今。

人們至今還流傳著麥子的演變歌謠呢：「一龍一虎一鳳凰，天帝叫它下天堂。虧得神農收留它，為人造福源流長。」

講述人：梁加秀，男，七十三歲，農民

採錄人：張華，男，二十四歲，高中畢業，農民

採錄時間：一九八八年三月十日

流傳地區：河南省淮陽縣

神農播五穀

人們都知道太行山穀子最好吃，每年秋後都要到太行山區買一些小米滾湯喝。說到太行山穀子，還數神農壇西邊百草窪的穀子最道地。

古時候，神農在百草窪裡採野果，嘗百草，抬頭看見一隻全身赤裡透黃的小鳥，銜著一株野禾飛來，落在一塊石頭上，一面「咕咕」地叫著，一面啄食那野禾上的籽粒。神農跑過來，小鳥飛了，地上剩下半截禾穗，籽粒撒了一地。他拾起來一看，這籽粒圓圓滾滾，紅中透亮，瑪瑙一般，放嘴裡一嚼，又香又甜，怪可口，就帶了回去。

隔沒幾天，神農又路過那裡，發現地上沒撿起來的籽粒全都生根發芽，長出毛茸茸的小葉。就想，這小草能不能長成禾穗，我得看看。他蹲下去把其他雜草薅了薅，走了。

真是春種一粒粟，秋收萬顆籽。神農不斷地到那裡查看、薅草，到秋天竟然收了好多禾穗。他把籽粒搓下來，放在鍋裡煮熟吃，香氣撲鼻，吃這碗、想那碗。

神農就用樹木製成木犁，把石頭製成石镢、石刀、石鐮，並且點火燒

荒，掘井取水，教人們種禾粒。這一年風調雨順，到秋天收穫了好多。人們飽飽地吃了一冬，個個體壯力強，沒災沒病。春天，神農叫人把剩下的籽粒種下去……就這樣，人們年年春種、夏鋤、秋收、冬藏，循環往復，過著安樂的日子。

因為這種禾穗是咕咕鳥銜來的，就取名叫「咕咕穗」，後來人們叫轉了音，叫成了「穀子」，又因為是在百草窪最先種植的，所以又叫「百草窪穀子」。

採錄整理：張子維、黃中富

採錄地點：河南省沁陽縣

其他文獻記載如：《史記補．三皇本紀》：「炎帝神農氏，姜姓，母曰女登，有媧氏之女，為少典妃，感神龍而生炎帝，人身牛首。長於姜水，因以為姓。火德王，故曰炎帝。以火名官，斫木為耜，揉木為耒。耒耨之用，以教萬人，始教耕，故號神農氏，於是作蠟祭，以赭鞭鞭草木，始嘗百草，始有醫藥。又作五絃之瑟，教人日中為市，交易而退，各得其所。」茆泮林輯《世本．作篇》：「神農和藥濟人。」《淮南子．氾論訓》：「故炎帝於火，而死為灶。」《元和郡縣誌》卷十五引《後魏風土記》：「神農城在羊頭山，山下有神農泉，即神農得嘉穀之所。」《管子．輕重戊》：「神農作樹五穀淇山之陽。九州之民，乃知穀食，而天下化之。」

神農種五穀

據傳說，古時候沒有五穀雜糧，人全靠打獵、捕魚充飢。後來世上的人越來越多了，吃的成了大難題，人們經常餓肚子，天天為吃的發愁。

那時候有個名叫神農的人，他長得又高又大，箭法很好。一天，他站在一個高崗上，抬頭看天，想打個鳥兒充充飢。忽然，天空閃一道金光，有隻渾身通紅的鳥飛了過來。神農正要拉弓射箭，只見那隻鳥嘴裡銜一樣東西。那鳥在神農頭頂上空楚了一圈兒，大叫一聲，丟下嘴裡銜的東西，向高空飛去。神農把那隻鳥丟下的東西拾起來一看，是一根草穗，上面結有五樣籽兒，有大有小，有長有圓，有紅有黃。神農把這五樣籽兒都摘下來，分別種到五個地方。

過了一段時間，那些籽兒都發芽了，長葉了，結果了。神農一樣一樣放嘴裡嘗嘗，好吃。這五樣籽兒就是現在的麥子、稻子、穀子、豆子、高粱，總稱五穀。

神農把五穀分給大家，叫人們分頭去種。從那以後，人們算是不愁吃的啦。後輩人為了不忘神農的功德，把神農原先種五穀的那個土崗叫神農臺，也叫五穀臺，還在那兒修了廟，年年都有很多人去朝拜燒香。現在神農廟沒有了，不過那個地方還在，就在淮陽城東北角，離城有十來里。

講述人：施道連，男，四十三歲，淮陽縣白樓鄉施莊學校教師

採錄人：楊復俊，淮陽縣文化館幹部

採錄時間：一九八六年四月

採錄地點：河南省淮陽縣文化館

五穀臺

五穀臺是炎帝神農教天下萬民種五穀的地方，與太昊伏羲陵相鄰，坐落在淮陽城東北十里處。

傳說，古時候，人越來越多了，吃的東西往往很難弄到。人們到很遠的地方去打獵，去捕魚。這樣，還是天下大飢。吃，成了天下的大難了。

有一個名叫石年的人，立在一個高臺上，正抬頭望著藍天。他巴望著能從雲端飛來一群大雁，射一隻，飽飽肚子。

這時一道金光閃爍在藍天上。石年看到一隻周身通紅的鳥向他飛來。他搭箭正想拉弓，忽然發現鳥的嘴裡銜著一個東西。那鳥展翅在他頭頂盤旋了一圈兒，長鳴一聲，丟下嘴裡銜的東西，消失在藍天中。那東西在空中飄啊飄啊，慢慢落在地上。石年拾起來看了，是一根長長的草穗樣的東

西。他用手揉了，捨不得吃一粒，分為五撮，種在五個地方。

不一會兒，出芽了，長葉了，結果了。那果實有黃的、有紅的、有長的、有圓的、有大的、有小的。石年一樣一樣採了，用手揉了，放到嘴裡嚼著，香噴噴的，甜絲絲的。他從沒有吃過這麼好吃的東西。

石年很高興。他把果實全都收了，按大小、形狀和味道分了五種，分別給起了個名兒，叫做稻、黍（黃米）、稷（高粱）、麥、菽（豆），這就是五穀的來歷。

石年又按種類種在泥土裡，五穀在陽光雨露裡又長出了豐碩的果實。

石年把五穀帶給兄弟姊妹們嘗了，沒有不叫美的，人人吃不夠。石年笑了，說：「還想吃？有。不過，得動手，只消把五穀種子埋在地裡，很快就會收穫的。」

石年教人們種五穀的法子，人們記下了，照石年的法子辦，果然有了可喜的收穫。

天下人學會了種五穀，再也不愁吃了。人們不忘石年的恩德，尊石年為「神農」。把神農教天下種五穀的那個高臺，叫做神農五穀臺。

講述人：施道連，男，淮陽縣農民

採錄人：楊復俊

採錄時間：一九八四年四月二十日

流傳地區：淮陽

其他文獻記載如：光緒《淮陽縣誌》：「五穀臺，相傳，神農種五穀處。」

乳血育五穀

每當五穀雜糧快要成熟的時候，只要你隨意掐開一粒，都會看見有乳汁般的液體流出。而在很久很久以前，可不是這樣的。

相傳，神農氏發現了能食的五穀雜糧後，人們就以食用五穀雜糧為生。但這些五穀雜糧只能叫人不餓，很難使人們身體強壯。為此，神農氏的曾孫女非常著急。

這一年，正當新禾秧要出穗的時候，禾穗兒仍然很乾癟。神農氏的曾孫女心裡焦急得像火燒火燎，天天都在眼巴巴地望著天空，但她只能乾著急，怎麼也想不出什麼辦法來。於是她陷入苦惱之中，直到她身上背的孩子餓得哭起來時，才想起該給孩子餵奶了。就在孩子吃奶時，有一滴奶汁掉了下來，正好滴在身邊的禾秧上，不料這禾秧卻勃勃有生氣，立刻旺盛起來。她高興極了，趕忙放下孩子，一滴一滴地擠著自己的奶汁，一棵一棵地孕育著田裡的禾苗，直到把乳汁遍灑了田間。漸漸地乳汁灑盡了，再擠出來都成血水了，但她仍然不斷地擠著……

從此，五穀雜糧快到成熟的時候，都飽含著神農氏曾孫女的乳汁。現在人們把這段時間稱作「灌漿」季節。

講述人：黃自秀，女，四十五歲，商城縣李集鄉農民

採錄人：姚仁奎

採錄時間：一九八九年五月

採錄地點：河南省商城縣李集鄉

神農降牛

傳說神農就是農業上的神，是咱種田人的祖師爺。

在很古很古的時候，人都不知道莊稼是啥樣子，草和莊稼長在一起，分不清啥能吃，啥不能吃。那時候的人只知用石頭或木棒打個兔子，打個狗熊，剝扒剝扒，吃生肉，或者上樹摘個果子，過著食不果腹的日子。

後來，神農氏出世了。他力大無窮，老粗的樹，一伸手就拔出來了。他把樹葉捋捋，樹皮剝剝，擰成了一條鞭子，「啪啪，啪啪」，把地上長的各種樹木花草都趕到大地的另一邊。然後挨個嘗嘗，把能吃的放在一邊，

把不能吃的放在另一邊。結果選出了五穀雜糧，有高粱、玉米、穀子、小麥、大豆。選好了，他把人們叫到一起，教給人們怎麼樣種莊稼，怎麼樣收莊稼；哪些能吃，哪些不能吃。

說來也巧，剛剛教完，天上就下起「穀雨」來了。各式各樣的糧食種子紛紛掉在地上。人們就把這些種子收攏起來，開始按照神農教的法子種起莊稼來了。

莊稼種下去後，天大旱，莊稼苗都快乾死了。人們沒有辦法，又去找神農。神農就拿著神鞭的把兒，在地上一連戳了幾個洞。一會兒，洞裡就往外湧出了清清的泉水。水流進田裡，莊稼就又都活過來了。

眼看著到了秋天，莊稼就要熟了。這時候，突然地裡跑來一個頭上長著犄角的怪物，在地裡亂盤騰，見莊稼就咬，就吃。人們害怕，又去找神農。神農跑來一看，啊，原來是牛魔王偷偷下界，跑到地上來了。

神農舉鞭就打，牛魔王嚇得扭頭就跑，邊跑還邊吃莊稼。牛魔王一口咬掉一棵高粱穗，神農趕上來，一鞭把牛魔王的嘴打流血了，所以直到現在，高粱穗都是紅色的。牛魔王又去吃玉米，剛把一棵玉米吃得剩下兩個穗兒，神農又趕上來，一鞭甩去，把牛魔王的右角打彎了，牛魔王疼得趕緊跑了，所以直到現在，玉米大都是只長兩個穗兒。牛魔王又跑到穀地裡去吃穀子，剛咬住穀穗，神農一鞭打來，又把牛魔王的左角打彎了。牛魔王疼得趕緊又跑了，而穀穗直到現在，尖上都沒有穀粒。牛魔王跑呀跑呀，跑到了豆地裡，剛張開嘴要吃豆子，神農趕上來用力一鞭，只聽「啪！—— 呼啦」一聲，把牛魔王的上牙全給打掉了。這一下牛魔王疼得「哞哞」直叫，再也不敢亂吃莊稼了。

神農抓住了牛魔王，用根棍往它鼻子裡一插，牛魔王就現了原形。原來是一頭大牛，只是角也彎了，上牙也沒了。神農對牛魔王說：「你就留下老老實實地幫助人種地吧。要不，還用鞭子抽你！」牛魔王望望鞭子，又用舌頭舔了上嘴唇，心裡又害怕，又不情願，就說：「好是好，就是這地方蚊蠅太多，我怕叮。」

神農說：「那不要緊，我給你一把蠅甩子。」說罷，遞給牛魔王一把蠅甩子。牛魔王無話可說了，接過蠅甩子，往屁股後一插，就乖乖地跟著人走了。從此，人們就用牛來耕作，種起莊稼來了。人們感激神農幫助他們掌握了種田的本領，就尊神農為農業上的神仙了。

講述人：張智傑

採錄地點：河南省上蔡縣城郊鄉

钁頭溝傳奇

從軒轅訪賢臺通往山西的棧道往北走，翻過大長嶺，便來到钁頭溝。

這裡地域開闊、土質肥沃，各種農作物生長茂盛，養活了不少炎黃子孫。

相傳神農氏在百草窪得到穀種後，找地方種下，收了不少穀子。他捨不得吃，就想多開一些荒地，多種一些穀子。可是百草窪裡到處都是名貴藥材，摸摸哪個都心疼。他不忍心把這些奇花異草毀掉，就翻山越嶺來到這裡。神農氏看一眼滿山溝的野草灌木，綠油油、旺盛盛；再抓一把黑土，溼漉漉、油膩膩，是播種穀子的好地方。

於是，他就召來子子孫孫，有的用手刨，有的用石塊砍，還有的用木棍剜。從春天一直幹到夏天，眼看秋天快到了，開出來的地方還是不大點。

那神農氏看看勞累不堪的兒孫們，再看看滿坡荊棘叢生，不由得愁上加愁，心慌意亂，一陣眩暈，跌倒山坡，昏了過去。矇朧之間，他覺得自己身輕如燕，飄飄上升，不一會兒便來到凌霄寶殿。

玉皇大帝道：「你決心幹到頭，必獲利器，快下去繼續幹吧！」說完，將神農推下天庭。那神農受這一驚，翻身坐起，原來是一場噩夢。他醒來以後，精神倍增，就率領子孫們繼續拚命地刨地開荒。刨著刨著，一大叢灌木橫在前面，根很深拽不動。他就招呼所有的子孫，有的刨，有的拽，一起動手。不大一會兒工夫，「轟隆」一聲，灌木叢被連根拔起，根下露出了一個細長的石頭。神農氏拿出來一看，石頭一頭還有個鉤。拿出來往地上一刨，鑽地多深，怪得很。

神農氏聯想夢中情景，認為這就是利器。於是，他就和孩子們一起仿造了許多同樣的石器，每人分一把，繼續開荒。

就這樣，他們開了十八天荒，造了十八畝地，種了十八畝谷。秋收以後，整整打了十八擔。當地流傳的「立秋十八天，種穀十八畝，收谷十八擔」就是從這說起的。

神農氏憶起當初夢中玉皇大帝的話，就給這種開荒利器取名「決頭」，給這個山溝取名「決頭溝」。到了青銅器時代，人們模仿「決頭」的模樣打農具，就改名為「钁頭」，「決頭溝」也就改為「钁頭溝」了。

採錄人：張明、任能政

採錄時間：一九八三年七月

採錄地點：河南省沁陽縣城郊鄉

剷草與鋤

神農氏的時候，種莊稼很簡單。莊稼種上後，地裡長了草。人們拿著石片，在莊稼地裡走著敲著，嘴裡喊著：「草死，苗長。草死，苗長。」草就死了，苗就長起來了，就能有好收成。

又過了幾代，人們慢慢變懶了。天熱時，用繩子把石片吊在樹上，人們坐在樹蔭下喊著：「草死，苗長。草死，苗長。」再喊，草也不會死了。人們再拿著石片走著喊著，草也不會死了。沒辦法，人們拿著鏟子，到地裡剷草。晌午，地晒乾了，使大勁兒才能剷掉草。猛一使勁兒，鏟子脖彎了，翻過來扒，比鏟著還得勁。現在的鋤就是在那個樣子上興起來的。

講述人：孫文林，男，五十歲，農民

採錄整理：梁士東

採錄時間：一九八三年六月

採錄地點：河南省焦作市城郊

神農澗

古時候，有一部落首領姓姜，名炎帝，他勤勞勇敢、心地善良。啟蒙種五穀，耕而食，織布衣，尋草藥醫療民疾。當時溫縣一帶流行瘟疫，又叫「大家病」，害得人民面黃肌瘦，整日臥床不起，死了很多人。一天，神農走訪路過這裡，發現四處沒人煙，田地荒蕪，很是納悶，就勒馬停步，和同伴們一齊察訪情由。

當時見到位老者手拄柺杖，一步三哼，無精打采地走過來。神農迎上前，問道：「此地出了甚事，無人耕田，寂靜一片？」老者不答。神農又問：「是賊盜行凶，說出我除；是疾病纏身，言出我治。你為何不答呀？」老者哼哼唧唧了半天，說：「自從這裡大家病傳開，求神不濟於事，求鬼死人更多。你今天問我，你要能治好我的病，我把你當天敬。」神農一聽，知道眾人治病心切，只好安慰老人一番。

他以後每天上山爬坡，翻溝越嶺，口嘗百草，細研藥性，遍地找不來治大家病的除根藥。一天正在外出行走時，他低下頭一看，發現這裡土地潮溼，彎腰抓起把土，用舌尖嘗了嘗，又苦又澀，吐口唾沫說：「這裡土地潮溼，一片鹽鹼，看來，只有改變地形，疾病才能根除。」神農隨手抽出寶劍，狠狠地在地上劃了一刀，突然響了一聲巨雷，地面出現了一道深澗，澗底淙淙流水，霧氣從澗底沖天而上，地皮馬上乾了。

神農微微一笑，又找著那老者，問：「現在你覺著你的病怎樣？」老者仰天一看，風和日暖，地生瑞氣，身爽病除，急忙跪地向神農磕頭。轉眼間，神農化作一股白氣不見了。從此，這裡患大家病的人都好了，念念不忘神農，就把這個地方起名叫「神農澗」，一直傳頌到今天。

講述人：張振懷

採錄人：石平君

採錄時間：一九八三年六月

採錄地點：河南省溫縣城關

其他文獻記載如明陳仁錫《潛確類書》卷三一：「神農澗在衛輝府溫縣，神農採藥至此，以杖畫地，遂成澗。」

神農氏嘗百草

神農氏是張茅黎山人。

天地開闢，世上糧草不分。人上到山上摘吃野果，打吃野蟲，下到河裡撈吃魚、鱉、蝦、蟹。野果、野蟲、魚、鱉、蝦、蟹越吃越少，人忍著肚飢，都尋不著吃食兒。

神農氏看見有的野蟲吃草，也學著吃草，有的草好吃，有的草不好吃，吃多啦，覺著有些草的種子最好吃，這就是五穀。神農氏把五穀指給人，教人收吃五穀的種子。越吃五穀越少，要是吃絕了根，人還是受餓。

黎山南邊有片平地，五穀長得多，神農氏除掉別的草，專門留下穀子。收的種子吃不完，散給人都種，人跟著神農學會了種五穀。

神農氏教人種五穀，先從山頂上種起，一直種到山底下。至今，郟縣大大小小的山頂上都還有一層層的梯田。

黎山南邊那片平地，就是現在張茅鄉的小南原。因為這裡的穀子最早最好，朝朝代代朝廷娘娘坐月子，都要郟州的州官、縣令進貢這裡的小米，熬湯喝，補養身體。

開始吃五穀，人肚裡不舒服；開始種莊稼，要頂著晒日頭爺，暑熱難受，人身上不舒服，都病倒啦。神農氏自覺照樣五穀吃多了，肚裡難受，再換一樣就不要緊了。教人也輪換著吃五穀。有時候身上不舒服，有了病，無意中吃了一種草，就能好一些。神農氏教人有病了也吃那種草，時間長了，人都知道了啥病吃啥草，這就是草藥。還有些病，不知道該吃啥草，神農氏又一樣一樣地吃沒吃過的草，把山上的草都吃遍了。吃到山芝麻，嘴都嚼爛啦，血流到山芝麻上，所以山芝麻的根是紅的，是神農氏的血滲進去了，山芝麻也叫血參。

這就是神農氏嘗百草，教人學種五穀，讓人認出了草藥。

為了報答神農氏對人們的恩惠，郟縣成為古焦國時，神農氏的後輩被封為焦國首領。

講述人：楊存治

採錄整理：楊軍茂、劉邦項

採錄時間：一九八三年七月

採錄地點：河南省郟縣焦國

其他文獻記載如《帝王世紀》：「炎帝神農氏，長於姜水，始教天下耕種五穀而食之，以省殺生。嘗味草木，宣藥療疾，救夭傷之命，百姓日用而不知。著《本草》四卷。」《搜神記》卷一：「神農以赭鞭鞭百草，盡知其平毒寒溫之性，臭味所主，以播百穀，故天下號神農氏。」

神農嘗百草

《本草》是記載各種中草藥藥性、用途的書。傳說它是神農氏親嘗百草為民治療疾病的紀錄，是一部偉大的醫藥學著作。

上古時代，世界上出現了一個大神，他能使太陽發出足夠的光和熱來，使世界上避免了寒冷，使人類和各種生物生長，大家感激他的功德，稱他為炎帝。他看到人民打獵，採集野果而食，怕把這些東西吃光了而餓肚子，便教人們把獵獲的野獸養起來，讓牠們繁殖；把採集來的野果播撒在開墾的土地上，讓它們生根、發芽、開花、結果，收穫更多的果實，這便有了黍、稷、麻、麥、豆等五穀。人們稱他為神農，歷史上叫神農氏。

神農氏看到百姓們耕種，得到溫飽，心裡非常滿意。但看到有的人面色黃腫，有的人身上生瘡流膿，就心裡難受。他想辦法要讓人們健康起來。

一天，神農氏同部落的主要頭頭到外邊打獵，又看到有人身染重病，臥地不起，心裡很不安，召集頭頭們議論。有的說：「民有疾病，有在體表，有在內臟。」有的說：「病各不同，有虛症、實症、熱症、寒症，還有熱寒相伴之症。」神農氏說：「怎麼能治治這些病呢？」大家議論來議論去，都說很多草木各有溫涼毒熱之性，何不選草入藥，對症治療？神農氏說：「那要一樣一樣親自嘗嘗。」於是遍山採集草木，或花或果，或莖或根，通通品嘗。凡是此地沒有而外地有的，要求頭頭們分頭到各個小部落傳予守土官員，讓鄉民採集草木的葉根花果前來交納。

不到一年時間，各小部落的守土官員已將各地草木的葉根花果枝皮全採集交納上來。神農氏讓扛進宮來，對身邊的妻子和各位頭頭說：「排上香花燈燭，我要拜告天地，親嘗百草，為民療疾。」頭頭們排上香花燈燭，神農氏沐浴更衣，祈禱天地。祈禱已罷，坐在蟠龍御座上，命令左右近侍、妻子協助品嘗、記錄，不要遠離，以備有些草木有毒，及時解救。

神農氏親自揀看。相同的，去掉；不同的，親嘗。先嘗甘草，味甘平無毒，並能解毒，有鎮咳袪痰的功效。寫清它的名稱、特性、產地，如何採收加工、如何應用。再嚼烏梅，酸澀而滿口生津，性溫，有斂肺澀腸、止渴、驅蛔止痢的作用，也將名稱、特性等記錄下來。繼有皂角入鼻，打噴嚏而氣通；蒲公英味苦、甘，性寒，能清熱解毒，消腫散結；香附子味辛、甘、微苦，性平，能理氣疏肝，調經止疼；車前子味甘、淡，性寒，利尿通淋，袪痰止咳，清熱解毒等等。諸如此類，都記錄在案。

據說，他嘗百草在最緊張時，忘了休息，忘了吃飯，曾用一種叫「赭鞭」的神鞭，來鞭打各式各樣的藥草，一鞭下去，它們的各種性質，有毒無毒，或寒或熱，就都呈露出來，也都一一記錄在案。也有說，他為替人治病，親自嘗草，一天中過七十次毒。他根據各種藥性功能，針對疾病情況，寒者治熱病，熱者治寒病，體虛者用補藥，實者用清藥，對症下藥，治療民疾。還令民飲用山水、泉水，掘地為井，飲用井水，不飲久滯不乾的汙濁有毒的水。後來試用某些蟲類治病，都有療效。

為了公布給天下民眾，讓他們都知道各種草木的藥性、功能，掌握治療各種疾病的辦法，神農氏令左、右侍臣整理記錄材料，編寫藥書《本草》，並頒布天下，使民眾都能夠以草藥治病，身體健康。

採錄人：耿直

採錄時間：一九八五年三月

採錄地點：河南省登封市城關鎮

神農採藥到百泉

相傳在上古時代，關心人民疾苦的神農氏，看到勤勞的人民患病以後，缺醫少藥，坐等死亡，他心急如焚，下決心要找到醫治各種疾病的藥材，為民解除病痛。於是他放棄了舒適安逸的宮廷生活，揹上藥袋上了山。他不避艱險，不辭勞苦，攀峨眉，上崑崙，跑遍了全國的名山大川，邊採集，邊品嘗，邊鑑定，蒐集到了數百種草藥，據說從神農氏開始就利用中草藥治病了。神農雖然找到了數百種中草藥，但始終沒有找到一處甘甜清洌的泉水來煎調藥劑，增加藥效，他為此事日夜犯愁。

一日，他又揹著藥袋來到太行山上，看到山巔、山崖、山坡、山谷，到處長滿了各種草藥。一連數月，他跑遍了八百里太行，又先後找到數百種草藥，可還是沒有找到一處好泉水來配合煎藥。一日，他順著一道山梁慢慢走去，他想山腳下一定會有甘甜的清泉。

他歷盡艱辛來到了蘇門山上，放眼望去，立刻被迷住了，這不正是多年來長途跋涉要找的泉水嗎？他奔向湖邊，大口大口喝著甘甜的泉水，口裡不住地叨唸著：「總算找到了，總算找到了。」原來他要找的正是這種從地下迸發出來，如串串珍珠匯聚而成的甘洌泉水。你看這百泉湖水，滿湖珍珠，一池清泉，噴珠吐玉，清澈見底，是理想的煎藥用水。

神農氏找到了由珍珠化成的清冽的泉水後，就住到了蘇門山上，一面繼續採集草藥，一面利用泉水給患病的人煎調藥劑，治療疾病。由於泉水清甜甘洌，療效倍增。訊息傳開，九州人民紛紛前來百泉，用泉水煎藥治療，一時百泉名聲大振。這訊息傳到了住在太行山深處黑龍洞裡的黑龍王那裡，他發現人們都治好了疾病，男耕女織，安居樂業，不再有人來上供求拜他了。他大為惱火，便駕起妖霧來到百泉，要搶走珍珠，攪混泉水。

一時妖風大作，雷電交加，眼看秀麗的百泉就要被妖魔摧毀吞噬。正在山上採藥的神農氏一看，妖魔來勢凶猛，便施動法術，和妖魔鬥了起來。大戰了七七四十九個回合，只殺得天昏地暗，地動山搖。終於黑龍王敗走太行，鑽進了黑龍洞，從此再不敢出洞搗亂。但黑龍洞內卻流出一股寒光閃閃的泉水，長年不斷，據說那是黑龍王失敗所流下的傷心眼淚。

再說神農氏趕走了黑龍王，看著已被黑龍王攪渾的泉水，心裡很不好受，他想：要施展法術把泉變清並不難，可是妖魔再來怎麼辦？況且自己也不能光守在這個地方，還要到別處採藥治病。他為此事晝思夜想，終於思出了一個絕妙的好辦法：他利用法術，讓地下迸發出來的顆顆珍珠一出水面就化為烏有，只能看到串串珍珠從地下湧出，而不能得到珍珠。

可是泉水攪渾了怎麼辦呢？他又想了很久很久。他利用法術，把河底的淤泥一筐一擔地移到了泉水的下游，造成了良田，讓農民耕種，而把湖底全換成了鵝卵石子。從此百泉水永遠也不會被攪渾了。

百泉水秀麗出了名，不少患者攜帶各種中草藥來到百泉，利用泉水煎藥治病，思病而來，康復而去，慢慢就形成了全國聞名的百泉藥材大會。

採錄人：馮雲宵

採錄時間：一九八二年六月

採錄地點：河南省輝縣城關鎮

神農鞭藥

傳說，神農是伏羲的第三代孫兒，人稱「藥王谷」。他鞭藥的故事，在陳州一帶至今還流傳很廣哩！

那時候，人祖爺和人祖姑娘先後死了。他們的子孫很多，哪兒住的都有。神農生就聰明、伶俐，人們都尊重他，讓他當家。那時，地上沒有五穀，人餓了，吃點野草、樹葉、樹皮，渴了喝點泉水。天長日久，有的人生了病，因沒藥吃，死了不少。神農心裡很不安。

一天，神農到盤古山山頂上，見長滿了花草，就蹲在樹蔭下歇著。沒多大會兒，一隻白羊向他跑過來。他拿起樹枝子就去攆。羊前頭跑，神農隨後攆，不知翻了多少山，末了神農追到不周山的山頂上，逮住了那隻羊。

神農牽著羊正要往回走，忽然聽到：「那是誰呀！咋大白天裡來偷俺的羊呢？」

他轉身一看，見一位身騎花鹿的姑娘，一手拿著鞭，另一隻手拿個寶瓶，向他走來。神農連忙放了羊，羞愧地對那姑娘說：「我叫神農，不是這裡的人。您的羊跑俺那兒去了，我是來給您送羊的呀！」

那姑娘一聽，「咯咯」一笑說：「我知道你是神農，伏義家第三代孫兒，世上的當家人，想逮俺的羊殺了吃，是不是？」那姑娘的一番話，直說得神農更羞愧了。他紅著臉問：「姑娘，您咋知道俺的心裡話呢？您是誰呀？」

那姑娘說：「神農呀！你不知這是啥地方吧？我是觀音！」神農一聽，趕緊上前賠禮說：「仙姑，您別氣，俺多有冒犯！」

觀音是天上的一位正神。她心地慈善，人們都尊敬她，稱她觀音菩薩。她還管百草、百樹、百花、五穀。

觀音問神農：「神農呀！世上有啥困難嗎？」神農說：「哎！世上的人

真是太苦了，沒吃的、穿的，有了病沒人會治。您能不能給俺想個法子，救救人呢？」

觀音聽罷，對神農說：「我看世上數你最聰明，我教你給人治病，那藥草嘛，你放心吧，我有辦法。」

她說罷，隨即把自己的寶瓶遞到神農手裡，又把手中的鞭子也交給了他。她對神農說：「你把瓶裡的水喝了，就會看百樣病。地上沒有藥，你只管用這把鞭在山上、水裡、地上打，打一鞭就會長出所需用的藥來。」

神農在回家的路上，就按著觀音的囑咐去做了。他每打一鞭，真能長出一樣藥草，又能知道它們的用途。

這樣一來，世上的人再也不愁有了病沒藥吃了。

講述人：梁加秀，男，七十三歲，文盲，劉振屯農民

採錄人：張華，男，二十四歲，高中畢業，農民

採錄時間：一九八六年八月二十六日

採錄地點：河南省淮陽縣豆門鄉

神農和花蕊鳥

太古時候，人們沒啥吃，只能捋草籽、摘樹葉、採野果、獵鳥獸，吃不好中了毒，就被毒死了。人們得了病，不知道看病吃藥，都是硬挺哩，挺過去就好了，挺不過去也就死了。神農為這事很發愁，決心嘗百草，定藥性，為大家消災袪病。

有一回，神農的女兒花蕊公主病了，茶不思，飯不想，渾身難受，腹脹如鼓，咋調治也不減輕。神農很作難，想想，想想，抓了一些草根、樹皮、野果、石頭面面，數了數，共十二味。招呼花蕊公主吃下，就背起工具下地了。

花蕊公主吃了那十二味藥，肚子疼得像刀絞，沒一會兒，生下一隻小鳥。這可把人嚇毀了，大家都說是個妖怪，趕緊把牠弄出去扔了。這小鳥

通人性，見家人可煩牠，就飛到地裡尋神農。

神農正在地裡幹活，忽聽：「嘰嘰，外公！嘰嘰，外公！」抬頭一看，見是一隻小鳥，嫌牠吵人心煩，就一抬手臂，「嗤」的一聲，把小鳥攆跑了。

沒一會兒，小鳥又飛回到樹上，又叫：「嘰嘰，外公！嘰嘰，外公！」神農一犯思想，聽懂了。就把左手一抬說：「你要真是我外孫，就落到我這手脖上。」那小鳥真的「撲稜稜」落下來，落在神農的左手脖上。

神農細看這隻鳥，只見牠渾身翠綠、透明，連肚裡的腸肚物什也都能看得一清二楚。神農吐口唾沫，這小鳥接過一口唾沫星兒，嚥了！這唾沫星是咋嚥到肚裡的也看得清清楚楚。神農高興透了！

神農托著這玲瓏剔透的小鳥回到家，家裡人一看，嚇得連連後退，說：「快扳[35]了，妖怪！」神農樂哈哈地說：「這不是妖怪，是寶貝呢，就叫牠花蕊鳥吧！」

神農又把花蕊公主吃的十二味藥抓來，分開擱鍋裡熬。熬一味，餵小鳥吃一味，一餵喂，一面看，看這味草藥到小鳥肚裡往哪走，有啥樣變化。餵罷鳥，自個兒再親口嘗一嘗，體會這味藥到自己肚裡是啥滋味，然後再熬一味……

神農托著這隻小鳥，來到太行山百草窪，採摘各種草根、樹皮、果實、種子，捕捉各種飛禽走獸、魚鱉小蟲，挖刨各色石頭礦物，一樣一樣餵小鳥，一樣一樣親口嘗，觀察它們在身子裡各走哪一經，各是啥子性，各治啥樣病。可哪一味藥，都只在這十二經脈裡打圈圈，超不出。天長日久，神農就摸清了十二經脈，還寫下了《本草》。

有一次，花蕊鳥誤食了全冠蟲，沒想到這小蟲毒氣太大，一下子把小鳥毒死了。神農後悔得大哭一場。為了紀念這隻小鳥，神農選上好木料，照樣雕刻了一隻花蕊鳥，托在自己的左手脖上，讓牠終日陪伴自己。人

[35] 作者注：即扔。

們在小北頂為神農修廟塑像時，在他的左手脖上就放著一隻通身透明的小鳥。

採錄整理：都平君、周存旺

採錄時間：一九八三年二月

採錄地點：河南省沁陽縣城關鎮

神農十二經脈

太古時候，哪一種藥走哪一經，治啥病，神農的肚裡也沒個底兒。有一次，他的女兒花蕊病了，渾身難受，腹脹如鼓，可服了好多藥，總也不見效。神農狠了狠心，一下子抓了十二味藥，讓女兒吃下，就一個人下地幹活去了。

花蕊吃下了藥，肚子疼得像刀絞。一會兒，生下一隻小鳥，這鳥通體透明，渾身翠綠，歡蹦亂跳，活像鸚哥。人們都說這是妖怪，就把牠扔了。

神農正在樹下歇涼，忽見一隻玲瓏可愛的小鳥落在樹上，亮開嗓門叫：「神農外公！神農外公！」神農嫌牠吵鬧，拾起一塊黃土硬塊，朝樹上一扔，把小鳥嚇飛了。一會兒，小鳥又飛回樹上，亮開嗓門叫：「神農外公！神農外公！」神農覺得奇怪，把手一揮，口喊「嗤——」，把小鳥攆跑了。一會兒，小鳥再次飛回來，亮著嗓門仍叫：「神農外公！神農外公！」神農思索一陣，就把手臂一抬，說：「你要真是我的外孫，就落到我的手脖上。」那小鳥也真通人性，「撲稜稜」飛到神農的手脖上。

神農託著小鳥回家，問了問情況，說：「你可是個寶貝！你沒想想，花蕊的病左看不見輕，右看不見輕，為什麼這十二味藥一吃下，就生下了這隻讓人喜愛的小鳥？」

神農又把這十二味藥抓來，熬一味，給小鳥餵一次，看這味藥到小鳥肚裡往哪走，還親口嘗一嘗，體會這味藥在人體裡的反應；再熬一味，再餵小鳥一次，自己再親口嘗一嘗……十二味藥餵完了，發現人身手足一共有三陰、三陽、十二經脈。

神農帶著這隻鳥，走深山，鑽老林，收集各種草根、樹皮、種子果實、飛禽走獸，一樣一樣餵小鳥，一樣一樣親口嘗，觀察體會它們各走什麼經絡，各是什麼效能，各治什麼疾病。可哪一味藥，都沒超出這十二經脈。天長日久，神農就摸準了人體十二經脈，並寫下了醫書《本草》。

後來，神農來到太行山，捉全冠蟲餵小鳥，一下把小鳥的腸打斷，小鳥死了。神農又悲傷又後悔。為了紀念這隻鳥，就給牠起名叫花蕊鳥，還挑選上等好木頭，照樣雕刻了一隻，托在自己左手脖上，走哪帶哪。直到現在，人們塑的神農像，還是左手脖托著那隻神鳥。

講述人：梁寶，六十歲，老中醫

採錄人：李成林、谷良喜

採錄時間：一九八二年三月

採錄地點：河南省沁陽縣城關鎮

金針花

神農有個女兒，名叫黃花。黃花從小就聰明、伶俐、勤快，整日裡跟著神農幹活。神農也格外疼黃花。黃花長大了，神農給黃花選了個小夥子，叫他倆成親。

一天，神農問黃花：「孩子，你要成親啦，想要點啥東西，快跟爹說說。」黃花羞紅了臉，抬頭一看，滿地的麥子一片金黃。黃花滿心歡喜，隨口說：「孩兒要黃地百頃。」誰知神農只顧高興，竟聽岔了音，黃地的「黃」字聽成了「荒」字。神農用手往南一指，北一劃，東一點，西一點，對黃花說：「好啦，那些荒地就陪送給妳吧。」

過了三天，黃花成親了。夫妻倆到爹指的地裡一看，哪裡是金黃的麥子，淨是長滿了野草的荒地。黃花心涼半截，回到家裡哭了起來，一直哭了七天七夜，驚動了土地神。

土地神託夢給神農說：「你女兒要的是黃地，你聽成了荒地，你女兒哭七天七夜了。」神農一聽，很後悔，馬上用法術，把荒地變成了長滿黃棒的黃地。黃花哭了七天七夜，神農就使每個黃棒棒上長出七個蕊，以記自己的粗心。

七天以後，夫妻倆到地裡一看，到處一片金黃，香味撲鼻。黃花從來沒見過這東西，感到很怪，就摘下一根黃棒棒，咬在嘴裡，覺得又香又甜。她一連吃下七根，又止渴又止餓，黃花喜歡透了。夫妻倆從這塊地走到那塊地，高興得連回家都忘了。

可晌午一過，有的黃棒棒開了花，到了下晌，開花的黃棒棒又給風颳乾了，手一摸就碎，這可難壞了夫妻倆。兩人想了一夜，第二天一早就上地，把長大的黃棒棒一個個摘下來，放到太陽下晒。真的，晒乾的棒棒不容易碎了。

黃花家的房子裡放滿了晒乾的黃棒棒。夫妻倆咋著也吃不完，就把黃棒棒分給別人吃。由於人們分得不多，不敢當飯，只能當菜吃，人們起名叫「金針花」。又因為金針花的顏色金黃，中間的七根菜像金色的針一樣，人們也叫它「金針菜」。淮陽的金針花移到外地栽種，只長五個蕊。

講述人：陳王氏，女，六十七歲，農民

採錄人：陳雲峰，男，三十六歲

採錄時間：一九八三年三月

採錄地點：河南省臨蔡縣

九子長明燈

古時候的燈有鐵製的、陶製的、銅製的，樣式不一。唯有一種燈的式樣做得特別，燈身上做了九個人，這種燈人們都叫它「九子長明燈」，據說是專供人死時放在靈堂上用的。要說九子長明燈的來歷，還有段神話呢。

在湖北西部的崇山峻嶺中，有一大片原始森林。神農氏當年在那裡嘗百草時，由於山崖陡峻，只好架梯而上，後來人們就稱那山為「神農架」。

相傳有一天，神農氏正在嘗百草，忽然看見懸崖邊長著一棵頂上結一個紅珠子的草，非常好看。當他把那顆紅珠子抓到手的時候，腳下一滑，竟摔了下去，掉到山洞前的一個潭裡，沒了氣。恰巧那時候，有個長毛姑娘在那裡洗澡，把神農氏打撈上來，背進了她住的山洞裡。長毛姑娘採了一把洞邊的嫩草，用小石頭搗碎，把草泥放進神農氏的嘴裡，然後從山洞掬來一捧水，慢慢地向神農氏的嘴裡灌。

神農氏嚥下那泉水沖進的草泥，片刻工夫，竟還陽了。神農氏還陽後，就把長毛姑娘救他的那種草叫「九死還陽草」。長毛姑娘救了他，他非常愛慕長毛姑娘，就把在懸崖上採的那個紅珠果給了長毛姑娘。長毛姑娘將那個紅珠果別在頭上。神農氏出洞嘗百草的時候，長毛姑娘總是頭戴那顆紅珠果，跟著他前後不離。後來神農氏給那長著紅珠果、生著三片桃形葉的草取名叫「頭頂一顆珠」。

神農氏和長毛姑娘一來二去相愛了，生了一個遍身長紅毛的孩子。毛孩子三歲的時候，長毛姑娘得病死了。神農氏帶著毛孩子下了山，到處教人種五穀、辨藥草。

神農氏原來有八個兒子，連毛孩子一共九個兒子。神農氏壽終時，九個孩子守孝不離。晚上天黑，每人便舉根火把，站在父親的身邊。

後來為了表彰神農氏九子守孝的事，便做了九子長明燈作紀念。守孝時也把九子長明燈放在靈堂上。

採錄整理：楊東來

採錄地點：河南省社旗縣城關鎮

採錄時間：一九八三年五月

神農爺與桐柏山

提起桐柏山，人們都說她美。山美，水美，樹美，花美，草也美。

問起桐柏山的來歷，說法可不一呀！有人說是盤古造的，也有人說是老君造的。山造好後，誰起的名呢？有人說是神農爺起的。

神農爺住在桐柏山南麓。歷山有神農碑，殷店還有神農洞。神農爺經常四處為人們採藥，嘗百草。人們問他老人家：「神農爺！這藥在哪採的呀？」神農爺就根據山的特點，說是在東山採的或是西山採的。又有幾次，子孫們問他：「在哪採的藥呀？」他說：「那個桐樹多、柏樹多的山！」據說，他說的桐樹，就是指大葉樹；柏樹呢，針葉的是叫柏樹，松樹、杉樹統稱柏樹。神農爺今天說「桐樹多、柏樹多的山」，明天還是說「桐樹多、柏樹多的山」，說的次數多，就說成「桐柏山」了。

就這樣，「桐柏山」的名字傳到現在。

講述人：王德堂，河南省桐柏縣人大常委會主任

採錄整理：馬卉欣

採錄時間：一九八二年六月

採錄地點：河南省桐柏縣城關鎮

炎帝、神農神話所包含的神性集團，由於炎黃之戰而顯得記述非常模糊。但探究文獻，依然可以從中管窺到諸多痕跡，也就是說，有許多神話，依據其內容可以大致判斷其所處的時代。如著名的「精衛填海」，《山海經．北山經》中提到「是炎帝之少女」，就可以把精衛列入炎帝神農時代。還有前面曾提到《山海經．海內經》記載「炎帝……生祝融」，可以把祝融所屬的時代也大致定在炎帝神農時代。甚至著名的夸父逐日神話故事，同樣可以將其歸入這樣一個時代，因為這個神話的核心在於太陽崇

拜，與炎帝神話中的火神、太陽神相呼應，此外夸父神話的遺跡也處於炎帝、神農神話流傳分布的區域，所以可作此推測[36]。

[36] 作者注：《山海經・大荒東經》有「應龍處南極，殺蚩尤與夸父」句，說明蚩尤與夸父同屬一個時代。而蚩尤與黃帝戰之前曾與炎帝戰，由此也可推測他們屬於同一時代。

第四章
燧人氏與有巢氏

神農、炎帝最重要的象徵在於火，因為發現火，有了陽光，有了溫暖，也有了力量。

神話審美的本質在於表現力量、讚美力量，將力量的價值意義充分發揮到極致。因而，神話就擁有了無窮的想像力。

因為有了火，世界才得以被創造。神農、炎帝並列的時代，出現了燧人氏與有巢氏等英雄神。應該說，正是因為有了火的使用與房子的創造，才有了人與野獸的區別，才有了人作為主要文明的基本要素。

諸如民間社會所講述：

有巢氏打鷹追虎

古時候，人跟野獸差不多，不僅沒糧食吃，連住的房子也沒有。吃啥哩？吃飛禽走獸，天天跑著打獵。住啥哩？在地上挖個坑，就住在坑裡，一下雨就得爬出來頭[37]淋著，不出來就得在裡邊泡湯。這還不說，夜裡睡著不安全，弄不好會被大野獸咬死吃掉。

後來，出個鐵人[38]有巢氏，他不但個兒高、力大，而且腦瓜兒靈。

有一天，他用石塊兒打鷹，準得很，一下把鷹打傷了。那鷹帶著傷

[37] 作者注：直著頭。

[38] 作者注：此指有本領的人。

飛，他跟著撵。一撵撵到半山腰，鷹飛到一棵大樹上，鑽到窩兒裡躲起來了。有巢氏正要上樹去掏牠，忽地下起雨來。他看到鷹臥著窩兒裡怪美，自己頭受雨淋，心想：這人還不勝鳥哩，鳥都會用樹枝兒搭窩兒，人就不能用木棍搭窩兒嗎？等雨一停，他爬到樹上仔細看那鳥窩兒是咋搭的，然後用些木棍兒，找個地方搭起窩兒來。搭了扒，扒了搭，試了無數遍，到底把窩兒搭成了。人開始有了木房子，比住土坑強多啦。

有一次，有巢氏用石斧砍傷了一隻虎，他追呀追呀，那老虎鑽到了山洞裡。他在石洞口兒等了好一會兒，不見老虎出來，就鑽進洞裡去找。他一直走到洞底兒，也沒找到老虎，覺得很奇怪，只好轉過頭往回走。正走著，見那老虎從洞的旁邊兒猛地鑽出來，很快竄出洞，跑了。有巢氏也不追虎了，他在洞裡仔細看了看，心想：嘿，這老虎比人還能啊！洞裡挖洞，可以藏身，人不也可以這麼辦嗎！就這，他又發明了窯洞，房裡挖了套間。

大家見有巢氏這麼能幹，給人辦了這麼多好事兒，就叫他當各部落的總領袖。後來，有巢氏又按照鳥音長短高低的變化，規定了統一的打招呼訊號，人慢慢有了語言。

講述人：趙衍生，男，六十四歲，河南省滎陽縣王村鄉蔣頭村人

採錄人：趙子謀，三十九歲，漢族，專科畢業，滎陽縣王村鄉蔣頭學校教師

採錄時間：一九七六年九月

採錄地點：河南省滎陽縣王村鄉蔣頭村

文獻中，有如下記載。《韓非子．五蠹》中記述：「上古之世，人民少而禽獸眾，人民不勝禽獸蟲蛇。有聖人作，構木為巢，以避群害，而民悅之，使王天下，號之曰有巢氏。」《路史》卷五記述：「太古之民，穴居而

野處。搏生而咀華，與物相友。人無妎物之心，而物亦無傷人之意。逮乎後世，人氓機智，而物始為敵。爪牙角毒既不足以勝禽獸。有聖者作樓木而巢，教之巢居以避之。號大巢氏。」

有巢氏造屋

有巢氏成功地造起了房子。房脊說：「誰也沒有我站得高，看得遠，朝陽是我迎來的，和風是我招來的……」

屋基聽了不耐煩：「瞎吹！我往旁邊一挪，準把你摔死！」

大瓦說：「傾盆大雨，只有我能抵擋……」

橫梁說：「哼，沒有我來支撐，你們都得趴下！」

檁條[39]愛說文縐縐的順口溜：「房子縱向長，處處有我扛。稍稍有疏忽，房倒把人傷……」用詩來自吹自擂，也沒人願意聽。

土坯埋怨石灰不讓自己露臉，方磚向大家誇耀自己的意志是多麼堅強。有巢氏止住吵架，跟他們開個「座談會」。有巢氏說：「不要光看自己的工作重要，也要看到別人的工作很重要，大家處於一個統一體中，才能夠成為房子。離開了整體，你們誰都不能有所作為。自己的長處講那麼多幹什麼？」

大家沉默了一陣，最後都表示信服了，從此不再吵架了，連最愛說愛笑的楊樹，一上了房子，也不言不語地承擔起自己的責任了。

採錄整理：張長河

採錄時間：一九八三年六月

採錄地點：河南省武陟縣

房子象徵著人對自我的創造，意味著告別了洞穴世界。而火的使用，則意味著告別腥羶，進入文明的新時代。如鄉村社會流傳：

---

[39] 指建築物中與正面平行、但與梁垂直的水平結構件。

燧人氏擊石取火

河南商丘縣城南三里，有一個兩丈來高的大墳塚，多少年來，一直受人瞻仰。直到現在，過往的行人走到這裡，都還望著它肅然起敬。這個高大的墳塚就是歷史上有名的燧人氏的墳墓。這裡的人們世世代代傳說著燧人氏取火的故事。

據說，很古、很古的時候，商丘這地方是一片山林，燧人氏就住在這裡。那時候，人們靠獵取禽獸，吃生肉、喝生血充飢，燧人氏經常帶領人們四處打獵。

有一次，山林裡突然失了火，動物被燒熟了。燧人氏撿起來一些被燒死的禽獸，把肉吃個精光。真香！於是，他帶領大家把燒死的禽獸撿起吃個精光。熟肉吃完了，他們只得重新去打獵，仍然吃生肉、喝生血。這時候，大家覺得生肉生血沒有熟的好吃，都盼望著再來一場大火。

火！火！火成為人們日夜盼望的寶貝。燧人氏帶領人們到處找火，哪裡也找不到。急得他吃不下，睡不著。

一天，從空中飛過來一隻大鳥，扇著翅膀落在燧人氏的面前。大鳥說：「太陽宮裡有火，我帶你去吧。」燧人氏很高興，騎著大鳥上了太陽宮。

太陽公主對燧人氏說：「你是人間的帝王，太陽宮裡的東西隨你挑，你要什麼，我就給你什麼。」燧人氏說：「我什麼也不要，只要火。」太陽公主說：「好吧，給你一塊生火的寶石，帶回去吧！」說著撿了一塊石頭，遞給燧人氏。

燧人氏接過那塊寶石，高高興興地騎著大鳥回到人間。

燧人氏把寶石放在那裡，等它生出火來。時間一天天地過去了，怎麼也不見那寶石生火。燧人氏望著面前的寶石說：「原來太陽公主騙人哪！這寶石既然不會生火，我還要你幹什麼？」他抓起那塊寶石，使勁朝一塊石頭摔去。這樣，只聽「嘭」的一聲，火花四濺，燧人氏恍然大悟，接著就用擊石的辦法取火，成功了。

從此，人們才開始把獵取的食物放在火上烤著吃。

燧人氏擊石取火為人們造了福，百姓都敬仰他。傳說他活了一百多歲。死後，人們給他修了個大墓，至今還保存著。

講述人：劉初立、陳肅

採錄整理：劉秀森

採錄地點：商丘市

文獻中有如下記述。

《韓非子．五蠹》：「上古之世……民食果蓏蚌蛤，腥臊惡臭而傷害腹胃，民多疾病。有聖人作，鑽燧取火以化腥臊，而民說之，使王天下，號之曰燧人氏。」

《白虎通義．德論》：「鑽木燧取火，教民熟食，養人利性，避臭去毒，謂之燧人也。」

《藝文類聚》卷八七引《九州論》：「燧人氏夏取棗杏之火。」

《古史考》輯本：「古者茹毛飲血，燧人初作燧火，人始燔炙。」

《太平御覽》卷七八引《王子年拾遺記》：「燧明國有大樹名燧，屈盤萬頃。後世有聖人遊日月之外，至於其國，息此樹下，有鳥啄樹，粲然火出，聖人感焉，因用小枝鑽火。號燧人氏。」

《太平御覽》卷七八引《禮含文嘉》：「燧人始鑽木取火，炮生為熟，令人無腹疾，又異於禽獸，遂天之意，故為燧人。」

《太平御覽》卷八六九引《屍子》：「燧人上觀辰星，下察五木以為火。」

從文獻到田野，神話敘述有許多不同的文字與版本，這其中差異的背後就是神話的重組與詮釋。在人類文明的發展過程中，每一個階段都會留下時代的記憶，成為神話傳說的蹤影，化為生活中的語言藝術。

第五章
夸父英雄

夸父神話是炎帝、神農神話時代特殊的組成部分。夸父在《山海經．海內經》中被描述為「生祝融」，顯示出他們之間的血緣關係或集團關聯。但是，他們之間又有著明顯不同的神性故事。夸父英雄的主要事蹟在於追日，顯示出遠古人民的豪邁性格與原始文明中勇於打拚的精神。

夸父作為追日神話英雄的形象，最早出現在《山海經》中。

《山海經．大荒北經》：「大荒之中，有山名日成都載天。有人珥兩黃蛇，把兩黃蛇，名日夸父。后土生信，信生夸父。夸父不量力，欲追日景，逮之於禺谷。將飲河而不足也，將走大澤，未至，死於此。應龍已殺蚩尤，又殺夸父，乃去南方處之，故南方多雨。」

《山海經．海外北經》：「夸父與日逐走，入日。渴欲得飲，飲於河渭。河渭不足，北飲大澤，未至，道渴而死。棄其杖，化為鄧林。」

《列子．湯問》的記述與《山海經》形成呼應：「夸父不量力，欲追日影，逐之於隅谷之際，渴欲得飲，赴飲河渭；河渭不足，將走北飲大澤，未至，道渴而死。棄其杖，屍膏肉所浸，生鄧林。鄧林彌廣數千里焉。」

再之後，《博物誌》卷七記述更為簡單：「海水西，夸父與日相逐走，渴飲水河渭，不足，北飲大澤，未至，渴而死，棄其策杖，化為鄧林。」同樣是與《山海經》呼應。

《山海經》曾經介紹神話中的夸父山與夸父生活事蹟，如《山海經．中山經》：「又西九十里，日夸父之山。其木多棕楠，多竹箭，其獸多牛羬羊[40]。其鳥多，其陽多玉，其陰多鐵。其北有林焉，名日桃林[41]，是廣員三百里，其中多馬，湖水出焉，而北流注於河，其中多珚玉。」這裡的玉，是神話之玉。

《山海經．海內經》：「炎帝之妻，赤水之子聽生炎居，炎居生節並，節並生戲器，戲器生祝融。祝融降處於江水，生共工，共工生術器，術器首方顛，是復土穰，以處江水。共工生后土，后土生噎鳴，噎鳴生歲十有二。」這與「應龍殺蚩尤，又殺夸父」呼應，與《山海經．大荒東經》記述的夸父戰爭應該屬於一體：「大荒東北隅中，有山名日凶犁土丘。應龍處南極，殺蚩尤與夸父，不得覆上。故下數旱，旱而為應龍之狀，乃得大雨。」

夸父神話是炎帝神性集團的重要組成部分，在後世流傳中保持了「追日」的核心主題，成為激勵後人追求光明、不怕困難的素材，化成壯美的詩篇。在今日的河南省靈寶，仍然保存著有關夸父神話的碑石文獻與習俗。

在閿鄉地處的河南、陝西交接處，是夸父神話流傳的主要地區。這裡有光緒十七年（一八九一年）閿鄉知縣孫叔謙撰的《新建石堤碑記》，記述當地歷史與夸父神話的關聯：「閿鄉自昔受河患。今之縣治，古湖城地也。酈氏《水經注》引《郡國志》日：『宏農湖縣，世謂之閿鄉水，其水北流注於河。河水又東經閿鄉城北。邑人相傳所謂閿鄉故城，即今城西閿底鎮是也。』《水經注》又云：『河水又東經湖縣故城北。漢湖縣故城今不知所在。自後魏至今千二百餘年，河流遷徙，縣城建置沿革，亦莫可究尋。』邑舊志謂：『今城創築年月無考。明嘉靖中，縣城屢為湖水所沖。萬曆時，縣

---

[40] 作者注：「郝懿行注：『山一名秦山，與太華相連，在今河南靈寶縣東南。』」

[41] 作者注：「郭璞注：『桃林，今宏農湖縣閿鄉南谷中是也；饒野馬山羊山牛也。』畢沅注：『鄧林即桃林也，鄧、桃音相近；蓋即《中山經》所去，夸父之山，此有桃林矣。』」

令鄭民悅創築石堤，百姓呼為鄭公堤。國朝順治十一年夏，大雨，河水溢城，西北隅圮。此近代河患之始。至道光二十二年，河漲溢岸，居民蕩析，是後河患尤甚。』云：『三十年前，城北有膏腴地四、五里，關廂煙戶數百家，東西通潼關大路皆有河灘。今灘地盡失，城北關廂亦盡陷於河矣。今光緒五年，大水……由城西北隅迤邐至東北，附城民舍多沒焉。……城西門外澗河即湖水。』《水經》云：『湖水出桃林塞之夸父山。山廣三百仞。湖水又經湖縣東而北，流入於河。夸父山蓋今縣治西南大山也。』《縣誌》謂：『夸父山在縣東南二十五里，其說蓋誤。夫古今事勢不同，陵谷變遷，故山川主名亦有時更易。矧城池之沒，古人所謂事治民者，亦在因時制宜而已。我朝甚重河防，凡民間利害，經臣下奏聞，無不立賜施行。時在光緒十七年秋。』」

一九八〇年代中期，筆者在此地考察，當地民眾稱，河南省靈寶市有夸父山、夸父峪、夸父營等紀念夸父的地方，每年或隔幾年都有祭祀夸父的廟會等民間信仰活動。夸父峪八大社的服飾很有特色，「八大社」即夸父山下的八個村莊，從北邊的鑄鼎原向南邊的澗溝夸父山、夸父陵、夸父塋、靈湖、荊山、軒轅臺一帶，南北二十里，依次有上下廟底、賀家嶺、婁底村、寺上村、南北澗底、伍留村、西坡村、薛家寨，稱作「八大社」。

這裡的人，穿的都是清代漢裝，鞋是雲字鞋，這是桃林一帶的重要標誌。清道光年間，有個人叫李忠魁。他去關東販了五匹馬，回來路過北京，住在客店裡，馬被盜走了。李忠魁很傷心，就在街上愁悶閒逛，走到京城御史張立忠府，正好張立忠穿便服站在門口，一下子就看出李穿的雲字鞋了。張立忠就問李：「你是哪裡人？」「河南閿鄉夸父山楊老灣的人。」張就認作老鄉，和太夫人見面，分外親切，不僅安排了接見，還替他找到了馬匹，並派一輛車，插上一面黃旗，命人護送回閿鄉老家。

閿鄉縣桃林的群眾在為老人慶壽時，要蒸桃饃，這與夸父族圖騰有關[42]。夸父山地區每年二月舉行賽社，時間三至五天。八大社人是夸父子孫，夸父山山神是夸父。這只有老年人才知道，年輕人知道的不多。因為夸父是神，不是人，所以老年人囑咐不傳後代，後人就不知道了。夸父峪八大社有賽高蹺，走鐵芯子，每年正月初九、初十就要「罵社火」。

東上村罵西上村，西上村罵東上村，互揭醜事、扒老底，諸如女人偷漢、男人偷雞等，目的在於不讓壞人為害。一罵，出來的人多了，就表演。賽社表演背鐵芯子，是一向頗有技巧的表演，上面很驚險地扎一個三、四歲的小孩，類似雜技。

其中，賽社敬神的「神棚」，裡面陳設的「花饃」很有名。「花饃」是用麵擀成各種花、鳥、民間傳說的麵糰，如牡丹、菊花、海棠、喜鵲、百鳥朝鳳、呂洞賓戲牡丹、何仙姑、二度梅等，最高有二、三尺。這是民間藝術，其內容已與夸父神話無關，這個習俗代表了人們對賽社祀神的重視與隆重程度。

夸父峪八大社賽社，按各村經濟組織輪流當神（社）首，八年輪一次，而賽社一年一次。賽社很熱鬧，陝西、山西、河南三省的人能來上萬人。而敬神搭的棚叫「八卦棚」，門裡左有虎相，右有狼相，棚裡有山神牌位，據說這樣可以防止虎狼傷害人畜，保佑平安。八卦棚好進難出，裡面陳列的供品、花饃樣式很多。

賽社一開始是「接神」，各村群眾都來看。樂器很多，有大鑼鼓、小鑼鼓、大連枷、小連枷。四、五十面大鼓一敲，聲震山村。鑼鼓手都化妝，身穿婦女的花衣裳。

每年賽社要唱戲，三天之內，戲一開演，白天、黑夜不能停，戲團隊要分兩班演出，只有這樣才能表示對夸父的敬重。賽社所需，再貴重的東

[42] 張振犁與程健君編。《中原神話專題資料．夸父神話》。中國民間文藝家協會河南分會，一九八七年編印。

西也得借，不論家具、器皿、字畫等，可見人們對夸父的虔敬心情[43]。

特別是與夸父神話有關的碑石，尤為珍貴，如清道光十七年《靈寶縣夸父峪碑記》：

（靈寶）縣治中南三十里有山曰夸父。余弟注東曾為賦陳其盛。今余又作記何也？癸亥冬，鄉人謀欲峪內豎碑，屬余作文以記之。余謂：「環文皆山也。何獨夸父是記？」眾曰：「夸父雖□山，耎端當志，比（此）財（射）在崇祀典，考實纂，息爭訟。」

「其崇祀典奈何？」

曰：「神道之設，為庇民也。凡能出雲降雨，有庇民生者，皆祀之。此山之神，鎮佑一方，民咸受其福，理合血食。茲故土八社士庶人等，每年享祀，周而復始，昭其崇也。」

「其考實錄奈何？」

曰：「東海之濱，有夸父其人者，疾行善走，知太陽出，不知其入，愛（復）策杖追日，至此山下，渴而死，山因以名焉。然非余之以說也。嘗考《山海》、《廣輿》著書記載甚詳。其軼亦時時見於他說。今落石以記，不得不尋名考核也。」

「所謂爭訟有說乎？」

曰：「有。蓋夸父與荊山並□□文邑，為民山審矣。奈狼寨屯、夸父營有強梁之徒劉姓者，並不謀及裡社人等，盜開山地，視為□□□居，假捏文券，私相買賣，霸占不捨，與八社人等爭訟。乾隆五十九年，邑令李乃斷定：山系人民採樵之藪，夸父營不得擅入樵牧開墾。飭令存案，永杜爭端。此石碑記之所不容泯沒者也。由是觀之，凡此數事所關匪細。詳細以記之。若夫雲巖、□徫、石室□□□□□□□，俟後之騷人、逸士、剩典（輿）往來，隨筆（之）所志。余年八旬，強岔有洞天矣。昏髦不克及記。」

[43] 張振犁與程健君編。《中原神話專題資料．豫南地區女媧神話》。中國民間文藝家協會河南分會，一九八七年編印。

歲進士後選儒學訓道楊向榮、董沐撰。薛家寨、澗底村、賀家嶺、寺上村、五留村、麥王村（婁底村）、西坡村、廟底村合村公議，峪內臨高寺各有碑記。恐有損傷，今立一座，以志不配雲。邑儒學生員趙彥邦書。道光十七年葭月，鄉張文秀、保趙元昌同建。

碑存地點：西閻鄉下廟底村（黃帝陵下）

時間：清道光十七年葭月

形制描述：該石碑上部為半圓形，下部為長方形

尺寸：96cm×42cm

撰文人：楊向榮、董沐

刻石立碑人：趙彥邦

調查時間：一九八四年十一月十二日

攝影、記錄：河南大學中原神話調查組

這不是在記錄夸父神話，應屬炎帝神話時代的文化遺跡。

「八大社」使用的神牌，是神社的重要象徵，意味著主辦方的身分，也在此傳統文化中顯現出權威地位。與古典戲曲的演出情景相似，人們在巡遊時舉起神牌，引導巡遊的隊伍前行。在神牌交接之前會有個極其慎重的祭拜儀式，要獻上全豬、全羊，接牌的儀式是執事的一方在中間，交牌的一方和接牌的一方分別居於兩側。

「八大社」是一個不斷變化的組織，其中的主角（即神頭）身分不是固定的，每年都要重新推選。而且，神頭和社員都是義務服務，沒有報酬，所有的社員地位平等，都享有選舉權和被選舉權，當然也包括神靈的庇護權。

廟會的主辦方選定之後，舉行接受神牌等儀式。廟會前一天，要到夸父山神廟中迎接夸父神像。迎接神像的儀式非常隆重，上一年的主辦方交

接給下一年的主辦方，將神像請出神廟，由神頭率領眾人，沿途向六個村莊巡遊。迎神的隊伍浩浩蕩蕩、敲鑼打鼓，由三眼銃開路，一路燃放鞭炮，各個村莊設臺迎神。神像迎接到村寨，置放在搭建的神棚中，而神像前會放有各種供品，酬神劇團會在神棚前演出。

廟會當天，神頭帶領本社人抬起夸父神像，沿著規定的路線開始巡遊。

所有的人都穿戴整齊，喜氣洋洋。所到之處，神頭接受各個村社的供品，被祭祀的神靈除了陽平的保護神夸父，還有軒轅黃帝和蚩尤，以及老虎、獅子、豹子和蛇等動物神。這些祭祀內容都與與典籍文獻中對夸父神話的記述產生呼應，成為文化傳承中的重要象徵。

近年來，許多學者注意到古廟會與神話傳說的關係，廟會以古老的神話傳說為重要依據，將神話傳說中的大神視為地方民眾的保護神，並在特定時間段內營造出狂歡祭典。。因此，廟會成為地方民眾信仰的集聚地，那些與神話傳說相關的「景觀」則成為獨具地方特色的「神話遺址」，形成了一種隨著時間發展而不斷變化的文化傳承方式。

靈寶陽平鎮的夸父神話廟會即如此。每年的春秋季節，這裡舉行祭祀山神夸父的廟會。這場狂歡盛會的參與者主要分為兩類：一類是地方民眾依據規約組成的「八大社」；一類是把夸父視為保佑地方和家庭祖先神、守護神的普通民眾。兩者由於廟會的主辦方式形成角色轉換，共同塑造與傳承夸父神話的文化故事使得山神信仰得到維持、延續。隨著地方政府的介入，文化景觀發生變化，傳統祭典也被賦予新的文化價值與社會意義。然而，人們常常忽略了一個現象，即民間社會常常透過文化敘事形成一種特殊的「凝聚力」，在無形之中消解生活裡的矛盾和糾紛。

廟會的產生與地方民眾的信仰息息相關。靈寶市的陽平，在靈寶西南二十公里處，管轄北陽平、閿鄉、坡底、張村、橫澗、嘴頭、下莊、九營、南陽平、喬營、下原、桑園、大湖、水峪、湖東、郎寨、王念、中社、五留、東坡、西常、裴張、東常、澗溝、溝南、大寨、東營、北溝、強家、婁底、徐營、廟底、程村、上陽、香什、渙池、肖泉、秦南、麻溝、北社、姚王、南天、營田、蘇南等行政村。

這裡是傳說中夸父追日「道渴而死」處，有許多與夸父相關的神話遺址，如靈湖峪和池峪之間的夸父山、崖壑崢嶸的夸父峪、林木茂密的桃林塞，特別是充滿神祕氣息的夸父陵、夸父塋、夸父河、夸父泉、禺園、太陽溝，與鑄鼎原、軒轅臺、蚩尤峰相望，形成絢麗多彩的神話遺跡群。陽平，傳說中被解釋為與太陽平行之地。值得注意的是，這裡的百姓儘管不是同姓氏，卻都認為自己是夸父的後裔。

靈寶陽平廟會的主體是祭祀山神，主神是夸父，但並不是每個村民都對此有明確的認識。筆者在考察中發現，一些人堅持這裡的山神就是神話傳說中追日的夸父，而有一些村民則稱山神就是山神，沒有名姓。

夸父的形象早在《山海經》中多次出現，在後世文獻中逐漸與地方景觀相結合，形成一種文化敘事。如《中山經》中有「夸父之山」，「又西九十里，曰夸父之山，其木多棕楠，多竹箭，其獸多牛羬羊，其鳥多，其陽多玉，其陰多鐵。其北有林焉，名曰桃林，是廣員三百里，其中多馬。湖水出焉，而北流注於河，其中多珚玉」。有學者便以此作為河南靈寶陽平夸父山的根據，靈寶地方學者認為《山海經》記述的「夸父之山」就是這裡的夸父山。

又如《大荒北經》詳細描述了「夸父追日」傳說故事：「大荒之中，有山名曰成都載天。有人珥兩黃蛇，把兩黃蛇，名曰夸父。后土生信，信生夸父。夸父不量力，欲追日景，逮之於禺谷。將飲河而不足也，將走大澤。未至，死於此。應龍已殺蚩尤，又殺夸父。乃去南方處之，故南方多雨。」這裡的蛇與夸父有所關聯，成為地方民眾敬畏蛇的一種解釋。

《海外北經》有「夸父追日」的描述：「夸父與日逐走，入日。渴欲得飲，飲於河渭，河渭不足，北飲大澤。未至，道渴而死。棄其杖，化為鄧林。」這裡的桃林，自然也成為地方大面積種植桃樹、崇拜桃樹的一種解釋。

歷代學者對《山海經》見仁見智，夸父化生便成為眾說紛紜的文化之謎。例如河南靈寶陽平有夸父山，而湖南沅陵五強溪鎮也有夸父山。更多學者認同河南靈寶夸父山與夸父神話傳說的關聯，或有意忽略了靈寶夸父山的起源是否與《山海經》有直接相關的問題。如北魏酈道元在《水經注》卷四中稱「河水右會槃澗水，水出湖縣夸父山」，「河水又東徑湖縣故城北」，「湖水出桃林塞之夸父山，廣圓三百里……湖水又北徑湖縣東而北流入於河」。唐代李泰《括地誌》亦稱「湖水出湖城縣南三十五里夸父山」。湖水，即今陽平河。地方民眾把夸父視作這裡最早的祖先，稱這裡的楊姓、劉姓等民眾，都是土生土長的夸父大神後代。至今，河南靈寶陽平鎮澗溝村夸父營村又叫夸父塋，是傳說中的夸父陵，被民間百姓敬祀，也有人稱夸父為山神爺[44]。

河南靈寶陽平廟會的起源，最初應該是與夸父追日傳說有密切關係，地方民眾至今仍然在講述這些故事。有人說夸父山不是一座山，而是由夸父的頭、腳、腹部各自化為山嶺。整個夸父山就像一位巨人，橫臥在陽平的大山中。夸父死後，保佑著這裡風調雨順，所以被祭祀為山神。夸父山既是地方的風景，又是民間傳說的象徵，成為地方民眾對夸父追日神話傳說的記憶與信仰[45]。在日常生活中，這些神話遺址的文化敘事不斷發展，隨著時代變遷產生新的詮釋與意義。

文化敘事的主要特點在於景觀的「代表性」表達，即有許多古老的神

[44] 作者注：筆者調查當地村民，查看家譜，發現地方民眾多為明代山西洪洞移民。其地方有達子營、韃子營，被人改成達紫營，之前曾是達紫營人民公社。有人告訴筆者，這裡跟移民歷史有關，他們對夸父山的認同既受到古老傳說，又受到歷史文獻的影響。

[45] 張振犁與程健君編。《中原神話專題資料．夸父山》。中國民間文藝家協會河南分會，一九八七年編印，第一七五頁。

話傳說融入地方山水，成為古廟會的文化勝景。古廟會是文化敘事的重要環節，成為提醒人們對夸父神敬祀的過程，也是完成各種祭祀儀式的重要場合。

夸父神話成為河南靈寶的文化景觀，自然也是廟會的文化敘事的核心主體。在民眾信仰中，夸父追日的壯舉並不重要，重要的是其守護地方平安。如地方俗語稱：「夸父山，夸父坡，也有腿來也有腳，夸父星星懷中落[46]。」夸父山有三百多公尺高，如一位巨人坐在那裡，懷抱中有一顆巨大的石頭，傳說是天上降落下來的夸父星，保護這裡的百姓平平安安，不受野獸和各種災害的傷害。

有人曾對筆者介紹：夸父星在地方傳說中也叫金星，其土堆稱作夸父塚墓——即夸父塋，夸父村來名於此。夸父塋被地方百姓視為神聖的土地，不能在上面動土。傳說如果有人在上面翻動，就會引起山下混亂，山下的人就會相互吵罵，所以，這裡又叫「罵架石」（或「罵駕石」）。夸父神話以某種禁忌形成文化敘事的另一種形式，維護山神尊嚴和權威，強化祭祀中各種儀式的神聖感。

廟會中的神話傳說既是故事，也是民間信仰的表達。筆者考察陽平廟會，發現此處文化敘事形成地方風物生活，這裡的諸多解釋成為生動的地方傳說，而這些傳說不一定全部都有完整的情節。如有人說夸父山有一棵樹，根部呈現五星形狀，傳說是天上的木星落在人間，與夸父有關[47]。也有人說人們站在夸父峪一片平整的土地上，每年十月，從上午九點鐘到下午五點鐘，可以看到天上有一顆明亮的星星，從西邊慢慢向東邊移動，是夸父變的，許多老人看到過[48]。

---

[46] 河南省靈寶市陽平鎮程村塬官莊村張姓村民講述，高有鵬記錄。記錄時間：二〇一七年一月十六日。

[47] 河南省靈寶市陽平鎮東常村北寨子西北土崖張姓村民講述，高有鵬記錄。記錄時間：二〇一七年一月十五日。

[48] 河南省靈寶市陽平鎮東常村北寨子西北土崖張姓村民講述，高有鵬記錄。記錄時間：二〇一七

景觀即傳說，而構成傳說的依據在於地方民眾對夸父神的信仰。夸父化生不僅是大山的山神，而且是這裡的一草一木，甚至成為人們舉首仰望的星辰。

神話遺址的存在需要兩個元素：一是歷史文獻中的「原型」，即對某種神話傳說的原始紀錄，形成文化敘事的基礎；二是對「原型」的衍生與變異，形成新的傳承與傳播。文化敘事的結構並不刻意追求完整，往往以非情節性的方式展開，這種敘事方式與地方儀式緊密相連，成為「合理性」的展現。

如今，陽平廟會更多了一些表演的內容，觀賞性越來越強。人們越來越重視神棚的裝飾，各種彩繪在祭祀儀式中盡情表現。每一種彩繪，特別是各種花鳥、瑞獸，都有與夸父相關的解釋。一個非常明顯的現象就是，廟會的傳統功能被借用，其民間信仰的成分實際上正在被淡化，廟會的敘事重心逐步走向旅遊等新興文化產業，使其逐漸偏離原本以信仰與祭祀為核心的傳統表達。

文化敘事並不僅僅是述說地方風物的特色，它依然是民眾狂歡的重要主因。廟會是地方民眾的狂歡節，陽平廟會也是如此。古廟會的文化功能主要展現在這幾個方面：一是對維持、保護傳統信仰，豐富地方文化生活；二是匯聚情感，地方民眾在廟會期間走親訪友，舉家團圓，互道衷腸；三是物質交流，各種繁盛的商貿，互通有無。

陽平廟會的主角是夸父神，軒轅黃帝等神話傳說中的大神成為配角。與地方民眾信仰中的夸父主神不同，地方政府提出的〈荊山黃帝鑄鼎原文化生態旅遊景區區域規劃及旅遊資源相關建設意見〉[49][中，有意提高軒轅黃帝的主神地位，實際上對陽平廟會的敘事結構與傳統祭祀方式產生了

年一月十五日。

[49]《靈寶荊山黃帝鑄鼎原文化生態旅遊景區總體規劃》，二〇一二年七月十七日。

影響。

文化敘事的重點不斷產生轉化與演變，與夸父被視作陽平的保護神一樣，軒轅黃帝和蚩尤被地方民眾認同為山神，他們在傳說中是以地方保護神的身分出現的。尤其是黃帝，地方有鑄鼎原的傳說，講述黃帝建立了統一天下的大業，在這裡鑄鼎，敬告天地。

荊山被講述為黃帝騎龍昇天的地方。《水經注》卷四：「湖水又北徑湖縣東，而北流入於河。《魏土地記》曰：『宏農湖縣，有軒轅黃帝登仙處。黃帝採首山之銅，鑄鼎於荊山之下，有龍垂胡於鼎。黃帝登龍，從登者七十人，遂升於天，故名其地為鼎湖。荊山在馮翊，首山在蒲坂，與湖縣相連。』《晉書．道地記》、《太康記》並言胡縣也。漢武帝改作湖。俗云：『黃帝自此乘龍上天也。』《地理志》曰：『京兆湖縣，有周天子祠二所，故曰胡。』」

《元和郡縣誌．河南道》：「湖城縣，望。東南至州五十二里。本漢湖縣，屬京兆尹。即黃帝鑄鼎之處。後漢改屬弘農郡，至宋加『城』字為湖城縣。荊山，在縣南。即黃帝鑄鼎之處。」這裡保存著唐代貞元年間的《黃帝荊山鑄鼎碑銘》，其稱：「唯天為大，唯帝堯則之；唯道為大，唯黃帝得之。《南華經》曰：『道神鬼神帝，生天生地。黃帝守一氣，衍三墳，以治人之性命，乃鑄鼎茲原，鼎成上升。得神帝之道，原有為谷之變，銘紀鑄鼎之神。銘曰：道口神帝，帝在子人。大哉上古，軒轅為君。化人以道，鑄鼎自神。漢武秦皇，仙冀徒勤。去道日遠，失德及仁。恭唯我唐，元德為鄰。方始昌運，皇天所親，唐興茲原，名常鼎新。』」此與《史記．封禪書》所記黃帝傳說有相同處：「黃帝採首山銅，鑄鼎於荊山下。鼎既成，有龍垂鬍髯下迎黃帝。黃帝上騎，群臣後宮從上者七十餘人，龍乃上去。餘小臣不得上，乃悉持龍髯，龍髯拔，墮黃帝之弓。百姓仰望黃帝既上天，乃抱其弓與鬍髯號，故後世因名其處曰鼎湖，其弓曰烏號。」地方傳說中，黃帝所騎的龍有鬚，化為當地的蓮藕[50]。[1] 黃帝的靴子被人拽下，成為「葬靴塚」，即河南靈寶黃帝陵。

鑄鼎原建有黃帝神廟，一直到清代碑文中仍然有記述[51]。

但是，在陽平廟會中，黃帝的地位一直沒有超過夸父。

文化敘事的結構具有多重性的，從典籍文獻到日常生活，在歷史脈絡的貫通中不斷變化。在文獻典籍中，蚩尤與夸父曾經有相同的命運，同被應龍所殺。而應龍曾經是黃帝的部屬，他們與軒轅黃帝的敵對關係，有可能成為民間傳說中融合為一族的根據。這也說明，歷史記憶與文化敘事的關係非常密切，在陽平廟會中得到具體的展現。

在歷史文獻中，蚩尤被講述為夸父族的同宗，與夸父一起同黃帝戰鬥。

《山海經・大荒東經》：「應龍處南極，殺蚩尤與夸父，不得覆上。故下數旱，旱而為應龍之狀，乃得大雨。」

《山海經・大荒北經》記述蚩尤與黃帝的關係：「蚩尤作兵伐黃帝。黃帝乃令應龍攻之冀州之野。應龍畜水。蚩尤請風伯、雨師縱大風雨。黃帝乃下天女曰魃，雨止，遂殺蚩尤。」

在《史記・五帝本紀》中，蚩尤與軒轅黃帝的關係被描述為：「軒轅之時，神農氏世衰。諸侯相侵伐，暴虐百姓，而神農氏弗能征。於是軒轅乃習用干戈，以征不享，諸侯咸來賓從。而蚩尤最為暴，莫能伐。炎帝欲侵陵諸侯，諸侯咸歸軒轅。軒轅乃修德振兵，治五氣，蓺五種，撫萬民，度四方，教熊羆貔貅貙虎，以與炎帝戰於阪泉之野。三戰，然後得其志。蚩尤作亂，不用帝命，於是黃帝乃徵師諸侯，與蚩尤戰於涿鹿之野，遂禽殺蚩尤。而諸侯咸尊軒轅為天子，代神農氏，是為黃帝。」

---

[50] 張振犁與程健君編。《中原神話專題資料・閿蓮九孔》。中國民間文藝家協會河南分會，一九八七年編印，第一七一頁。

[51] 清孫叔謙〈重修鑄鼎原黃帝廟奎星樓記〉。載張振犁與程健君編。《中原神話專題資料》。中國民間文藝家協會河南分會，一九八七年編印，第一八八頁。

人神之間，多了一些猛獸。《宋書．符瑞志》:「應龍攻蚩尤，戰虎、豹、熊、羆四獸之力。」猛獸成為神話戰爭的重要符號，有著更為特殊的意義。

這裡的文化敘事有意淡化了軒轅黃帝，也淡化了蚩尤。應該說，這與「八大社」的構成有關聯，即「八大社」自認為夸父神的後代，作為信仰，影響了文化敘事的表達方式和表達效果。

陽平廟會的神棚中，出現的各種鳥獸等動物崇拜表明，這說明文化敘事的空間構成並不局限於具體的神話主角。動物圖騰反映出中國古代民族與動物之間的關係，或畏懼，或敬奉，或豢養，在禮儀文化中形成太牢、少牢的獻祭制度，一直流傳到當代。「教熊羆貔貅貙虎，以與炎帝戰於阪泉之野」，應該是中國古代動物圖騰與圖騰戰爭的表現。

當然，獅子是外來物，一般認為，獅子與佛教文化的傳入相關，並不是中華民族的圖騰物。有許多學者談論了圖騰與面具、圖騰與旗幟等文化標誌的關係。圖騰的選擇與認同，是世界各民族共同經歷的事件，包括圖騰戰爭。圖騰戰爭意味著不同圖騰之間的鬥爭、融合，是部落間的衝突，也是不同文化的衝突，自然包括信仰的差異。

在民族融合中，這些動物圖騰成為文化遺留物，被視作神靈體系，於是就有了陽平廟會中的各種動物崇拜。值得注意的是，這裡的蛇崇拜與典籍文獻中的夸父形象有著呼應。夸父與蛇的關係在《山海經》中已經有詳細記述，如《大荒北經》中的「有人珥兩黃蛇，把兩黃蛇，名曰夸父」。《山海經．大荒北經》:「西北海之外，赤水之北，有章尾山。有神，人面蛇身而赤，直目正乘，其瞑乃晦，其視乃明。不食，不寢，不息，風雨是謁，是燭九陰，是謂燭龍。」

蛇崇拜在世界許多民族中都有表現，中國古代神話中，也不止夸父族與蛇崇拜相關，如伏羲女媧，就以蛇身人首出現。《三五歷記》中亦記述

「盤古之君，龍首蛇身」。《韓非子．十過》:「昔者黃帝合鬼神於泰山之上，駕象車而六蛟龍，畢方並轄，蚩尤居前，風伯進掃，雨師灑道，虎狼在前，鬼神在後，騰蛇伏地，鳳凰覆上，大合鬼神，作為清角。」

《山海經》中，有許多神性人物與蛇相關。夸父族的蛇崇拜非常特別，「珥兩黃蛇，把兩黃蛇」，此當即玉珥，是修飾，也是權力的象徵。在許多地方，由於時間的推移，蛇崇拜漸漸發生變異，蛇或作為淫蕩的象徵，或作為惡毒的象徵，而河南靈寶的陽平夸父山民眾仍然把蛇作為圖騰，在神靈祭祀中非常重視蛇的神聖性。

蛇崇拜如此，桃崇拜也是一樣。陽平廟會中的神棚，突出表現桃等果實，與夸父追日中的「鄧林」相呼應。文化敘事的主角從神話人物轉向信仰物，其敘事方式自然發生變化。具體來說，陽平廟會的桃崇拜，與夸父神話、夸父信仰有著密切關聯。夸父與桃的連繫最早出現在《山海經．中山經》「夸父之山」，「其北有林焉，名曰桃林」;《海外北經》「夸父追日」，「棄其杖，化為鄧林」。那麼，桃樹是否為夸父族的圖騰或標誌呢？或曰，桃樹與太陽崇拜有密切連繫。

如《河圖括地象》:「桃都山有大桃樹，盤屈三千里。上有金雞，下有二神，一名鬱，一名壘，並執葦索，伺不祥之鬼、禽奇之屬。將旦，日照金雞，雞則大鳴，於是天下眾雞悉從而鳴。金雞飛下，食諸惡鬼。鬼畏金雞，皆走之矣也。」桃木、金雞、太陽，三者便因此有所關聯，形成長久的民族記憶。

桃是長壽的象徵，也有闢邪的寓意。《水經注》卷四引《晉太康地記》曰:「桃林在閿鄉南谷中。」又曰:「湖水出桃林塞之夸父山，廣圓三百仞。」其引《三秦記》稱「桃林塞在長安東四百里」云云。《元和郡縣圖志》卷六:「桃林塞，自縣以西至潼關皆是也。」強調陽平是夸父族後裔聚居地，夸父神話的核心內容與太陽緊密相連，所以形成獨具特色的桃崇拜。

在陽平，桃崇拜的表達有多種，如祝壽中的壽桃寓意生命的長久與生活的甜蜜，桃木劍和桃核刻成的手鐲可以闢邪，人們在服飾上繡製桃花表達喜慶。而這種風俗不僅僅陽平一個地方有，許多地方都有。

但是無論如何，河南靈寶陽平廟會由於夸父神的崇拜而興盛。因為夸父追日神話傳說的流傳，這裡的蛇崇拜和桃崇拜等自然崇拜有著非常特殊的意義。這是文化敘事的結果，也是神話傳說作為文化記憶的結果。

文化敘事的文化功能既有宣洩的成分，也有協調的成分，聚眾的目的在於透過敘事形成共識與溝通。「八大社」因為夸父神相聚在一起，而其形成較大規模的背後，是透過「八大社」的社火，形成地方社會的「凝聚力」與「魅力」。這是地方社會的文化傳統也是其生活傳統，包含著濃郁的民族情感。或者說，任何一種現象都不是無緣無故形成的。河南靈寶陽平廟會對夸父山神的崇拜，未必就真正源自這裡的民眾是夸父神的後代，而透過文化敘事來達成對某種矛盾與糾紛的消解，這正是民間社會長期以來的運行方式。考察「八大社」的形成，其直接原因即歷史上的訴訟引發「八大社」結社和廟會。「八大社」其內部成員隨著時代變遷而產生變化，反映出不同時代對傳統文化的訴求與回應。

文化發展在不同的時代具有不同的功能與價值。民間糾紛是社會常見現象，陽平的「八大社」也是如此。清代道光十七年（一八三七年）所立碑石就記述了這樣一段歷史[52]。「息爭訟」、「永杜爭端」是其主要目的，或者說是陽平廟會夸父崇拜的重要動因。「八大社」在廟會中的角色轉換，使每一個神社都有表演的機會，藉以溝通、宣洩情感。民間廟會藉助地方社會的風物傳說，興起結社的熱潮，以此維繫宗族、家族等地方情感，保護自己的權益，使得夸父神話的流傳有更為特殊的意義。

[52] 清趙彥邦〈靈寶夸父峪碑記〉。載張振犁與程健君編。《中原神話專題資料》。中國民間文藝家協會河南分會，一九八七年編印，第一八六頁。

與陽平廟會相關的社火演出、展示並不僅僅在於「八大社」，還有東常、西常等村莊的「罵社火」，同樣構成山神崇拜的狂歡，應該視作陽平廟會的一部分。其敘事結構、敘事內容與性崇拜有關，更引人深思。無疑，今日的古廟無法避免的一個話題是，如何保持傳統文化的魅力與價值。陽平廟會從歷史走進現代社會，其形式越來越傾向於表演化與展覽化，對當代社會民眾的情感溝通與信仰凝聚具有非常重要的推動作用。

當前強調文化多元價值的體現，在民眾的傳統信仰得到修復的同時，其展覽即表演的屬性也被強化，這樣就形成一種悖論，即一方面，夸父神話傳說等傳統文化得到更廣泛的傳播；而另一方面，其文化敘事方式的變化對文化生態產生重要影響。無論如何，夸父神話的價值意義都是建立在其文學性表達之上，透過對夸父神的崇拜和夸父神話的文化敘事建立地方社會的文化認同，形成地方民眾情感溝通，消解各種矛盾和糾紛的管道，是民間社會的重要傳統。

第六章
黃帝時代

在中國神話時代中，黃帝時代是巔峰。較早提到黃帝的是司馬遷，他在《史記．五帝本紀》中說：「軒轅之時，神農氏世衰。諸侯相侵伐，暴虐百姓，而神農氏弗能徵。於是軒轅乃習用干戈，以徵不享，諸侯咸來賓從。而蚩尤最為暴，莫能伐。炎帝欲侵陵諸侯，諸侯咸歸軒轅。軒轅乃修德振兵，治五氣，蓺五種，撫萬民，度四方，教熊羆貔貅貙虎，以與炎帝戰於阪泉之野。三戰，然後得其志。」

黃帝神話在古代文獻中出現得最為頻繁，其活動區域大致相當於今天的黃河中下游地區。征伐四方、治理世界和發明創造，成為黃帝神話的核心內容。黃帝神話的出現，象徵中國神話系統的完備，其後漸漸走向衰微。從某種程度上說，黃帝神話相當於古希臘神話中的宙斯神話。任何人在描述中國古代神話或歷史的時候，都無法略過黃帝時代。至今海內外的華夏兒女都自稱炎黃子孫，把軒轅黃帝視為中華民族最為神聖的始祖神，表達自己的信仰。

《竹書紀年》中提到「黃帝軒轅氏，居有熊」，《史記》也提到「黃帝居軒轅之丘，而娶於西陵之女，是為嫘祖；嫘祖為黃帝正妃，生二子，其後皆有天下」。晉代皇甫謐在《帝王世紀》中說：「黃帝有熊氏，少典之子，姬姓也。母曰附寶[53]，其先即炎帝母家有氏之女，世與少典氏婚，故《國

[53] 《太平御覽》卷七九引《河圖握矩》：「黃帝名軒……母地只之女附寶。」

語》兼稱焉。」「受國於有熊，居軒轅之丘[54]，故因以為名，又以為號。」

《白虎通》:「黃者，中和之色，自然之性，萬世不易。黃帝始作制度，得其中和，萬世常存，故稱黃帝也。」「黃帝龍顏，得天匡陽，上法中宿，取象文昌。」《史記．天官書》:「軒轅，黃龍體。」《尸子》:「黃帝四面。」《論衡．吉驗》:「傳言黃帝妊二十月而生，生而神靈，弱而能言。」《太平御覽》卷六引《天文錄》:「陰陽交感，震為雷，激為電，和為雨，怒為風，亂為霧，凝為霜，散為露，聚為雲氣立為虹霓，離為背矞，分為抱珥。此十四變，皆軒轅主之。」

《山海經．海內經》中提到軒轅之國，說其「人面蛇身，尾交首上」。洪承疇補引《春秋合誠圖》說：「軒轅，主雷雨之神。」這些記述中的黃帝形象既鮮明又豐富。《淮南子．說林訓》高注：「黃帝，古天神也，始造人之時，化生陰陽。」這樣一個大神，威震天下。《路史．發揮二》所引《程子》云云：「黃帝之治天下也，百神出而受職於明堂之庭。」《列仙傳》說：「黃帝者號曰軒轅，能劾百神，朝而使之，弱而能言，聖而預知，知物之紀。」這裡的黃帝完全就是一個指點江山的蓋世英雄大神。

第一節　鑄鼎中原與戰爭神話

黃帝的功績首推鑄鼎。鼎在中國歷史上是權力的象徵物，《史記．封禪書》:「黃帝作寶鼎三，象天、地、人。」

《雲笈七籤》卷一〇〇《軒轅本紀》云：「黃帝修興封禪禮畢，採首山之銅，將鑄九鼎於荊山之下，以象太一於雍州。是鼎神質文精也，知吉知凶，知存知亡，能輕能重，能息能行，不灼而沸，不汲自滿，中生五味，

[54] 作者注：關於黃帝生地，目前可知河南新鄭為其故里。山東壽丘說，為孔安國作偽。

真神物也。」

《鼎錄》:「金華山，黃帝作一鼎，高一丈三尺，大如十石甕，象龍騰雲，百神螭獸滿其中。」

《太平御覽》卷六六五引〈東鄉序〉:「軒轅採首山之銅以鑄鼎，虎豹百禽為之視火。」

鼎是權力的符號，鑄鼎就是立國、治世。《國語．晉語》:「凡黃帝之子，二十五宗，其得姓者十四人，為十二姓：姬、酉、祁、己、滕、箴、任、荀、僖、姞、儇、依是也。」在《史記．五帝本紀》和《路史．國名記甲》等文獻中，記載頗詳。《山海經》中所述黃帝譜系更加詳細，其後可分為五大系：禺彊、禺京系，昌意、韓流、顓頊系，駱明、白馬系，苗龍、融吾、弄明、白犬系，始均、北狄系。其中，昌意、韓流、顓頊系最為繁盛，內分伯服系、淑士系、老童系、三面系、叔歜系、頭與苗民系。老童一系又分祝融——長琴系、重系、黎——噎系。其次數駱明、白馬系為盛，白馬即鯀，其內分炎融——頭系、禹——均國——役採——修鞈——綽人系。

戴德《大戴禮記．帝系》云:「少典產軒轅是為黃帝。黃帝產玄囂，玄囂產極，極產高辛，是為帝嚳；帝嚳產放勳，是為帝堯。黃帝產昌意，昌意產高陽，是為帝顓頊；顓頊產窮蟬，窮蟬產敬康，敬康產句芒，句芒產牛，牛產瞽瞍，瞽瞍產重華，是為帝舜，及產象敖；顓頊產鯀，鯀產文命，是為禹。」李延壽在《北史．魏本紀》中指出「魏之先祖出自黃帝軒轅氏」，司馬遷在《史記．匈奴傳》中指出匈奴出自夏后氏（今蒙古族為匈奴後代，為黃帝後裔），房玄齡在《晉書．載記十六》中也提到羌人為有虞氏舜之後（今藏族為羌之後，亦當為黃帝苗裔）。《春秋命歷序》對黃帝時代進行總結，說:「黃帝傳十世，一千五百二十歲。」此誠如《莊子．盜跖》所言:「世之所高，莫若黃帝。」

黃帝作為各部落的統治者，是由於各部落勢力聯合而形成的。《鄧析子．無厚》：「百戰百勝，黃帝之師。」《藝文類聚》卷十一引《帝王世紀》：「凡五十二戰，而天下大服。」《太平御覽》卷七九引〈萬機論〉：「黃帝之初，養性愛民，不好戰伐，而四帝各以方色稱號，交共謀之。邊城日驚，介冑不釋。黃帝嘆曰：夫君危於上，民安於下，主失其國，其臣再嫁。厥病之由，非養寇也。今處民萌之上，而四盜亢衡，遞震於師。於是遂即營壘，以滅四帝。」不論〈萬機論〉是否在為黃帝發動戰爭作合理解說，都可以清楚地看到，戰爭神話表現出黃帝政治集團日益強大後統一天下的必然趨勢。

戰爭神話主要有兩種，一是黃帝與炎帝爭奪帝位，一是黃帝平伐蚩尤。前者是黃帝「代神農氏而立」，後者是黃帝為穩固政權而做出的艱苦努力。

炎黃之爭的戰場有兩處，一是阪泉，一是涿鹿。《國語．晉語》、《呂氏春秋．孟秋紀．蕩兵》和《淮南子．兵略訓》以炎帝為火，與黃帝相異德來解釋戰爭的緣由；《論衡．率性》中直接指明黃帝與炎帝爭為天子。

《大戴禮記．五帝德》：「教熊羆貔豹虎，以與赤帝戰於阪泉之野，三戰，然後得行其志。」

《太平御覽》卷七九引《帝王世紀》：「神農氏衰，黃帝修德化民，諸侯歸之。黃帝於是乃擾馴猛獸，與神農氏戰於阪泉之野，三戰而克之。」

《史記．五帝本紀》：「炎帝欲侵陵諸侯，諸侯咸歸軒轅。軒轅……教熊、羆、貔貅、貙、虎，以與炎帝戰於阪泉之野，三戰，然後得其志。」

《列子．黃帝》：「黃帝與炎帝戰於阪泉之野，帥熊、羆、狼、豹、貙、虎為前驅，鵰、鶡、鷹、鳶為旗幟。」

阪泉作為地名，《晉太康地誌》說即河北涿鹿，《夢溪筆談》說在山西運城。筆者以為阪泉與涿鹿二者是有別的，炎黃之爭的戰場當為多處才符合實際。明確指出戰場是涿鹿之野的是《新書．益壤》：「黃帝者，炎帝之兄也。炎帝無道，黃帝伐之涿鹿之野，血流漂杵，誅炎帝而兼其地，天下乃治。」《新書．制不定》：「炎帝者，黃帝同父母弟也，各有天下之半。黃帝行道，而炎帝不聽，故戰涿鹿之野，血流漂杵。」兩處戰爭神話，後者突出的是「道」與「無道」之爭，而前者突出的是以動物為代表的黃帝軍事聯盟與炎帝的懸殊對比，在「三戰，然後得行其志」中隱現著殘酷的爭鬥，其間曾經過多次搏殺。

與黃帝相抗衡的另一支力量是蚩尤族，這則戰爭神話在文獻中的描述更為出色。《路史．後紀》羅注引《龍魚河圖》：「黃帝之初，有蚩尤氏，兄弟七十二人。」《竹書紀年》沈注：「屬於蚩尤之各族，有熊氏、羆氏、虎氏、豹氏。」由此可知，蚩尤集團作為軍事力量應當是異常強大的，很可能對黃帝集團構成威脅。

《太平御覽》卷七四引《龍魚河圖》：「蚩尤兄弟八十一人，並獸身人語，銅頭鐵額，食沙石。」

《管子．地數》：「葛盧之山發而出水，金從之，蚩尤受而制之，以為劍、鎧、矛、戟，是歲相兼者諸侯九；雍狐之山發而出水，金從之，蚩尤受而制之，以為雍狐之戟、芮戈，是歲相兼者諸侯十二。」

《太平御覽》卷三三九引《尚書》：「蚩尤之時，爍金為兵，割革為甲，始制五兵。」

《路史．後紀》羅注引《龍魚河圖》：「蚩尤制五兵之器，變化雲霧。」

蚩尤集團不但人員眾多，而且掌握了較為先進的軍事技術，黃帝欲統一天下，就必須平伐蚩尤。蚩尤是「九黎之君」，《逸周書．嘗麥解》說昔天之初「命蚩尤宇於少昊，以臨四方」。《初學記》卷九所引《歸藏．啟筮》說他「八肱、八趾、疏首」。《述異記》說他「能作雲霧」，「人身、牛蹄、四目、六首」，「齒長二寸，堅不可碎」。《管子．五行》稱蚩尤「明乎天道」。《文選．西京賦》稱「蚩尤秉鉞，奮鬣被般，禁御不若，以知神奸，魑魅魍魎，莫能逢旃」。在這些材料中，並未見到他引起黃帝征伐的直接原因。

在《國語．楚語》中，看到了戰爭引發的蹤影，即「九黎亂德」。《大戴禮．用兵》說他「昏欲而無厭」，這就頗有點「何患無辭」了。在《鶡冠子．世兵》中看到「蚩尤七十（戰）」。《逸周書．嘗麥解》說：「蚩尤乃逐帝，爭於涿鹿之阿，九隅無遺。」《路史．後紀四》：「阪泉氏蚩尤，姜姓，炎帝之裔也……好兵而喜亂……逐帝而居於涿鹿。」《太平御覽》卷五六引《帝王世紀》：「蚩尤氏強，與榆罔爭王於涿鹿之阿。」於是，才有《莊子．盜蹠》中的「榆罔與黃帝合謀」和《逸周書．嘗麥解》中的「赤帝大懾，乃說於黃帝」。應該說，這才是黃帝討伐蚩尤的直接原因。

蚩尤是不屈不撓的抗爭英雄。《述異記．上》說：「蚩尤氏耳鬢如劍戟，頭有角，與軒轅鬥，以角抵人，人不能向。」《太平御覽》卷十五引《黃帝玄女戰法》：「黃帝與蚩尤九戰九不勝。」由此可見戰爭的激烈。《帝王世紀》說：「黃帝徵師諸侯，使力牧、神皇直討蚩尤氏。」在《黃帝內傳》和《事物紀原》等文獻中又有黃帝採首陽之金「鑄為鳴鴻刀」，「制甲胄以備身」，「設八陣之形」，「教熊羆貔貅貙虎，制陣法，設五旗五麾」，「鑄鉦、鐃以擬雹擊之聲」，「弦木為弧，剡木為矢」，甚至「使岐伯所作（《鼓吹》），以揚德建武」，兩軍「戰涿鹿之野，流血百里」。儘管如此，黃帝一時還是不能制服蚩尤。

《山海經．大荒北經》的一段描述最為生動：「蚩尤作兵伐黃帝，黃帝乃令應龍攻之冀州之野，應龍畜水。蚩尤請風伯雨師縱大風雨。黃帝乃下天女曰魃，雨止，遂殺蚩尤。」《山海經．大荒北經》吳注引《廣成子傳》：「蚩尤銅頭啖石，飛空走險。以馗牛皮為鼓，九擊止之。尤不能飛走，遂殺之。」《太平御覽》卷十五引《志林》：「黃帝與蚩尤戰於涿鹿之野，蚩尤作大霧，彌三日，軍人皆惑。黃帝乃令風后法斗機作指南車以別四方，遂擒蚩尤。」《通典・樂典》：「蚩尤氏帥魑魅以與黃帝戰於涿鹿。帝令吹角作龍吟以御之。」

最後，黃帝征服了蚩尤，《山海經・大荒南經》郭璞注：「蚩尤為黃帝所得，械而殺之，已摘棄其械，化而為樹也。」《事類賦注》卷十一引《帝王世紀》：「黃帝殺蚩尤，以其皮為鼓，聲聞百里。」蚩尤被黃帝殺了，他的血變成了「解州鹽澤」，人稱這「鹵色正赤」的血為「蚩尤血」（《夢溪筆談》）。

但蚩尤並沒有完全銷聲匿跡，九黎苗裔仍在尊崇他，《史記・封禪書》中的「祠蚩尤」、《史記・天官書》中的「蚩尤之旗」和《述異記》中的「蚩尤戲」，以及《東國歲時記》中的「蚩尤之神」赤符，還有《刀劍錄》中的「蚩尤劍」等，都成為人們對蚩尤懷念的象徵。

《藝文類聚》卷十一引《龍魚河圖》：「制伏蚩尤，帝因使之主兵，以制八方。蚩尤沒後，天下復擾亂。黃帝遂畫蚩尤形象以威天下。天下咸謂蚩尤不死，八方萬邦皆為弭服。」

《韓非子・十過》：「昔者黃帝合鬼神於西泰山之上，駕象車而六蛟龍，畢方並轄，蚩尤居前，風伯進掃，雨師灑道，虎狼在前，鬼神在後，騰蛇伏地，鳳凰覆上。大合鬼神，作為《清角》。」

《拾遺記》：「軒轅去蚩尤之凶，遷其民善者於鄒屠之地，遷惡者於有北之鄉。」

總之，完成了對蚩尤族的平伐，黃帝集團的地位才得以從根本上確立和鞏固，同時也象徵著統一天下的大業基本完成。

文獻中對黃帝時代的戰爭有許多描述，直到今天仍然在流傳：

阪泉之戰

很早以前，傳說黃帝長大成人後，他的父親少典看他很聰明，有才幹，能成大器，就將有熊國的君位傳給了他。黃帝接替君位後，在風后、常先、大鴻等大臣的輔佐下，發憤圖強，勵精圖治。他一方面發展農桑，種植五穀，飼養畜禽，使百姓安居樂業；一方面演兵習武，以防其他部族入侵。

黃帝把有熊國治理得一派興旺發達。原先居住在有熊國南部的一些部落酋長，見神農部落強大，又懼怕他的勢力，就到神農部落國都陳丘(今河南省淮陽縣)對炎帝榆罔俯首稱臣，請求保護。現在見黃帝寬厚仁慈，年輕能幹，把有熊國治理得百姓富庶，天下太平，就紛紛來歸服黃帝。炎帝見狀，以為一定是軒轅黃帝從中使壞，就興師北上，討伐黃帝。

這一日，黃帝和嫘祖正在郊野查看農桑，忽有來報，說是炎帝榆罔興兵犯境。黃帝和嫘祖立即回朝，同風后、常先等大臣商議對策。風后說：「主公，有為臣帶兵即可，無須主公聖駕親征。」黃帝說：「炎帝是我兄長，我若前去說明真情，曉之以理，兄長定會諒解，化干戈為玉帛！」大臣們也都同意黃帝去試一試。於是黃帝由常先、大鴻護駕，點精兵五千、將百員、戰車三百輛，浩浩蕩蕩直奔阪泉(今河南省扶溝縣境)。

黃帝在阪泉東南一個高臺地上安營紮寨，設兵師為五營，中軍營由百輛戰車組成，左前營、右前營、左後營、右後營各由五十輛戰車組成，每個營全將戰車連線起來，圍成一個圈，前方留一個轅門。各營轅門前插上一面彩旗，左前營為藍色的青龍旗，右前營為紅色的朱雀旗，左後營為黑色的玄武旗，右後營為白色的白虎旗，中軍營為黃色的騰蛇旗，這五營之前豎立一面繪有「熊」象的紫色大旗。黃帝安營紮寨完畢，令將士休息待命，帶領常先、大鴻去見炎帝。

炎帝聽說黃帝求見，也由祝融、刑天跟從，走出營盤，會見黃帝說：「來此做甚？」黃帝說：「哥哥，多日不見，身體尚可安好？」炎帝一聽就惱上火來說：「休要貧嘴，還不快快受降！」說著，舉起一把長柄石斧就朝黃帝砍來。黃帝不慌不忙，舉起降龍杵相架，說：「請問哥哥，你不在陳丘，為何攻打為弟？」炎帝說：「你有兩款大罪當誅，一是煽動我神農部落百姓投奔於你；二是你篡奪父親君位，自稱天子。若要赦你，除非你將君位交予我，送還我神農部落百姓。不然，莫怪兄長無情！」黃帝說：「兄長，神農部落百姓，只要他們願意回去，悉聽尊便。只是這君位，本是父親所賜，我若讓位於你，不僅有違父命，恐怕天理難容，是萬萬使不得的！」炎帝聽罷大怒說：「休要多言，拿命來！」說著又揮動石斧朝黃帝劈了過來，祝融、刑天也都躍躍欲試，急於動手。黃帝見勸說不成，也不迎戰了，將手一招，就帶領常先、大鴻回軍營。

黃帝在同炎帝答話時，已觀察了炎帝兵營陣勢，回到中軍營中，立於戰車之上，手持黃色旗幟，在空中揮了一個圈。只見左、右、前、後四營分為四路，各執彩旗衝入炎帝陣地，眨眼間，對炎帝士兵形成包圍，或用石斧、石刀，或用木杵、弓箭向炎帝士兵殺去。

這時，黃帝也率中軍殺向敵陣。只見陣地上刀斧鏘鏘，殺聲震天，屍體遍野，從早上一直殺到中午。黃帝到底年輕氣盛，才勇過人，不到百十個回合，就殺得炎帝氣力不濟，招抵不上。

炎帝見損兵折將無數，不能取勝，只好下令揮旗收兵，對黃帝說：「今日暫且饒你，來日再戰！」常先、大鴻帶領士兵追殺，黃帝揮手說：「不用再追了。他終歸是我哥哥，會有後悔之日！」說罷將黃旗在空中左右揮擺三下，收兵回營。

採錄整理：劉文學

流傳地：河南省扶溝縣大李莊

記錄時間：一九八三年五月

力牧馴獸戰炎帝

傳說，炎帝與弟弟黃帝兩次在阪泉打仗，都被黃帝打敗了，心中很是惱恨，想報大仇，可是眼下負了重傷，只好帶殘兵敗將先回陳丘。黃帝見哥哥炎帝撤了兵，也傳令常先、大鴻回到都城。

黃帝回到國都後，全國上下慶賀，大臣們也都前來問候。風后說：「主公，我昨晚仰觀天象，那軒轅星座，四周晴朗，星光燦爛；那火星座，四周昏昏，雲氣籠罩，星光黯淡。我想，這短時間內，炎帝是不會再來了。只是他日後必定前來報復，還望主公早做準備。」黃帝說：「不知有何法，可使哥哥永不來犯？」力牧接過話說：「臣有一言，不知當講不當講。」黃帝說：「講來我聽。」力牧說：「多年來，我與熊羆虎豹常在一起，慢慢摸透了牠們的秉性。牠們都是通性靈的東西，只要訓練有方，就能把牠們訓練成一支能打仗的軍隊。」力牧說罷，大臣們都哄堂大笑。黃帝也哈哈大笑起來，說：「有這等奇事？我倒要看看。」說罷，黃帝和嫘祖坐上華蓋車，大臣們騎上馬，離開都城，直奔西南具茨山下的一條大深溝。原來，這條溝叫葫蘆溝，自從力牧在這條溝裡訓練虎豹後，當地人都叫它千虎溝。這千虎溝有一座十多丈高、一兩畝大的高臺。

這天，黃帝、嫘祖和風后等大臣就坐在這個臺上觀看訓熊虎。力牧和常先就去具茨山東姬水河北岸一個叫老虎洞的地方，調集熊虎。這裡有許多窯洞，力牧、常先在這裡養了幾千隻老虎和熊羆，因為老虎最多，所以當地人就把這地方叫做老虎洞。

力牧、常先來到老虎洞，常先將各個洞門打開，「嘟——嘟——嘟——」三聲牛角號響過，洞裡熊、羆、虎、貔、貅、等六種野獸，全都齊刷刷地立在洞口前。常先命六個飼訓員各執一面上邊繪有這六獸的旗幟，站在六獸前面。這時，常先又吹了三聲牛角號，力牧揮動一丈多長的長鞭在空中甩了一下，這六獸便整整齊齊地跟著前面的旗幟往前走起來。

觀獸臺上和千虎溝的兩邊站滿了看稀罕的人，擠擠扛扛、熱熱鬧鬧的。六獸進了千虎溝，人群一陣騷動、歡呼。人們只見，先是力牧手持鼓槌，擂了三通鼓，那六獸便齊刷刷地往前走了三步；然後力牧又敲了三下鼓圈，六獸又齊刷刷地向後倒退了三步。

觀獸臺和溝兩邊的人又是一陣鼓掌喝采。黃帝招手對力牧說：「如何使牠向前進攻？」力牧又擂起鼓來，這時只見那六獸隨著鼓聲揚頭撅尾，四蹄蹬地，一直向溝東衝去……大約跑了半里路，力牧又吹起牛角號。六獸聽到號聲，便立即掉轉回頭來，齊刷刷地跑了回來。待六獸跑到觀獸臺前時，力牧又「啪」的在空中甩了一下長鞭，六獸便整齊地站在那裡。這時，觀獸臺上和溝兩邊又是一片喝采。

炎帝回到陳丘，調集人馬，操練兵士，屯集糧草，三個月後，又帶領三萬精兵，開到阪泉，要與黃帝決一死戰。黃帝聞報，就與風后、常先、大鴻、力牧等率一萬精兵來到阪泉，仍在那個高地上安營紮寨。

第二日，炎帝布好陣，讓祝融、刑天叫陣，黃帝和風后立於高地最高處，觀看炎帝陣法。黃帝說：「我看兄長這次布陣很是威嚴，不知是何陣法？」風后說：「這叫『魚麗陣』。分為三軍，按倒『品』字形列隊，各軍十人一組，百人一伍，千人一編，萬人一軍，打起仗來前後左右照應，向前進攻似排山倒海，圍剿敵人迅雷不及掩耳，十分厲害。」黃帝說：「可有破法？」風后說：「我軍兵少將寡，不可與他硬拚。如將訓練好的虎豹埋伏於溝壑，誘他深入，或許可勝。」黃帝點頭稱是，於是立即命令力牧等回國調遣六獸，任憑祝融、刑天如何叫罵，也不出戰。

第三日，祝融、刑天又來叫罵，常先、大鴻率八個兵士出戰。炎帝見黃帝終於出戰，將牛旗一揮，三軍將士排山倒海似的向前推進。而常先、大鴻與炎帝將士只打了幾個回合，就裝作敗陣後撤。這樣打打停停，停停打打，慢慢將炎帝將士引入一條丘崗之下。炎帝兵士以為黃帝軍隊嚇破了膽，正在志得意滿，突然聽見從崗的背後傳來牛角號聲，不一會兒，遠遠看見一個士卒手舉「熊」旗，帶領一群大黑熊奔了過來。

炎帝士卒以為是黃帝兵士所扮，也不理會，只管向前推進。待大熊到跟前，張著血盆大口，撕的撕，咬的咬，前面將士倒在血泊之中，才知道這是真的大熊，可是已來不及後退了。前面將士被大熊撲倒在地，後面將士登時大喊「後退」。那大熊窮追不捨，瘋狂般亂撕亂咬。這時，炎帝在後面高崗上指揮打仗，陣上情景看得一清二楚，待他想親自去拚一死活時，突然又見一面虎旗出現。虎旗後面，是一群斑斕猛虎。炎帝登時想起當年下凡時，太白金星所言「遇虎則和」的話，心想天意不可違，就立即命令揮動白旗。

這邊黃帝、風后正在觀戰，見炎帝那邊揮動白旗，就立即傳令停止六獸進攻。這時，只聽雨點似的擂鼓圈聲響，那正在往前撕咬的熊、虎，立即調回頭來。這時，炎帝手持白旗，來到黃帝面前，說：「哥哥與你三次交戰，皆輸於你，想是天意。而今我已年老，不如弟弟寬厚仁慈，才幹非凡。我把這神農部落也交付於你，你就做他們的天子吧！」

黃帝感動得掉下淚來，說：「哥哥，兄弟我也有不是，將這神農部落交與為弟，實難從命。不如咱兩個部落合而為一，咱兄弟倆共同治理吧！」炎帝聽了甚是感動，拉著黃帝的手說：「就依兄弟所言。」說罷，炎帝和黃帝同坐一輛華蓋車，回到有熊國都。

採錄整理：劉文學

記錄時間：一九八三年二月

記錄地點：河南省新密山劉寨

雙龍寨的傳說

炎帝與黃帝在阪泉（今河南省扶縣境內）打仗，本想一舉取勝，逼兄弟黃帝讓位，自己做有熊國天子。誰知，這第一仗就被打敗了，心中很是煩惱。祝融說：「主公，你弟弟年輕力壯，血氣方剛，與他刀械相鬥，恐難取勝。主公善於使火，何不用火攻戰？」炎帝聽了，嘆了口氣，點頭說：「他到底是我的弟弟，不忍使火傷害於他。現在看來，也只有如此了。」炎帝命將士休整三日。

第四天早晨，祝融、刑天為先鋒，帶領士兵叫陣。常先、大鴻身佩弓箭，手握刀斧，也率士兵出戰相迎。這時，黃帝站在大熊旗下，手持黃色令旗；炎帝立於大牛旗下，手持紅旗，指揮兩軍廝殺。兩軍約戰了一個時辰，祝融、刑天招抵不上，將要敗退。

這時，突然天空一聲霹靂，霎時間，只見烏雲翻滾，天昏地暗，一條紅色蛟龍騰飛而起，口若血盆，吐著數丈火焰，直奔黃帝軍中而來。黃帝士兵見此情景，大驚呼叫，東奔西跑，爭相逃命，跑得慢的，有的被燒傷，有的被燒死。黃帝知是兄長炎帝所為，也立即化作一條黃色蛟龍騰飛入天空，昂首擺尾，口中噴出滔滔白水，直奔紅龍。紅龍見黃龍游來，就掉轉龍頭，直奔黃龍。

這時，只見紅龍噴出紅色火焰，黃龍噴出滔滔白水，一來一往，一上一下，左右盤旋，前後追擊。兩軍將士先是嚇得目瞪口呆，繼而都仰臉觀看二龍相鬥，揮臂吶喊，為自己主公助威。二龍相鬥約兩個時辰，黃龍漸漸失勢，化作黃帝，敗回軍中。紅龍見黃龍現出本相，也收住火焰，化作炎帝，凱旋迴營。

再說，有熊國中，嫘祖這一日心中煩躁，坐立不安，晚上久久不能入睡，剛合上眼，只見夫君黃帝遍體鱗傷，來到跟前，說：「夫人，我與兄長相鬥，被他噴火燒傷，明日再戰，我把他引到咱這都城東邊洧水深潭之中，進行一場惡戰。到時，你們見黃龍就投蒸飯饅頭，見到紅龍就投石頭瓦塊，切記切記……」說罷就不見了。

嫘祖大呼：「夫君！夫君！」宮女喚醒嫘祖。啊，原來是一場噩夢。嫘祖急令招來風后，詳說夢中情景。風后說：「近日，我觀天象，天上軒轅星為火星所犯，必有火災，聽妳夢中情景，正好應驗！明日，可依主公夢中囑託，仔細安排就是。」

第二日一早，風后調集兩千壯士，一千壯士抬了八千八百八十九個饅頭，一千壯士抬了八千八百八十九塊石頭瓦塊，運到城東洧水潭上一個土寨子裡。這兩隊壯士，一隊手持黃色小旗，將饅頭擺在面前；一隊手持黑色小旗，將石頭擺在面前，等待黃龍、紅龍到來。

炎帝因昨日取勝，心中很是高興，早早就令祝融、刑天到黃帝營前叫陣，不然就殺進營去。黃帝只得出陣相迎。炎帝使用石斧，黃帝使用降龍杵。二人戰到二十多個回合，炎帝突然又化作一條紅色蛟龍騰空而起，噴著火焰，直撲黃帝。黃帝也立即化作一條黃色蛟龍，噴著滔滔大水，去衝那火焰。

二龍在空中左右盤旋了幾個來回，黃龍像是招抵不上，向北而去，潛入洧水。紅龍以為黃帝敗北，也追了上去，跟著潛入洧水。黃龍與紅龍在水中邊鬥邊遊，一直游到有熊國都城東洧水深潭。在深水潭中，黃龍如魚得水，時而噴著大水，時而以口相咬，時而以尾相擊，而那火龍在水中卻噴不出火來，只好口咬尾擊。兩巨龍將一個巨大的河水深潭攪得天翻地覆，白浪滔天。

正在二龍相鬥之時，潭上寨子裡，兩隊壯士搖旗吶喊，見黃龍騰上水面，一隊壯士手搖黃旗，投著饅頭，高喊「黃龍勝」；見紅龍翻上水面時，一隊壯士手搖黑旗，投擲石頭，高喊「紅龍敗」。從早上投到日過午，再投到日西落，潭中河水混濁不堪，成了紅色。這時，只見紅龍騰空而起，身上滴著紅血，呼嘯一聲，向東南逃竄。那黃龍也騰空飛起，身上滴著血，向兩隊壯士點了頭，像是道謝，又潛入水中，順洧水而下。後來，當地人把二龍相鬥的洧水潭叫做雙龍潭，把扔饅頭和石頭瓦塊的那個寨子叫做雙龍寨。

採錄整理：劉文學

記錄時間：一九八三年三月

記錄地點：河南省新密山劉寨

炎黃二帝石

嵩山少室山西邊的當陽山巔，山石嶙峋，突出兩大巨石，遠望似兩尊人像，坐西北，面東南。前者挺胸而坐，束髮、寬衣、眉目慈善，左臂下襬，右手按膝，兩腿屈膝，兩腳點地，似有艱苦跋涉之後暫棲山頭觀望山下之勢。後者並肩而坐，威嚴莊重，也同樣目視前方。這兩個石人像被稱為炎黃二帝石像，前者為黃帝，後者為炎帝，據傳是他們當年在此觀陣時，山石感應而形成的。

遠古時代的原始社會末期，少典之子炎帝、黃帝是同父異母的兄弟，炎帝居淮陽一帶，黃帝居新鄭一帶，兩個部落聯盟之後，共同抗禦從涿鹿一帶興起並來侵犯的九黎部落首領蚩尤。蚩尤自恃強大，人身牛首，四目六手，銅頭鐵額，並生有鋒利的觸角，鬢髮硬如劍戟，率領八十一個弟兄，個個人面獸身，吃石頭鐵塊，操各種兵器，噴雲吐霧，向炎、黃二帝衝擊，見人就殺，見房屋就燒，殺得血流成河，可漂起丟棄的狼牙棒來。

黃帝講仁義，勸說不聽，反擊又多次不能勝利。炎、黃二帝聯合後，發揮風后、常先等各大臣的智慧，調動各部落的力量，尤其是風后發明了指南車，使黃帝在作戰中能衝出重圍；他們又在東海流波山上捉到一隻野獸「夔」，剝下皮，做成一面鼓，用雷獸的骨頭製成槌，擂鼓前進，聲震五百里外，嚇得蚩尤膽顫心驚，並在涿鹿被殺死。

這兩大巨人石就是炎、黃二帝在大戰蚩尤於嵩山時，忙中偷閒、稍加喘息、觀陣時化為石像的。

記錄人：趙國起

記錄時間：一九八三年五月

記錄地點：河南省登封城郊

炎黃和睦草

在具茨山的山坡上，到處生長著這樣一種草，春天，枝頭開兩朵並蒂花，花敗結兩根一手長的棒角，像山羊的兩個角一樣叉開著，秋天長老了，棒角就自己擰在一起，薅也薅不開。傳說這象徵著炎黃兄弟的親密、和睦。

相傳，炎、黃二帝是同父異母兄弟，兄弟手足，和睦相親，自從他們的父親少典死了以後，兄弟間失去了和睦。炎帝帶一些親近部族離開有熊氏部落，到南方游牧。南方有個九黎族，首領叫蚩尤，很強暴，兄弟八十一個，都長得高大魁梧，銅頭鐵額，頭上長角，能抵死人。蚩尤驅逐炎帝族，直追到黃河北的涿鹿。炎帝不能戰勝蚩尤，只得請黃帝來救援。黃帝率兵與蚩尤在涿鹿大戰，擒殺了蚩尤。黃帝勸炎帝歸順，炎帝不從，炎、黃三戰阪泉山野。後來，黃帝看著一時也難分勝負，就派太乙氏再去勸說炎帝，自己率眾回到了軒轅丘。

一天，黃帝正在具茨山避暑洞歇息，忽報風后上山來見黃帝。風后說他昨天夜裡做了一個夢，夢見炎帝率眾到具茨山來言和歸順。黃帝聽罷，長出一口氣：「唉！也不能強人所難啊，我本想同他們言歸於好，聯盟結邦，消除部族間的侵擾征伐，過幾天太平日子，可他就是想不通這個理。我們到底還是親兄弟，不想強人所難。」正在這時，太乙氏一路風塵，來到具茨山避暑洞，說他磨破嘴皮，炎帝終於看清了情勢，想通了道理，答應炎黃和睦，永結友好。現今炎帝已帶部族到達黃河北岸。

黃帝、風后聽得炎帝歸來的消息，都喜不自勝。黃帝即命風后下山準備迎接事宜，並叫太乙氏去請來了常先、力牧、女魃等大將，親自率眾到黃河邊去迎接。當黃帝率眾來到黃河南岸的邙山口時，炎帝已渡過了黃河，兄弟二人久別重逢，分外親熱。他們攜手登上邙山山頂，接受眾臣朝賀。

當時正是盛夏時節，天氣炎熱異常。邙山不宜久停，他們即率眾回具茨山避暑洞敘舊。炎、黃二帝攜手登上具茨山，回首東望，一下子看到了他們的父親少典的墳墓。往事件件湧上心頭，二人都悔愧當初兄弟間不當失去和睦。兄弟倆聲淚俱下，抱頭痛哭在一起，淚水滴溼了腳下的泥土。

二帝迴避暑洞去了，一隻山雀從這裡飛過，看見了那片淚溼的泥土，就銜來一粒種子種下。第二年春天，種子萌發，長出一棵草來，枝頭開兩朵並蒂花，花敗結兩根羊角樣的棒角，秋天棒角老了，就自己擰在一起。慢慢地，這種草長滿了具茨山。俺山上人都管這種草叫「炎黃和睦草」。

講述人：郭大山

採錄人：張永林

記錄時間：一九八二年三月

記錄地點：河南省新密城郊

軒轅故里

鄭州附近的新鄭縣，城北門外，有一座古色古香的廟宇，廟前豎著一通石碑，上面鐫刻著「軒轅故里」四個大字。相傳，軒轅黃帝就出生在這裡。

古時候，中國黃河、長江流域住著許多氏族和部落，他們拿著磨製的石器和粗糙的棍棒，終年東奔西跑追捕野獸，生活十分艱苦。遇到風雨雷電、冰雪霜雹等災害，更是難以熬過。這種情景被天上的軒轅星看見了，他心裡很難受，就暗下決心，要到人間來，幫助窮苦的百姓改變這種狀況。在「戊己」這一天，新鄭北門外有一個叫吳樞的婦女正要分娩，他便降生來到人間。

因為軒轅星的位置在天空的正中央，新鄭縣的位置在地面的正中心，天上地下剛好相對應，所以，軒轅星便誕生在這裡。「戊己」既表示中央，又是土德。這「土」是黃色，「黃」是土地生輝，農業的象徵，因而軒轅星又稱「黃星」，「黃帝」的名字就起源於此。軒轅星是由十七個小星星組成的，整個看去，有頭有身，氣魄宏偉，像條翻滾著的長龍，所以，黃帝以後的歷代國君，都把「龍」作為自己的代稱。他們身上穿的袍子稱為「滾龍袍」，他們坐的大殿稱為「龍廷」，他們乘坐的車子稱為「龍輦」，就連宮室裡的雕梁畫棟也都是用滾龍作為圖案。

黃帝到了人間，非常能幹，又關心民眾，不久，大家就一致推選他為部落的首領。

有天晚上，他做了一個夢，夢見狂風大作，把天下的塵垢全部刮跑了；又夢見了一個膀大腰圓的彪形大漢，手裡握著千鈞重的弓弩，驅趕著萬群牛羊。黃帝醒來後，自己解起夢來。他想：風為號令，是指執政的人，這個人姓「風」；「垢」字去了土字旁，是個「后」字，名字叫「后」。天下難道有姓「風」名「后」的人嗎？又想：能握得動千鈞之弩，必然力大無窮，這個人姓「力」；能夠驅趕牛羊萬群，一定是個很會放牧的人，這人叫「牧」。天下難道會有姓「力」名「牧」的人嗎？於是黃帝就開始尋找「風后」和「力牧」起來。不知找了多少天，翻了多少山，渡了多少河，吃了多少苦，有天，在襄城的野地裡，遇上了風雪天，他迷失了方向，又凍又餓，非常焦急。幸好有個小孩兒牽著一匹馬走過來，他就上前問路。那小孩兒不光知道路怎樣走，還知道風后所在的地方。黃帝按照小孩指的方向，終於來到了東海邊上，找到了風后，黃帝讓他當了宰相。後來又在雲夢澤畔，找到了力牧，叫他當了大將。這一將一相密切配合，成了黃帝的得力臂膀。黃帝本來就體貼手下的人，又很會用他們，所以願意跟他的人越來越多，他帶領的部落也就越來越興旺。

和黃帝同時期的還有一個叫九黎族的部落，首領叫蚩尤，十分強悍。

蚩尤有八十一個兄弟，都是獸身人面，銅頭鐵額，非常凶猛。他們經常侵害別的部落。其他部落都無力抵抗，無不叫苦連天。有一次，蚩尤侵犯黃帝的近親炎帝的部落，炎帝被打得一敗塗地，無奈之下，只好向黃帝求助。黃帝是個很有本事的人，他早就想著要盡快除掉蚩尤這個禍害。他除了加緊訓練士兵之外，更重視和其他部落的聯合。他們共同準備人馬，製造兵器。同時，黃帝還馴養了熊、羆、貔、貅、虎、六種野獸，在打仗的時候，就把這些野獸放出來助戰。

黃帝和蚩尤終於在涿鹿展開了一場決戰。蚩尤的軍隊雖然凶猛，但遇到黃帝的軍隊也抵擋不住，紛紛敗逃。黃帝的士兵英勇追殺，蚩尤著急了，就施展妖術製造了一場大霧，使追兵迷失了方向。黃帝沉著指揮，還精心製造了一輛「指南車」，這指南車指引著方向，使士兵們終於捉住了蚩尤，把他殺了。

因為大戰蚩尤中，風后的功勞很大，黃帝就把新鄭縣西的具茨山改名為「風后嶺」，封給了風后。後來，黃帝還在這裡建立了避暑宮，開設了個小花園。山下有黃帝的飲馬泉，再往東不遠，還有黃帝口，都是黃帝常去的地方。

黃帝打敗蚩尤以後，各個部落都很高興，對他十分擁護，大家一致推選他為中原地區的部落聯盟首領。從此，他就帶領大家在中原一帶定居下來，建都於新鄭，國號為有熊。

蚩尤被打敗以後，天下太平了，可百姓們還過著苦日子。黃帝每天憂慮著，怎樣才能把國家治理好？他起早貪黑，走遍天下，進行查訪，累病了還不肯休息。大家再三催促他，他才勉強到風后嶺避暑宮養病。

這天，他從避暑宮走出來，到山腳下遊走，發現溝底有一個牧羊人，就走了過去，想向他請教治國方面的道理。當他走到那人跟前時，見是個頭髮花白的老人，卻長著一副小孩兒的面容。他就上前拜道：「長老啊，我想治理好天下，統一為一家，有什麼好方法嗎？」那鶴髮童顏的老人把他上下打量了一番說：「你是真心實意，還是光在這裡說說？」黃帝說：「我是真心向你求教！」那鶴髮老人說：「好，若是真心實意，你需要齋戒七日，然後，獨個兒步行，到翠嬀河邊，就可以得到寶書一本、神圖一張。」老人說罷，便趕著羊走了。

黃帝按照老人交代的話，齋戒七天，雖然病還沒好，仍然堅持著出發了。一路上他翻山越嶺，終於來到翠嬀河邊。只見一條大魚逆流而上，一翻身就不見了。河邊上出現了一張綠底紅字的圖畫和一本紅皮書。黃帝趕緊走上前，正要去拿，從空中飛來一隻仙鶴，銜住圖和紅皮書，順著黃帝的來路翩翩而去。黃帝不顧一切，直追過去。仙鶴好像故意在逗他，飛得又低又慢，一直不離黃帝。黃帝的鞋也不知啥時候跑掉了，光著兩隻腳，踩著樹杈子、野蒺藜，鮮血直往外流，衣服也早刮破了，披頭散髮，滿臉灰塵。這一切，他一點也不放在心上，還是一個勁地追呀，追呀。直到第二天黎明，他累得頭暈眼花，腿痛腰痠，定神看時，仙鶴沒影了，只有那位鶴髮童顏的牧羊人站在風后嶺的頂上，滿臉笑容地說：「這是王母讓我送給你的禮物。」說罷，把圖和紅皮書遞給了黃帝。

黃帝接過來一看，原來是〈神芝圖〉，那圖上畫著一棵草，有九片葉子，閃閃發光。這時，他才明白過來，這九片葉子，指的是九州；這紅皮書，原來是治國之道。黃帝正要拜謝，那老人卻走了。黃帝從書中得知，這鶴髮童顏的老人原來是華蓋童子，這書是王母娘娘讓華蓋童子送給他的。為了紀念王母，黃帝在風后嶺東坡半山腰建了個王母娘娘廟，直到今天還保存著。

自從得到了寶書，黃帝便確定以農業為本，鼓勵老百姓勞動，建造房屋。在力牧、風后等人的幫助下，還研究了曆法、醫學，制定了法令，使國家很快太平了。當時，當官的不徇私，老百姓和睦相處，路不拾遺，夜不閉戶。

黃帝活了一百一十一歲，有兩個孩子繼承了他的王位，一個叫昌意，一個叫玄囂。昌意生顓頊，玄囂生極，極生帝嚳，帝嚳生放勳，放勳就是帝堯。後邊的舜、禹、啟都是黃帝的後代子孫。因為黃帝做的好事太多了，他死後，人們就把他當成神來敬，為了紀念他，就在他誕生的地方建起了祖師廟，廟前還立了通石碑。至今，城裡黌學內還有一塊石碑，上面鐫刻著「新鄭是軒轅故里，文明肇始之地」。

採錄整理：蔡拍順

記錄時間：一九八三年二月

黃帝戰蚩尤

黃帝打敗了炎帝，炎帝被黃帝的大將力牧活捉。黃帝念炎帝是他的手足，沒有殺他。從此，炎帝對黃帝的仇氣更深了。黃帝回到雲崖宮以後，風后與力牧建議黃帝要發展農牧業生產，加強兵丁訓練。炎帝戰敗以後，一定不會甘心，還會作亂攻打中原。要讓自己兵強馬壯，將來就是炎帝再來攻打，也可以打敗他。

黃帝聽了兩個大臣的意見，號召全部落人民墾荒種植，興修水利。力牧是牧馬人出身，對放牧牲畜很有門道，黃帝就叫他負責發展農牧業生產。風后有勇有謀，辦事很有辦法，黃帝就叫他掌管部落中的內外事務。

風后和力牧的建議很正確。炎帝被打敗以後，很不死心。他終日悶悶不樂，日子一長竟染上了重病。炎帝有九九八十一個孩子，在他快死的時候，將孩子們都叫到跟前，傷心地說：「孩子們，爹患了重病，活不長了。我這病是氣出來的，這氣是咋來的，爹不說，你們都清楚。爹如今是報不了這個仇了，不知在我的孩子們中間，有誰能為爹爹報這個仇。」

炎帝說罷，面前沒一個人吭聲。停了一會兒，只見一個身高一丈、臉色黝黑、十分凶野的人站出來跪在炎帝面前，哭著說：「孩兒蚩尤願為爹爹報仇雪恨，一定將軒轅捉到爹爹面前，千刀萬剮！」

炎帝見站在面前的是大兒子蚩尤，高興地點點頭，說：「我兒雖然有雄心大志，不知你有啥本領可以打敗那凶惡的軒轅。」

蚩尤把雙眼一瞪，咬牙切齒地說：「孩兒曾拜六玄龍為師。他教孩兒變化長身和呼風喚雨的本領。不信的話，就讓孩兒變來給您看看！」

蚩尤說著就在他爹面前唸咒作法。不一會兒工夫，蚩尤竟變得身高兩、三丈，臉像一個和麵盆，眼和燈盞差不多，血盆大嘴裡露出兩個獠牙，樣子十分怕人。蚩尤大喊一聲，震得弟兄們耳朵都發蒙。他將手中拿的那把鋼叉一掄，風「嗚嗚」叫，把在場的弟兄嚇了一跳。然後，他又作了個法術，本來是晴天，一會兒工夫就陰了，又是颳風，又是打雷，風婆、雷公都來了，只嚇得眾兄弟們躲的躲、藏的藏。炎帝忙讓蚩尤收了法相。他見蚩尤如此有本領，十分高興，就當著眾兒子的面，封蚩尤為姜氏部落的接替頭人。蚩尤聽了他爹的分封，更是高興得很。

不久，炎帝就死了。

炎帝死後，蚩尤當上了姜氏部落的首領。他為了反攻中原，在冀州涿鹿一帶招兵買馬，準備隨時攻打中原。

黃帝在風后和力牧的幫助下，經過十幾年的發展，中原一帶成了魚米之鄉，到處一派欣欣向榮的景象。

有一天晚上，黃帝做了一個噩夢，夢見一隻禿鷹自北方天空飛來，在雲崖宮的上空盤旋了一陣後，突然一個猛衝向下撲來，要叼黃帝的雙眼。黃帝嚇得一邊用衣袖撲打，一邊趕快躲藏。正在這時，他身後出現了四個巨人，各持弓箭一起向那凶惡的老鷹射去。那老鷹的身上同時中了四隻利箭，慘叫了一聲，從天上掉了下來。

黃帝從夢中驚醒，嚇了一身冷汗。黃帝將夢中的事對風后和力牧說了一遍，風后與力牧想了想說：「這個夢是個不祥之兆。不久炎帝的孩子蚩尤可能要從北方發兵攻打我們，必須早做準備。如今我和力牧年歲都高了，不能征戰疆場。夢中那四個巨人，定是四員賢人強將，也正是可以制服蚩尤的人，您還是早些查訪他們才是。」

黃帝聽了連連說好，第二天他就離開部落上路了。

黃帝曆盡了千辛萬苦，終於訪到了大鴻、大隗、具茨、武定四員賢臣良將。這四個人能文能武，還有變化的本領。黃帝非常高興，就將他們一塊帶回雲崖宮，封他們四個人為迎戰大將軍，封風后和力牧為後營總參軍。不久，蚩尤果然發兵攻打中原。因為黃帝對蚩尤早有提防，已根據風后和力牧的建議，早令大鴻、大隗率兵在黃河以北的朝歌一帶設下了埋伏。蚩尤剛一發兵，就遭到了一場猛烈的痛擊，蚩尤的士氣大喪。然後，大鴻、大隗裝著被打敗，連夜撤過黃河，在黃河南岸各大渡口布防。黃帝又將具茨、武定的大兵埋伏在邙山上的樹林子裡。蚩尤一覺醒來，見陣前軒轅的兵馬全部撤退，過了黃河，心中十分高興，認為大鴻和大隗害怕他，怯戰而退了。於是，就讓他的兵帥們南渡黃河，直搗中原。

當蚩尤的人馬全部投入渡河之後，黃帝、風后、力牧見時候到了，就鼓樂一齊奏響，殺聲震天，軍士們精神大振，弓箭齊發。蚩尤的兵士都在滔滔的大河之中，上不著天，下不著地，有力氣使不上，結果兵士們還沒登上黃河南岸就死傷了大半，只好急忙後退。

黃帝乘勝追擊，一直追到蚩尤的老巢冀州涿鹿一帶。蚩尤知道自己再沒退路了，就拚死一戰。他將殘兵敗將又收拾到一塊，反撲過來。窮凶極惡的蚩尤不顧部下的死活，死命拚殺，不肯投降，黃帝與蚩尤在涿鹿一帶苦戰了七七四十九天，只殺得天昏地暗，血流成河，屍骨遍野。最後蚩尤見自己大勢已去，就唸起咒語，現出法相來，並呼風喚雨，請來了風伯、雨婆和雷公，下起大雨來，想用水淹退黃帝。黃帝讓大鴻和大隗也現出法相與蚩尤決鬥，並叫具茨和武定請來天女旱魃相助，制住了風伯、雨婆和雷公的大雨。最後，在大鴻、大隗、武定、具茨的奮力廝殺下，蚩尤終於被活捉。黃帝叫大隗將蚩尤斬殺於涿鹿之野。黃帝又一次平息了炎帝後裔的叛亂，勝利了。

黃帝回到中原後，為了獎賞和犒勞討伐蚩尤有功的人，根據廣成子的指點，將中原（河南大部、河北、山東、安徽的一部分）分為六大部州，分別讓風后、力牧、大鴻、大隗、具茨、武定掌管。從此，天下太平，老百姓安居樂業。

後人為了紀念黃帝和他部下六位大臣的功績，曾留詩於雲崖宮的講武門：「戰敗蚩尤犒旅徒，雲巖深宮葬兵符；千秋永罷干戈事，蔓草寒煙鎖陣圖。」後人還將密縣、新鄭、禹縣交界處的幾座險要山峰，以黃帝的六位大臣的名字封了號。如今的大鴻寨、石牛山、七固堆、風后嶺，就是以大鴻、具茨、大隗、風后之名命名的。雲崖宮前的泉源河是以黃帝的第六位大臣武定命名，叫武定河。雲崖宮東南五里處的臺崗又叫力牧臺，是以黃帝的第二大臣力牧命名的。

【附錄】

雲巖宮

南京到北京，不如雲巖宮。

三柏（百）二石（十）一所廟，王母娘娘坐空中。

石頭縫裡長柏樹，老龍叫喚不絕聲。

這是對雲巖宮的讚頌，雲巖宮是黃帝活動最集中的地方。宮前有山門，左有軒轅門，右有講武門，內有點兵臺（後成為戲樓），西有飲馬泉，西南有馬脊嶺（黃帝遛馬處）。東南有黃陵坡（一作黃路坡，黃帝出征時經過的地方），東有力牧臺，又名講武臺。臺上有摩旗穴，這是黃帝講武、練兵插旗處。北有養馬莊、馬場溝。另有倉王 —— 黃帝屯糧處。

黃帝第一次被炎帝打敗以後，回到雲巖宮，白天在力牧臺練兵，晚上在雲巖宮中講武，製出奇妙陣法。再戰，打敗了炎帝。

據說，黃帝是從新鄭軒轅丘遷居到雲巖宮的。因為雲巖宮這地方風景好，背風向陽。宮前有泉水流過，又很隱蔽，是個練兵講武的好地方。黃帝訪廣成子後得大將軍風后和力牧，戰勝了炎帝。後來炎帝的兒子蚩尤又反叛作亂，黃帝又訪得大鴻、大隗、具茨、武定四員大將，才打敗了蚩尤。從此天下安定了下來。

後人為了紀念黃帝和他手下的幾員大將，就把新鄭、密縣、禹縣境內的幾座大山，以黃帝的大將命名。

大隗山、風后嶺屬新鄭。山上有祖師、包孝肅、孔子、父王廟。大鴻寨上有靳於中來密縣修大鴻寨時坐的石椅子。在山西頭有黃帝避暑洞和御花園。如今的石牛山就是具茨山，山上有個小石寨，很陡峭，難以攀登上去。雲巖宮前的泉源河又名武定河，長年流水不斷，如今成了雲巖宮水庫的水源。

講述人：張造

採錄人：高力升

記錄時間：一九八三年三月

記錄地點：河南省新密城關鎮

黃帝初戰蚩尤

蚩尤是九黎族的首領，手下有八十一個弟兄，長得人面獸身，頭上兩隻角，腳腿像牛蹄，耳鬢如劍戟，吃沙子，吃石頭，打起仗來，一上陣就用角抵，凶猛得很。他到處侵犯，殺燒擄掠。許多部落深受其害，叫苦連天，紛紛逃亡到黃帝部落裡，向黃帝訴苦，請求除害。

黃帝下決心要為民除害。他讓兩個大將連明徹夜趕製兵器，挑出百十個青壯男子，每人給駿馬一匹、長矛一支、弓弩一把，起早睡晚，加緊操練。

正當黃帝抓緊備戰的時候，蚩尤的兵侵略來了。黃帝的兵將擺開陣勢，準備迎戰。蚩尤的弟兄們吼叫著，排成一排，用兩隻角抵著衝了過來。

兩軍交鋒，蚩尤和兄弟們十分勇猛，戰到五、六個回合，黃帝的士兵被逼得只有招架之功，沒有還手之力。又戰了幾個回合，黃帝的士兵節節敗退，情況十分緊急。黃帝突然想起應龍臨走時給他丟下的一個香囊，交代他：「如遇危急，需要求助，就抽一支香，放在具茨山頂上點著，我聞到香味，便知道你有了急事。」

黃帝命常伯取香點燃，放在具茨山頂，只見一股青煙升起，直入雲端。不多會兒，只聽見風聲呼呼，雷聲隆隆，半空中，一隻帶翅膀的飛龍穿雲破霧，火速飛來。黃帝一看是應龍來到，精神大振，向前衝去。應龍即刻從口中吐出一條水柱，朝著蚩尤的兵士噴去，噴得他們搖搖晃晃，步步後退。蚩尤一看情況緊急，忙從懷中摸出一個竹筒，朝空中連吹了三口氣，不一會兒，雷電交加，風伯、雨師從空中趕來。風伯用劍一指，頓時狂風大作，把應龍噴的水又颳了回來，刮到黃帝的陣裡。黃帝的士兵冷不防被水噴住，紛紛後退，蚩尤的士兵趁機又衝了過來。

正在危險之時，只見黃龍雙翅一展，尾巴一擺，口朝下直噴起來，那水柱就像一條小河，不一會兒聚成了一個大水潭，攔住了蚩尤的來路。雨師揮劍一指，只見烏雲翻滾，大雨彙整合一條江河，照著水潭衝了過來，不一會兒，衝破了應龍的水陣，蚩尤的士兵趁勢又衝了過來。

黃帝令常伯放出馴養的熊、羆、貔、貅、虎，只見這些猛獸吼叫著，向著蚩尤的軍陣飛速衝了過去。蚩尤命他的士兵全用角抵。雙方都不示弱，戰了十幾個回合，仍不分勝負。蚩尤命他的兵士出短劍，準備暗刺。黃帝一看，忙發號令收回群獸，蚩尤又趁勢攻了上來。黃帝忙命士兵集中彈丸，擺開陣勢，再戰，應龍再次噴水配合，雙方又混戰了一陣兒，只打得天歪地斜，日月星辰移位。

黃帝趁混戰之時，選了個時機，使盡平生力氣，連發幾顆銅彈丸，照著蚩尤頭上砸去，蚩尤只見「嗖」的一聲，把頭一擺，又聽「叭」一聲，左角被打掉一個缺口。他只覺得頭暈了下，定了定神，眼冒火星，大吼一聲，讓風伯、雨師又作起怪來。他也趁機噴吐濃霧，一會兒，攪得天昏地暗，混混沌沌。

黃帝的士兵被迷霧遮眼，暈頭轉向，辨不清方向，蚩尤的士兵又是一陣衝殺。在這危急關頭，只見應龍騰空而起，也朝半空中噴了口霧氣，立刻出現一道彩霞，只見天女魃站在雲頭，飄飄而來。應龍向她訴說了蚩尤作怪的經過，女魃不慌不忙，從袖筒裡取出一個小寶扇，只輕輕搧了幾下，霧氣便慢慢散去。

黃帝與蚩尤久戰不勝，又衡量了一下力量，眼下戰勝蚩尤還有困難，趁大霧散去，決定迅速收兵。蚩尤雖占了優勢，也覺得筋疲力盡，再加上頭有點疼，也決定撤兵。他想，往次出來，無論搶什麼東西，總是順手而得，今天偏遇黃帝對抗，只顧廝殺，也顧不上搶東西了。仔細想想，不能空手，趁黃帝收兵之時，又把靠邊的豬羊搶了，得住東西，拔腿就跑。

受過蚩尤害的部落，聽說黃帝帶兵抵抗蚩尤，有的來慶賀，有的來求援。黃帝當眾揮刀砍斷一棵大樹，向眾人發誓，不滅蚩尤，誓不罷休。

講述人：蔡英生，七十五歲，教師

採錄整理：蔡柏順

記錄時間：一九八三年三月

記錄地點：河南省新鄭城關鎮

黃帝大戰涿鹿

在涿鹿原野，黃帝和蚩尤擺開了陣勢，要在這裡決一死戰。黃帝左有風后，右有常伯，後有力牧。風后管著指南車，常伯操縱夔牛鼓，力牧駕駛記裡鼓車，大軍分隊編伍，整整齊齊，六種野獸經過訓練也帶去了，隨在後面。隊伍浩浩蕩蕩，十分威武。

蚩尤把八十一個弟兄分為九組，每組九人又分別帶領著成隊的士兵，陣容威嚴，來勢凶猛。

一開始，蚩尤的八十一個弟兄橫成一排，憑著鐵頭銅額、犀利的雙角，猛衝過來。黃帝不慌不忙，打開籠子，讓熊、羆、貔、貅、虎一齊衝了出去。蚩尤的弟兄們一看，根本不在乎。誰知這六種野獸經過訓練，前撲後跳，互相配合，逼得蚩尤的士兵飛空走險，跳上翻下，糾纏了好長時間。

這六種獸畢竟不是蚩尤的對手，漸漸敗下陣來。

黃帝這才令常伯擊夔牛鼓。常伯一聲號令，幾十個鼓槌一齊擂下去，「轟隆隆」如巨雷，驚天動地，聲震五百里，連擂幾槌，震了三千八百里，蚩尤的士兵被震得心驚膽顫，頭暈耳聾。蚩尤定了定神，又施展妖術，噴起濃霧。霎時間，灰濛濛，霧騰騰，啥也看不清了。

蚩尤洋洋自得，他的士兵趁勢向前衝去。他沒料到，風后操縱指南車，帶領士兵，撥開雲霧，直接衝了上來。蚩尤一看黃帝又衝上來了，再施妖術，颳起陰風，頓時飛沙走石，遮天蓋地。這時黃帝頭頂出現五色祥雲，形成各式各樣的美麗花朵，金枝玉葉，十分好看，只見女魃站在雲頭，用扇子一拍，沙石紛紛落地。黃帝這才看出女魃又來助戰了。

蚩尤一看此術被破，忙施出最後一招，擺起迷魂陣來。黃帝忙掏出玄女給的飛刀，說：「飛！」只見那飛刀如火龍一般，向蚩尤陣中飛去。這時，風后也擺開陣勢，常伯再擂夔牛鼓，又命士兵把野獸放出，集中全部兵力，趁蚩尤士兵慌亂，一下子衝了過去，衝破了蚩尤的迷魂陣。

蚩尤聽見夔牛鼓，只覺得天崩地裂，看見飛刀在自己弟兄頭上，一刀一個，躲閃不及，這才覺得招抵不上了，倉皇逃跑。黃帝在後邊緊追，直追到黎山之中，風后親自刺殺了蚩尤。蚩尤的士兵一看蚩尤被殺，把手中武器丟在黎山之中。因為這些器械上都有士兵的血，後來就化成了楓樹林。

黃帝獎懲嚴明，在戰場上立功的人都給予嘉獎。因風后勇立戰功，親自刺殺蚩尤，黃帝封他為天老，位置僅次於他，並把具茨山改名為「風后嶺」，封給風后。

講述人：蔡英生，七十五歲，教師

採錄整理：蔡柏順

記錄時間：一九八三年三月

記錄地點：河南省新鄭城關鎮

魑魅、魍魎

傳說黃帝與蚩尤在涿鹿大戰，用指南車破了蚩尤大霧，大獲全勝。蚩尤又請來了魑魅、魍魎為他助戰。

傳說魑魅原是金龜所化，魍魎是蜘蛛所化。它們在東泰山（今山東泰山）一個深谷洞穴中居住，修練了九百九十九年，再有一年就要修成正果，入班仙界。一日，魑魅與魍魎正在洞中吸那山川密林陰氣，突然一隻小蜘蛛前來通報，說是蚩尤大王前來拜訪。

他們停止作法，說：「快快有請！」蚩尤進入洞中，只見洞府深幽，若明若暗，從深處出來一股泉水，繞著長滿青苔的嶙峋怪石，曲折迴環，「叮咚」作響，流出洞外。抬頭看那洞壁，有很多石乳、石花、石棒等，隱隱間洞中透出一股森森的陰氣。

魑魅、魍魎請蚩尤在一張石桌旁坐下，說：「聽說大王正在涿鹿征討軒轅，不知為何來此。」蚩尤說：「我與軒轅對陣，連連受挫，今特請二位仙師助陣，不知仙師肯否。」魑魅說：「承蒙大王器重，只是我與魍魎再有一年就要修成正果，若到世間廝殺，只怕我們的千年修練要付諸東流。」蚩尤說：「先師修練，無非是想到仙界享受榮華富貴，如能助我打敗軒轅，取得天下，人間榮華富貴，自然盡你享用。再說，仙界又有許多清規戒律，甚是遙遠，而在人間卻是逍遙自在。諒先師不會舍其近而求其遠。」魑魅說：「師兄，大王說得有理，人間何等逍遙！再說，也好趁此試一試你我道行。」魑魅、魍魎到底不是善類，經不起三言兩語引誘，就答應了蚩尤的請求。

一日，黃帝正令風后操練士兵，又聞夸父前來叫陣，就令常先、大鴻率領士兵迎戰。兩軍在涿鹿城外殺了幾個回合，夸父佯裝戰敗而退，常先、大鴻緊追不捨。夸父邊殺邊退，漸漸將常先、大鴻等士兵引入涿鹿山中。夸父的士兵時而出現在山坡，時而出現在谷底。常先、大鴻追至一個山坳裡，只見這裡樹林茂密，藤草叢生，虎狼奔走，鳥飛蛇行，只是不見了蚩尤軍隊，心想上了夸父的當，就急找出口撤兵。

正在這時，突然傳來哈哈大笑聲，常先抬頭望去，只見山頭站著兩個怪：一個身有碾盤大小，形狀似金龜；一個身有門扇大小，形狀像蜘蛛。這就是前面說的魑魅、魍魎。魑魅見黃帝軍隊，便撅起屁股放出一股煙霧似的黑氣來，那黑氣一團一團地打著旋向黃帝的士兵衝來；魍魎兩手捧著碗口粗的竹筒吹出一陣陣哀樂，那聲音在山谷深林中迴響。霎時間，整個山中到處都是悲涼悽苦的哀聲。

常先、大鴻的一些兵士先是聞到黑氣，個個嗆得咳嗽不止，喘不過氣來，踉踉蹌蹌撲倒在地，繼而聽到哀樂聲，似乎覺得魂靈像縷縷青煙飛出竅外。有的士兵順著哀樂聲跑進了那竹筒之中，只有常先、大鴻因為平時練武，功力深厚，才沒有被毒氣、哀樂吸走。他們急忙衝出陣來，帶領後進的兵士逃出山來。蚩尤軍大勝，為魑魅、魍魎設宴慶功並封為軍師。

黃帝軍大敗，每日緊閉城門，不敢出戰。一日，有一道長手持拂塵要見黃帝，一個士兵將道長引入宮內。黃帝一見是大隗真人，高興地說：「原來是先師駕臨，有失遠迎，還望恕罪！」大隗真人坐下說：「我近觀天象，主公有兵血之災，特來指點迷津。」黃帝說：「先師快講。」大隗真人說：「臣聞魑魅、魍魎最怕龍吟。我們有熊國五指嶺山以東、西泰山（今新鄭西北）以北有梅山，此處梅樹遍地，羚羊、梅花鹿成群，可取那羚羊角作號。那號角吹起來酷似龍叫，不愁妖術不破。」黃帝聞言大喜，令設宴招待。大隗真人說：「貧道不再打擾了，望主公速速籌劃。」說罷告別而去。

黃帝送走大隗真人，即命大鴻回有熊國梅山。大鴻騎著火龍駒，九日即返了個來回，帶來五十個羚羊號角。一日，夸父又來叫陣，黃帝令常先、力牧出戰。兩軍先是在涿鹿之野廝殺，後來夸父又要作前次故事，引黃帝軍入山。力牧將計就計，分出一隊人馬令大鴻帶領深入山中埋伏，令大隊人馬緊追夸父。

魑魅、魍魎見黃帝軍又入圈套，立即撅起屁股施放毒氣，捧起竹筒吹那哀樂。力牧、常先指揮士兵搶占山頭，個個手捧羚羊號角吹了起來。五十把號角一齊吹奏，聲音低沉，迴環婉轉，似悶雷響徹天空，似龍吟震盪山谷。魑魅、魍魎聞聲，心如錘擊，肝膽俱裂，魂出七竅。力牧見狀，跳上前去殺那妖魔，又指揮兵士追殺蚩尤軍隊。夸父見事不好，帶領一支人馬往深山逃去，被大鴻攔住去路，兩支人馬又是一陣廝殺。夸父帶領七、八個殘兵逃之夭夭。這次黃蚩之戰，蚩尤用魑魅、魍魎所放的毒氣，就像後來軍事上的細菌戰和化學戰。黃帝用羚羊角吹作龍吟，就是後來軍隊用的軍號。

採錄整理：劉文學

記錄時間：一九八三年二月

記錄地點：河南省新鄭城關鎮

女魃戰雨師

蚩尤攻打黃帝，被風后的八卦陣法打得慘敗，因而終日一籌莫展，命將士死守蚩尤寨，一連數月不敢出戰。一日夸父進言說：「主公，臣聞聽人言，說東泰山之上有風伯、雨師二位先師，能呼風喚雨，道行極深，何不請來助一臂之力？」蚩尤聞聽大喜，連說：「好好好，快快請來。」

據說夸父有追日本領，涿鹿與東泰山不過千里之遙，不到一日，就將風伯、雨師請到，蚩尤一見兩個怪人，心想必會妖術，就待為上賓。第二日，蚩尤命夸父打開門，領一隊人馬，前往涿鹿城前叫陣。黃帝一見蚩尤叫陣，即令力牧、常先、大鴻也帶領一支人馬出戰迎敵。兩軍就在涿鹿之野排開戰場，直殺得天昏地暗，日月無光，血流成河。

兩軍正在酣戰，突然雲端出現兩個怪人：一個雀頭人身蛇尾，手持一把芭蕉大扇，在空中搧來擺去，頓時狂風大作，飛沙走石，樹倒屋塌；一個鱉頭人身大蟲，躬著身腰，張著黑洞似的大嘴，對著黃帝軍隊吹氣，頓時烏雲翻滾，電閃雷鳴，大雨滂沱。你道這兩個怪人是誰？就是蚩尤請的風伯、雨師。那風伯，名叫飛廉；雨師，名叫屏翳。二人採天地之陰氣，經千年練成妖術。

力牧、常先、大鴻等正在與夸父等鏖戰，突然被狂風吹得東倒西歪，有的被大風捲走，一會又被傾盆大雨澆得暈頭轉向，有的被大水沖走。力牧立即呼叫撤兵。說來也怪，黃帝軍隊跑到哪裡，那風雨就追到哪裡。蚩尤見黃帝兵敗，立即命乘勝追擊。黃帝軍隊大敗而歸。

黃帝被風伯、雨師打敗，即命祝融回中原有熊國都（今河南新鄭），請應龍助戰。這應龍也是黃帝身旁一員大將，傳說是天上管雨水之神，有蓄水本領。應龍得到黃帝傳令，立即奔赴涿鹿。

三日之後，夸父又來叫陣，黃帝仍命力牧、常先、大鴻率軍隊迎戰。兩軍正在酣殺之時，風伯、雨師又站立雲端使用妖術，颳起狂風，傾下暴雨。這時，應龍化作一條巨大的黑龍，在烏雲中昂首擺尾，張開門扇似的大口，將那傾盆暴雨吸入口中。風伯、雨師見一條巨龍將那大水吸去，又加大妖術。

大風將巨龍颳得搖搖晃晃，難以在雲端停立，大雨似江河決口，使巨龍難以盡收。應龍與風伯、雨師相持一個時辰，漸漸支持不住，耗盡功力，不能歸天，逃到南方去了。傳說，南方多雨，就是因為應龍被風伯、雨師打敗後，居住在那裡的緣故。

應龍被雨師、風伯打敗，力牧、常先等也被風雨吹打得潰不成軍。黃帝在涿鹿城頭，立即命令風后揮旗撤兵。正在這時，突然從遠處傳來呼叫聲：「爹爹且慢！」黃帝、風后正要揮旗，抬頭循聲望去，只見從西北天空飛來一位女郎，頭似金雞，面如月盤，身似青蛇，兩翼如孔雀開屏，兩腳似鳳爪，倏然落在黃帝身邊，說：「爹爹，勿憂，待我破他妖術！」說罷，從翅膀上拔出一根羽毛，放在手掌之上，用嘴一吹，變成一根火棍。

霎時間，那火棍由細變粗，發出一道巨光射向風伯、雨師。那風伯、雨師正在得意作法，突然見一道紅光射來，頓時手抖嘴顫，扇落口閉，風雨消逝。那正在追殺黃帝士兵的夸父將士，也頓時感到渾身酥軟，大汗淋漓，口乾舌燥，步履難行。

這時，風后在城頭之上，急揮熊旗。力牧、常先見熊旗揮舞，立即命令軍隊調頭向蚩尤軍殺去。蚩尤軍見黃帝軍殺來，立即回頭奔逃，跑得慢的死於刀下。力牧、常先凱旋入城，黃帝設宴慶賀，令樂師、舞師演奏〈楓鼓曲〉慶祝勝利。

傳說，這位女郎名叫女魃，乃是天上一位灶神，是黃帝的女兒，居住在有熊國西南一個叫崑崙山（今禹縣西南）的地方，在山中採集日月之光，練就趕雨驅風之術，曾雲遊各地，驅趕暴風淫雨，拯救百姓。這次從崑崙山上趕來，幫助黃帝攻打風伯、雨師，也耗盡身上功力，再也飛不上天空，只好留在人間。傳說她居住在北方，所以北方經常缺雨少水，人們稱她為「旱魃」。

採錄整理：劉文學

記錄時間：一九八三年二月

記錄地點：河南省新鄭城關鎮

東海捉夔牛

很早以前，有一次蚩尤同黃帝打仗，請來魑魅、魍魎施放毒氣，被黃帝用羚羊角作龍吟，打敗了。蚩尤又從東泰山請來畢方鳥神攻打黃帝。傳說，這畢方鳥神頭如人面，形狀像鶴，長有四肢，手腳如爪，長有兩個翅膀，兩目如電，叫聲如狼嚎，在東泰山深谷密林之中，採陰陽之氣，煉就千年仙丹，誰人服了，便能騰雲駕霧，在空中飛行。蚩尤這次將畢方鳥神請到蚩尤寨中，叫牠訓練士兵，訓練了三個月，決心與黃帝再決一死戰。

這時，已是黃帝與蚩尤作戰的第九年，打了五十次仗了，至今未見勝負。這年初夏的一天，蚩尤又令夸父到涿鹿城外叫陣，力牧、常先領兵出城迎戰。兩軍正在涿鹿之野酣戰，突然蚩尤寨上傳來一陣「咚咚咚」的鼓聲。頓時，蚩尤士兵唰唰唰地從背上張開兩隻翅膀，騰空而起，飛向天空，兩隻腳變作兩隻利爪，在黃帝軍頭上亂抓，兩隻手揮舞刀、斧、錘等，朝黃帝軍亂砍亂砸。力牧見勢不妙，立即命令士兵開弓放箭。那亂箭如飛蝗射向空中的蚩尤士兵，可惜蚩尤將士都身穿銅製盔甲，飛箭觸身，都紛紛落地。力牧見弓箭不行，只好命令撤兵回城。

黃帝被蚩尤的空中飛人打敗，一籌莫展。風后說：「主公，臣聞用東海流坡山夔牛皮做鼓，用雷澤的神獸骨做鼓槌，可敗蚩尤空中飛人。」黃帝聽罷大喜，當天就和力牧騎了馬匹，向東海走去。

他們一路上曉行夜宿，走過一道山，又是一道山，蹚過一條河，又是一條河，走到第八天，這日傍晚，才來到丸山腳下。抬頭望去，只見山勢險峻，樹林茂盛，千鳥翔集。黃帝對力牧說：「看山中群鳥飛之處，必有人家，天色不早，今晚就在這山中借宿吧！」說著，又催馬揚鞭，順著一條小道，向山中走去。

行了二、三里，隱隱傳來一陣琴聲，再看那空中飛鳥，像是依琴聲而舞。他們循著琴聲，又走了三、四里路程，見在一個山彎朝陽處，有戶人家。這家院落頗大，有幾間茅舍，周圍用竹籬環繞，一股清泉「嘩嘩譁」從房屋背後流出，繞過籬笆，深入山澗。聽那琴聲是從這茅屋傳出。

黃帝和力牧下馬，上前敲門，琴聲停止。一會兒，從院中走出一個孩童。黃帝告訴那孩童，說是到東海去，路過此地，天色已晚，請求借上一宿，那孩童說：「老爺外出，家中只有夫人，恐有不便……」力牧說：「我們是從有熊國而來，人地兩生。再說天色已晚，山野之中又多虎狼出沒，我們實在別無去處！」那孩童只是搖頭，就要關門。黃帝說：「小兄弟，你去稟告夫人，她若應允，我們就借宿一晚；她若不允，我們只好另想辦法。」那孩童說：「那好吧，請暫且稍等。」說罷又將門關上。

停了一會兒，那孩童又來開門，說：「二位客官有請。」黃帝和力牧牽了馬匹，進入大院，那孩童隨即將門關上。黃帝和力牧在院中兩棵大樹上拴了馬匹，跟隨那孩童走進客廳。只見廳內坐著一位婦人，五十來歲年紀，穿著青裙素衫，氣質高雅，像是一位高貴家庭的夫人，只是臉上帶有愁雲。那孩童說：「這是夫人。」黃帝、力牧立刻上前，打躬施禮。夫人說：「快快請坐！」黃帝、力牧坐了。

夫人叫丫頭端來兩杯香茶，又叫端來許多山珍海味，請黃帝、力牧飲食。黃帝、力牧只顧走路，行走了一天，又飢又渴，狼吞虎嚥，將食物吃下。夫人問說：「不知客官到此做甚。」黃帝說：「我們是有熊國人，我叫軒轅。」黃帝說到這裡用手指著力牧說：「他叫力牧，是我的夥伴。我們同蚩尤在涿鹿打仗，近日，蚩尤請了畢方鳥神教他的士兵在空中飛行，我們鬥他不過。聽說這東海流坡山下海中有種夔牛，以夔牛皮做鼓，可制服那空中飛人。我們這是前往東海，行走至此，多有打擾！」

夫人一聽高興起來，說：「早先聽老爺說過，中原有個有熊國，國君叫軒轅，忠厚仁德，武功蓋世，深得萬民敬仰！不想今日得見，實是上天安排。我們這是玄鳥國，老爺是部落酋長。蚩尤原先在濟水時，時常派人前來，抓我族人，搶奪財物。這次在涿鹿打仗，還強迫老爺帶領族人為他賣命，至今未歸。你們要去東海捉夔牛，那畜生十分厲害，況在海中，不比小河、池渠。我女兒有些本領，不如叫她一同前往，或許可成！」黃帝、力牧聞聽連聲道謝。夫人隨即叫丫鬟喚來她的女兒。不一會兒，一個身段苗條，頭髮烏黑，面似桃花，兩眼如星，身著素衣的女子，像一隻仙鶴落在客廳。

夫人指著黃帝說：「玄女，這就是妳爹常講的那個有熊國的國君軒轅，快上前拜見！」玄女平時聽爹講黃帝是個神人，今見其人，果然年輕英俊，相貌非凡，就上前施禮說：「小女子拜見有熊國君！」黃帝急忙站起還禮，說：「使不得，使不得。」夫人說：「玄女，軒轅君去東海捉夔牛，妳可助他一臂之力。早日打敗蚩尤，妳也可早日與家人團聚。不知妳可願意。」玄女又看了黃帝一眼說：「但憑母親吩咐。」夫人說：「這就好，妳下去吧。回去做些準備，明早只怕二位客官還要早早趕路！」玄女應聲而起。夫人吩咐那孩童將黃帝、力牧引入一所房屋，送上乾淨被褥，給兩匹馬餵些草料。次日，雞叫三遍，天色黎明，黃帝、力牧起程，玄女騎了一匹玉兔馬，帶上一把琴，跟隨上路。夫人倚立門口，目送他們下山而去。

一路上，少不了又是風餐露宿，不幾日便見大海。放眼望去，只見大海一旁，隱隱約約有一座山。黃帝問當地人，說那就是流坡山。他們一行三人，快馬加鞭，又走了一陣，才來到這流坡山下，拴上馬匹，放下行裝，看那大海，無邊無際。

黃帝、力牧正在尋那夔牛，玄女突然驚叫起來，指著海面說：「牛，牛！」黃帝、力牧順著玄女手指望去，只見遠方有一個龐然大物，漂浮在海面上，忙問玄女：「那可是夔牛？」玄女說：「確是夔牛！」黃帝搖了搖頭，嘆氣說：「這夔牛如此龐大，遠離海岸，只怕是難以捉牠！」力牧也點頭說：「這可如何是好？就是游過去，三、五個人也奈何不得；用弓箭射，也射牠不著！」

玄女笑著說：「二位不必發愁，小女子自有辦法！」說著，從袋中取出那把琴來，坐在一塊石頭上，將琴放在兩腿上，就撥了起來。那琴聲十分悠揚，時而如輕風徐徐吹過，時而如春雨滴滴入土，時而如清泉叮咚作響，時而猶如千鳥飛翔歌唱……彈著，彈著，飛來的鳥兒在空中歌唱，跑來的禽獸在地上跳舞，海中的魚蝦也游過來……不一會兒，遠處那龐然大物成百上千地遊了過來。

只見那夔牛身體特別龐大，形狀像牛，蒼色無角，長有一足，兩隻眼睛像太陽一樣明亮。力牧一見，就要下海去捉。玄女以手示意，叫他不要下海。那夔牛在海中聽到琴聲，先是隨琴聲用足「啪啦、啪啦」拍打水面，後來琴聲像一陣陣催眠曲，夔牛就越拍越慢，漸漸睡著了，一個個就像一堆堆漂浮物漂浮在岸邊。

黃帝、力牧大喜，立即跳下海去，用盡氣力，往海灘上拖夔牛，一氣拖了八十來隻。玄女見夔牛已捉夠，就停了撥琴。一會兒，空中鳥兒散去，地上禽獸走開，海面一切如常。那沒有被捉的夔牛在海中吼叫一聲，似打雷一樣，山搖地動，有隻夔牛翻騰一下，掀起陣陣海嘯，降起一陣大雨。牠們又向深海游去。

再說那被捉上岸的夔牛，如魚兒一般，甭看牠們在海中力大無比，一旦離開大海，時間一長，就如死物一樣，任人宰割。黃帝、力牧和玄女立即將夔牛皮剝了，放在力牧的馬上。力牧和黃帝合騎一馬，玄女仍騎自己那匹玉兔馬，一路上曉行夜宿，趕回有熊國。

採錄整理：劉文學

記錄時間：一九八三年二月

記錄地點：河南省新鄭城關鎮

夔鼓敗蚩尤

黃帝與蚩尤一連打了九年仗，還沒把蚩尤打敗。一日，獨自在軍帳悶坐，心想這樣下去如何得了，兵士死傷無數，老百姓啥時才能過上太平日子？想來想去，很傷心。正在這時，風后來了，對黃帝說：「主公，昨晚我觀天象，看那東方歲星座，與以往不一樣。往次星座周圍不過是一團灰氣籠罩，這次卻為一團黑氣所裹，且星座無光，看來蚩尤的氣數已盡。」黃帝說：「蚩尤是個大英雄，如果能擒住他就好了。」風后說：「主公放心，我看這次打敗蚩尤不難。一是我們有了夔牛鼓；二是有玄女助陣；三是聽說蚩尤那邊人心渙散，有不少士兵逃走。」黃帝說：「我們還是好好謀劃謀劃這次如何打吧！」

黃帝與風后正在商量這次如何戰敗蚩尤，突然軍卒來報，說是蚩尤軍又在城外叫罵，如不出戰，就要攻城。黃帝與風后謀劃完畢，就令風后排兵布陣。黃帝坐在涿鹿城頭華蓋傘下，左有風后，手持黃色令旗；右有玄女，面前放一把琴。左右之外，各擺四十面夔牛鼓，八十名精壯兵士手持神獸骨鼓槌立於鼓旁。一桿黃色大熊旗，在城頭上迎風招展。城牆其他地方，也都布置士兵把守，刀斧林立。風后布置停當，將手中令旗一揮，城門大開。力牧、常先、大鴻、祝融等將率領士兵出城，向西南蚩尤寨奔去。

他們走了一里多路，來到一個叫蚩尤泉的地方，夸父和他的六十九個弟兄帶領士兵迎上前來廝殺。兩軍正在激烈戰鬥，忽聞「通通通」三聲鼓響，力牧、常先、大鴻知道是蚩尤又在擂鼓用空中飛人，也不管他，只管帶領士兵廝殺。蚩尤士兵聞聽鼓響，又是個個張開翅膀騰空而起，在空中行走，如走平地，砍殺黃帝士兵。

風后聞聽蚩尤寨上三通鼓響，立即將令旗一揮，玄女當即用力撥動琴弦。只聽那琴聲「錚錚」幾聲響，如翻江倒海，萬馬奔騰。霎時間，從東方黑壓壓地鋪天而來一群雄鷹。雄鷹聽那琴聲變化，飛往戰場。力牧、常先一見雄鷹飛來，立即臉面朝下，伏在地上。雄鷹在空中與蚩尤士兵搏鬥，有的啄眼，有的叼頭，有的用爪亂抓。蚩尤士兵用手中刀斧亂砍亂殺，有的被啄傷從空中掉了下來，有的招抵不上，紛紛後退。

這時，蚩尤見勢不妙，又急擂了幾下進軍鼓，也鼓動起兩隻翅膀，手提銅錘，殺上陣來，號令夸父和他的弟兄督戰，只許進攻，後退者殺。蚩尤士兵見蚩尤親自上陣，也增添了勇氣，強忍疼痛向前廝殺，雄鷹紛紛墜地。

風后一見陣勢有變，立即揮動令旗。玄女見風后令旗，立即改撥琴弦。這時只聽琴聲如大潮回落，緩緩而流。無數雄鷹先是衝向雲霄，繼而在空中打了一個旋，又飛向東方。蚩尤見雄鷹飛去，在空中哈哈大笑起來，說：「軒轅敗了，軒轅敗了！」蚩尤士兵一陣歡呼。

正在這時，只聽從涿鹿城頭傳來「咚咚咚」一陣鼓聲。蚩尤士兵聽見鼓響，只覺天旋地轉，山河震盪，如擊心肺。傳說，那夔牛鼓一震五百里，連震三千八百里。這四十面大鼓一連擂了九下，只嚇得蚩尤士兵魂飛天外，肝膽俱裂，紛紛從空中墜地，叫苦連天。

力牧、常先一聲口哨，令士兵起來，圍殺蚩尤士兵。力牧高喊：「投降者活，抵抗者死！」士兵們也都隨著高喊：「投降者活，抵抗者死！」夸父的六十多個弟兄和士兵見大勢已去，都紛紛投降，唯獨蚩尤、夸父還在拚死抵抗。力牧、常先、大鴻將蚩尤、夸父團團包圍。夸父往外突圍，被力牧攔住，一刀下去，結果了性命。蚩尤見寡不敵眾，張開翅膀，騰空而起，逃往葷粥（居住在今內蒙古自治區的古葷粥族）。

蚩尤往前飛行，來到這凶黎之山，正要收斂翅膀，休息一下，突然從樹林中傳來喊聲：「還不快快投降，你往哪裡逃！」蚩尤一看是應龍在此，立即張開翅膀，飛向天空。應龍穿有素女所賜的草鞋，也騰空而起，手拿金斧追趕過去，和蚩尤在空中一來一往交戰。兩人戰了一個時辰，蚩尤身負有傷，戰應龍不過，就想逃走。這時，應龍丟擲一條鎖鏈，套在蚩尤脖子上，將蚩尤拿住，押解回涿鹿城。

黃帝聽說蚩尤被擒，大開城門，帶領群臣相迎。黃帝上前親自為蚩尤解下鎖鏈，連聲稱讚：「英雄，英雄！」蚩尤跪倒在地，羞愧地說：「主公才是真正的大英雄。蚩尤自愧不如，甘願在主公帳下稱臣。」黃帝大笑說：「有蚩尤輔佐，天下何愁不寧。」即封蚩尤為上將軍。

黃帝戰敗蚩尤之後，又在釜山（今涿鹿縣西北）會合各路諸侯，慶祝勝利，令各個諸侯交出兵符和兵器。黃帝會諸侯之後，令各諸侯同士兵回歸自己部落，自己也率領有熊部落士兵回到有熊國，將運回的兵器、兵符藏於雲巖宮（在今新鄭西北）中。為此詩人錢青筒作〈講武門〉詩云：「戰敗蚩尤犒旅徒，雲巖深宮葬兵符；千秋永罷干戈事，蔓草寒煙鎖陣圖。」

採錄整理：劉文學

記錄時間：一九八三年二月

記錄地點：河南省新鄭城關鎮

玄女救黃帝

遠古時候人煙稀少，到處野草叢生，林茂樹密，虎狼成群，交通十分不便。當年軒轅黃帝常從有熊國都前往具茨山北的雲崖宮講武練兵。

一個嚴冬季節，黃帝從國都出發時已經是下午了，天又陰得很重。走到半路上，下起大雪來，返回去吧，路已經走了一半，與其走回頭路，不如趕到雲崖宮，於是他頂風冒雪繼續往前走。風雪越來越大，沒多大會兒，荒草崗上就下了一尺多厚的積雪。

軒轅黃帝走啊，走啊，直到天黑也沒走出那片荒草崗。原來風雪太大，到處一片白茫茫的，他迷失了方向。天黑以後，雪下得更大了，四周被白雪映照得明晃晃的，幾步之外都看不清楚。遠處不斷傳來狼嚎聲。軒轅黃帝顧不了這些，緊握寶劍，壯著膽子，迎著風雪繼續往前走。

他也不知走了多長時間，後來發現又走回到了原來那棵大松樹下。黃帝實在太累了，就靠在松樹上喘氣，想暫且休息一下，找找昔日走過的路徑再開始走。這條道儘管軒轅黃帝走過無數遍，如今暴風雪把四周的景物全部覆蓋，昔日記憶中的景物和道路怎麼也找不著了。此時他只覺飢腸轆轆，又冷又累，渾身沒一點力氣，真想找個背風擋雪的地方歇下來，等暴風雪停了再走。可是在這荒崗野嶺上，除了溝壑、樹林、石頭、荒草外，就是打得人睜不開眼的暴風雪，哪有可供人休息的地方？

軒轅黃帝只好靠在松樹上歇了一會兒，又強打精神往前走。他走著，走著，只覺得足下一步踏空，滾進一個雪窟窿裡。雪很鬆軟，他沒有跌傷，也沒有摔痛，可是這個雪窟窿很深，他扒呀，爬呀，就是上不去。軒轅黃帝想這下算完了，在這荒無人煙的地方，又掉進了雪窟窿裡，凍死荒野連知道的人都沒有。他雖然這麼想，可是仍然繼續往上扒呀爬的……後來，他終因又飢又冷又累，就昏死在雪窟窿裡了。

不知過了多長時間，軒轅黃帝覺得有股熱氣撲向他的臉，還有一股烤肉的香味直往鼻子裡鑽。他慢慢地睜開眼睛，恍惚中看見一個少女端著一瓢熱湯正往他嘴裡灌。幾口熱湯下肚後，軒轅黃帝醒過來了。他發現自己躺在一堆鬆軟、溫暖的草上。灌他熱湯的少女見他醒過來，高興地說：「可醒了，可醒了！」

軒轅黃帝急忙起身問道：「請問姑娘，妳是何人？我怎麼會在這裡？」少女說：「我是誰並不重要，重要的是你能死裡逃生才是萬幸。」

那少女又把軒轅黃帝按到草鋪上，給他遞過來一隻烤得噴香流油的燒兔子。黃帝餓急了，接過烤兔就大吃起來。黃帝吃罷又喝了熱湯之後有了精神，起身跪在草鋪上要給那少女叩頭。少女急忙制止說：「黃帝不必給我行禮叩頭，你要謝該謝西天王母才是。」黃帝不解地望著她。少女笑著說：「我是西天王母的大徒弟，名叫玄女，人稱九天玄女的就是我。昨晚我師父做了一個夢，夢見有貴人有難在此，特差遣我前來相救。我來到這裡，果然發現了你在雪窟窿之中，就把你救到這個洞中。」

軒轅黃帝聽罷，急忙下跪給仙姑叩頭：「既然您是西天王母遣來救我的，就拜託仙姑代我謝謝西天王母了。」玄女急忙把軒轅黃帝扶起來說：「我來此救你之前，師父曾交代我說，不久北方有蚩尤將進犯中原，你有大難一劫。為了戰勝蚩尤，消除此患，師父讓我協助你在具茨山下設四十五里軍馬營和供軍馬營所需之草料場。只有你的部落兵強馬壯，草足糧豐，才能最後戰勝蚩尤，安定中原，統一天下。」

軒轅黃帝問玄女如何設四十五里軍馬營和草料場。玄女說：「這個地方林茂草盛，又地近都城，就在這個荒崗上設一個草料場，在具茨山東再設一座四十五里軍馬營，把你的軍馬兵丁調集於此養精蓄銳，等蚩尤的兵力不濟時，再調軍馬營的兵馬反攻，蚩尤定會失敗。」

黃帝聽罷，不住點頭稱是。事後他遵照玄女言，從國都和養馬場調來大批人丁和戰馬，會集於四十五里軍馬營中，派強將力牧、常先指揮操演訓練。又在國都西北那片荒崗密林中，興建了一座大型草料場，屯足了糧草。後來果然應玄女之言，黃帝打敗蚩尤，安定了中原。

記錄人：高力升

記錄時間：一九八三年二月

記錄地點：河南省新密城關鎮

黃帝巧擺八卦陣

黃帝與蚩尤戰了好多年，也制服不了到處吃人行凶的禍害精蚩尤，愁得他吃不下飯，睡不好覺。

一天，他忽然想起有一次交戰時，蚩尤裝敗逃跑，自己率兵闖入迷魂陣，轉得暈頭轉向的事，心裡一亮，想出一個打敗蚩尤的辦法。打這以後，黃帝假說要去北方打葷粥，不和蚩尤打仗了，天天教士兵們練兵習陣，按乾、坎、艮、震、巽、離、坤、兌八個方位，將部卒依方位穿插變化陣勢，一變一樣，共能變八八六十四種不同陣勢。每一種陣勢都能攻能守，能互相支援。這就是兵書上流傳的有名的「八卦陣」。

陣法練好了，黃帝便率領這支軍隊回到了黃帝城。蚩尤得到這個訊息，心中大喜，立刻請來一批野人助戰，帶領九黎族全部士卒耀武揚威地殺向黃帝城。到了城前一看，城門緊閉，任他叫罵，站在城頭上的軍士有耳只當聽不見，就是不出城交戰。氣得蚩尤兩眼冒火，「嗷嗷」怪叫，命令士兵去四野割柴草、砍樹木，來個放火燒城。

就在這當兒，黃帝的大臣風后領著兵殺出城來了。蚩尤一見，連忙把他的兵卒叫回來，揮動石斧、棍棒，將風后團團包圍住。風后不慌不忙，先指揮兵卒往黃帝城裡撤。蚩尤趕緊帶著兵阻攔風后進城的去路。風后把令旗一揮，兵將就改變方向，向城東北的平川衝去，沿源水河岸跑。蚩尤心想，這回可該打勝仗了，指揮部下沒命地追趕，一股勁就追出十幾里。眼看就要追上了，蚩尤心裡正得意，沒想到黃帝率著伏兵突然從田野裡、竹林中殺出來，一下子就把蚩尤的兵馬全部給圍住了。

蚩尤知道上了黃帝的當，馬上命令士卒突圍。可是，他往哪裡衝，黃帝的旗子就往哪裡指，怎麼也衝不出這個八卦陣去。黃帝的兵卒這一隊殺過來，那一隊殺過去，把蚩尤的兵馬殺得七零八散，死了好多好多。

蚩尤在八卦陣中也迷失了方向，心慌意亂，不知該怎麼辦好，只好瞎打亂拚。他仗著自己武藝高強，力大無窮，最後總算免遭一死，帶著傷衝出來。這也是瞎貓碰見死老鼠，撞對了。他闖的那個陣口正好是卦陣的「巽」字陣，八卦陣中，只有這個陣口能活命。他出了陣，就沒命地鑽進山溝裡，逃跑了。後來，人們便認為八卦中「巽」字方位吉利。直到現在，有人蓋房圈院，還總要留個「巽」字門不可，說這種門出入能順，迎喜接福。

當年黃帝擺八卦陣的地方，後來住上了人家，為了紀念這件事，就取名叫「八卦村」。

採錄整理：李懷全

（選自涿鹿縣誌編纂委員會編《涿鹿縣誌》，河北人民出版社一九九四年版）

風后八卦陣

傳說，黃帝與炎帝在阪泉（今河南省扶溝縣境）打了三次仗。炎帝服輸，與黃帝講和，將神農部落合到有熊國。這有熊國在黃帝、炎帝的治理下，國家更加強盛，百姓更加富裕，人口迅速增多，成為中原最強大的部落聯盟。

不久，居住在有熊國以東（今河南東部）和居住在黃河以北的許多部落紛紛前來有熊國求援，說是濟水（今山東省西部）一帶有個九黎部落，他的首領叫蚩尤，手下有八十一個弟兄，個個長得凶神惡煞，到處侵占土地，搶奪財物，殺人如麻。許多部落一聽說蚩尤來了，不是歸降，就是逃跑。如果有哪個部落稍有抵抗，就被殺個孩娃不掉。

那些來請求幫助的人說：「都說有熊國強大，首領黃帝寬厚仁慈，樂於扶危解困，只有他才能解救我們！」黃帝聽了，命令安排好這些來求援的人，立即召集風后、常先、大鴻、力牧、祝融、刑天等商議此事。

祝融說：「那些來的人所說一點不假，幾年前我們神農部落曾與蚩尤打過一次仗，被打得一敗塗地，我們的士兵一聽說蚩尤來了，嚇得直打哆嗦，不要說打仗了。我看蚩尤離我們甚遠，還是不要惹他。惹了他，他要專給我們作對，恐怕我們就不得安寧了。」風后接著說：「這話就不對了，我們同那些來求援的部落親如兄弟，兄弟有難不去相救，謂之不義。蚩尤作惡，我仍不敢懲討惡人，謂之不武。

這不義不武之人，誰還敢信賴？再說，如果今天我們不去征討蚩尤，來日蚩尤必定會找上門來，倒不如現在趁他羽翼未豐，我們團結兄弟部落，共同對敵，或許能取勝！」風后說罷，其他大臣也都議論紛紛。黃帝說：「大家不要再爭論了，風后所言極是，兄弟有難我們應當相幫。只是蚩尤厲害，我們要十分小心才是！」於是命風后調集軍隊，連日北上，直達涿鹿（今河北省涿鹿縣），在涿鹿附近（今礬山鎮西）召集北方各部落首領，商量如何對敵。

可是許多部落酋長卻說他們害怕蚩尤，不敢與他打仗。無論黃帝怎樣給他們打氣鼓勁，他們還是直搖頭，說是除非天神下來，地上沒有人是他的對手。黃帝無奈，只好叫自己的將士在前面攻打蚩尤，其他部落在後面助威。

一日，蚩尤聽說有熊國的軒轅黃帝來到涿鹿救援這裡的部落，對他的八十一個弟兄說：「我正想去中原，攻打黃帝做天子，不想他倒送上門來，這下保管叫他有來無回！」說罷，就令夸父等人做好準備。三日後，夸父率軍來到黃帝軍營前叫陣，黃帝就命常先、大鴻、力牧出戰。兩軍在一座叫礬山的地方排開戰場。

這時，只見蚩尤在一個山崗高處，像一尊天神似的坐在那裡，身旁豎著一面青色蚩旗。夸父等人帶領的兵士個個長得人身牛首，四隻眼睛，六隻手，鬢髮像劍，頭上長著兩隻角，手裡舉著明晃晃的刀，向常先、大鴻衝來。黃帝的軍隊過去只是聽人說過蚩尤的軍隊銅頭鐵額，刀槍不入，現在看了這般模樣，不由得心口「怦怦」亂跳，兩腿發軟，兩條胳臂發抖。蚩尤的軍隊衝了過來，有的用角抵，有的用腳踢，有的用刀砍。黃帝的兵士輕者傷殘，重者被抵死。刀砍在黃帝兵士的頭上，像切西瓜似的，頭在地上亂滾；砍在身上，不是手臂腿折，就是劈作兩截。而黃帝軍隊用的是石刀、石斧、木棍，砍在蚩尤兵士身上連道白印都不留，只有用棍還能打死幾個。雙方沒打上幾個回合，常先、大鴻就被打得落花流水，逃回軍營。

黃帝軍隊第一次與蚩尤打仗，被打得慘敗。黃帝終日愁眉苦臉，吃不下飯，睡不好覺。風后是有心人，命人到戰場上撿回蚩尤士兵的衣帽和刀槍叫黃帝看。原來，蚩尤士兵穿的都是牛皮做成的盔甲，頭上的兩隻角是兩把刀子，鞋上是帶尖的骨頭，用的武器是銅做成的，難怪蚩尤軍隊這麼厲害。

風后說：「看來我們低估了蚩尤。我們要想戰勝他，要趕快做好幾件事：一是我們與蚩尤的戰爭必定是持久戰，眼下要趕修一座城堡，以防蚩尤偷襲進攻；二是要盡快找到銅，趕製刀槍、弓箭；三是也要仿製盔甲；四是要學習陣法。」黃帝聽了連連點頭稱是，立即命令祝融回有熊國（今河南新鄭一帶），集結工匠到首陽山（今河南偃師縣西北）採挖黃銅，鑄造刀槍；在國都縫製盔甲戰衣。又令力牧、常先組織當地部落連夜修建作戰城堡——涿鹿城（又叫軒轅城）。令風后教軍隊演習陣法。黃帝還傳令，各將士務必堅守營盤，不管蚩尤如何叫陣，未得軍令不得出戰，違令者斬。

三個月後，黃帝準備停當。一日，蚩尤又令夸父來叫陣。黃帝坐在涿鹿城城頭華蓋傘下，身旁站有幾位士兵，城頭上插一面熊旗。這時，城門大開，風后站在戰車上率軍隊潮水般湧出。士兵個個盔甲明亮，刀槍耀眼，又經過風后訓練，鬥志旺盛。

風后率三萬軍隊，在涿鹿城東一個山坡處（今八卦村），按照乾、坎、艮、震、巽、離、坤、兌八個方位布陣。蚩尤聞聽黃帝軍隊出城，就親自率大軍從蚩尤寨（今礬山鎮西南），浩浩蕩蕩衝了過來。蚩尤將士以為黃帝軍隊根本不是自己對手，不管什麼陣法就衝了進去。

風后先布的是天履陣，只見他立於八卦陣中央戰車之上，手持黃色旗幟，在空中擺來擺去。隨著黃旗變換，陣勢一會兒變為地載陣，一會兒變為風揚陣，一會兒變為龍飛陣，一會兒變為垂雲陣，一會兒又變為虎翼陣，又一會兒變為鳥翔陣。蚩尤士兵在陣中，先是恃強好勇，管你什麼陣法，只管亂殺亂砍，砍了一時就喪失了銳氣，時而像包餡餅似的被包圍，時而像夾層蒸饃似的被層層相夾。有時看見前面有個缺口，想衝出去，可是待要往外衝時，突然面前又像是堵厚牆，被圍了起來。有時突然看見前面出現幾條街道，正順著街道跑時，忽然街道不見了，眼前又出現遍地龍蛇飛舞，張牙舞爪地撲過來。蚩尤軍隊像沒頭螞蚱似的在陣中亂碰亂撞。風后最後變作蛇蟠陣時，也是蚩尤命不該絕，才從巽門逃了出來，回頭看看八十一個弟兄，死了十二個，手下士兵也損失了十之七八，只得沒命似的逃回蚩尤寨。

傳說，黃帝戰勝蚩尤後，風后回到自己的封地風后嶺（今河南省新鄭市西南具茨山上）將這八卦陣勢寫作《握奇經》。到了唐代，大軍事家獨孤及在具茨山北一個叫雲巖宮的地方立碑刻作《風后八陣圖記》。河南新鄭人還把風后的《握奇經》收錄進《新鄭縣誌》，使之流傳至今。

採錄整理：劉文學

記錄時間：一九八三年一月

記錄地點：河南省新鄭城關鎮

指南車破霧

傳說上古時候，蚩尤與黃帝在涿鹿大戰，有一次請來風伯、雨師助戰，將黃帝打敗了。正在這時，黃帝的女兒女魃來了，施展法術，將風伯、雨師打敗，黃帝又打了個大勝仗。蚩尤兵敗之後，終日吃不下飯，睡不著覺，抓耳撓腮，坐立不寧，心想，這可怎麼辦？打不敗黃帝，不要說做天子了，就是自己的部落也保不住。他想啊想啊，突然拍了一下腰，這一拍不打緊，蚩尤高興得差點跳起來，說：「啊呀！我真暈，我不是有『霧母』嗎？」立即喚來夸父，叫他帶領那六十九個弟兄（另外十二個在風后八卦陣中死亡）去涿鹿城叫陣決戰。這涿鹿城就在涿鹿山東北一個高土丘上。

蚩尤就在涿鹿城西南二、三里地的一個黃土崖上，中間是一片凹地。

黃帝見蚩尤軍又來叫陣，就又令常先、大鴻、力牧率領將士出城迎戰。兩軍先是在涿鹿城下廝殺，打了一個時辰，夸父假裝敗退，將常先、大鴻、力牧等引入蚩尤寨下，兩軍正在激戰之時，突然戰場上起了滿天大霧，向黃帝軍中衝來。這時，黃帝和風后正在涿鹿城頭觀陣，大吃一驚，朝著起霧方向往去，只見蚩尤和一個兵士站立蚩尤寨上，兩手撐著一個大口袋，正對著黃帝軍隊噴霧。

傳說，蚩尤曾取先天純陰之氣練成霧，將它儲藏在一個山洞裡，待要用時，將霧裝在一個袋裡。這個袋子名叫「霧母」，長八尺，寬二尺，能展能卷，形狀似一塊簾幕，因此人們又叫它「霧幕」。若是打開袋口，就從袋中噴出炊煙似的大霧；若是將它展盡，就噴出彌天大霧，對面不能見人；若是將袋口捲起，則天地漸漸復明。

黃帝軍隊在大霧之中不辨東西南北。常先、大鴻見勢，高聲呼喊：「衝出去！衝出去！」士兵聽到呼喚聲，也高聲呼叫：「衝出去！衝出去！」說來也怪，不論黃帝的軍隊衝到哪裡，那大霧就跟到哪裡。過了大約一個時辰，黃帝的軍隊仍然被大霧包圍著。蚩尤聽不見呼叫聲，就將「霧母」口袋收起。一會兒，戰場上漸漸復明，只見屍體遍野，黃帝的軍隊只有部分將士逃回涿鹿城去。

這次戰鬥，黃帝軍大敗，又是數月緊閉城門，不敢出戰。黃帝無計，只好帶領風后，回有熊國另想良策。一日，黃帝來到西太山（今河南新鄭西北）行宮，剛剛坐下休息，突然有一人頭鳥身的女子從天空飛來，落在黃帝跟前。

黃帝立即站起，跪在那女子面前，連連叩頭說：「不知上仙駕到，請恕罪。」那女子宛然一笑說：「不必客氣。我是天上的九天玄女，知你有難，特來幫你，只是不知你想叫我怎樣幫你。」黃帝不敢抬頭，回答說：「我與蚩尤已經九戰，到現在還沒有打敗他，眼下蚩尤的大霧很厲害，我實在想不出更好的辦法制服他，請上仙賜教。」玄女從懷裡掏出一張圖交給黃帝，說：「你依此圖仿造一指南車，可破蚩尤大霧。」玄女說罷，展開翅膀向天空飛去，黃帝再三拜謝。

正在此時，忽聽有人呼喚：「主公，主公！」黃帝被風后呼叫驚醒，睜眼一看說：「哎呀！剛才我做了一個夢。」說著看手上真有一張圖，就把剛才夢中之事向風后說了一遍。風后看罷圖，高興地說：「這下可好了！」

黃帝命風后立即回有熊國都，依圖製造了二十輛指南車。一日，蚩尤軍又到涿鹿城前叫陣，黃帝叫大開城門，令常先、大鴻率領軍隊出城門。只見軍隊前面一輛戰車有四匹馬拉著，車上有一趕車人，另有一人扛著一面黃色熊旗。戰車之後又有二十輛兩輪木車，每輛都有一人在後面推著，車上站著一個木人，向前伸著手指，無論那車朝著何方，車上木人都手指南方。這二十輛指南車之後，又有一輛四輪木車，由熊、羆、虎、豹拉著，車上坐著黃帝。

黃帝背後插著一根黃色木棍，棍頂有一把黃色大傘。這黃傘周圍有五色雲氣縈繞，像是金枝玉葉，其上有花葩之象，因此，人們都叫它「華蓋」。傳說，這華蓋是黃帝製作的，行到哪裡，哪裡就會呈現吉祥。黃帝乘坐的華蓋車之後，是二十隊士兵。蚩尤見黃帝軍隊到來，又在蚩尤寨上張開「霧母」，施放大霧，戰場被大霧籠罩。黃帝因有指南車指示方向，任憑蚩尤作霧再大，也不會迷失方向。那大霧衝到黃帝華蓋之上，頓時化為縷縷青煙消失不見。蚩尤見施放大霧無效，立即收回「霧母」，命令撤兵回寨。

黃帝見蚩尤撤兵，也傳令常先等收兵回城。黃帝想，這指南車雖能辨別方向，破蚩尤大霧，但總不能每次打仗都帶指南車，徹底破除蚩尤法術才是根本。黃帝正在苦思冥想，突然見奢龍踩著雲朵從天空而來，說：「主公，臣聽說涿鹿山中有一深洞，有蚩尤練成的大霧，如將此洞打開，盡放洞中霧氣，蚩尤也就無法施霧了。」黃帝聽罷很是高興，說：「你可知道此洞在何處？」奢龍說：「近日，我在天宮看得清清楚楚。」說罷，黃帝便騎上奢龍，由一團黃色雲氣籠罩，奔向涿鹿山。

奢龍在山中盤旋了一會兒，落到一個深谷懸崖之上，用一前肢指著一個洞說：「就是這個洞。」黃帝走上前去，見是用石塊壘著，外面塗有泥巴，伸手將泥巴揭掉，從石縫中透出一縷霧來。黃帝又將石塊搬開，突然從洞中衝出團團大霧。奢龍說：「主公快走！」黃帝立即騎上奢龍騰空而去。這時只見涿鹿山一帶被濃煙似的大霧籠罩，整整持續了七七四十九天，大霧方才消失。從此，蚩尤再也無法施霧了。

採錄整理：劉文學

記錄時間：一九八三年三月

記錄地點：河南省新鄭城關鎮

摩旗山

在有熊國都西北四十多里的地方（今新密市東北白寨鎮境內），有一座山叫摩旗山，山上有個碗口大的洞穴，有四、五尺深，當地人都叫它摩旗穴。傳說，這個洞穴就是當年黃帝戰蚩尤時，與風后演習八卦陣時插令旗的地方。

傳說，很早以前，蚩尤從河北涿鹿南下攻打中原，一直打到黃河邊上，占領了有熊國北部不少地方。黃帝當初因為兵少將寡打不過蚩尤，就把軍隊撤到摩旗山一帶，想憑險據守。風后說：「主公啊，我看我們打不過蚩尤有以下原因：一是咱缺少良將，二是打法不行。咱不能與蚩尤硬打硬拚，咱將少，他將多，咱兵少，他兵多，這樣打還是要吃敗仗，咱給他鬥陣法，這興許能打敗他。」黃帝聽了說：「好好好！那我去訪求賢將，你就安排演習陣法吧。」風后說：「中啊。」

黃帝出去訪求良將去了，風后把他多年研究的八卦陣戰法圖拿了出來，給將士們講解。講了兩個月，黃帝將訪得的良將力牧、具茨、大隗、大鴻、常先、武定、應龍、太山稽等也帶到了摩旗山。

黃帝有了眾多的良將，又有了風后的八陣法，就封風后為帥，叫他擔任八陣戰法的總指揮。封力牧、大隗、常先、具茨等為將，各帶一隊人馬，按陣法操練。原來打仗主要是將對將、兵對兵廝殺，現在呢，按風后八陣圖打仗，必須統一指揮，統一部署，統一號令，該進則進，該退則退，各個作戰隊伍必須配合，方能百戰百勝。如有一個作戰單位在配合上出了問題，就可能造成全軍覆沒，但是用啥號令去統一指揮呢？

大家想啊，想啊，有的說用號，有的說用鼓。大家都說不行，用號用鼓，只是叫軍隊前進或後退，要是按照八卦陣法打仗，千變萬化的，打得又很激烈，誰能聽準吹了幾下號，敲了幾下鼓？突然黃帝說：「看這樣行不行，用幾樣東西染上不同的顏色，把東西插到山頂上，很遠都能看到，我們的將士只要看見插的東西變了顏色，陣法就隨著變。該進則進，該退則退，該左則左，該右則右，這樣不就方便了嗎？」

風后說：「這倒是個好辦法，不過用什麼東西染色呢？」黃帝想想說：「不知用做衣服的絲綢怎麼樣。」風后說：「絲綢結實，用它統一號令保險，中。」黃帝說：「咱給這東西起個啥名字呢？」風后想了一會兒說：「你不是用它統一號令嗎？咱乾脆就叫它令旗好了。我們再在令旗上穿一根長竿，將它插到這座山的最高處，你看怎麼樣？」黃帝說：「中，這老中。」

黃帝讓嫘祖做了七面又長又大的令旗，染成紅、黃、藍、黑、白、紫、綠七種顏色。令旗做好了，黃帝把眾將召集到山上，對他們說：「現在製成了七面不同顏色的大旗。作戰時，風后把黃旗插到山坡上，大家看見黃旗就擺虎翼、風揚陣，看見黑旗就變蛇蟠、地載陣，看見綠旗就變鳥翔、雲垂陣，看見白旗就變龍飛、雲覆陣，看見紅旗各隊就一齊奮勇向前拚殺，看見藍旗各隊就圍剿蚩尤士兵，看見紫旗各隊就撤兵。」黃帝說到什麼旗，就舉起什麼旗叫大家看。大家看了看都說：「棒極了！看旗就知道啥打法。」

眾將回兵營後，黃帝讓人砍了七根長竹竿，把各色令旗穿好，然後又讓人在山頂上鑿了一個四、五尺深的穴，叫風后把這些令旗插到這個洞穴裡指揮練兵。風后按照八卦陣，整整練了三個月，就把軍隊開到黃河北，把蚩尤給活捉了。

後來，當地人就把黃帝與風后插旗練兵的這座山叫做摩旗山，把插旗的那個洞穴叫摩旗穴。現在摩旗山上那個摩旗穴仍然可見。

採錄整理：高力升

記錄時間：一九八三年二月

記錄地點：河南省新密城關鎮

綿羊救駕

在有熊國都西北的雲巖宮附近，有個村莊叫石羊莊。村外有兩隻坐北朝南的大石羊。這兩石羊身軀高大，犄角高聳，雙目有神，十分可愛。當地老百姓叫這倆石羊為「石羊大仙」，初一、十五有不少人為它們燒香擺供。據說，當年黃帝戰蚩尤時這兩隻石羊救過駕，因此受到人們尊敬。

很久以前，蚩尤為占領中原，與軒轅黃帝在河北擺開了戰場。蚩尤指揮他的大軍猛攻黃帝的防線。黃帝麾下的將士們堅守自衛，雙方打得十分激烈。蚩尤勝戰心切，見前線硬攻一時很難取勝，就心生一計，悄悄地派麾下得力幹將震蒙氏帶領三千精兵強將，偷偷竄到黃帝的軍事大本營具茨山一帶，妄圖發動突然襲擊。

這天，黃帝正與風后研究如何打敗蚩尤。風后把他在具茨山潛心研練的八卦陣圖詳細地告訴了黃帝。黃帝對風后的八卦圖十分讚賞，決定第二天調兵在具茨山北的臺兒崗上演習陣法。兩人看天色已晚，將八卦陣圖藏好，正要休息，忽然聽山下喊殺聲震天，不知發生了啥事情。這時，一個守宮的士兵急急忙忙地跑來稟報說：蚩尤派兵偷襲具茨山來了，守衛的士兵頂不住蚩尤兵的衝殺，已經敗退下來。

黃帝與風后一聽可著了急，因為大將力牧、大隗、常先、武定都在前方作戰，只有很少一部分士兵由大鴻帶領，留守在具茨山一帶。黃帝吩咐來報士兵傳信給大鴻，讓他拚死也要抵擋住蚩尤的進攻。

傳信的士兵走後不久，蚩尤士兵的喊殺聲更近了。黃帝與風后站到具茨山頂朝風后嶺一看，大吃一驚，只見蚩尤士兵高舉火把，一路大殺大砍，「嗷嗷」號叫著向具茨山逼來。大鴻招抵不上，就要退到具茨山下。黃帝與風后見情勢萬分緊急，急忙下山接應大鴻。

黃帝與風后都有超凡武藝，從二更殺到三更時分，只殺得蚩尤士兵屍橫遍野、血流成河，可是蚩尤士兵仍拚命廝殺。黃帝的士兵也死傷大半，大鴻早已殺成了一個血人。黃帝看看實在抵擋不住蚩尤士兵，不得不邊殺邊退，正要退到山腳下時忽然見蚩尤士兵大亂，以為是自己的援兵到了，就帶領士兵，向後撤的蚩尤士兵追殺了回去。

追殺到陣前，只見兩位神仙正指揮成千上萬隻大綿羊圍攻蚩尤士兵。這些綿羊蹄蹚角抵，橫衝直撞，十分凶猛。蚩尤士兵有的被羊群蹚倒站不起身，有的被羊角抵傷，有的被銳角刺入胸膛，血染黃沙。黃帝與風后見此情景，帶領士兵們一邊高喊，一邊猛殺猛砍。不到一個時辰，震蒙氏招抵不上，帶殘兵逃竄。黃帝大獲全勝，來到兩位神仙面前叩頭拜謝。二位神仙急忙將黃帝扶起，說：「請黃帝、風后不必多禮，快快請起。」接著說起了救駕的根由。

原來這兩位神人是摩旗山山神爺的兩個護山大仙，是千年修練成人形的一對大綿羊，掌管摩旗山下金磨坊裡那對金馬駒、銀馬駒，專為上天玉皇大帝磨金豆子。這天下午，山神爺往玉皇大帝那裡赴宴去了，他們卸磨後，拴好金馬駒、銀馬駒，出外遊玩散心，正巧遇上蚩尤士兵偷襲黃帝兵營。這兩個綿羊大仙早就聽說黃帝是個仁義之君，有心助他一臂之力，今天正好碰上，就唸動真言，施用法力，招來萬隻綿羊與震蒙氏擺開了群羊陣。

黃帝聽罷十分感動，為了答謝兩位綿羊大仙的救駕之功，請他倆去具茨山做客。兩位大仙說：「不打擾了。我們五更雞叫前必須趕回摩旗山。」黃帝與風后聽罷不便強留。正在這時，遠處雞鳴，兩位大仙大驚，急忙騰雲而去。可是晚了，只見天空一道閃電，一聲雷鳴，兩位綿羊大仙被打下雲頭，落在凡塵，化作兩隻大石羊，再也動彈不了啦。

後來，這兩隻大石羊旁邊慢慢地形成了一個村莊，人們叫它「石羊莊」。

採錄整理：高力升

記錄時間：一九八三年二月

記錄地點：河南省新密城關鎮

撤兵嶺

在新密市西南平陌鎮附近，有一條長滿皂角樹的溝，人們叫它「皂角樹溝」。在這條溝的南面，有一道東西綿亙的山梁。山上長滿了老槐樹，人們稱它「槐樹嶺」。相傳當年黃帝與蚩尤在這裡打過仗，蚩尤吃了敗仗，要跑，人們便稱這道嶺叫撤兵嶺。

據傳，在這以前，先是黃帝吃了敗仗，帶領兵將退到了皂角樹溝。黃帝打敗仗的原因是，蚩尤除了發動大規模的正面攻擊外，還派手下得力幹將震蒙氏帶領兵將深入到黃帝後方，製造混亂，進行騷擾，弄得黃帝防不勝防。

黃帝退守皂角樹溝後，就與風后、力牧等將領商量對敵良策，商量了很久也沒商量出個子丑寅卯來。黃帝悶悶不樂地走出營寨，來到一棵大皂角樹下。這時，風后追了出來，說道：「我有辦法了，我有辦法了。」黃帝忙問他想出了什麼辦法。風后說：「讓自己的兵和百姓都暗暗戴上標記，沒有標記的就是敵兵。」黃帝聽罷，認為這倒是個好辦法。可用什麼做標記呢，一時又為難起來。

正在這時，一片肥厚、青綠的皂角樹葉飄落到黃帝面前，他順手拎起樹葉，一邊撕著，一邊沉思著。撕著撕著，黃帝緊皺的眉頭突然展開了，笑著對風后說：「有了！有了！」接著他給風后說了他的想法：「皂角樹的葉肥厚、青綠，不怕太陽，即使乾了也不脫膠，用它做標記，插在士兵和老百姓的髮結上不是很好嗎？」風后聽罷，也認為是個好辦法。第二天，黃帝就暗中下了一道命令：凡本部落人馬，不管男女老少，一律在髮結上插一片皂角樹葉。

從這以後，震蒙氏帶來的兵一出現就被黃帝捉住了，不幾天，震蒙氏的兵將損失了大半。震蒙氏很納悶，不知黃帝用了什麼辦法，能那麼快認出他的兵士。沒辦法，震蒙氏只得帶著剩下的兵士撤退回去。

後來，震蒙氏終於打探到了黃帝的祕密，趕快報給了蚩尤。可他們駐紮的地方沒有皂角樹，蚩尤說：「沒有皂角樹，就插上槐樹葉吧，槐樹葉也是葉！」

第二天，蚩尤就命令他的兵士都插上槐樹葉，向黃帝發動了大規模的進攻。蚩尤本想來個將計就計，魚目混珠，萬沒想到，他士兵頭上的槐樹葉經太陽一晒，就脫落了。黃帝命風后、力牧帶領士兵奮勇殺敵，凡頭上沒皂角葉的就殺頭或活捉，結果打得蚩尤大敗而逃。

後人為了紀念黃帝這次獲得的勝利，就把蚩尤戰敗逃跑的這道槐樹嶺，改名叫撤兵嶺。

採錄整理：高力升

記錄時間：一九八三年二月

記錄地點：河南省新密城關鎮

螞蟻山和蟻蜂店

在確山縣胡廟鄉與蟻蜂鄉的交界處，有座大山叫螞蟻山，山西南就是蟻蜂鄉政府所在地蟻蜂店。據說這山峰和地名與黃帝戰蚩尤有關。

相傳遠古時候，黃帝與蚩尤在中原大戰，雙方安營紮寨，在桐柏山北擺開戰場相持不下。起初，蚩尤戰不過黃帝，吃了敗仗，就請來一位大力神。這神神通廣大，力大無窮，不怕火燒雷劈，不怕乾渴水淹，如果打起仗來，赤手空拳抓住對手就能摔死。黃帝派眾將對敵，結果死傷無數，就連素以勇猛著稱的應龍也被摔傷敗下陣來。黃帝看難以取勝，就派軍師風后去長白山請來螞蟻神，去百花山請來蜜蜂神，定下計策，讓二神聯合作戰，殺死大力神。

這一天，應龍帶傷上陣，把大力神引到東北面的山上。早已埋伏在這裡的螞蟻神連忙放出無數不怕摔的大螞蟻，成群結隊地圍住大力神亂咬。大力神神力雖大，對無數的螞蟻卻沒有啥法，只好手拍腳跺，但也無濟於事。此時，蜜蜂神也放出無數有毒的蜜蜂，遮天蓋地飛來，從空中襲擊。大力神手腳不能相顧，被成千上萬的蜜蜂蜇得鼻青臉腫，昏倒在地。無數的螞蟻一擁而上，把他吃得只剩一架白骨。大力神一死，蚩尤沒有了主將，黃帝指揮將士乘勝出擊，大獲全勝，就把螞蟻咬死大力神的那座山取名「螞蟻山」，把螞蟻神和蜜蜂神住過的村莊取名「蟻蜂店」。

講述人：張天義，男，漢族，七十三歲，上過私塾，蟻蜂鄉彭樓村第四村民組農民

採錄人：彭永先，男，漢族三十二歲，高中畢業，蟻蜂鄉文化幹部

採錄時間：一九八八年四月三日

採錄地點：蟻蜂鄉彭樓村

黃帝避難上七旗

炎帝被黃帝打敗，回南方後，蚩尤非常不服氣。他不聽炎帝的勸阻，帶領大隊人馬又殺回涿鹿來，與黃帝展開連年大戰。

蚩尤不光力大凶猛，還會興妖作怪。每回交戰，他都要噴雲吐霧，飛沙走石，弄得天昏地暗。你打他時看不見，他打你時防不了，黃帝的人馬連吃敗仗，陷入進不能進、退不能退的困境，損兵折將，傷亡慘重。

這一天，蚩尤又施用「長法」，放出了滿天大霧。黃帝的人馬被困在一片黑暗中。大將力牧按指南車指的方向好不容易才殺出重圍，奔回了涿鹿城，可是一清點人數，哪裡也找不到黃帝了。原來他們跑時被蚩尤發現了，蚩尤誰也不截，單單攔住了黃帝的去路。黃帝一看蚩尤人多勢眾，闖不過去了，撥轉馬頭就朝西南方向的上七旗跑去。

上七旗村的男男女女正站在村口土疙瘩上觀戰哩，看見黃帝單人獨馬慌慌張張跑過來，齊聲喊：「軒轅，軒轅！快上來，這裡有土洞！」黃帝跳下馬，一邊向鄉親們拱手致謝，一邊向土疙瘩跑去。兩個年輕的小夥子迎上去，一個幫牽馬，一個攙扶著黃帝的手臂，急急忙忙上了土疙瘩，鑽進了那個土洞裡。鄉親們七手八腳一塊動手，堵住了黃帝藏身的洞口，就離開土疙瘩回家了。

鄉親們剛走，蚩尤就帶著人馬追到了土疙瘩前了。他東瞧瞧、西看看，圍著土疙瘩轉了好幾圈，也找不到黃帝的影子，心裡很納悶，明明看見他衝這土疙瘩跑來了，咋無影無蹤了？又讓人到村裡找，還是沒有黃帝。他想，重賞之下必有勇夫，就衝村裡人喊道：「老鄉們，誰能捉住軒轅，告訴他藏的地方，賞肉一車！」鄉親們沒有一個人理他，蚩尤討了個

沒趣，只好帶著人馬走了。

走到半路上，蚩尤後悔了，帶領人馬又返回上七旗，想趁人們不備，生擒黃帝，搶些糧食和牛羊。他這點鬼心眼，早被黃帝算出來了。蚩尤一走，黃帝就叫人們把牲畜、財物藏了起來。蚩尤回來了，他搜來搜去，還是兩手空空，啥也沒撈著，只好垂頭喪氣地又走了。人們見蚩尤走了，天也黑了，就把黃帝從洞裡請出來了。

黃帝消滅了蚩尤，統一了天下，每年都來上七旗村看望鄉親們，感謝救命之恩。上七旗村的老鄉們知道黃帝是個明主，都讓兒女跟著他治理天下。

採錄整理：李懷全

（選自涿鹿縣誌編纂委員會編《涿鹿縣誌》，河北人民出版社一九九四年版）

黃帝平魔的傳說

很久以前，有熊國的西部山多、嶺多、溝多、石頭多，到處是茂密的大樹林。野獸、妖魔經常出現，鬧得百姓不得安寧。黃帝為使百姓安居樂業，就派大將力牧把山林裡的狼、蟲、虎、豹捉起來，交給馴獸大王巨靈氏馴養。巨靈氏把這些野獸弄到一個地方，把牠們圈起來餵養。傳說當年圈養老虎等野獸的地方就是如今下牛村的養虎圈和辛店的老虎洞。

後來，在洧水河上游、薈翠山一帶，不知從哪裡竄來一頭魔怪。牠的樣子很像老虎，但是頭上卻長著兩隻角。兩眼像手電筒，口像血盆，獠牙有二、三尺長。牠在樹林裡竄一圈，樹林裡能颳起一陣大風；站在薈翠山上吼一聲，能使滿山石頭往下滾。牠的兩隻犄角能把一摟粗的大樹攔腰抵斷，見人吃人，見獸吃獸。

薈翠山一帶本來就人煙稀少，這樣一來，弄得路斷人稀。黃帝知道了這件事，先是發兵前往薈翠山一帶圍剿。那魔怪十分凶猛，沒等黃帝的人馬到，就在半路上給攔住了。那魔怪站在蒼翠山上一聲吼叫，嚇得黃帝士兵都不敢前進，接著又跑下山來，在人群中橫衝直撞，用角抵、用口咬、用蹄子踢。一會兒黃帝的數百名士兵被抵傷的抵傷，踢傷的踢傷，咬死的咬死。其他沒有死傷的士兵，嚇得逃回有熊國都，去稟告黃帝。

黃帝聽了稟報後，十分氣惱，就和風后商量平魔辦法。風后說：「不如先讓力牧和巨靈氏帶領圈養的狼、蟲、虎、豹去打頭陣，等魔怪被野獸鬥困了，再叫士兵用火去攻。」黃帝說：「這倒是個好辦法，就擇個吉日出兵平魔吧。」

三天後，力牧和巨靈氏驅趕著被馴服的狼、蟲、虎、豹共五百隻在前面開路，黃帝和風后帶領精兵在後面跟著，向蒼翠山開去。

力牧和巨靈氏將馴獸趕到蒼翠山東坡，那魔怪又來迎戰。巨靈氏見魔怪出現，一聲呼哨，將那五百隻野獸驅趕了上去。眾獸圍著魔怪撕咬，那魔怪並不害怕，也奮力撕咬野獸，結果不到半個時辰，將野獸咬傷過半。黃帝見勢不好，就叫士兵擊鼓，吶喊助威，又讓風后點火。

霎時間大火燒了起來，不一會兒就燒成了一個火圈，把那魔怪圍在了中間，燒了牠的皮毛，燒傷了牠的蹄子。那魔怪被燒得嗷嗷直叫，逃往蒼翠山上，卻不知黃帝早將一些人馬埋伏山中。這些士兵見魔怪奔來，就在山上點燃了火種。那魔怪見山上到處是熊熊大火，濃煙翻滾，不知往何處逃跑。力牧和巨靈氏又驅趕馴獸圍截撕咬魔怪。黃帝與風后也命士兵放箭、投石、擲標，終於把魔怪打傷在地。

黃帝走到跟前，那魔怪喘著粗氣，趴在地上不住給黃帝磕頭求饒。黃帝見魔怪有悔改之意，就說：「只要你今後不再禍害百姓，可以留你一條性命！」那魔怪連連點頭。黃帝令士兵閃開一條道路，讓那魔怪逃生而去。

後來，先人們就給黃帝平魔怪這個地方取名「平魔地」。由於除了魔怪，蒼翠山一帶人煙逐漸增多起來，不久就在平魔怪這個地方形成了一個村莊。為了紀念黃帝平魔有功，就把這個村莊叫「平魔村」。天長地久，人們又把「平魔」唸成了「平陌」，一直沿襲至今。

再說那魔怪被黃帝放生之後，由於傷勢過重，沒逃多遠就死了。傳說牠死後變作一座小山嶺，人們叫這座小山嶺為「虎嶺」，將黃帝用火燒魔怪的地方叫做「火門山」，這座山就在薈翠山的東側。

講述人：韓殿臣

記錄人：高帆

記錄時間：一九八三年三月

記錄地點：河南省新密城關鎮

八大酋長比武

軒轅星自來到人間後，人稱「軒轅氏」。由於他才智過人，又處處為百姓著想，後來被推舉為部落酋長。當時，天下有許多氏族部落，經過比武較量，只剩下八大部落。這八個部落的首長分別是軒轅氏、有鳶氏、武豸氏、太乙氏、蜀山氏、白龍氏、空桑氏、大隗氏。這八個部落都吃過孤獨生存的苦頭，懂得合起來才有力量的道理。經過多次協商之後，一致同意建立部落聯盟。可這部落聯盟的盟長又由誰來擔任呢？按照慣例，八大酋長要舉行一次大比武，誰最後獲勝，誰就是部落盟長。

比武場設在具茨山東南的一片開闊地上。比武那天，天氣很好，前一天還下過一場雨，大地顯得十分清新。一大早，高舉自己部落圖騰的民眾從四面八方的山路上一道吆喝，奔馳而來，聚集在高大的祭臺前。不一會兒，臺下人山人海，八面部落的圖騰旗幟在最前邊，熊、羆、蛇、魚、虎、豹、雕、鳶的雄姿在半空中搖動。隸屬八個部落的人成千上萬，他們大聲呼喊著自己酋長的名字，一個個昂首挺胸，神氣活現，顯示著自己部落的威風。具茨山下的吼聲驚天動地，熱鬧異常。

比武前要舉行祭典儀式，祭司是從這八個部落中推選出來的最有聲望的老太婆。她穿著新製作的鹿皮祭服，肩披用血染成了紅色的頭髮，在呼喊中走上祭臺。當她拿著龜殼占卜時，臺下頓時鴉雀無聲，無數雙眼睛望著她那神祕的舉動。只見她擺弄了一陣之後，仰臉朝天，嘴唸咒語。過了一會兒，她突然站了起來，繞臺子轉了一周，然後站在祭臺前大聲吆喝：「按照八卦，比武的要求是，在百步之外，射下一百個活人頭上的紅纓子，不能有所中傷，不能有所失誤。」

當祭司宣布完後，八大部落長都在掂量著那話的分量，衡量著自己的本領，心裡都有些緊張，臺下一片沉寂。

這八大部落長，數太乙氏最為活躍。他瞅瞅這個，看看那個，眼神裡流露出傲慢與自信。他想，等你們一個個嚇得都不敢登臺時，我再上臺去。他正得意時，不料軒轅氏已從人群裡走出來，順著臺階，拾級而上，第一個走上祭臺，並鄭重而有禮貌地說：「我來試試！」軒轅氏捷足先登，使太乙氏妒火中燒，他沒上臺就大聲吆喝：「我也要試試。」說著奔上臺去。其餘六個酋長見軒轅氏、太乙氏上了祭臺，也不甘落後，便一個接一個地走上臺去。

祭司讓酋長們抽籤之後，莊重地宣布了出場順序。第一個上場的是武豸氏。他身材高大，膀寬腰粗，像一頭公牛。他把狼皮武服纏在腰間，光著一隻臂膀，顯得很壯實。他雖然武藝高強，可這百步之外射活人頭上的紅纓還從沒幹過，這得萬無一失。他畢竟是出手不凡的酋長，竭力抑制著自己的情緒，邁著從容的步伐，走到指定的地點。他輕輕地從箭囊裡抽出一支箭，又慢慢地搭上弓弦。眾目睽睽，人們都在替他捏著一把冷汗。

那一百個活靶子個個心神不安，生怕射中自己。武豸氏瞄準第一支紅纓，使勁拉了一下弓，只聽見「嗖」的一聲，循聲望去，只見箭離那紅纓足有半人高，最後落在遠遠的草地上。眾人這才鬆了口氣。武豸氏又搭上一支箭。他想，我就是箭箭落空，也不能把人傷了。只見他又一拉弓，只聽「哇」的一聲，那箭射中了第一個活靶的左耳，頓時鮮血直流。還好只削掉一小塊。武豸氏面紅耳赤地自動退了下來。

輪到有鳶氏了，他斜披豹皮武服，英姿勃勃。他不慌不忙，第一箭射成功了，紅纓被射落在地上，人們不由得歡呼起來。第二箭又成功了。人們的歡呼聲更加熱烈，預祝他第三箭成功。結果，第三、四支箭都遠遠地飛了出去。他只好退了下來。剛才激動歡呼的人群又收斂喜色，沉默下來。

輪到太乙氏了。只見他身著一身嶄新的虎皮武服，右臂裸露在外，袖子纏在腰際，寬寬的皮條帶子紮在腰間，左肩斜挎長弓，後邊挎著箭囊，一身英武之氣。再看他頸上掛著一根皮條，皮條上穿著幾顆老虎的門牙。大家默默地數著，不多不少整整八顆，眾人不由得肅然起敬。英雄，真正的英雄，這意味著有八隻虎死在他手中。

太乙氏大搖大擺地走到指定地點。只見他穩紮腳步，緊握弓箭，使勁一拉，隨著箭聲，那人頭上的紅纓「噗」的一聲墜了地。

人們並沒過早地歡呼，都屏著氣等待第二支。

太乙氏臉色鐵青，全神貫注地射出第二支箭，紅纓照樣墜地。第三支、第四支、第五支……箭無虛發。人們再也按捺不住激動的情緒了。頓時，歡呼聲響成一片。太乙氏聽到歡呼聲，仍很沉著，一氣射下九十支紅纓。觀望的人們驚呆了，齊吼：「神箭！神箭！」也有人喊起來：「太乙氏萬歲！」

就在這歡呼聲中，箭到九十二支時不聽使喚了，從活靶子頭上飛了過去，九十三、九十四也都落了空。太乙氏在漸漸減弱的讚揚聲中退了下來。

輪到軒轅氏了。只見他頭上戴著一頂斑鹿皮套，周圍插滿天鵝和鷹鳶的翎羽；一件牛皮武服從左肩斜披下來，腰間束著一條寬寬的虎皮腰帶，長弓斜挎，箭囊掛在腰間。再看那頸下的皮條上，虎、獅的門牙一顆挨著一顆，光胸前就已十六顆了。後邊還有多少，尚看不清。再仔細一瞅，那牛皮武服上還纏了一圈熊、羆、豹、狼的尾巴，從胸前斜叉一個十字，又在腰間纏了一圈，數也數不清。人們一看這裝束，就驚嘆不已。

軒轅氏神態自若地走到指定的位置上。他佩服太乙氏的箭法，更相信自己。他的箭囊裡不多不少，整整裝了一百支。他告誡自己，只能射好，不能失誤。

他全神貫注，擺開架勢，一支接一支地把箭射出去。只聽飛箭「嗖嗖」作響，只見紅纓「噗噗」落地。觀望的人們只顧觀看，一個個被場面驚呆了。當他們從驚恐迷惑中清醒過來時，都發狂似的吼叫道：「真正的神箭！真正的神箭！」人們吼聲未止，一百個紅纓已全部墜地，整整齊齊排在活靶子的左側，人們又是一陣沸騰：「軒轅氏萬歲！軒轅氏萬歲！」

軒轅氏被狂呼的人們高高擎起，人們為有這樣的盟長而高興。其餘五位酋長見軒轅氏如此神功，也就自動退讓了。

軒轅氏被推舉為盟長後，把七大部落酋長邀來，並把八個部落的圖騰旗幟融合兼併。軒轅氏提出，以蛇為主體，以魚鱗為蛇鱗，以魚尾為蛇尾，用馬頭、鹿角、鷹爪組成一個新的圖騰，叫做「龍」。根據酋長們的建議，具茨山為地之正中心，部落聯盟稱為「中國」，建都於有熊（今河南新鄭）。

記錄人：蔡柏順

記錄時間：一九八三年二月

記錄地點：河南省新鄭城關鎮

黃帝西泰山會諸侯

傳說，黃帝在涿鹿與蚩尤整整打了九年，打了五十二次仗，才俘獲（一說殺了）蚩尤，帶領軍隊回到有熊國都。回國之後，風后對黃帝說：「蚩尤是被打敗了，但天下太平只是暫時的。現在最要緊的是要建立一個統一的國家，制定一套法律法規，要大家都去遵循，不然幾年後，說不定各諸侯國為爭奪土地、財物又要打仗了。」黃帝說：「這正是我所憂慮的。

你看如何是好？」風后說：「不如昭告天下，請各諸侯聯盟酋長來開個會，共同商量一下，最後大家再籤個盟約。」黃帝說：「你說的極是，你看選擇何日、在哪開會？」風后說：「我觀天象，又叫巫師進行了占卜，三月三是黃道吉日；開會地點，來人甚多，國都甚小，不如在西泰山（今河南新鄭市西北）。那裡前臨黃水，後有梅山，現在正是梅花盛開的季節，以便祭祀山川。」黃帝說：「很好，那就安排吧！」

黃帝按風后的建議，先是頒詔天下，後又齋戒三日，準備三月三日赴西泰山會諸侯。各諸侯國的酋長，特別是東夷、南蠻、西戎、北狄的諸侯國酋長，接到詔書之後，因為路途遙遠，都提前來到有熊國。他們登具茨山，觀黃河，遊國都，賞梅花……尤其是看到有熊國人個個衣著華貴，言談舉止彬彬有禮，都讚不絕口。

三月三日這一天，西泰山更是壯觀，山上無數黃色旗幟飄揚。山下，東方青旗、西方白旗、南方紅旗、北方黑旗，迎風招展；山上，明堂坐北朝南，明堂之前，各諸侯盟國的旗幟如林。太陽昇到一竿高時，各諸侯國酋長已經到齊。這時，黃帝坐著華蓋車向西泰山緩緩而來。只見那華蓋車上，黃帝坐在中央，身著黃袍，頭戴黃冠，腳登黃靴。車有四個輪子，車上豎起一根黃色柱子，撐起一頂黃色大傘，傘的四沿圍有二尺半長的黃色絲綢圍屏。圍屏之上，綴有五彩飄帶，風一吹，華蓋之上似有五色雲氣縈繞，金枝玉葉浮動。華蓋車的最前面是風伯、雨師。風伯在前面扇著扇子，清除道路上的塵土，雨師在後面灑水，使道路乾淨清爽。風伯、雨師之後是蚩尤帶領一群頭戴虎、狼等假面具的壯士在前面開路，其後是畢方鳥駕著車，大象在前面拉著。車的後面有很多化裝成神鬼樣的人，有的龍頭鳥身，有的馬身人面，有的蛇身豬尾，有的牛頭象身，舉著刀、斧、戟、錘等跟隨。車的兩邊有六個人裝扮成長有翅膀的神蛇護駕。車的上空，還有九隻鳳凰鳥隨著飛行。黃帝來到西泰山，見山河壯麗，旌旗蔽日，諸侯群集，車馬喧鬧，很是激動，隨即作樂曲〈清角〉。

黃帝登上西泰山，見諸侯到齊，就先命祭祀天地山川。風后、祝融、后土在東山頭設方圓祭壇。祭壇之上，放著天、地、人三鼎和豬、羊、雞、鴨，以及鮮果鮮花等，祭壇後面鋪著地毯。祭祀開始，男、女兩隊樂師奏黃帝所作〈清角〉樂曲。隨著舒緩的樂曲，黃帝身穿黃袍，頭戴黃冠，腳登黃靴，登上祭壇，先在鼎內進香火，接著手舉三杯酒，在空中轉了三圈，傾灑在地，而後又接過巫師呈上來的一盤乾淨黃土，繞祭壇一周，將黃土撒在祭壇之上。

最後，由風后宣讀祭文：「天啊，您是我們的父親！地啊，您是我們的母親！山啊，您是我們的脊梁！河啊，您是我們的乳汁！是您，創造了萬物；是您，創造了子民；是您，給這個世界帶來光明；是您，給這個世界帶來繁榮。請您，保佑天下平安！請您，保佑多子多孫！請您，保佑免生災疫！請您，保佑永遠昌盛！」祝文宣讀完畢，黃帝帶領群眾、諸侯，又對天地跪拜！

祭天地山川之後，黃帝登明堂，坐在大廳之上，風后坐在黃帝的右邊，其下是蚩尤、常先、大鴻、力牧、太山稽、祝融、刑天、后土、倉頡、伶倫、大撓、玄女、素女等武將文臣。再往下是四方諸侯，按東西南北排序，席地而坐。

風后見大家坐定，就說：「賴皇天保佑，天下總算太平了。現在大家就是一個大家庭的人了。為了永遠太平，國家繁榮昌盛，主公把大家請來，共同商量國家大事。要商量的大事很多，我們一個一個來。第一件事是我們這麼大一個國家，這麼多部落，總該有一個總的首領，不然就會成一盤散沙。」風后說到這裡，下面的文武大臣和各諸侯酋長，同時振臂高呼：「天子軒轅！天子軒轅！」風后說：「軒轅只是主公天子的名字，要不要給起個號？」蚩尤說：「這有熊國有黃水，這裡的土都是黃色，天子軒轅有土德，居天下之中。帝為大，為天，我們尊他為黃帝吧！」大臣和諸侯一陣歡呼：「天子黃帝！天子黃帝！」祝融說：「那我們就是黃帝王朝了！」

又是一陣歡呼。風后說：「我們是黃帝王朝，那我們的國號叫什麼？」會場一陣沉寂，一會兒刑天高聲說：「過去部落林立，諸侯萬千，今天你奪我的土地，明天我奪你的人財。是有熊國給大家帶來和平與安定，咱就仍叫有熊國吧！」玄女說：「要是還叫有熊國，那這個國家就很大很大，怎麼與原來的有熊國相區別呢？我看咱不妨叫做有熊帝國，這樣既用了原來有熊國的名字，又與原來的有熊國有所不同。」不等玄女把話說完，諸侯們又是同聲呼喊：「有熊帝國！有熊帝國！」風后說：「我們叫有熊帝國，我們的國都定在何處？」又是一陣激烈的爭論。西戎人橋國的酋長說：「我看把國都設在我們橋國吧，那裡山高林密，可以打獵採果！」北狄族的葷粥國酋長說：「不如設在涿鹿，那裡有現成的城邑，那裡有山有水，有大草原。」東夷族蚩尤部落的一個酋長說：「定在東泰山下的濟水吧，那裡雖然水多了點，可是地很平的，不用一出門就爬山。」后土說：「各位酋長講的都有道理，但是要從有熊帝國的整體看。橋國、涿鹿雖然山多可以打獵採果，但是那地方畢竟很荒，且又處在有熊帝國的邊境上，國都怎麼能設在那裡呢？再說東方的濟水一帶倒是地勢很平坦，種田、捕魚都很方便，可是每年一遇洪水，那裡就成了水鄉澤國，大家又不得不搬家。我看還是有熊國這地方好，西邊有嵩山，北邊有大河，南邊有淮水，東邊是大平原，氣候適中，且居天下之中，天子幸臨四方，也很方便，還是把國都定在這裡最好！」諸侯同聲振臂高呼：「都有熊！都有熊！」

國都定過之後，風后說：「過去，我們各個部落都有自己的旗幟。現在呢，我們成了有熊帝國了，除了各部族仍保留自己的旗幟外，還需要一面能號令有熊帝國各部落的旗幟，這面旗幟該做成什麼樣？」祝融說：「過去我們神農部落和黃帝部落都是從有熊國的少典部落出來的，原來是把熊作為旗幟的，現在是否仍用熊做旗幟？」力牧說：「我不贊成。熊旗只是原來有熊部落的旗幟，怎麼可能用一個部落的旗幟，代替我們有熊帝國的旗幟呢？況且有熊部落還要保留自己的旗幟，這樣必然相混！」大鴻好久沒話，突然站起來說：「大家看這樣行不行，不如挑選一些有代表性的部落旗幟，把它們集中到一面旗幟上，不就代表有熊帝國的旗幟了嗎？」又是一陣歡呼。

有的說用牛做旗幟，牛踏實；有的說用馬做旗幟，馬跑得快；有的說用鳥做旗幟，鳥飛得高遠；有的說用羊做旗幟，羊最溫順；有的說用鹿做旗幟，鹿最善良；有的說用虎做旗幟，虎最勇猛；有的說用魚做旗幟，象徵咱有熊帝國富裕……黃帝見大家爭得臉紅脖子粗的，很是興奮，說：「這樣吧，根據大家的意思，我們不妨用馬的頭、鹿的角、蛇的身、魚的鱗、虎的掌、鷹的爪怎麼樣？」大家又是一陣歡呼。常先說：「這麼多，我們叫它什麼旗幟呢？」倉頡說：「我想好啦，叫它『龍』吧。龍是天上的神，很厲害，管天地，我們叫它『龍旗』吧！」會場一陣沸騰，同聲高呼：「龍旗！龍旗！」玄女說：「龍旗應為黃色，叫它黃龍旗。」黃帝滿意地點頭說：「對，叫黃龍旗，以後我們的子孫，就是龍的子孫了！」

定了國旗之後，風后說：「現在我們是有熊帝國，黃帝王朝，是否也該有個紀年？」大撓說：「我們是黃帝王朝，乾脆就叫黃帝紀年，稱作黃帝曆，今年（西元前二千六百九十七年）是甲子的第一年！」群臣和諸侯酋長商討之後，黃帝又設職、封官。封風后為相，封太山稽為右太監、祝融為左太監；封力牧、常先、大鴻、刑天、應龍、玄女、女魃為將；封蚩尤管鑄造，后土管農司，倉頡為右史官，沮湧為左史官；封羲和、尚儀為管天文氣象的天官，伶倫、素女為樂官，寧封為陶正（管燒陶業），赤將為木正（管建築業），馬師皇為牧正（管畜牧），岐伯為醫正（管醫藥），嫘祖、嫫姆為蠶娘（管紡織業），風伯、雨師等也各有封賞。封官之後，風后又宣讀有熊帝國法規，要求各諸侯國分疆而治，諸侯國內封野分州，實行井田制度和鄰里邑州編制。還要求各諸侯國必須遵守有熊帝國法規，諸侯國之間要親善和睦，如有爭端，由黃帝判定是非或裁決。風后宣讀法規之後，各諸侯國在協約上簽字。

最後，舉行開國大典。這時，伶倫帶領一組身著黃色男裝的樂隊，帶著鼓、磬、鐘、鑼、鐃、號；玄女帶領一組身著綠色女裝的樂隊，帶著琴、瑟、笛、簫、笙、壎，進入會場，站在明堂兩邊。後面是素女帶領幾百人組成的舞蹈隊，進入明堂前的中央。這次慶典表演的樂曲是黃帝創作的〈楓鼓曲〉。穿著奇形怪狀服裝的舞蹈表演隊員，不斷變化隊形，一會兒像猛虎下山，一會兒像蛟龍出海，一會兒像萬馬奔騰，一會兒像鷹鵰搏擊。隨著表演，隊員們發出陣陣吼聲，驚天動地，傳遍四方。就這樣，在有熊國（今河南新鄭），中華民族的第一個王朝誕生了。

採錄整理：劉文學

記錄時間：一九八三年三月

記錄地點：河南省新鄭城關鎮

神話戰爭的描繪方式多種多樣，相應的文獻有許多，諸如：「昔日者，黃帝合鬼神於西泰山上，駕象車而六蛟龍，畢方並轄，蚩尤居前，風伯進掃，雨師灑道，虎狼在前，鬼神在後，螣蛇伏地，鳳凰覆上，大合鬼神，作為〈清角〉。」（《韓非子．十過》）

「風后，伏羲之裔，黃帝臣三公之一也。善伏羲之道，因八卦設九宮，以安營壘，定萬民之竄。蚩尤之滅，多出其徽猷。」（清乾隆四十一年《新鄭縣誌》）

「黃帝夢大風吹天下之塵垢皆去。……帝寤而嘆曰：『風為號令，執政者也，垢去土，后在也。天下豈有姓風名后者哉。……』於是依占而求之，得風后於海隅，登以為相。……且善伏羲之道，因八卦設九宮，以安營壘，定萬民之竄。蚩尤之滅，多出其徽猷。」（《帝王世紀》）

「東海中有流波山，入海七千里。其上有獸，狀如牛，蒼身而無角，一足，出入水則必風雨，其光如日月，其聲如雷，其名曰夔。黃帝得之，以其皮為鼓，橛以雷獸之骨，聲聞五百里，以威天下。」（《山海經．大荒東經》）

「大荒之中，有山名日不句，海水北入焉。有系昆之山者，有共工之臺，射者不敢北嚮。有人衣青衣，名日黃帝女魃。蚩尤作兵伐黃帝，黃帝乃令應龍攻之冀州之野。應龍蓄（畜）水，蚩尤請風伯雨師，縱（從）大風雨。黃帝乃下天女日魃。雨止，遂殺蚩尤。魃不得覆上，所居不雨。叔均言之帝，後置之赤水之北，叔均乃為田祖。魃時亡之，所欲逐之者，令日：『神北行！』先除水道，決通溝瀆。」（《山海經．大荒北經》）

第二節　治世神話

在中國古典神話中，神農炎帝和軒轅黃帝都在自己的時代建立了國家，這是一個十分漫長的過程，所以中華民族稱自己為「炎黃子孫」。

黃帝完成統一大業後，最重要的任務是延攬四方賢能之士，保持國家的長治久安。《太平御覽》卷三七引《帝王世紀》：「黃帝夢大風，吹天下塵垢皆去。又夢人執千鈞之弩，驅羊數萬群。帝嘆日：『風為號令垢去土，后在也。豈有姓風名后者哉？千鈞之弩，異力；能遠驅羊數萬群，牧民為善。天下豈有姓力名牧者哉？』得風后於海隅，得力牧於大澤。」姓名制度的確立是在更晚時期發生的，顯然，這是後人借黃帝尋賢所抒發的政治情懷。

在黃帝神話中，延攬力牧、常鴻、大隗、風后等能臣，確實表現了原始先民的政治觀念。訪尋賢能是後世政治家的理想行為，黃帝作為理想中的政治大神，他頭頂上的光環更為奪目。《路史．發揮二》引《程子》「黃帝之治天下也，百神出而受職於明堂之庭」，就是指此。

《莊子．徐無鬼》：「黃帝將見大隗乎具茨之山，方明為御，昌寓驂乘，張若、謵朋前馬，昆閽、滑稽後車。至於襄城之野，七聖皆迷，無所問途。適遇牧馬童子，問途焉，日：『若知具茨之山乎？』日：『然。』『若知大隗之所存乎？』曰：『然。』黃帝曰：『異哉小童！非徒知具茨之山，又知大隗之所存，請問為天下。』小童曰：『夫為天下者，亦若此而已矣，又奚事焉！予少而自遊於六合之內，予適有瞀病，有長者教予曰：若乘日之車而遊於襄城之野。今予病少痊，予又且復遊於六合之外。夫為天下亦若此而已，予又奚事焉！』黃帝曰：『夫為天下者，則誠非吾子之事。雖然，請問為天下。』小童辭，黃帝又問。小童曰：『夫為天下者，亦奚以異乎牧馬者哉！亦去其害馬者而已矣。』黃帝再拜稽首，稱天師而退。」

《莊子．在宥》：「黃帝立為天子十九年，令行天下，聞廣成子在於空同之山，故往見之，曰：『我聞吾子達於至道，敢問至道之精。吾欲取天地之精以佐五穀，以養民人。吾又欲官陰陽以遂群生，為之奈何？』廣成子曰：『而所欲問者，物之質也；而所欲官者，物之殘也。自而治天下，雲氣不待族而雨，草木不待黃而落，日月之光益以荒矣。而佞人之心翦翦者，又奚足以語至道！』黃帝退，捐天下，築特室，席白茅，閒居三月，復往邀之。廣成子南首而臥，黃帝順下風膝行而進，再拜稽首而問曰：『聞吾子達於至道，敢問：治身奈何而可以長久？』廣成子蹶然而起，曰：『善哉問乎。來！吾語汝至道……』」

這兩段傳說是歷來為政治家所推崇的政治神話。《莊子》背後所表現的無為情結是另外一回事，這裡所傳達的是黃帝的治世，是與黃帝「四面」相一致的。《太平御覽》卷七九引《帝王世紀》：「力牧、常先、大鴻、神農、皇直、封鉅、人鎮、大山稽、鬼臾區、封胡、孔甲等，或以為師，或以為將，分掌四方，各如己視，故號曰『黃帝四目』。」這固然是神話歷史化的表現，它傳達了黃帝擢用賢能，則確實表現出古代政治理想的資訊。

在此種政治神話的傳播中，黃帝的神性面目越來越黯淡，諸如黃帝「蒼色，大肩」（《軒轅本紀》），「身逾九尺，附函挺朵，修髯花瘤」（《路史，後紀五》)，「河目而隆顙」(《孔叢子‧嘉言》)，「兌頤」(《河圖》) 等，完全成為一副帝王打扮。

黃帝神話中關於治世立國的主題，逐漸被世俗化的詮釋所掩蓋。如《開元占經》卷一一六引《瑞應圖》:「黃帝巡於東海，白澤出，能言語，達知萬物之情，以戒於民，為除災害。」《繹史》卷五引《易林》:「黃帝出遊，乘龍駕鳳，東上太山，南遊齊魯，邦國咸喜。」《雲笈七籤》卷一〇〇《軒轅本紀》:「有巨蛇害人，黃帝以雄黃卻逐之。」《抱朴子‧登涉》:「昔圓丘多大蛇，又生好藥。黃帝將登焉，廣成子教之佩雄黃，而眾蛇皆去。」《繹史》卷五引《新書》:「故黃帝……濟東海，入江內，取綠圖，而西濟積石，涉流沙，登於崑崙，於是還歸中國，以平天下。」

最能對黃帝治世立國業績做出全面評價的是《淮南子‧覽冥篇》:「昔者黃帝治天下，而力牧、太山稽輔之，以治日月之行律，治陰陽之氣，節四時之度，正律歷之數，別男女，異雌雄，明上下，等貴賤，使強不掩弱，眾不暴寡，人民保命而不夭，歲時熟而不凶，百官正而無私，上下調而無尤，法令明而不暗，輔佐公而不阿，田者不侵畔，漁者不爭隈，道不拾遺，市不豫賈，城郭不關，邑無盜賊，鄙旅之人相讓以財，狗彘吐菽粟於路，而無忿爭之心。於是日月精明，星辰不失其行，風雨時節，五穀登熟，虎狼不妄噬，鷙鳥不妄搏，鳳凰翔於庭，麒麟遊於郊，青龍進駕，飛黃伏皂，諸北、儋耳之國，莫不獻其貢獻。」

除了鑄鼎和尋賢外，黃帝還確立了各種制度。如《路史‧後紀五》羅泌注引《晉志》:「黃帝作律，以玉為琯，長尺六寸，為十二月。」《隋志》:「昔黃帝創觀漏水，製器取則，以分晝夜。」《續漢書‧天文志》注:「黃帝分星次，凡中外宮常明者百二十四，可名者三百二十，微星萬一千五百二十。」「星官之書，自黃帝始。」《世本》注:「黃帝始制嫁娶。」《帝王世紀》:「帝吹律定姓。」《路史‧後紀一》羅注:「黃帝始分土建國。」

《尚書大傳．略說》:「黃帝始……禮文法度，興事創業。」《通典．禮》:「黃帝始製法度，得道之中，萬代不易。」

在《軒轅本紀》中，黃帝「定百物之名」，「定藥性之善惡」，「作八卦之說」。《通鑑外紀》卷一講得更詳細：「（黃帝）經土設井，以塞爭端；立步制畝，以防不足。使八家為井，井開四道而分八宅，鑿井於中，一則不洩地氣，二則無費一家，三則同風俗，四則齊巧拙，五則通財貨，六則存亡更守，七則出入相司，八則嫁娶相媒，九則有無相貸，十則疾病相救，是以情性可得而親，生產可得而均，欺陵之路塞，鬥訟之心弭。井一為鄰，鄰三為朋，朋三為里，里五為邑，邑十為都，都十為師，師十為州。」《漢書．王莽傳》:「黃帝定天下，將兵為上將軍，建華蓋，立斗獻。」《事物紀原》卷七說：「凡技術皆自軒轅始。」其中技術也包括制度的應用。

總之，黃帝創造了以制度為核心的國家，使一切都井然有序。這些內容儘管包含著許多附會，尤其是仙化的成分，但仍不可否認其中包融著很多原始信仰，整體而言，這些神話反映出先民所具有的政治觀、國家觀、倫理觀等觀念。

軒轅黃帝成為國家意識的典型代表，國家意識也表現為社會治理，同時體現為英雄化、神聖化乃至宗教化。這是社會歷史文化發展的自然體現，在民間社會的神話傳說中也有大量敘說。如：

黃帝治國

黃帝戰敗蚩尤之後，定都於有熊（河南新鄭），建國於中原。接著，給山川河流定名。具茨山西部的一座山定為大隗山，再往西北有尖山。那座最高的山定為嵩山，旁邊的叫少室山、太室山，北邊的那條大河叫黃河，從此萬物有序。

為了尋求富國之道，黃帝每天起早貪黑，走遍天下，進行察訪，農夫女工，無所不問。由於長期奔波，費心操勞，他面黃肌瘦，口舌生瘡，終於累病了，可是，還不肯休息。文武百官跪地求他養病，他才勉強到風后嶺上找了一處地方準備休息一段時間。

這天，他剛閉上眼睛，就夢到弇州西邊，臺州北邊，不知距此幾千萬里的華胥氏之國。這華胥氏國的老百姓沒有私慾，對親屬，對別人，不疏不近，都一個樣兒；還不被財物吸引，人人勤勞，財產共有，過著非常富裕的日子。這裡的人心地善良，互相尊重，相親相愛。黃帝對此十分羨慕。他想，既然夢中有這樣的好地方，我也得把天下治理得和華胥氏國一樣美好。

病情略有好轉，他便下山，想繼續尋找治國之道。這天，他從山上往下一瞅，發現溝底下有一位牧羊老人，就前去拜見，說：「長老啊，我想富國強民，可有什麼好辦法呢？」老丈上下打量著他說：「想治好國家有辦法，可是不容易，不知你有無真心。」黃帝說：「是真心實意啊！」老人說：「現在跟過去不一樣了，你成了一國之主，不必再受那麼大的罪了。」黃帝說：「民為父母，替百姓操勞是天經地義的，吃點苦算啥！」老人說：「好！若有真心實意，你需要齋戒七日，然後獨個兒步行，到翠嬀河邊，就可以得到寶書一本、神圖一張，上邊記的全是治國之道。」老人說罷，趕著羊走了。

黃帝按照老人的交代，齋戒七日，病還沒好，就出發了。黃帝來到翠嬀河邊，只見一條大魚逆流而上，一翻身就不見了，河面上出現了一張綠底紅字的圖畫和一本紅皮書。黃帝趕緊上前，正要去拿，從空中飛來一隻仙鶴，銜住綠圖和紅皮書，順著黃帝的來路飛去。黃帝不顧一切，直追過去。仙鶴像故意在逗他，飛得又慢又低，一直不離開黃帝的來路。黃帝的鞋子也不知啥時候跑掉了，光著兩隻腳，踩著樹杈子、野蒺藜，鮮血直往外流；衣服也刮破了，披頭散髮，滿面塵灰。這一切，他一點也不放在心上，還是一個勁兒地追呀追呀。直到第二天黎明，他累得頭暈眼花，腰疼腿瘦，定神看時，仙鶴沒影了，只有鶴髮童顏的牧羊人在風后嶺上。牧羊人滿臉笑容地說：「這是王母讓我送給你的禮物。」說罷，把綠圖和紅皮書送給了黃帝。

黃帝接過來一看，原來是〈神芝圖〉，那圖上畫著一棵草，有九片葉子，閃閃發光。這時，他才明白過來，這九片葉子指的是九州，這紅皮書是治國之道。黃帝正要拜謝，那老人不見了。黃帝從書中得知，這鶴髮老人就是華蓋童子。

黃帝獲寶書後，更提倡以農業為根本，又請來學問家岐伯、吏官倉頡，和他們共同整理文字，制定法令，使當官的不徇私，老百姓和睦相處，路不拾遺，夜不閉戶，百姓越來越富裕，國家越來越強盛。

講述人：蔡英生，七十五歲，教師

採錄整理：蔡柏順

採錄時間：一九八三年三月

講述地點：河南省新鄭城關鎮

雙洎河的傳說

新鄭縣城南關外，有條滾滾東去的河流，人們稱它「雙洎河」。

相傳，黃帝活到一百歲那年，想到自己已年邁，必須選定賢能的人接替自己的位子。這一天，他把風后、岐伯、力牧等老臣叫到一塊，說：「我們都是土埋住脖子的人了，體力、精力都跟不上了，得選拔接替的人吶！」眾大臣也都有這種想法。

岐伯說：「你身邊有二十五個兒子，挑選一個好的就行了。」

力牧也說：「你終日為眾人費心操勞，功高如山，恩深似海，創下大業，選個孩子接住王位，是合乎情理的事，你就挑選一個吧。」

黃帝說：「老子有了功業，不能代替兒子。為了保住這千秋功業，我們就得把這天下交給有真本事的人。要找到有真本事的人，就得測試，就要挑選。」

於是，黃帝下令，公開張榜，天下有賢能的人都可以應試。測試分文、武、德三科。文的要求做到在限定時間內著文百篇；武的要求做到能握千鈞弓弩，百步之外，射斷吊著的絲線；最後再用一種特別的辦法，測試他們的德行。誰能做到這些，誰就接替王位。

測試的日期一到，從四面八方來的人成千上萬。黃帝、風后、岐伯等親自監試。演武場上，英雄會聚，奇才輩出。有的刀槍劍戟、弓弩梭鏢樣樣精通；有的出口成章，對答如流。可惜的是，文的只會文，武的只能武。為了不埋沒人才，黃帝一個個都詳細記錄下來，根據他們的能力，準備加以分封。

整整測試了十天，從千萬人中選得只剩下百十個，百十個又剩下十幾個，最後只剩下兩個，都是黃帝的兒子，一個叫玄囂，一個叫昌意。論文，兩個人三日之內都能著文百篇，內容不重；試武，百步之外，都能連著射斷三根懸空的絲線。為了比個高低，又給他們增加了幾個科目，可是經過一番刀槍對打，棍棒打拚，仍然不分上下。

在場觀看的人都不住地叫好，也都議論著，兩人本事一樣大，到底應該讓誰接替王位呢？大家商量後，把他們交給黃帝，以最後測試他們的德行，哪個占了上風就讓哪個占主位。

黃帝把玄囂和昌意叫來，交給他們每人一個珍藏多年的寶葫蘆，說：「這是兩個寶葫蘆，只要一打開，就能流出三丈寬、一人深的水來，一直流二百里才能流乾。從嵩山南坡到東邊的潁水是三百里遠，你們每人拿一個葫蘆，從嵩山腳下放出水來，水量不準減小，看誰能讓這二百里的水量流三百里那麼遠，誰就接替王位。」

玄囂和昌意都是很有心勁的人，誰也不肯示弱，都暗下決心，非讓這葫蘆裡的水流到潁水不可。他們二人都帶著葫蘆來到嵩山腳下，一個站在山崖南邊，一個站在北邊，各自都把葫蘆打開，放出水來，只見那清清的水從山坡上飛流直下，就像兩條大河，滾滾往東流去。這兩股水只流了二百里就乾涸了。他們倆都焦急地抱著葫蘆搖了幾搖，還是不見一滴水。沒辦法，只得按照黃帝交代的祕訣，又把水收到葫蘆裡，再次試驗，一次、兩次、三次……一日之內試了十幾次，仍和頭幾回一樣，流不到地方就乾涸了。晚上，他們躺在床上想：長這麼大，無論跟誰較量，還不曾失敗過，再大的困難，沒有難倒過，今天竟然讓這葫蘆難住了。可是父親大人明明交代，只要掌握要領，這兩個只能容二百里水量的葫蘆定能流三百里路程。這要領到底在哪裡呢？這一夜，他們兩個誰也沒睡好覺。

兩天過去了，他們仍沒有成功。

第三天清早，玄囂高高興興地來找昌意。他說：「弟弟，我想出來一個妙法，一試準成。」昌意想，既然你一試就成，怎麼還會對我說呢？就問：「哥哥，你有什麼辦法？」

玄囂說：「你可記得，父親大人曾說過，只要掌握要領，這兩個能容下二百里水量的葫蘆能流三百里遠，這要領還在兩個葫蘆上。你想，這一個葫蘆單獨能流二百里，要是合到一塊兒，就是四百里，既然能流四百里，從嵩山腳下到潁水才三百里，何愁流不到呢？」

昌意一聽，伸手抱住哥哥連聲說：「妙！真妙！」

當即，兄弟二人一齊上山，同時打開葫蘆，水流有百十里路，兩股便匯在一起，直入潁河，潁河水量驟時增大，向東流去，從此永不枯竭。

玄囂、昌意兄弟二人這才把黃帝和眾前輩請來。黃帝和臣僚們一看，都高興地連聲稱讚：「好，好，真是後生可畏。」

黃帝把他倆叫到一塊兒說：「從這裡可以悟出一個道理。兩股水匯流一處，水量就越來越大，永不枯竭；兩股水一分開，就沒多大勁兒了。百條江河能匯成大海。這和治國一樣，人心不齊，百事無成，萬眾一心，上下一致，國家才能越來越強大。你們弟兄二人，無論誰接替王位，都要帶領百姓，同心協力，把國家治理好。」

玄囂和昌意聽了父親的教誨，互相謙讓。最後昌意說：「這是哥哥先出的主意，應該由他接替父親的王位。」玄囂說：「弟弟年輕能幹，還是讓弟弟幹吧！」兩個人讓了半晌，黃帝看他們都有誠意，就說讓玄囂接王位，昌意做副職。以後玄囂就把昌意留在身邊，共商國家大事。

傳說，黃帝把玄囂葫蘆裡流出的那段河叫溱水，把昌意葫蘆裡流出的那段河叫洧水，兩河匯流後流經新鄭南關的那一段叫「雙洎河」。

講述人：孫大離，六十八歲，農民

採錄整理：蔡柏順

採錄時間：一九八三年三月

採錄地點：河南省新鄭城關鎮

與之相應的文獻如：「黃帝居代，總一百一十一年，在位一百年。自上仙後，昇天為太一君。其神為軒轅之宿，在南宮。」（《雲笈七籤．軒轅本紀》）「元妃嫘祖生二子：玄囂、昌意，並居帝位，玄器得道為北方水神，昌意居弱水。」（《軒轅黃帝傳》）

玄囂執法的傳說

玄囂繼黃帝而立，號青陽氏，稱為少昊。他的弟弟昌意輔佐他治理國家。

玄囂和昌意先獎勵農桑，使百姓勤勤懇懇務農為本，並制定約法，凡荒廢田園者罰，凡莊稼豐收者獎。千家萬戶，急傳相告，桑田和禾苗茁壯，農家一片興旺。

一日，昌意說：「兄長可知，遙遙邊陲，又有盜賊騷亂。我發現，太平日子過得久了，軍容不整，人心渙散，萬一有什麼變故，怎樣對付？必須整好隊伍，以保天下平安。」

玄囂說：「弟弟說得有理，正合我意。」他們把老者請來，制定了嚴明的軍紀，擬定軍法數章，並經群臣議定，莊嚴地向部下宣告，其中有兩條最為重要，即軍令如山，無論何故，違者懲處；點將閱兵，招之即來，來之即報，若有延誤或不報者，格殺勿論。

這天，黃帝忽聽有人來報，點兵場上，玄囂令衛士將常伯父子繩捆索綁，要處斬刑，請黃帝快去解救。

黃帝聽罷，大驚說：「常伯乃我生死患難的大臣，跟我多年，忠心耿耿，功勳卓著，何故要將他處死？」情況緊急，他便騎上一匹赤色大馬，急速奔赶點兵場。

點兵場上軍旗飄飄，軍容整齊，萬千士卒，鴉雀無聲，威嚴之狀，令人生畏。

黃帝一眼就看見常伯父子果然被捆著跪在地上，執刀者飲酒以祭。

黃帝邊催馬急馳，邊大聲道：「刀下留人！」

眾人一見黃帝駕到，臺下頓時譁然。他們也為老臣常伯痛惜。

常伯一見黃帝來到，止不住老淚橫流。

黃帝問玄囂為何殺到老臣身上來了。

玄囂說：「軍令下達之後，將士無一人不服從命令。唯獨身為伍長的常掛，在集合令下達之後，遲遲不到。我派人尋找他，他卻在欺辱民女，有恃無恐。今日，軍紀已頒發，他仍肆無忌憚，不從軍紀。按軍法處置，違者誅殺。」

黃帝聽罷，無以為對，又問道：「常伯又有何罪，為何株連於他？」

玄囂說：「他為其子講情庇護，暫且不提，不該私闖點兵場。軍法明明規定：『點將閱兵，招之即來，來之即報，若有延誤或不報者，格殺勿論。』今常伯大叔，私闖軍營，又無申報，按軍法論處，可否誅殺？這並非株連。」

黃帝聽罷，思緒萬千。心想若不按軍法辦事，沒有律條，如何管理千軍萬馬？如若要殺常伯，如殺心腹，怎能忍心？

玄囂說：「我將宣布，執法處治。」黃帝說：「且慢！待我再思。」稍停片刻，黃帝掉著眼淚說：「你常伯大叔並非一般大臣，自幼和我一道，為濟天下百姓脫苦難，足跡踏遍全國，血汗灑在疆土，功高如山，萬民敬仰，若殺他，如同殺我。看我情面，還是饒他這一次吧！」

玄囂說：「先輩功業，後生銘記在心，有功論功，有過論過，若功過不分，何以執行法律？無論庶民，無論高官，法律既定，都應執行。若為官者違法不究，為民者如何服氣？無法可依，何以治國？既然父尊把治國之權交予兒子，我只能顧全大局，執法如山，才能使萬民擁戴。」

黃帝聽他講得句句有理，又捨不得愛臣，還是講情不止。

玄囂也甚感為難，父尊大人和常伯大叔都是功勳齊天之人，萬民敬仰，如誅殺常伯，實在於心不忍。若不誅殺，以後這軍紀律條還咋執行？思前想後，為保江山，為千秋大計，還是要執法的。想到此，他對黃帝說：「按公理，人人都得執法，為千秋大業，使天下民眾有法可依，我只得處治常伯大叔他們父子了。」

黃帝再次講情，問是否能從輕處理。玄囂、昌意雙雙跪在他面前說：「父尊大人若再為他們講情，我們願辭去職位，請父尊另選高明。」

黃帝萬沒料到，兩個後生如此果斷。靜下來又一想，他們顧全大局，以法示眾為保千秋大業，確有深遠意義。要國還是要情？自然以保國護法為重。想到此，他只好掉著眼淚把二人請起，然後走到常伯跟前說：「怨我們老者教子不嚴，又想庇護，才落到這等地步。」

常伯流著眼淚說：「二位後生言之有理，我雖身死，殺一儆百，不使律法受踐踏，治國治軍都有益處，請莫為我過於悲痛。」

常伯言罷，他們父子被處斬。臺上臺下無不哭泣，黃帝、玄囂、昌意也同樣流淚不止。玄囂命人將常伯安葬，並令倉頡撰文，把其功績鐫刻在石碑上，功過分明。

處治罷常伯父子，玄囂又說：「父尊大人匆匆闖入練兵場，正當點兵之時，也無稟報。以我之見，將您所騎赤色老馬斬首示眾，意下如何？」

黃帝先是震驚，後是高興。王子犯法，一律同罪，只有這樣扶正祛邪，上下同心，人人執法，國家才能治理好。黃帝只好忍痛割愛，把跟他多年的老馬砍頭示眾。

眾將士一看玄囂、昌意鐵面無私，執法如山，哪裡還有敢違抗者。此事傳遍天下，萬民稱頌，讚我中華，後繼有人。從此，國泰民安，路不拾遺，夜不閉戶，盜賊匪徒隱蹤匿跡，出現了真正的太平盛世。

記錄人：蔡柏順

記錄時間：一九八三年二月

記錄地點：河南省新鄭城關鎮

風后嶺

新鄭縣西南四十里，有一座險峻挺拔的圓頂山，人們叫它「風后嶺」。據說，它原叫具茨山，因幫助軒轅黃帝開發中原的宰相風后曾在這山上修練，才改了名。

風后本來是天上的金川星。黃帝來到人間後，王母娘娘怕他隻身孤單，治理天下有困難，便派金川星下來做他的助手。風后降生在具茨山一個農夫家裡。他長到七、八歲時，農夫見他十分聰明，村裡的孩子沒一個比得上，想讓他成為一個有出息的人，便叫他跟道人華蓋童子在具茨山頂修練。

這華蓋童子身材高大，鶴髮童顏，對人十分嚴厲。風后來到山上，華蓋童子把他從上到下打量一番，見他一副聰明相，暗自高興，先把他帶到藏書室，指著一大堆書冊說：「要想成道，得把這萬卷書讀完，特別要精通用兵之法。」隨後又把他帶到練功場，指著一塊大石頭說：「還得練就一身武藝，舉動這千鈞之石。」風后一看，場上擺著百十來塊石頭，最大的足有三人高。華蓋童子說：「修練之道，貴在專心致志，持之以恆。若存絲毫邪念，便會半途而廢。」風后牢記華蓋童子的教誨，每天雞叫頭遍，就起身練武，天亮便誦讀書文。

不知不覺半年過去了。風后看那麼一大堆書冊，自己連一個角也沒看完。再看看那一堆石頭，才只能舉到第五塊，心想：照華蓋童子交代的，真不知要練到何年何月呢！我何必吃這麼大苦？這天，他趁華蓋童子不在家，就偷偷從東坡走下山來。走到山半坡，看見一個老太婆抱著一根大石條在一下一下地磨。他上前問道：「妳磨這石條幹啥？」老太婆說：「給俺孫女兒磨根針。」風后又問：「這麼大的石頭條子，啥時候才會磨成針啊？」那老太婆又說：「功到自然成嘛！」說罷，又認真地磨起來。

風后見此情景，只覺得臉上熱辣辣的，心想：自己身強力壯，竟不如一個老人。於是折回山上，發誓不把功夫練成，決不再下山。從此，他每天專心致志，勤學苦練。不知過了多少年，他把華蓋童子交代的書全部熟記在心中，不費多大勁就能把那千鈞之石舉起來。華蓋童子見他功夫練成了，就放他下山，向東去了。

那時剛好黃帝治理天下，急需得力助手。他聽說風后文武雙全，神通廣大，就跋山涉水，歷盡艱辛，在東海之濱找到了風后，把他請回到中原。

有一年，蚩尤帶領四方盜賊突然向黃帝發起進攻。黃帝就讓風后掛帥迎敵。風后讓士兵在山上紮營寨，在水上造戰船，平地擺開連環陣，布下了天羅地網。他作戰時常施展華蓋童子傳授的法術，讓空中飄滿五色雲氣，射出萬道霞光，形成「華蓋」。這霞光使蚩尤的士兵眼花撩亂，心驚膽顫。風后帶領輕騎，一馬當先，親自擊殺了蚩尤。從此，黃帝對他極為賞識。

因為風后生在具茨山，早年又曾在這裡修道，黃帝就把具茨山改名為風后嶺，並把山嶺和周圍的土地封給了他。為了和風后議事方便，黃帝還在風后嶺上設了避暑宮、種花處，每年都要到這裡住一段時間。後來，風后從黃帝的〈神芝圖〉中得知，那磨針老太婆是王母娘娘所變，是特意來開導他的。為了紀念王母娘娘，他便在嶺東見到她的地方，建了一座廟，叫做王母娘娘廟。直到今日，該廟還保存在風后嶺上。

講述人：蔡英生，七十五歲，教師

採錄整理：蔡柏順

記錄時間：一九八三年四月

記錄地點：河南省新鄭城關鎮

力牧臺

有熊國都西北有一座崗，崗坡上有一座高約十五公尺、長寬約一百二十公尺的土臺。傳說這個臺是軒轅黃帝當年拜力牧為征討大將軍的拜將臺，當地老百姓稱它為「力牧臺」，也叫「熊臺」。

原先黃帝曾到崆峒山（新鄭西南具茨山西）拜見廣成子，得到指點，先後訪得了大隗、大鴻、常先、具茨、武定幾員大將。儘管這些大將個個武藝高強，有帶兵打仗的本領，但是要從根本上對付蚩尤還缺乏統領將士的帥才。

黃帝又去拜訪廣成子。廣成子說：「東海有力牧，此人可擔大任。」於是黃帝去東海大澤訪得了力牧。力牧自幼放牧牛羊，有一手養馬馴獸的本領。他身軀高大，力氣超人，單手能將大牛摞個筋斗，雙手能舉起一隻大黑熊。但是，他皮膚黝黑，相貌醜陋，寡言少語，一些人對黃帝一開始就封他為中路大將軍很不服氣。因此，在戰場上有人不聽力牧調遣，致使多次失去打敗蚩尤的機會。

有一次，蚩尤把常先的一千多個士兵困在摩旗山上，斷絕了常先的糧草和水源。常先的許多士兵和馬匹餓得站都站不起來。為解救常先和一千多號人馬，力牧命黃帝的長子昌意和大鴻帶領五千人馬前往解救。昌意和大鴻對力牧的調遣置若罔聞。力牧只得親自帶領人馬，衝出蚩尤的重重包圍圈，殺開一條血路，將困在山上的常先和士兵解救下來。黃帝知道了這件事很生氣，決心嚴懲兒子昌意和大鴻，以正軍紀。

黃帝從兵營中抽調五百名士兵，在具茨山北雲巖宮附近的練兵崗上修建一座大土臺，在臺頂上立了一塊「拜將臺」大石匾，在石匾下又擺了個將墩，然後又調集兵將集合在臺下。待各路兵將到齊後，黃帝登上拜將臺，先封常先接替力牧為中路大將軍，再封武定、具茨為左右大將軍，又封風后與大隗為左右軍師。最後，黃帝把臉一沉說：「昌意和大鴻抗命不遵，不服力牧調遣，應以嚴懲，推出斬首示眾。」黃帝即令侍衛將昌意、大鴻綁了，拉出去斬首。

眾將士大驚，急忙給黃帝跪下，為昌意、大鴻求情。力牧也急忙請求黃帝赦免昌意、大鴻，要他們二人將功補過。昌意和大鴻也悔恨自己違抗軍令，昌意說：「兒子已知罪不可贖，父親快動手吧！不殺子無以正軍紀，不正軍紀無以安天下！」

黃帝見全體將士都跪下求情，又見昌意、大鴻有悔改之意，再說如今蚩尤大兵壓境，正是用人之際，就把眾將扶起，然後對昌意、大鴻說：「昌意與大鴻這次違抗軍令本應斬首示眾，以正軍紀，然念其初犯，過去又曾立過戰功，就暫將二人之罪記下。今後不管什麼人，只要抗令不遵，一律斬殺不饒！」黃帝讓侍衛為昌意、大鴻鬆了綁，然後宣布道：「力牧指揮有方，有勇有謀，展立戰功，今封力牧為征討大將軍，統率全軍。昌意居功自傲，打仗不力，降為兵勇；大鴻降為末將，留守具茨山。」黃帝宣布後，請力牧坐到將墩上，親自跪拜授印。其他將官、士兵見黃帝給力牧跪拜，也都紛紛跪下。力牧見此情景，急忙從將墩上下來，給黃帝和眾臣將跪倒下拜。黃帝又把他扶起，推到將墩上。力牧說啥也不往將墩上坐，來到臺前說：「我力牧本是個平常牧羊人，如今得到天下仁義之君軒轅黃帝厚愛，委以征討大將軍，我誓與全軍將士一起奮勇殺敵，不平定蚩尤，決不回還！」

將官們見黃帝如此器重力牧，一致表示今後在征討大將軍的指揮下，齊心殺敵，早日打敗蚩尤，收復失地。從此，黃帝軍營精誠團結，上下齊心，加上力牧作戰指揮又十分得力，很快就把蚩尤趕回黃河以北。在涿鹿大戰中，力牧又生擒了蚩尤。後人為了紀念力牧的功績，把軒轅黃帝拜力牧為征討大將軍的拜將臺稱為「力牧臺」，把力牧的練兵場叫做「臺兒崗」。

講述人：李老四

採錄整理：高力升

記錄時間：一九八三年三月

記錄地點：河南省新密城關鎮

鳥柏

相傳，很早以前，具茨山上軒轅廟裡有一棵鳥柏。所謂鳥柏，就是說若將樹幹、樹枝鋸開，板材上的紋理呈有規則排列的鳥形。若問這棵柏樹的樹紋為什麼會是鳥形呢？這裡有一個愛情故事。

還是在軒轅廟未建以前，山門裡那地方就有一棵合抱粗的大柏樹，柏樹的北邊是一個很大的墓塚，據說那是軒轅黃帝的大將常伯的墳。後來人們懷念軒轅黃帝肇造中華文明的功績，就在這裡建了軒轅廟。廟裡除了供奉有軒轅黃帝的塑像外，還有他的大臣和將軍們，也有玄女。自從這廟建成以後，廟周圍十里八村的百姓都知道，每天晚上有一隻金絲鳥飛到那棵大柏樹上唱歌，歌聲十分歡樂，長夜不息。人們都說那棵大柏樹是常伯的血肉長成的，而那金絲鳥則是廟裡玄女的魂靈所化，他們夫妻趁夜間在談情說愛呢。金絲鳥在這棵柏樹上也不知唱了多少年月的歌，後來一天不見了。這天早上，有人看見一隻大雕撞死在柏樹上。據說那夜雕來捕捉金絲鳥，被常伯一槍扎死了。常伯擁玄女入懷，夫妻二人融成一體。

說起常伯和玄女成夫妻，還是軒轅黃帝做的月老，那是涿鹿大戰以後的事。

涿鹿大戰中，玄女使出飛刀，刺瞎了蚩尤的雙眼，為戰勝蚩尤、統一華夏出了大力。軒轅黃帝十分讚賞玄女，就將玄女的形象畫下來，貼在宮室。常伯是軒轅黃帝宮中的常客，看見玄女畫像，不知不覺產生了愛慕之心。

有一天，常伯又到軒轅黃帝那裡去，軒轅黃帝說：「昨天夜裡做了個夢，夢見玄女，常伯你去召她來見見我。」湊巧的是，這天夜裡常伯也夢見了玄女，他又不明白軒轅黃帝說夢中事的用意，就問黃帝：「莫非你要娶玄女為妾嗎？」黃帝笑笑說：「哪裡的話，玄女說過要認我為乾爹呢，況且我有嫘祖賢妻！」說罷，看看常伯，心裡好像也明白了些什麼，又覺得常伯跟隨自己多年，南征北戰，功高如山，至今尚未娶妻，就說：「我要叫你和玄女成親……」沒等黃帝說完，常伯就拱手謝恩了。黃帝說：「那好，你召她來，我做月老。」

就這樣，常伯和玄女結成了夫妻。

後來，有一年的三月三，軒轅黃帝廟大會，來趕會拜祖的人很多。幾個賣席子的人用席子圍住那棵柏樹，高聲叫賣。第二天，那棵柏樹不見了。這時人們才恍然大悟：盜寶賊把柏樹盜走了！

採錄整理：王雅湘

記錄時間：一九八三年三月

記錄地點：河南省新密城關鎮

素女與大鴻

軒轅黃帝有個妹子，名叫素女，她嫁給了黃帝的大臣大鴻（其實，那時候還是群婚制，成年的男子一批批地到別的部落，與那裡的女人結婚，這裡是為了敘述方便）。大鴻跟隨黃帝到涿鹿去滅蚩尤，一去三年不回。素女日夜思念著自己的丈夫。她用尖底瓶去提水，猛然看到河水中晃動的不光是自己美麗而憂傷的影子，還有大鴻手提石斧，十分威武地站在自己身邊。回到屋裡，部落每天分給她的肉食果子什麼的，她總留著些，想等大鴻回來吃。晚上她總做噩夢，常常從夢中驚醒，呆坐著說胡話：「這一仗敗了，大鴻叫蚩尤殺了。」只有一次的夢她很滿意，她正在梳著自己黑油油的頭髮，大鴻走來，悄悄地站在她身後，看著這個山花一樣好看的姑娘……素女日思夜想，只盼著黃帝早日戰勝蚩尤，使天下人都能過上安寧日子，也盼著大鴻早日回來團聚。她盼呀，想呀，不知流了多少相思淚。

這一天總算盼到了！黃帝騎在高頭大馬上，氣宇軒昂，很多士兵扛著金戈、金斧，握著金刀，神氣十足。素女擠在歡迎的人群裡，急切地在隊伍中搜尋著大鴻。風后、力牧、應龍都回來了，唯獨不見大鴻。素女急了，好像有些發瘋，攔住走向大屋的黃帝，問大鴻哪裡去了。黃帝低下頭，停了一會兒說：「大鴻到別的地方執行任務去了，隨後就回來。」但是素女總忍不住心「撲撲」地跳，她覺得哥哥在哄她。

原來，大鴻跟隨黃帝去作戰，一直十分勇敢，每次上陣都揮舞著石斧左右砍殺，蚩尤的人馬無人敢抵擋。這一天，天下著大雨，雙方還在交戰。

黃帝命應龍藉助水力擺一個水陣，抵擋蚩尤的進攻，誰知蚩尤的士兵全是南方人，他們水性好，一個個衝過了水陣。大鴻看到這種情形，掄起石斧就和蚩尤戰在了一起。應龍、力牧也各和蚩尤的一個大將拚殺。這時，蚩尤的兩個大將風伯、雨師也衝過來圍住大鴻血戰。大鴻十分勇敢地揮舞著石斧，以一當十，左砍右擋，不退一步。黃帝率領大軍吶喊著衝過來。忽然，風伯的金刀削過大鴻的肩頭，大鴻負傷了！可是他仍然拚力砍殺。風聲、雷聲，雨越下越大，大鴻一斧下去，蚩尤不及招架，滾了開去。大鴻轉身架住雨師的金斧，冷不防，蚩尤從背後砍來……黃帝告訴了素女大鴻犧牲的情況。素女哭泣著，聲音哀婉悲悽，誰聽了都要跟著落淚。

舉行葬禮的這天，素女沒有哭。天近黃昏，部落前面的空地上，燃起了三堆大火。素女雙膝跪在大鴻的屍體旁，雙手抱成拳貼在額前，虔誠地替丈夫祈禱。來到墓地，人們把死者頭西腳東安放進土坑裡，一個人把陶壺裡的酒倒在手上，向死者身上彈酒。

素女噙著淚把自己親手做的食物，連同平時為大鴻留下的果子一個個裝進陶罐，放在大鴻的右手邊。黃帝從身上取下自己的長梢大弓，輕輕地放在大鴻的左手旁……回到屋裡，素女才想起了哭。她雙肩抽動著，哭呀，哭呀，聲音細細的、長長的，一鉤殘月掛在夜空，素女悽悽切切的哭聲傳得很遠。

黃帝用銅造了二十面大鏡，送給素女安慰她。素女對著鏡子，更感到自己形單影隻。她的眼睛明顯地凹了進去，目光也呆滯了，臉色發黃。

伶倫造出樂器後，黃帝要求每個女人都得學會演奏。輪到素女了，她披散著頭髮，穿一身白色衣服，鼓瑟。那聲音哀不自勝，在座的人都跟著瑟聲流淚。素女越彈越悲傷，黃帝也覺得太悲哀了，就將五十根弦的瑟破為二十五絃。

素女懷念大鴻，眼淚流乾了，聲音哭啞了。一天，她高興地對看她的人講，她夢見大鴻活了，在南山替黃帝放馬，大鴻叫她去哩。素女終於隨大鴻而去了。黃帝為了紀念素女的鍾情和大鴻的功績，就模仿素女的哭聲，親自製作了一種樂器，因為是兩根弦、一張弓，就取名為「二胡」。以後，每到夜晚，無論誰拉響二胡，人們聽到那悽悽婉婉的聲音，都說是素女在哭大鴻哩。

採錄整理：李延軍

（選自《袖珍陝西名勝故事叢書‧軒轅黃帝傳說故事》，陝西人民美術出版社一九八六年版）

黃帝修城（一）

雲巖宮每年二月二有大會，香客很多。有一句話說：「南京到北京，都不如雲巖宮。一百（柏）一十（石）一所廟（河中間有松柏樹，石上一所廟三間房），老龍叫喚不絕聲（上面叫揚水臺，「嘩嘩」作響），王母娘娘坐空中（東面有王母洞）。」

以前，軒轅黃帝準備扎京都，周圍有四個土堆：廟崗、大崗、臺兒崗、西南黃路坡。黃帝用麻稈挑兩籮頭土，遇上一個婦女，婦女看見說：「麻稈能挑動？」她一說，黃帝挑的土「撲哧」掉地下了。這就是廟崗、大崗，還有破鞋崗（倒鞋裡的土，成後兩土堆）。城也沒修成。

雲巖宮有三門，東邊是軒轅門，西邊是講武門。有鐘鼓樓，初一、十五老道擊鼓撞鐘。廟後有老道墳。有人說是軒轅黃帝墳，圓墳，不叫道士墳。實際上是黃帝墳最早，叫圓墳。後來，埋道士，叫道士墳。

黃嶺坡（黃陵寨有黃帝墓），也叫黃路坡，黃帝出雲巖宮走這裡。力牧臺（臺兒崗）也叫熊臺寺（雄臺寺），原有寺院。養馬莊，黃帝餵馬。（南）場溝，養馬。草場崗，儲藏牲口飼草。倉王，黃帝放糧處。

雲巖宮山門東邊有三皇廟。三間房。天皇、地皇、人皇，身披葫葉。

黃路坡、馬驥嶺中間有武定河。禹治水後，蚩尤出來了。一說關爺破蚩尤。

講述人：周河，七十七歲，私塾師

錄音：張振犁、程健君

採錄時間：一九八三年十二月一日

採錄地點：河南省新密養馬莊

黃帝修城（二）

傳說，黃帝打敗了炎帝，很想在一個既隱蔽又容易守的地方再修一座城，以防蚩尤來攻打。一日，黃帝一個人坐在宮中想心事，想著想著，就昏昏入睡了。突然有一個身子像狗，頭臉像人，披著長髮，兩隻耳朵上掛著兩條蛇當耳環的怪物來到黃帝面前，說：「都城，都城，跟我西行！」黃帝說：「你不是屠龍嗎？不在天宮看守門戶，到這裡幹什麼？」屠龍點點頭，又說：「都城，都城，跟我西行。」說罷，趴下身子讓黃帝騎。

黃帝騎在屠龍身上，見屠龍昂首翹尾，四蹄踩著一片紅雲，奮力西行。黃帝只覺兩耳生風，「呼呼」作響，向下觀看，下邊的軒轅丘、黃水河、雙嶺崗、桑園溝等眨眼即過，不一會兒在一個崗丘四環的地方，徐徐降下。黃帝一看，連聲稱讚說：「中！中！中！這真是一個好地方。」黃帝再看看四周，只見這裡依山傍水，四面崗丘聳立，中間恰似一個盆地。這盆地的正中央隆起一塊高地，這高地的周圍有一條河水環繞。遠看山岩，瀑布飛流，「淙淙」震桑林；近看島上，松柏成蔭，群鳥飛翔。黃帝看著連聲喊叫：「好！好！」嫘祖聽到黃帝大聲喊叫，急忙走過來叫黃帝，說：「主公醒來，主公醒來！」黃帝聽見有人呼喊，立即揉眼一看，見是嫘祖在自己身邊，再看看周圍，原來剛才是做了一個夢。

黃帝高興得不得了，嘴裡不住地說：「好地方！好地方！」嫘祖感到莫名其妙，說：「你怎麼啦？」黃帝也不答話，只是說：「好地方！好地方！」就走出宮去，騎上馬向西奔去，跑了四十多里路，就來到他夢中的境地。黃帝跳下馬來，還是連聲說：「對！對！就是這裡，跟我夢中見到的一模一樣！」說著，就將馬拴在東北角一棵大樹上，看見周圍有許多荊棘，隨手摺了些荊條，編了兩個筐。

有了筐，可是沒有挑筐的扁擔。黃帝轉了幾個圈，見地上有根小拇指頭粗的麻稈，就拿起來折了折，沒折斷，心裡說，就用麻稈挑吧！可是挑哪裡的土呢？看北邊，不是山地，就是石頭。黃帝往南走了走，見有一個黃土臺，蹲下用手刨刨，就用麻稈挑荊筐，挑起土來。挑啊！挑啊！大約挑了一個時辰。

這時，有一位仙姑從外地巡遊回來，看見黃帝在用麻稈挑荊筐，運土修城，心裡說：「不能叫他在這修城，要是把城修在這裡，那我們這些仙家往哪住？」這位仙姑就住在這北邊不遠的仙姑洞裡，她已有五百年道行。仙姑想了想，心裡說就給黃帝個信吧，於是變成了一隻花山雞，站在山頭上對著黃帝叫：「麻稈挑筐，不折也傷！麻稈挑筐，不折也傷！」黃帝聽見有人說話，扭頭一看是隻山雞，心想真晦氣，放下筐，隨手在地上撿了個土坷垃，投那山雞。

那山雞在山頭上跳來跳去，一直叫：「麻稈挑筐，不折也傷！」黃帝見攆不走山雞，心裡說：「我只管挑，看你把我怎麼樣！」於是就又挑起來。仙姑見用這辦法不靈，就又變成一個送飯的婦女，向黃帝走來，問黃帝說：「這位壯漢挑土做什麼？」黃帝說：「我想在這修座城！」婦女說：「那你用什麼挑土啊？」黃帝拍了拍麻稈說：「妳看看，就用這！」婦女故作大驚地說：「啊呀，你怎麼用麻稈挑土呀？」那婦女的話音剛落，只聽「咔」一聲，麻稈斷成兩截，兩筐土也落到地上。黃帝洩了氣，一屁股坐在地上，再也站不起來。那婦女朝黃帝笑了笑，就不見了。

黃帝騎馬跑出來快一天了，朝中大臣誰也不知道他去哪兒了，很著急。風后聽嫘祖說黃帝騎馬往西走了，也騎馬往西找，正往前走，聽見有馬叫聲，就循著聲音往前繼續走，在一個山坳裡見到黃帝騎的黃膘馬拴在一棵大樹上，就將自己騎的馬拴在黃帝的馬的西邊。

風后下得崗來，見黃帝一個人垂頭喪氣地坐在那裡，就上前將黃帝扶起來，問他來這幹什麼。黃帝把修城的事前前後後說了一遍。風后又看了看這周圍的地形，說：「我說主公，在這沒修成都城也甭後悔。這裡美是美，這是仙家居住之地，不是帝王建都立業之所。你沒看，這裡到處是仙氣，一點帝王氣都沒有。你看，西邊山岩上那個山洞，白雲繚繞，很是神祕，當地人都叫它『雲巖宮』，就是仙家居住的地方。你說的那個婦女，恐怕就是仙人，點化你不要在這修城。咱要建立都城，還是另選聖地吧。」

黃帝在雲巖宮修城失敗了。

傳說，他和風后拴馬的兩個地方，就是後來的東馬莊、西馬店。黃帝最後挑的那兩筐土，西邊的那堆，就是現在的廟崗；東邊的那堆，就是現在的臺兒崗。黃帝氣得一屁股坐在地上，從鞋子裡倒出來的那兩堆土，就成了後來的破鞋崗。黃帝在東南邊挖土的那個土臺子，人們都叫它「黃帝崗」。當地人說話圖省事，乾脆叫它「黃臺（兒）」。

採錄整理：劉素潔

採錄時間：一九八三年二月

採錄地點：河南省新密城關鎮

黃帝修城（三）

黃帝沒有防備弟弟會攻打他，結果被弟弟打敗了，很不甘心。他決心重整旗鼓，從頭幹起，一定要打敗炎帝。為此，他想找一個既隱蔽又能屯糧蓄兵的風水寶地。有一天，他從新鄭軒轅丘出發往西巡遊，意外地來到雲巖宮。黃帝見雲巖宮依山傍水，山清水秀，是個屯兵講武的好地方。這裡地勢險要，十分隱蔽，真是個再好不過的風水寶地了。於是，黃帝就打算在這地方建一座城，屯糧聚兵，傳道講武，積蓄力量準備討伐炎帝。可是，雲巖宮這地方，地勢險要，高低不平，要建成一座城，可不容易。黃帝帶領人馬大幹了一年多，連個城角也沒弄成，很不高興。為這事，他吃飯不香，睡覺不甜，成天愁眉苦臉。這件事不知咋讓老天爺知道了。老天爺很可憐黃帝，就在天上召集各路天神，問道：「下界軒轅黃帝叫他弟弟打敗了，現在想在雲巖宮修一座城，他要在這裡練兵講武。我想幫助他，你們誰願意替我前去？」

老天爺話音一落，只見在眾天神中站出來一員身材高大、臉上長著三隻眼的大漢，說：「我楊戩願替玉帝前去，請您恩准。」

老天爺見楊戩威風凜凜，身體健康，一定力大無比，就批准他到人間幫助黃帝修城。楊戩離開南天門，駕著雲來到了下界。當時正是人間半夜時分。楊戩降落雲頭，站在五指嶺上往東南雲巖宮方向一看，果然那地方真是人間一塊寶地。楊戩睜大三隻眼在身邊搜尋了一會兒，順手在腳下拔了一根荊條，穿在兩個小山丘中間，擔在肩上，一溜小跑地向雲巖宮奔來，不巧雞叫天亮，路邊有一個起早犁地的老頭，他見楊戩汗流滿面，用荊條挑著兩座小山丘往前急跑，心中很奇怪，就說：「這個小夥子力真大，用一根荊條，就能把兩個小山擔起來！」老頭這句話道破了天機，楊戩洩了元氣，再也挑不動了。他不高興地坐在路邊長嘆一口氣，倒了倒鞋裡的土，然後架著雲回天上了。可是，他擔的兩個小山，卻留在了離雲巖宮不遠的路上，後人稱它們「廟崗」和「大崗」。楊戩從鞋中倒出的土，也化成了一個小山崗，就是今天的破鞋崗。

講述人：周河，曾為私塾先生，七十三歲，養馬莊人

整理：高力升

採錄時間：一九八三年四月

黃帝城（一）

自從軒轅黃帝決定把國都建在有熊之後，就親自在軒轅丘上實地考察，決定把黃帝城築在軒轅丘的東段。為了方便用水，把雙洎河圍在城中，東西約二十里地長，南北約十里地寬，也就是在原來建國有熊的舊址上擴建城池。

正當黃帝劃定地點，開始動工建城時，一天夜裡，人們都已入睡，突然軒轅丘上燈火通明，山神領著山鬼、虎精、羆怪、猴妖等，成群結隊；地神領著小鬼、小判等，熙熙攘攘；河伯領著魚鱉蝦蟹、蛤蟆、長蟲等各

路精氣，都一起來到這裡。各路精鬼都變作人形，各持工具，挖的挖，抬的抬，推的推，拉的拉，整的整，打的打，好像螞蟻一樣，密密麻麻，你呼我叫，喧喧鬧鬧，號子聲和打夯聲響成一片，「嘰哩咣」。

到天色微明，雞子一叫，神鬼悄然離去，一切歸於平靜。人們起來一看，一座巍峨的城池拔地而起，非常壯觀。城牆正好是按黃帝規劃所建的，方圓五十多里，「天心石」在城的中央。從此，人們代代傳說是鬼打黃帝城，只因天明雞叫，沒有來得及幹完，使城的西南角缺了一個豁子。現在看來，是河谷寬，城牆接不起來的緣故。

再說，黃帝城建成以後，軒轅大帝心想：國都位居天心地央，四方歸順，地利人和，於是，就正式把名字定為「中國」。從此，黃帝專心領導大家開闢荒原，種植農桑，養蠶抽絲，織帛做裳，學文造字，占卜吉凶，並判測陰陽、日月，整音律以作歌樂，又染五色服以定貴賤，制帽袍以尊朝儀……如此，朝野有序，人民安居樂業。氏族制徹底改變，形成了各個家庭，人類開始出現了倫常道德，開創了天地間獨具文明的繁華之地。人們都自豪地把自己看作是日光月華獨鍾的民族，所以稱自身為「華人」。

從此，「華人」的後代皆稱自己是炎黃子孫，代代相傳。

講述人：薛文燦，五十五歲，幹部；趙國異，五十三歲，幹部

採錄整理：李新明

黃帝城（二）

現在新鄭的鄭韓故城，過去當地人叫它「黃帝城」。說起這座城，在新鄭一帶流傳著一個天上九龍下凡修黃城的故事。傳說，黃帝打敗炎帝之後，為防蚩尤進攻，就想修一座大的都城，因為把地址選錯了，沒修成。黃帝打敗蚩尤之後，心想，現在天下統一了，不修一座大的都城，普天下的諸侯和臣民來朝賀怎麼辦？一天上午，黃帝正在想心事，風后來了。黃帝把這個想法告訴風后，風后說：「這件事咱倆想到一塊了。咱還是出去

看看把城址選在何處好！」說罷，風后前頭帶路，黃帝隨後，就出有熊國都向西北的軒轅丘走去。

他們站在軒轅丘上，四下觀看，風后指著說：「主公你看，這裡整個地勢是西高東低，南邊、西邊、西北邊有陘山、具茨山、西太山和梅山環繞，中部丘陵起伏，溝壑縱橫，東邊是大平原。臣近觀天象，咱這頭上天空，位居中宮的軒轅星（北斗星）最亮，而咱站的這個地方也正好位居地的中心。真是上有軒轅星，下有軒轅丘，天地合一。這裡帝王之氣蒸蒸日上！」黃帝聽著看著，連聲稱是。

第二天，黃帝帶領群臣，在軒轅丘東，洧水和黃水交會處上邊設立了個祭壇，擺下供品、香案，還在這裡豎立了一通四尺高、三尺寬的青石碑，上刻龜紋形「天心石」幾個大字。黃帝在前，群臣在後，跪拜天地。風后在香案前用手在空中比劃來比劃去，嘴裡唸唸有詞，說：「玉帝，玉帝，請聽仔細。天下一統，定都有熊。具茨山下，天地正中。肉魚香菸，供你享用。保佑子民，萬世昌盛！」風后說罷，黃帝和群臣也都同聲呼喊：「保佑子民，萬世昌盛！保佑子民，萬世昌盛！」

這祭祀玉帝的香火，化作一縷青煙，直上雲天，到達天庭。玉帝和天上的各路神仙正在朝議，突然，聞到從凡間傳來的一股香煙味，就撥開雲頭往下看，見是黃帝正和大臣們祭罷天地，要修黃城。玉帝說：「我們不能光受人間香火，今夜大家是不是也幫幫軒轅修起這座城？」大家早就想到人間看看，自然都很高興。

這天晚上，玉帝看凡間人腳已定，就悄悄帶上太白星、紫微星、南極星、太微星、金川星和文昌星等化作八條龍下凡。他們剛離開天宮，王母娘娘追來了，說：「你們下去修城，也不言一聲，誰給你們燒水做飯？」說著也化作龍形下凡了。

這九條龍徐徐降落到軒轅丘的東端。土地爺知道了，不敢怠慢，立刻通知四方的仙家、鬼神前來修城。只見天上的神和地上的仙家及鬼，有的挖土，有的擔土，有的推土，有的往木板門裡裝土，有的用木柱子打夯，像螞蟻一樣，忙忙碌碌，熱熱鬧鬧，高高興興地修城。

地上修城的喧鬧聲傳到了天庭，驚動了歲星。他往人間一看，啊呀！原來是玉帝帶領各路神仙為黃帝修城，頓時火冒三丈。這歲星為什麼這樣惱火？原來，當年他曾化作蒼龍下凡做了蚩尤部落的首領，被黃帝殺了。現在見玉帝幫黃帝修城，豈不惱火？於是，歲星立刻叫來他手下的小神句芒說：「你快去凡間，要想個法子將他們趕走，不能叫他們幫助黃帝修這座城。」句芒聽了，立即下凡。

句芒也是天上一位十分了得的神。他的樣子是鳥身人面，身上長著紅羽毛，頭上和脖子上的羽毛整天像公雞鬥架時的樣子抖擻著，兩隻翅膀傳說能遮住半拉天，腰間以下纏得像女人的裙子，露出兩隻長長的腿，看上去像一隻大紅公雞。行走時，老是腳踩著兩條小龍。

句芒在天空飛來飛去，最後落在有熊國的南邊（今信陽地區）的一座山上，伸長脖子，學起公雞叫。玉帝和各路神仙正忙著修城，隱隱約約聽到有雞叫聲，就著了慌。太白金星說：「您別慌，讓我去看看。」說著駕起雲頭來到西南具茨山北邊的一個嶺上，四方環視，見南邊很遠處有一個山上立著一隻大紅公雞，正伸脖叫。太白金星說：「大事不好！」就要回去稟報，可是已經來不及了。他還沒離開山頭，那隻大紅公雞又叫出聲來。這公雞一叫，整個中原大地所有的公雞都叫了起來。太白金星來不及去見玉帝，就只好先回天宮了。再說玉帝和各路神仙，聽到公雞叫，以為天快亮了，就丟下手中的工具，慌忙地回了天宮。可是，這城牆還有西南角沒修成。傳說玉帝走時，氣得掉下兩滴眼淚，還說：「這個該殺的雞。」王母娘娘剛給各路神仙做好玉米蜀黍麵疙瘩，氣得將鍋一掀，麵疙瘩滾了一地，也說：「這個該殺的雞。」

玉帝和天上的神仙、地上的鬼怪都歸了位。天亮時，黃帝和群臣來到軒轅丘東，準備要修城，一看，城已經修好了，只缺西南一個角。黃帝和大臣圍繞城牆轉了一圈，連聲稱讚說：「了不起，了不起，整整四十五里見方，樣子像個牛角，咱就叫它四十五里牛角城吧！」

傳說，黃帝和大臣們以及當地老百姓知道是天上的玉皇大帝和王母娘娘修的這座城，為了紀念他們的功德，就在城南關給他們修了一座天爺廟和一座娘娘廟。因為這座城是天上的玉帝和娘娘等九位天神化作龍下凡來人間修的，當地人就把這個地方叫做九龍口或九龍灘。太白金星到具茨山北，看雞叫的那個嶺，當地人叫做太白嶺。句芒在信陽山頭學雞叫的那座山，人們都叫它雞公山。

傳說，玉帝給黃帝修城的那天晚上是農曆臘月二十七。因為雞叫，氣得玉帝和娘娘都說「該殺的雞」，所以當地人流傳說：「二十七，殺小雞！」每年臘月二十七日，家家戶戶殺公雞以洩心頭恨。當地人還傳說，當年玉皇大帝為黃帝修城還缺一個角，雞就叫了，氣得掉下兩滴眼淚，當時這兩滴淚滾到一座青龍橋的兩條青龍的口中，成了兩顆夜明珠。因為這裡有夜明珠，每年冬天下大雪，其他地方下幾尺厚，唯這青龍橋上不見一片雪。因此，這裡成了新鄭一景，人們稱為「南橋風雪」。後來，南蠻子來新鄭盜寶，趁五月十三城南關古會，用竹竿將青龍橋圍起來，將青龍口中的兩顆夜明珠盜走了。從此，人們再也看不到「南橋風雪」這一景緻了。

還傳說，王母娘娘掀掉的那一鍋飯，滾了一地，變成了烈礓，從此南關那個地方就叫烈礓坡。還傳說，後來鄭國要往東邊遷，請人看了風水。風水先生說黃帝城這個地方有帝王之氣，於是鄭國就在黃帝城的遺址上又修了鄭國城。以後這國滅了那國，也把國都遷到這裡，現在，官方都稱這座城為鄭韓故城，可是當地老百姓說這座城最早是老祖宗黃帝修的，所以仍叫它「黃帝城」。

採錄整理：劉文學

採錄時間：一九八三年五月

採錄地點：河南省新鄭城關鎮

黃帝城的來歷

相傳，黃帝剛到涿鹿的時候沒有城，住在一個大土丘上。但過了不久，炎帝和蚩尤也來到這個地方。他們一來，就和黃帝爭地盤。這樣，雙方就打起來了。黃帝和手下的人住在大土丘上，說不清人家什麼時候來攻，就日夜防守著。牲口還得打個盹呢，何況人呢？時間一長，黃帝手下的人就頂不住勁了。黃帝一看這個樣子，可上愁了，再叫人沒明沒夜地防著，別說人家來攻，就是不來攻，自己也拖垮了。怎麼辦呢？他走裡磨外，就是想不出個辦法來。一天，黃帝悶悶不樂地來到竹鹿山上，想著散散心，可登到山頂往四下裡一瞧，壓在心頭的愁雲頓時散開了。為什麼呢？有養兵禦敵的辦法了。啥辦法？就是築一座城。這辦法從哪裡來的？就是在竹鹿山頂上看風景看出來的。啥風景呢？這就有講頭了。

竹鹿這地方，四周高，都是山，中間窪，是塊盆地。黃帝看了這景，就思索開了：如果把手下人放到各個山口上，住在盆地裡的人就安全了，還可以休息。可他手下沒有那麼多人，支撐不了這麼大的場面，怎麼辦呢？俗話說，心有靈犀一點通。他從這風景和地形上悟出一個道理：那就是世上的事以小比大，反過來也可以以大比小。如果搬石挖土，也照這形狀壘個去處，不就也可以養兵防敵了嗎？主意一定，他景也不看了，心也不散了，就下山回到他自己住的那個大土丘上了。把眾人一召集，大家都說主意好。可誰也沒見過這東西，牆壘多厚，修多高，在哪留口，又上起愁來了。

這時候就看出黃帝的本事了，要不咋叫他當頭呢？他聽大家七嘴八舌地議論了一頓，就又思索開了。別看現在一說修城，覺得很容易，可世上沒有城的時候，第一個修城的人可就難了。他想呀想呀，不知想了多少天，最後決定照著神仙贈給他的行兵布陣圖修城。

那圖分天、地、風、雲、龍、虎、鳥、蛇八個陣。天、地、風、雲為外四陣，虎、龍、鳥、蛇修成各式各樣的營盤，這就是現在街和院的來歷。為了進出方便，黃帝還在四個土牆相接的角上留四個門，這樣做是為了出門迎敵方便，兩個門出去的人馬好互相接應。

有了這座去處，黃帝的人馬能接替著休息，不久就把炎帝和蚩尤打敗了。因為修建這些建築都是用土壘成的，黃帝就給它起了名叫「城」。

採錄整理：李懷全

（選自涿鹿縣誌編纂委員會編《涿鹿縣誌》，河北人民出版社一九九四年出版）

類似的神話傳說還有許多，它們集中表現出一種情感：即軒轅黃帝代表著社會發展的大趨勢，順應著歷史演進的邏輯。

第三節　發明創造神話

黃帝不但統一了各部落，建立了國家，而且推動了物質文明的發展，這是黃帝神話的另一個重要主題。這種發明創造共兩種類型，一是以黃帝為名所列，一是以黃帝之臣或黃帝之族為名所列。

首先，黃帝時代發明創造了眾多衣、食、住、行所依賴的生活用具和生活方式。民以食為天，飲食方式的變化象徵著社會發展的變遷。《太平御覽》卷八四七引《古史考》：「始有燔炙，人裹肉燒之，曰炮，故食取名焉。及神農時，民食谷，釋米，加於燒石之上而食。及黃帝始有釜甑，火食之道成。」所引《周書》載有「黃帝始蒸穀為飯」和「黃帝始烹穀為粥」，這都表明黃帝時代飲食方式所發生的重大變化，即徹底告別了茹毛飲血的蒙昧階段。《雲笈七籤》卷一〇〇《軒轅本紀》「帝作灶」，即指此種意義。《管子．輕重戊》：「黃帝作，鑽燧生火，以熟葷臊。民食之，無茲胃之病，而天下化之。」《世本》：「黃帝造火食。」

接著是房屋和衣服的製造。《風俗通義．皇霸》：「黃帝始制冠冕，垂衣裳，上棟下宇，以避風雨。」《新語》：「天下人民野居穴處，未有室屋，則與禽獸同域。於是，黃帝乃伐木構材，築作宮室，上棟下宇，以避風雨。」《尚書大傳．略說》和《春秋內事》也都提及「上棟下宇，以避風雨」之事。《史記．五帝本紀》正義：「黃帝之前，未有衣裳屋宇；及黃帝造屋宇，製衣服，營殯葬，萬民故免存亡之難。」

「食」、「住」、「衣」是日常生活的最基本需要，「行」作為神話表現的方式，所描述的是車船等交通工具的發明創造。《周易．繫辭下》：「刳木為舟，剡木為楫，舟楫之利以濟不通，致遠以利天下……服牛乘馬，引重致遠，以利天下。」《路史．前紀七》：「軒轅氏作於空桑之北，紹物開智，見轉風之蓬不已者，於是作制乘車，輪璞較，橫木為軒，直木為轅，以尊太上，故號曰軒轅氏。」《文選．東都賦》：「作舟輿，造器械，斯乃軒轅氏之所以開帝功也。」因此，不得不把這一個時代視為一個從根本上改變生活方式的轉折時代，也是人類從蒙昧、野蠻走向文明的一個分水嶺。

其次，黃帝不但教會人民避開風雨、獲取食物，而且教會了人民享受生活，創造更多的歡樂和文明，使生活日益豐富。《世本》：「黃帝作旃。」《路史．後紀五》：「黃帝造車服為之遮罩也。」「制金刀，立五幣，設九棘之利，而為輕重之法。」「黃帝受地形，象天文以制官，蓋至是名位乃具。」「棺槨之作自黃帝始。」「黃帝作律，以玉為琯，長尺六寸，為十二月。」「迎日推策，造六十神歷。」《事物紀原》卷一：「黃帝立子丑十二辰以名月，又以十二名獸屬之。」「黃帝造星曆，正閏除。」《事物紀原》卷七：「幾創始自黃帝也。」「占歲起於黃帝。」《後漢書．郡國志》注引《帝王世紀》：「黃帝推分星次，以定律度。」「凡天有十二次，日月之所躔也；地有十二分，王侯之所國也。」其他還有「蹴鞠，黃帝所造」（《別錄》），「鏡始於軒轅」（《黃帝內傳》），「黃帝以其緩急作五聲以政五鐘」，「五聲既調，然後作立五行以正天時，五官以正人位；人與天調，然後天地之美生」（《管子·五行》），以及「黃帝始作陶」，「黃帝始儺」，「黃帝作《歸藏》」（《路史》）等，都展現出黃帝時代的盛景。值得注意的還有《繹史》卷五引《黃帝內傳》所述：「帝既與王母會於王屋，乃鑄大鏡十二面，隨月用之。」在黃帝時代，各種創造發明伴隨著眾多神系，使這個時代耀眼爍目。

黃帝時代的文明不獨黃帝所創造。嫘祖在傳說中是黃帝的「元妃」，以「蠶神」身分受到後世祭祀。《史記·五帝本紀》：「黃帝居軒轅之丘，而娶於西陵之女，是為嫘祖。」《通鑑外紀》卷一：「西陵氏之女嫘祖，為黃帝元妃，始教民育蠶，治絲繭以供衣服，而天下無皴瘃之患，後世祀為先蠶。」《後漢書·禮儀志上》中提到，每年的三月，人們「祠先蠶，禮以少牢」，祭祀這位女神。

又如倉頡造字，在古籍中也頗多記載。《論衡·骨相》：「倉頡四目，為黃帝史。」《路史·前紀六》：「創文字，形位成，文聲具，以相生為字；以正君臣之分，以嚴父子之儀，以肅尊卑之序；法度以出，禮樂以興，刑罰以著；為政立教，領事辨官，一成不外，於是而天地之蘊盡矣。天為雨粟，鬼為夜哭，龍乃潛藏。」倉頡的形象在神話中被描述為「四目」，在《荀子》、《淮南子》、《春秋演孔圖》、《春秋元命苞》和《世本》所引漢代《倉頡廟碑》等文獻中，都極力張揚倉頡「四目靈光」、「通於神明」的神性形象。

在《論衡》、《說文》中，都述說倉頡「依類象形」而「創字」。《文脈》說：「倉頡制字，洩太極之祕，六書象形居多。」《封氏聞見記·文字》：「倉頡觀鳥獸之跡以作文字。」《援神契》：「倉頡視龜而作書。」《春秋元命苞》中說：「窮天地之變，仰觀奎星圓曲之勢，俯察龜文鳥羽，山川指掌，而創文字。」這頗類於《易·爻辭》中關於伏羲作卦的神話描述。誠然，此類神話都表明祖先經歷了漫長的歲月，他們的業績是何等艱辛。像倉頡造字這樣「天雨粟，鬼夜哭」，表現出「通神明之德」的情節，都反映了後世子孫對祖先的崇仰和懷念。

不但倉頡和嫘祖，還有很多賢能之士以「黃帝臣」的名義做出了驚世的貢獻。他們聚集在黃帝周圍，形成眾星拱月的景象。如《雲笈七》卷一〇〇《軒轅本紀》載黃帝時「有臣曹胡造衣，臣伯余造裳」；「有共鼓、化狄二臣助作舟楫」；「有臣胲作服牛以用之」；「有臣黃雍父始作舂」；「有臣揮始作弓，臣夷牟作矢」；「臣伶倫作權量」；「有臣史王造畫」；「扁鵲、俞附二臣定脈經，療萬姓」；「有寧子為陶正」；「令孔甲始作盤盂，以代凹尊坯飲之樸」；「令風后演河圖法而為式用之，創十八局，名曰遁甲，以推主客勝負之術」。《辨正論》注一載：「黃帝佐官有七人：倉頡造書字，大橈造甲子，隸首造算數，容成造日曆，岐伯造醫方，鬼臾區占侯，奚仲造車作律管，興壇禮也。」《世本》載「黃帝使羲和作占日，常儀作占月，臾區占星氣，伶倫造律呂」，「後益作占歲」。《呂氏春秋．仲夏紀．古樂》載：「黃帝又令伶倫與榮將，鑄十二鐘以和五音，以施英韶。」《路史．後紀五》載：「命豎亥通道路，正里候。」這些記載將所有的霞彩都作為黃帝身後的屏障，從而讓後人仰望黃帝時代空前的眾神狂歡場景。這是中國神話時代最耀眼的篇章，令無數黃帝子孫深深感到自豪和光榮。儘管中國神話步入一個又一個階段，但從未有任何一個時代能與黃帝時代媲美。

黃帝神話被後世的方家術士所鍾情，他們極力借黃帝編造成仙、煉丹、封禪的故事以增加信眾，然而百姓並未為他們所支配。在中國大地上，迄今仍保存著許多關於黃帝的神話遺址，表現出華夏子孫對自己祖先的崇仰之情。如陝西黃陵縣的黃帝陵，每年清明時節都有海內外華人來此拜謁；甘肅天水有黃帝出生的軒轅谷；河北涿鹿有傳說黃帝戰炎帝蚩尤的黃帝城、黃帝泉；河南有新鄭黃帝故里、黃帝嶺，以及新密風后嶺、大隗山和黃帝宮。《路史．後紀五》羅注引張氏《土地記》說：「東陽永康南四里石城山上有石城，黃帝遊此；而黃山、皖公、縉雲、衡山、衡之雲陽山，皆有黃帝蹤跡焉。」更有數不清的地方保存著豐富的黃帝神話傳說，民間百姓把家鄉的山山水水、一草一木都同黃帝聯繫在一起。特別是河南的中西部地區新鄭、新密、登封、臨汝、靈寶和陝西東部的潼關一帶，分布著相當密集的黃帝神話遺址。同時，陝西白水有倉頡造字臺，河南的開封、內黃、虞城也有倉頡神話遺址，諸如倉頡墓、倉頡造字臺、倉頡城等，許多地方還有廟會敬祀倉頡，甚至把倉頡作為家仙，請求這位傳說中的黃帝大臣保佑一方平安。一些姓氏如侯氏、倉氏、夷門氏奉倉頡為自己的祖先。黃帝神話迄今仍然完整地保存在民間，這絕不是偶然的。

軒轅黃帝時代的大創造、大繁榮，成為中華民族文明的讚歌。這些傳說故事廣泛流傳，諸如：

黃帝造車輪

大家都知道，黃帝戰蚩尤時，造了破霧指方向的指南車，可這車輪是咋造的呢？這還得打王母娘娘點化黃帝那兒說起。

傳說那天玉帝和王母娘娘雲遊中天時，遠遠看見黃帝一個人悶坐在風后嶺的山坡上。玉帝問：「夫人，你看那不是賢弟嗎？」王母道：「正是，他正在為指南車跑得慢上愁呢，待我點化點化他吧。」說著，王母娘娘衝著風后嶺方向打起哈欠，吹起仙氣來。

的確，黃帝和蚩尤交戰時，眼看快勝了。蚩尤噴出漫天霧氣，使黃帝的兵馬迷失了方向，亂了陣營。黃帝想法兒造了個指方向的車，就是後來人們所說的指南車。說是車，當時形狀是一塊長方形木板，上面有一木人，右手總指南方。打仗時，這木板綁在一隻訓練好的熊精身上馱著跑。有了這器械，黃帝就不怕蚩尤噴霧了，接連打了兩次大勝仗。可就在第三次交鋒時，馱著指南人的熊精被敵方亂石打死了，幾個兵士抬著木板急跑時，你擁我擠太慢了，使這次戰役失利。黃帝正為這事大傷腦筋。所以一個人坐在那兒，悶著頭想啊想啊，也沒想出個好辦法來，急得他出了一身汗。

這時，黃帝忽覺背後涼風呼呼地吹來，怪舒服哩。風越來越大，「嗖」的一下，黃帝戴著的那樹枝紮成的帽子被吹落在地上，順著風，骨骨碌碌地朝山下滾去。黃帝一看，急忙追過去，帽子越滾越快，如同精靈的飛環，比人跑得要快得多，黃帝怎麼攆也攆不上。攆著攆著，黃帝頓時開竅了：「這圓圓的帽子滾得這麼快，要是在指南人的板下也安上兩個輪環轉動起來，不也跑得快了嗎？對！」想到這裡，帽子也不追了，他急忙跑回營寨，馬上命令工匠截了兩個木軲轆，加工設定，安在板下。果真人推也好，獸拉也好，靈活方便，跑得又快，黃帝站在上面，順向指揮，一時軍威大振，再和蚩尤交鋒時，這指南車立了大功。

後來，人們模仿指南車的軲轆，安在其他木板上，就有了最原始的車。

講述人：楊周氏，八十六歲，女，蘇張村人

記錄整理：侯松平

記錄時間：一九八三年八月

記錄地點：河南省新鄭城關鎮

軒轅黃帝是眾多物品與制度的發明者，甚至創造了生命的奇蹟，發明了各種藥草。又如：

黃帝的長壽祕方

史書上說，軒轅黃帝活到一百一十一歲。他能如此長壽，據說是他得了崆峒山仙人的長壽祕方。

相傳，軒轅十歲那一年，得了一種很厲害的傳染病，吃了許多草藥也沒治好，身體十分虛弱，全身的毛髮全脫落了，手指腳趾也變了形，眼看病情越來越重，都快要不行了。一天，他對家人說：「我恐怕要死了，你們不如趁我還有一口氣，把我送到野外去，免得死在家裡，再傳染別人。」

他的家人知道這種病的厲害，又覺得軒轅說得有理，就準備了些吃的東西和用具，把他送到了具茨山西的一個山洞裡。軒轅一個人住在山洞裡，不見父母和兄弟姐妹，又想著自己活不長了，情緒非常低落，整天流淚不止。

一天，有一位崆峒山的仙人從這裡經過，聽到哭泣聲，走進軒轅住的山洞。仙人看見軒轅這個樣子，很是可憐他，就問他為什麼一個人住在這裡。軒轅看看進來的老人，心裡想，雖然他年紀很大了，頭髮鬍子都白了，可他紅光滿面，精神抖擻，走路說話如同年輕人，一定不是個普通人，於是，就把自己一個人住在山洞裡的原因，一五一十地告訴了老人，最後，還哀求老人能搭救自己。

仙人聽說軒轅病成這個樣子，心裡還想著別人，覺得他這個人心眼很好。好人應當得到好報。於是，仙人就從懷裡掏出一個葫蘆，打開蓋，倒出許多藥丸送給軒轅，又交代了每種藥丸的吃法，就走了。軒轅想說句感謝的話都沒來得及說。

軒轅按照仙人的指點，服完了仙人所送的藥丸，身上的病便不見了：毛髮慢慢地長了出來，臉上泛出了紅潤，皮膚也恢復了原來的平滑和光澤，像常人一樣了。

軒轅剛想要回家，仙人又來到了他住的那個山洞裡。軒轅叩謝了仙人的救命大恩，又乞求仙人說：「我住的那邊山上，還有這種病人，你要是能傳給我這種藥丸的配方，我就可以自己配製，再去救別人的性命，而不必再麻煩你老人家了。」

仙人非常賞識軒轅小小年紀總想著別人的為人，就對他說：「這藥丸是松脂煉成的。這一帶的山裡松樹很多，松脂很容易得到。你把它採回來經過提煉，就能治病。松樹越老，樹脂越少；樹脂越少，藥效越好。井、泉、河水服藥只能治病，不能收到長生不老的藥效，要長生不老，得用黑龍涎送服……」然後，那位仙人又教給他提煉松脂的方法，最後還再三囑咐不得外傳。

軒轅謹記仙人的囑咐，進山採了一些松脂，便離開了山洞，回到家裡，誰知這一去竟是十年。他的父母都已過世，哥哥榆罔也遠走他鄉。村人都以為他已經死了，見他站在面前，以為是鬼，都驚訝得說不出話來。他把得到仙人搭救的經過告訴了大家，村人才轉驚為喜。

此後，軒轅把帶回的松脂進行提煉服用，從不間斷。他到什麼地方，只要有害他這種病的人，便送藥去醫治。提煉的松脂用完了，他就再到山上去採，再提煉，自己吃，也給別人醫病。

軒轅服藥的日子長了，感到自己的身體越來越輕，力氣越來越大，爬山過嶺，連著走三五天的路，不吃不睡，一點也不覺得勞累。七十歲時，頭髮不白，牙齒不落；九十歲時，耳朵不聾，眼睛不花；過了一百歲生日，面無皺紋，白裡透紅，像孩子樣；直到一百一十一歲那年九月，一條黃龍才馱他上了天宮，人們都說軒轅成仙了。

據說，軒轅在涿鹿大戰擒殺蚩尤之後，一天在具茨山避暑洞閒暇無事，想起了崆峒山仙人的話來：「井、泉、河水服藥只能治病，不能長生不老；要長生不老，須得用『黑龍涎』送服。」這「黑龍涎」到哪裡去找呢？他想著想著就睡著了。

其實他在具茨山上每天所飲用的水，都是從黑龍潭裡吸取來的。人們都說這黑龍潭裡的水都是從黑龍嘴裡吐出來的，他不知道這黑龍潭裡的水就是黑龍涎。

採錄整理：張永林

蒐集地點：河南省新鄭城關鎮

記錄時間：一九八三年三月

常先造鼓

傳說，黃帝身邊有一個大臣名叫常先，他在實踐中不但發明了很多狩獵工具，而且還發明了第一面戰鼓。

常先一生英勇善戰。他不但打仗勇猛，而且喜愛在森林裡打獵。他常常能捕獵到很多野牛、野豬等非常凶猛的動物。他把獵回來的野獸肉吃了以後，就把這些獸皮蒙在木墩上晒，一些空心的木墩上的獸皮被太陽晒乾後，緊緊地抱在木墩上，坐在上邊有彈性，很舒服。有次部落打了大勝仗，回來慶祝，跳呀唱呀，不知是誰用木棍擂了一下這木墩，木墩便發出雄渾的聲音，令人振奮。大夥都來擂，跳呀唱呀非常痛快。常先覺得這個聲音能催人奮進，就找來一個磨盤大的空心樹樁，製成了第一面戰鼓。

傳說，在涿鹿大戰開始時，黃帝在陣前準備了八十面戰鼓。凶猛的蚩尤攻到陣前，八十面戰鼓一齊擂響，震得山崩地裂，震得蚩尤軍隊人仰馬翻，耳聾眼花，潰不成軍。而黃帝的軍隊則在戰鼓聲中奮勇向前乘勝追擊，打敗了蚩尤。從此，鼓就成為中國古代戰爭中不可缺少的用具，人們稱之為「戰鼓」。

（選自任化民、王謙編《荊山黃帝陵》，一九九四年印）

兄弟獻弓

相傳，很久很久以前，黃水河北岸有個劉莊。莊上有一戶人家，兄弟二人和母親相依為命。哥哥劉忠和弟弟劉勇都是當地有名的獵手，還製得一手好弓。後來，在西山打野豬時，哥哥劉忠被野豬咬斷了一條腿，使得本來不富裕的家庭，從此生活越發艱難起來。

哥哥劉忠每看到弟弟劉勇拖著疲倦的身體打獵回來就心裡難受，背地裡不知流了多少眼淚。一日，哥哥對弟弟說：「弟弟呀，我的腿不能走路啦，可我的手還能幹活呀。黃水河邊有柳樹，你伐些柳椽來，咱家有獸皮，讓我張些大弓，換點野物和食物補助下生活吧！」第二天，劉勇就到河邊伐了些柳椽扛回家交給哥哥。哥哥劉忠就把獸皮製成弓弦，將柳椽進行修整、燻烤，製成弓背，造出好多弓來。天長日久，劉忠的弓在附近十里八村出了名。

這一年，黃帝在具茨山下拜風后為將練兵，要開往涿鹿去打蚩尤。訊息一傳十，十傳百，也傳到了劉莊。弟弟劉勇決心趕赴戰場去殺蚩尤，哥哥劉忠因一條腿殘廢不能上戰場，十分懊喪。弟弟見哥哥傷心落淚，就對哥哥說：「哥呀，現在軒轅在具茨山下練兵，準備去同蚩尤打仗，打仗是要用弓箭的。你做的弓遠近有名，咱怎麼不多做些弓，獻給軒轅，不也算是為戰蚩尤出了一份力量？」弟弟的一席話，撥開了滿天烏雲，兄弟二人立即動手，製造強弓，獻給軒轅。

劉忠、劉勇兄弟很快製成了強弓三百把。送弓這天，劉家母親特別高興，從地裡採來野花縛在弓上。鄉親們套起三輛牛車，分裝了那三百把大弓。劉忠、劉勇帶著三輛大車和村上要參戰的青年人，浩浩蕩蕩向具茨山走來。

軒轅正站在高崗上看風后指揮將士們練習陣法，忽聽報說有人獻弓，就親自下山迎見劉忠、劉勇兄弟。軒轅詢問家庭情況，劉忠一五一十作了稟報，並說要送弟弟劉勇參戰。黃帝聽了非常感動，說道：「為保咱有熊國安危，你們千辛萬苦制了這麼多弓獻來，還要送弟弟劉勇參戰，足見你一片愛國忠心。但劉忠一腿殘廢，尚有年邁老母，我看劉勇就不要上陣打仗了吧，留在家裡，一來照顧母親和劉忠，二來多製造些弓，供應戰場使用。今獎賞你兄弟黃牛十頭，皮可制弓，肉可補充家裡食物。你們兄弟也可將制弓之法教給鄉民，讓他們製出更多的弓供應戰場。」劉忠、劉勇兄弟聽罷，再三叩首拜謝而去。

在涿鹿大戰中，劉家兄弟供應了許多強弓硬弩，劉莊弓也從此聞名於世了。

採錄整理：袁玉生

記錄時間：一九八三年四月

記錄地點：河南省新鄭城關鎮

陶正寧封

遠古的時候，人們沒有鍋碗盆盤這些炊具，打來的野獸只能架在火上燒著吃，收穫的穀物也只能放在石片上烤著吃。人們常常吃生、硬的食物，胃腸大都患有疾病。人們也沒有打水的器具，只能依水而居，一到天旱的時候，人們可就慘了，往往要跑到很遠的地方才能喝到水。據說到了黃帝做中央天帝時才發明了燒陶的技術，解決了這些生活難題。

有的書上說是黃帝發明了燒陶技術，也有的說是寧封發明的。寧封原是隱居在蜀地青城山中的仙人。青城山是由五座高峰組成，五座高峰連綿起伏，像一座天然的大屏風。寧封修練得道，擅長龍蹺飛行之術。黃帝曾專程到青城山向寧封請教龍蹺飛行之術。交談中還提到了燒陶的事情，原來他們都已經在長期使用火的實踐中發現了黃泥用火燒過會變得非常堅硬的特性，並且不約而同地想借黃泥的這個特性燒製各種器皿。黃帝非常高興，就邀請寧封到他朝中做了陶正，並封青城山為「五嶽丈人」，寧封後來也就自然成了寧封丈人。

陶正就是專門負責燒陶的官吏。寧封做了陶正之後，就日夜思索、試驗，可是總掌握不好火候，不是火急了，就是火小了；不是時間長了，就是燒的時間不夠；燒出的陶器不是裂了縫，就是一層層地爆皮掉渣。寧封急得坐臥不安，日夜守在窯邊。這一天，寧封朦朦朧朧看見一個長得非常奇特的人向他走來，向他一五一十地講述燒窯的方法，並親自替他掌管爐火。爐灶中居然慢慢地冒出五色煙霧來，燒出的陶器又光滑又結實。寧封驚喜萬分，回頭再看那位仙人，早已不知去向。

寧封從此就按照那位仙人所教的方法燒窯，燒出許多精美的陶器，也教會了許多徒弟，但他還總是親自掌火。有一次，架火燒陶，寧封仍像往日一樣跳進火中隨著五色煙霧飄飛上下查看火候。但火熄滅之後，寧封早已不見了。人們在柴火的灰燼中發現了幾塊寧封的骨頭，就將寧封的骨灰安葬在寧北山中。人們說「寧封」這個名字就是由此而來。寧封，就是埋葬在寧北山中的意思。這顯然是在寧封去世後人們給他起的名字。人們又在寧封原來隱居的青城山下為他修建了一座丈人觀，每年人們都來祭祀為了燒陶而獻身的「寧封丈人」。

也有的說，不是寧封自己跳進火中，而是寧封上窯頂添柴火，窯頂忽然塌下，寧封落在火中。寧封並沒有被燒死，因為他會龍蹺飛行術，人們看見寧封隨著五色煙火升上天去了。

（選自馬清福主編《秦漢神異》，遼寧大學出版社一九九一年版）

從文獻中可以看出，這些故事來自後人講述。如「乃命寧封為陶正，赤將為木正，以利器用。命揮作蓋弓，夷牟造矢，以備四方」（《路史》卷十四），「寧封子者，黃帝時人也。世傳為黃帝陶正。有人過之，為其掌火，能出五色煙，久則以教封子。封子積火自燒，而隨煙氣上下，視其灰燼，猶有其骨。時人共葬於寧北山中，故謂之寧封子焉」（《列仙傳》捲上）。

又如：

來集與牛集

黃帝打敗蚩尤之後，國家統一，天下太平，百姓安居樂業。黃帝在風后、力牧等大臣的輔佐下，把國家分為九州，州下設師、都、邑、里、朋、鄰、井等，分派官員去進行管理。同時，要求地方官員帶領百姓開荒耕田，種植五穀，植桑養蠶，飼養家畜，發展石、陶手工業。黃帝還把戰爭年代使用的馬匹、牛驢及馴養的野獸分給缺少耕畜的部落。這樣，不到十年，有熊帝國是糧滿倉，畜滿圈，衣服穿不完，石陶工具用不盡，真個像人們說的路不拾遺，夜不閉戶。

有一年的一天，黃帝和風后、力牧等從國都出來，順著洧水河往西走，一路查看民情，來到一個離國都三十里的地方。老百姓聽說黃帝和風后來了，都從幾里遠的地方跑來，想看看黃帝、風后到底是啥樣。他們見了黃帝又是磕頭，又是作揖，感謝黃帝給他們帶來好日子。黃帝和風后問老百姓還有啥要求，其中一個種糧食的村民說：「陣者兒[55]這日子啥都好，就是有一點兒不方便，比如說，我是種田的，打的糧食多，可是缺肉吃。」

另一個男的接著說：「是哩，我們住在山裡，有的是禽畜，可是少糧食。」又一個男子說：「我也是山裡的，山上多的是石頭，我打了許多石斧、石鏟、石鐮……要是有個地方，把它換成糧食、布匹該多好。」旁邊一個女子接著說：「中，中，我們家織的布穿都穿不完，要是拿出多餘的換成糧食呀、雞呀、鴨呀，那我們就啥都不缺了。」大家你一言我一語，七嘴八舌地說得很熱鬧。黃帝聽了說：「這直巴老中！」他扭回頭對風后說：「你看是不是在這裡給他們找倆得勁地方。為不耽誤生產是不是每天日出採集、日午而散？」黃帝說罷，把風后留下建集，就同力牧又西巡去了。

黃帝、力牧走後，風后讓百姓叫來里、朋、鄰、井的頭頭，在一起商量劃地方的事。大家商量半天，就在附近劃了兩個地勢較為廣闊平坦的地方（今新密市來集村和牛集村）。從此，人們每日天不明，推車的推車，挑擔的挑擔，手提的手提，背的背，拉的拉，鞭趕的鞭趕，從四面八方來到這兩個地方交換糧食、牛、馬、驢、羊、豬、兔、石鏟、石斧、陶器等，非常熱鬧。這件事在有熊帝國傳開了，一些州、師、都、邑等也都仿照這裡的弄法，興起「集」來。

上古時候，人煙稀少，居住分散，那些住得離「集」遠的往往誤集。當他們帶著糧食，或牽著牲畜趕到集時，天早已大半晌了，還沒賣著東西，天已經中午了，落個白跑腿。風后把這情況反映給了黃帝，黃帝又下

[55] 作者注：土語，「現在」的意思。

令把半晌集改為全天集，也就是兩天一集。這樣大大方便了百姓。黃帝叫給這兩「集」起個名字，風后想了好久，就把首先興起的這兩個集點叫「來集」，意思是「大家都來趕集」。天長日久，趕集的人們常把兩個「來集」弄混淆。風后就又把東「來集」定為牲畜主要交換點，而牲畜又以耕牛最多，所以人們乾脆叫它「牛集」，而西「來集」主要是交換五穀雜糧、生產和生活用具，所以人們仍叫它「來集」。

集日興得久了，趕集的越來越多，慢慢地出現了一些專門給交換雙方牽線搭橋的經紀人。他們乾脆就在這兩「集」點修房蓋屋，長久地住了下來。這樣，就逐漸形成了村莊。

由於東「來集」主要交換牛、驢等牲畜，取名為「牛集」，所以住在這裡的人也就隨了牛姓，傳說這就是後世牛姓的來源，而居住在西「來集」的人就以「來」字為姓。至今，「牛集」居住的大多數人仍為牛姓，「來集」居住的多數人仍為來姓。傳說這兩個「集」，就是中國幾千年歷史上農村集日的開始。

採錄整理：高力升

流傳地點：河南省新密城關鎮

記錄時間：一九八三年二月

牛莊與馬莊的故事

新鄭山包嶂山的西北角，有兩個小村，一個叫牛莊，一個叫馬莊。關於這兩個小村村名的來歷，還得從人文初祖軒轅黃帝講起。

相傳，軒轅黃帝被尊為天子後，正逢盛世，百業俱興。那時，山包嶂山有一支狩獵隊很是有名。他們的首領叫辛勤，帶領著四、五十人的隊伍，活動在山包嶂山、黃水河一帶的山丘河谷之間。這辛勤性情直率，辦事公道，很受眾人尊敬。他們每天得到的獵物，總是當天剝皮分肉，每人一份，辛勤從不多分。

有一天，他們所獲獵物很多，還捉到了一隻小牛崽。因為當日天已經很晚了，來不及宰殺分肉，就交給了辛良、辛善兄弟看管。辛良辛善兄弟把獵物都搬到屋裡，將牛崽拴到門前，就睡覺了。第二天起來一看，不知從哪裡跑來一隻大母牛，安詳地站在小牛身邊，正給小牛餵奶，見了人也不離去。過了一會兒，眾人都來殺獸分肉。

辛良、辛善兄弟說：「勤叔，這頭小牛無奶吃，叫聲實在可憐；這頭母牛不顧生死跑來給小牛餵奶，可見野物也有母子親情。我們兄弟二人情願這次不分肉，將這兩頭牛領回餵養。小牛會長大，母牛明年會再下崽的。」辛勤想了想，對大夥說：「反正我們每天獵到的野物也不少，若每次都殺死分肉，肉吃不完也會爛掉的。捉到活的養起來，到哪一天獵物少時再殺分肉，也是個好辦法。辛家兄弟願意養這兩頭牛，就牽回去養著吧，以後再捉到活馬活牛，也給你們養起來，肉仍一人一份分給他們。」眾人也都很願意。

從此以後，辛家二兄弟就在門前搭起柵欄，養起牛馬來。他們春天給牛馬拔來青草，夏日為牛馬搭起涼棚，秋天為牛馬驅趕蚊蠅，冬天為牛馬壘牆禦寒。他們棚圈裡的牛馬越來越多，還個個長得體壯膘肥。

再說始祖爺黃帝雖被尊為天子，從不坐享其成，仍然經常親事農桑，外出狩獵，深入民間，體察民情。有一天，黃帝帶人狩獵，來到山包嶂山下，遠遠就聽到一陣牛哞馬叫聲。黃帝等人尋聲來到辛家兄弟門前，見一大群牛馬被圈在柵欄中，還有兩個中年漢子帶領幾個婦女、兒童正給牛馬棚裡分放青草，十分驚奇。

黃帝問那兩個漢子：「你叫什麼名字？是怎樣得到這麼多牛馬的？這些牛馬為何能這樣馴服？」辛家兄弟認出是黃帝，就忙叩首下拜，回話說：「我們叫辛良、辛善，是兄弟二人。我們捉到活牛、活馬都餵養起來；母牛、母馬還不斷下崽生子，不斷繁衍，所以現在有這麼大一群。牠們受人餵養，與人共處，時間長了，性情就慢慢溫順起來。」黃帝聽了，當即誇獎說:「這種辦法太好了。我要告訴各部落，以後凡是獵到活牛、活馬，或是幼牛、幼馬，都不要當即殺死，要餵養起來，叫牠們繁衍生息。」又對辛家兄弟說:「你們看，這牛馬雖然都吃草，牠們所吃的草又不盡然相同，馬牛的性情也不一樣，你們不如將牛馬分開餵養。一個飼牛，一個餵馬，慢慢馴化。牛可耕地拉車，馬可供人騎坐。」黃帝說完，又命從人將他們獵到的一匹母馬也留給辛家兄弟餵養。

黃帝走後，辛家兄弟感到黃帝說的有道理，就將牛馬分開來餵養。辛良立一柵欄飼牛，辛善在不遠處另立一柵欄養馬。隨著時間的推移，人口繁衍，慢慢就發展成了兩個村莊，飼牛的那個叫牛莊，養馬的那個叫馬莊。

採錄整理：袁玉生

記錄時間：一九八二年十月

記錄地點：河南省新鄭山區

婁底村的來歷

陽平鎮有個婁底村，過去不這樣叫，而是叫「漏底村」，時間長了，人們便把它演變成「婁底村」。

傳說在很早很早以前，這一帶山窮地薄，十年九旱，民不聊生，又有瘟疫疾病的傳染，百姓常家破人亡，妻離子散。在崑崙山上修練的黃帝聽說後，趕來這裡解救百姓，準備在荊山鑄煉仙丹為民治病。他從首陽山弄來了銅，一切就緒，但沒有水。有天，黃帝提著一個高五尺、粗三尺的罐子，到離荊山很遠的西湖去汲水。據說西湖水清澈見底，甘甜如蜜，人喝了不但可以治百病，而且養人。在汲水回來的途中，走到一個只有幾戶人家的小村，碰見一個白髮白鬍鬚的老翁坐在一塊大青石上，手握一根長桿菸袋吸菸。這菸袋大得出奇，菸袋桿長五尺有餘，菸鍋大似小碗，菸嘴像小娃手臂。他吸菸的樣式很特別，對著天一袋接一袋，吐出的煙霧也很特別，直直地升到天上。

白髮老翁看著勞累的黃帝很熱情地說：「歇歇吧！來吸吸菸提提神。」黃帝見盛情難卻，便放下罐子走到白髮老翁跟前。老翁邊給他遞菸袋邊說：「你吸這菸啥味道？」黃帝接過菸袋抓了一把又黃又亮的菸葉按在菸鍋上，又拿起火草點燃，然後長長吸了一口說：「不錯不錯。」黃帝邊吸菸邊和老翁攀談，談的全是天上的事。黃帝手中的菸吸呀吸呀，不知吸了有多少時候。

黃帝吸完菸走的時候，提罐子時才發覺底已經掉了，罐裡水也已漏盡，就隨口說了一句「漏底」，長長嘆了口氣，待他轉過身來，那白髮老翁已不見蹤影，黃帝很是詫異。正納悶時，從罐子曾經放過的地方噴出一股清泉，清泉像桶那麼粗往上湧。這時黃帝便想起他和老翁說話時老翁一個勁在地上敲，原來老翁是來點化的。

從此以後，這個村便叫做「漏底村」，後來又被叫成「婁底村」。

（選自任化民、王謙編《荊山黃帝陵》，一九九四年印）

造物神種玉茭

盤古有四個兒子，一個女兒。他開天闢地後，叫他的大兒子司管九霄，為萬神之尊，人稱「玉帝」；叫他的二兒子司管九州，為人間始祖，人稱「黃帝」；三兒子司管物種走獸，人稱「造物神」；四兒子司管水族，人稱「龍王」；小女兒司管百花，人稱「花神」。

盤古開天闢地勞累過度，傷了元氣，將死的時候，他把三兒子叫到跟前說：「你生性懶惰，至今大地荒涼，草木不生，禽獸無影。我死後希望你勤奮起來，使草木茂盛，禽飛獸走……」

盤古死後，造物神遵照父親的遺囑，很快使草木生長起來。有了草木，鳥獸也活躍了，大地一衍生機。這時，造物神又懶惰了，整天待在他的安樂宮中，啥也不管了。

一天，黃帝來到安樂宮，對造物神說：「人類急需食物，趕快去造。」

造物神懶洋洋地說：「野果足夠人吃了。」

黃帝說：「人越來越多，野果已經不夠吃了。你必須馬上再造一種食物，供人食用。」

黃帝走後，造物神想到了父親盤古的話：往南走四萬四千四百四十四里有座藏種山，山上有一個藏種洞，洞裡有四粒種子。兩粒是白色的種子，一粒可生長成白玉石，一粒可生長成高大的白玉茭樹。另兩粒是黃色的種子，一粒可生長成金屬，一粒可生長成高大的黃玉茭樹。白玉茭樹和黃玉茭樹結的果實，都可供人食用。

造物神坐上麒麟車，從五月到八月，走了三個月，才到了藏種山，取出兩粒玉茭樹種。所以現在的玉茭，五月種上，到八月才熟。金和玉的種子，造物神懶得拿，仍留在山中。所以現在金和玉只有從山裡才能找到。

有了玉茭樹種子，要培育成高大的玉茭樹還很麻煩。首先要把種子播種在淨土裡，而這淨土只有淨土園裡才有。淨土園在北方，需走三萬三千三百三十三里才能找到。其次要澆生長水，而生長水在東方二萬二千二百二十二里的「生長泉」中。還要澆千穗水，而千穗水在西方一萬一千一百一十一里的「千穗潭」裡。玉茭樹的種子只有埋在淨土裡，發芽後澆上生長水，開花後再澆上千穗水，才能長成高大的玉茭樹，樹上結滿纍纍的果實。造物神很懶，他取回種子後，順手埋在垃圾堆上。發芽後沒澆生長水，開花後沒澆千穗水。結果玉茭又小又矮，沒有長成高大的樹，上邊只結一兩個玉茭棒子。

採錄人：馮勝利

記錄時間：一九八三年二月

記錄地點：河南省靈寶、新密等地

顯然，這是文化附會的結果。講述人可能不知道有一些物種傳入中國的時間非常晚，卻將其演繹為古代神話的一部分。這種現象反映了中國民間文藝在流傳過程中，將不同時代的文化元素融入神話傳說，透過不斷增加而形成的敘事特徵。

黃帝與節節草

倉頡受人祖爺黃帝指派，在造字臺造字多年了。老倉頡年事已高，積勞成疾，總感到身體不適，胸悶氣喘，頭暈噁心，胸口像壓了一塊大石頭，有時候還如刀絞一樣疼痛。人祖爺黃帝聽說了，就同風后、常先等一起，帶著鹿胸、鮮果等物來看望他。人祖爺詳細地詢問了老倉頡的病情，決心治好他的病，讓他好好造字。

人祖爺從老倉頡那裡回來以後，總留心尋求治老倉頡病的藥草和方法，每有所得，就送給老倉頡。可是，一月過去，送去的草藥沒治好倉頡的病；一年過去了，送去的草藥沒治好倉頡的病。人祖爺非常焦慮。一天，人祖爺西巡走到一座大山下，看見山上走下一位老人，鶴髮童顏，健步如飛，邊走邊歌。歌曰：「無葉草，真神奇，能治胸痛氣悶疾。」人祖爺黃帝立即趕上前去，施禮問道：「老人家，何處有這種無葉草？」老人停住腳，看到眼前的漢子十分誠懇，就說：「這種無葉草只生長在黃河源頭的一個深澗裡，山口還有一條獨眼惡蛇看守。此前去採無葉草的人，多被這惡蛇吞食。你莫去白白搭上一條性命！」老人說完就下山去了。人祖爺黃帝目送老人下山，自己暗下決心：山高路遠我不怕，一條惡蛇有何懼，我要斬蛇取草，拯救百姓。

人祖爺黃帝背上他的千年藤弓、竹竿魚骨箭，不分晝夜向黃河源頭那個深澗走去。他走了九天九夜，翻過了九座大山，涉過了九條大河，終於走到了黃河源頭，找到了長有無葉草的那條深澗。黃帝伸手就要去採無葉草，那條獨眼惡蛇向黃帝撲來。黃帝一個箭步，躲閃到一塊巨石後邊，搭上竹竿魚骨箭，拉開千年藤弓，射向惡蛇，正中獨眼。惡蛇噴出毒霧，正待逃跑，黃帝騰身騎上蛇身，兩手死死卡住蛇脖，任惡蛇左右上下翻滾，只是不放。大約一個時辰，惡蛇終於氣絕身亡。人祖爺這才鬆了一口氣。

人祖爺黃帝看看地上的無葉草，被惡蛇拍打得一節一節散落在地上，感到實在可惜，就把它一節一節地撿起來放到揹簍裡。他想到老倉頡的病就要治好了，心裡非常高興！他又想，獨眼惡蛇雖然被我殺死了，但這裡距中原路途遙遠，山高水阻，再來採集，實在不易。他就盡量多採集一些，帶回去。

人祖爺黃帝回到具茨山，把無葉草配成藥方，很快治好了老倉頡的病。餘下的，他就細心地一節一節地接起來，栽植到姬水河邊、溝沿、山坡上，讓它繁衍生長，如果百姓們有誰再得了倉頡這種病，便可隨處採摘醫治。不信，你到河邊、溝沿、荒坡上去找找，隨處都生長著這種人祖爺栽植的無葉草。由於這種無葉草是人祖爺一節一節接起來栽種成活的，百姓們都叫它「節節草」。

採錄整理：袁玉生

記錄時間：一九八二年十二月

記錄地點：河南省新密城關鎮

山藥改名

在神農壇百草窪西南不遠的地方，有一條山谷，名叫山藥溝。關於這個名稱，還得從黃帝說起。

古時候，黃帝和蚩尤打了很多年仗，費了好大勁，最後總算把蚩尤逮住殺了。然而由於勞累過度，自己也得了大病，渾身腫脹，虛弱不堪。醫官雖百般調治，仍不見效。後來，黃帝到太行山療養，就住在神農壇的百草窪附近。黃帝吃飯不香，睡覺不穩，成了一塊心病。有一天，他去後山轉悠，碰到一位砍柴老漢。老漢看看黃帝臉色，問問病情，然後把他領到一個山溝裡，指著一種野生草藥說：「你把這草根刨出來，煮煮吃試試看怎麼樣。」

黃帝找來工具一刨，見這草藥根根莖膨大，扁翅凹腰，形狀各異，掰開一看，白膩膩的，黏糊糊的。放在鍋裡煮熟，糯糯的，甜生生，麻酥酥，怪可口。一碗吃下，頓覺周身清爽，力量倍增。於是，他就每天到山溝裡刨些煮熟吃。不到一個月工夫，黃帝的身體就復原了。他去問老漢這是啥藥，老漢說不知道。黃帝又問老漢叫啥名，老漢說叫「山藥」，於是黃帝就把這草藥叫山藥。

到了唐朝，因為唐太宗名叫豫，「蕷」和「豫」同音，為了避諱，就改名「薯藥」。宋朝宋英宗名曙，因「薯」與「曙」諧音，薯藥只得再次改名。又因為這種藥草產在山裡，就改稱「山藥」，盛產山藥的那條溝，也就稱「山藥溝」了。

在這當兒，醫聖孫思邈到太行山採藥，教懷川人把山藥刨下來種植，能提高產量。隨後，懷山藥成了著名的四大懷藥之一。

採錄人：秦祥軍、王新成

記錄時間：一九八三年十二月

記錄地點：河南省沁陽城關鎮

歷史上的倉頡造字與軒轅黃帝的關係非常密切。倉頡的業績，成為軒轅黃帝神話傳說的一部分。文獻記述道：「倉帝史皇氏，名頡，姓侯岡，龍顏侈哆，四目靈光，實有睿德，生而能書，及受河圖綠字，於是窮天地之變，仰觀奎星圜曲之勢，俯察龜文鳥羽，山川指掌，而創文字。天為雨粟，鬼為夜哭，龍乃潛藏。」（《春秋元命苞》）「倉頡墓，在城東北二十里時和保，俗呼倉王塚。旁有倉王城，世傳倉頡所築。」（清周城著《宋東京考》）「今開封之祥符，故浚義縣，即春秋之陽武高陽鄉也，或曰利鄉。」（《路史．史皇氏》）「開封縣東北二十有倉垣城及廟墓。」（《地記》）

民間社會的講述又如：

倉頡造字（一）

新鄭縣城南關有座風臺寺，寺塔高聳。相傳，古時候的倉頡就是在這裡造字的。

古時候的人，用結繩記事。大事打個大結，小事打個小結：橫繩表物，豎繩記數。軒轅黃帝在統一中華之後，感到這種記事方法不夠用了，就命令大臣倉頡造字。倉頡不敢怠慢，就在洧水河南岸的一個高臺上造屋住下，專心造字。可他造了好長時間，也沒造出字來。

一天，黃帝和常先等大臣來看他，見他愁眉苦臉，悶悶不語，就安慰他，要他不要著急，慢慢造，只要有恆心，終究是會造出字來的。黃帝走了，倉頡坐在茅屋前，兩眼望著天空出神。忽然，他看見天空飛來一隻鳳凰，到頭頂上鳴叫一聲，飛過去了。鳳凰嘴裡銜著的一片什麼東西，飄飄悠悠地落下來。倉頡拾起來看看，見是一片樹葉，上面有一個明顯的蹄印。他辨不出是什麼獸的蹄印，正要扔下時，見臺下走上來一個老獵人。這獵人是倉頡的老鄰居，伸手接過樹葉，看了看說：「這是貅的蹄印。熊、羆、貔、貅、虎、豹、豺、狼，它們的蹄印都不一樣。我一看蹄印，就知道山上有什麼野獸在活動。」

倉頡聽了，很受啟發。他想：世界上的萬事萬物都不一樣，它們都各有各的特徵。如能抓住特徵，畫出影像，不就是字嗎？打這以後，他就注意觀察各種事物，日、月、星、雲、山、河、湖、海，天上的飛鳥，地上的走獸，取其特徵，畫出影像，造出許多字來。

黃帝聽說倉頡造出字來，就同常先、風后等大臣一起來看他。他見倉頡積勞成疾，臥床不起，就命雷公取來草藥，親手煎熬，治好了倉頡的病。倉頡病好了，拿出他造的影像叫黃帝他們看。黃帝看了非常高興，說：「你真是聰慧過人，勞苦功高啊！」倉頡把鳳凰銜樹葉、老獵人辨蹄跡的話說了一遍。黃帝聽了說：「這是上天在幫助我們造字呀！」

後來，黃帝就召集各部酋長，把倉頡造的字像傳授給他們。這樣字像很快就在各地應用起來。後人不忘倉頡造字的功勞，把倉頡造字的高臺起名叫「鳳凰銜書檯」。宋朝人還在這裡建了寺，築了塔，人稱「鳳臺寺」。

採錄整理：張永林

記錄時間：一九八三年十二月

流傳地點：河南省新鄭城關鎮

倉頡造字（二）

虞城縣王集鄉有個村莊叫倉頡村。村西北角小學校的後面，有座很大的墳墓。墓周圍有十幾棵柏樹，枝葉茂密，鬱鬱蔥蔥。據說墳墓裡有一口井，井裡懸著一口棺材，棺材裡盛殮的就是我們中華民族文字的創始人 —— 倉頡。

傳說倉頡一生下來腦袋就特別大，如斗一般，人們都說他是個怪物。他的母親卻視如珍寶，精心養哺。小倉頡很聰明，思維敏捷智慧超群，小夥伴們都聽從他的指揮。他長大成人，被推薦給黃帝。黃帝見他記憶力極強，敏銳過人，就讓他做主管祭祀的官。

那時候，人們敬天敬地敬神仙，祭祀是一件極重要的事件。春天要舉行春祭，夏天要舉行夏祭。每逢春節，還要舉行一次最隆重的大祭。單憑腦子把這些活動記下來也實在不容易。倉頡就想了個辦法：用草擰成繩，打結記事。小祭結個小疙瘩，大祭結個大疙瘩。還在結上塗抹不同的色，用以表示不同的季節。如：冬天發生的事塗上白色，夏天發生的事塗成綠色。但是，時間長了，繩疙瘩越來越多，怎麼也搞不準確。倉頡苦苦思索，想找個更好的辦法。

一天，他見有人在捉魚。有一條魚落在地上，留下了一個印子。他不由靈機一動，心想：如果把魚的形狀畫下來，不就可以表達魚的意思了嗎？畫個人形代表人，不也是同樣的道理嗎？

他急忙跑回家，把自己的想法告訴妻子。他妻子也是個聰明人，聽倉頡一說很高興，就幫助倉頡研究起文字來。倉頡又多方聽取眾人的意見，便把許多象形文字蒐集起來，認真作了紀錄。

倉頡的妻子幾乎每天都用各種辦法試驗他，有時甚至故意畫得很複雜，叫倉頡說她寫的是什麼字。倉頡只要稍一思忖便猜著了，不僅能很快說出是什麼字，而且還能講出它的意思。於是，他的妻子下決心要想個點子難為倉頡。

這一天，倉頡不在家，他的妻子捉了一個金龜，放在一塊鋪平的沙子上，再用碗蓋住。金龜在沙土地上爬了個橫七豎八，不像個字形。倉頡回到家，妻子叫他認這是什麼字。倉頡左看右看，也看不出個名堂來，急得他滿頭大汗。他不由伸手擦了一把額頭上的汗水。突然，腦門上又長出一對眼睛來。只見他睜大四隻眼仔細一瞅，驚喜地說：「這原來是金龜爬的！」

倉頡說完這句話，就累死了。要不怎麼能說倉頡是四隻眼的蒼王呢？

他的妻子很悲痛，後悔自己不該出難題難為丈夫。黃帝為了紀念倉頡的大功，就下令挖一口大井，把倉頡厚禮安葬，並封他為蒼王。從此以後，我們中華民族便有了自己的文字。

講述人：王永福，男，五十歲，文盲，農民

採錄人：陳谷，幹部

流傳地區：河南省虞城一帶

倉頡造字（三）

古時候，有一次黃帝率軍和蚩尤軍打仗，直戰了三天三夜，不分勝負。黃帝準備改變原來的戰術，叫倉頡把作戰圖拿來。倉頡一摸身上，作戰圖早已丟了，急得黃帝沒有辦法，只好收兵。

黃帝對倉頡說：「你是我手下最精明的一位大臣，為什麼在緊要關頭把作戰圖丟失？你這次是多麼大的過錯啊！」倉頡鎮靜地說：「如今人多事雜，還要打仗，用結繩記事的辦法實在是不方便，照這樣下去，還會出更大的亂子哩！」黃帝就問倉頡說：「你說怎麼辦？」倉頡說：「最好造一種圖，讓天下的人看了，都能知道是什麼意思。用這種圖把你要說的話畫出來，人們都會照你的意思去辦。用它記事，再也不會忘了。」黃帝覺得也怪有道理，就說：「好吧！今後你不用再隨軍去打仗了，專門留在家裡給我們畫圖、造字吧！」

至於圖和字到底怎麼個造法，這下真把倉頡難住了。他整天苦思冥想，坐立不安。半年過去了，還沒有想出造字的辦法來。

冬天到了，有天夜裡下了一場大雪。倉頡早上起來去散步，突然發現前面山坡上有兩隻山雞在雪地上找食吃。當山雞走過以後，雪地上留下了兩行長長的爪印。接著又見一隻野鹿從山坡那邊出來尋食，雪地上留下了鹿的蹄印來。倉頡看得出神，忘記了寒冷。他把兩個足印一對比，發現兩個動物的足印不一樣。倉頡想：如果把山雞的爪印畫出來叫雞，把鹿的足印畫出來叫鹿，世間的任何東西，按它的形狀畫出來不就是字嗎？他想到這裡非常高興，趕忙回去把造字的想法告訴了黃帝。

黃帝聽後非常高興地說：「我早說你是個聰明的人，今天果然想出了造字的辦法。好吧！你就把天下的山川日月、飛禽走獸，都畫出來，我再頒布天下。」從此以後，倉頡每日觀察日月星辰、鳥獸山川，創造起字來。不多久，人、手、口、日、月、雞、羊、犬等這些字都造出來了。

可是象形字越造越多，寫到哪呢？寫到石頭上拿不動，寫在木頭上太笨重，這事又把倉頡難住了。有一天，有個人在河邊捉到一隻龜，找倉頡給龜起個名字，造個「龜」字。倉頡仔細看了這個怪物，發現龜背上有很整齊的方塊格子，他按形狀，造了個「龜」字，又把這個字刻在龜背上的方格裡。這隻龜由於背上刻字劃得很疼，一躍跳進了河水裡。三年過後，這隻背上刻有字的龜又在另一個地方被人捉住了。人們告訴倉頡，這隻背上刻有字的龜，上面的字不但沒有被水沖掉，還長大了，字跡更明顯了。

倉頡從這件事上得到了啟示，命人大量捉龜，把龜蓋取下來刻字，把自己創造的象形字都刻在龜蓋上的方格裡，送給黃帝看。黃帝看了很滿意，就命人把龜蓋用繩子全部穿起來，好好保存，並且給倉頡記了一大功。可見，我們中華民族的象形字和甲骨文從黃帝時期就開始了。

講述人：蘇國安，男，三十八歲，項城縣賈嶺鄉文化站幹部

採錄人：凡風翔，河南省項城縣賈嶺鄉馬店村

採錄時間：一九八六年五月

採錄地點：河南省項城縣賈嶺鄉文化站

倉頡造字（四）

很久很久以前，中國的華夏族在中原地區的黃河兩岸，過著刀耕火種的部落生活。他們的首領是黃帝，倉頡就是黃帝部下的一名史官。有一年，華夏族和異族之間發生了一場戰爭，黃帝派倉頡去向敵方下表。不料倉頡卻被異族當作人質給扣押在一個土洞裡。戰事緊急，立待覆命，倉頡心急如焚。

他在陰暗的土洞裡苦思冥想著：怎麼才能逃出去呢？用什麼辦法將眼前的情況告知黃帝呢？眼看時已過午，也沒有想出什麼辦法，就靠在一棵樹幹上陷入昏睡之中……突然他感覺有誰在碰他的手，猛睜眼一看，原來是他隨行的愛犬，不知啥時候也鑽進洞來。倉頡輕輕撫摸著牠的脖頸，頓時心生一念：何不讓這條犬去報信呢？可是轉眼又想，牠不懂人語，又如何傳送信息呢？倉頡一時又愁悶起來……這時，天都快黑了，如果時間再拖，必將延誤戰機。

想到此，倉頡急得搓手頓足，用拳頭捶著樹幹。只聽「啪」的一聲，一塊樹皮脫落在地。倉頡凝視著那塊樹皮，急中生智，想出了一個絕妙的主意。只見他從地上拾起樹皮和一根炭木，飛快地在樹皮背面描畫起來，「嚓」的一聲又撕下一條衣襟，將那樹皮捆在愛犬的脖子上，引著牠趁機

從洞口柵門間鑽了出去……當天深夜，異族營寨突然大火遍布，殺聲四起。一場夜襲大功告成，倉頡也被營救出洞。

這究竟是怎麼回事呢？原來，是多智的倉頡，用能表達人意的影像，將「我被敵禁，深夜來襲」的機密情報畫在樹皮上，讓他的愛犬帶到了黃帝面前。黃帝識圖解意，及時出兵，連夜偷襲了敵寨，取得了戰鬥的勝利。

從此以後，倉頡深切地感到，用文字表達人們的思想、感情和意圖是多麼重要。於是他下決心一定要創造出一批文字。他不辭勞苦，跋山涉水，四處奔波，處處留心，反覆思索大自然和各種生物的種種現象、變化，用影像記載下來。不知花費了多少心血，用了多少個日日夜夜，終於在造字臺上，勾畫出能用於表達人意的文字來。所以，後人都稱他為造書六祖、史皇。

據說，今開封北郊劉莊林場所在地，有一高臺基，上有殿堂建築的遺墟，那就是倉頡當年的造字臺。距臺一里多路，有一大土塚，那就是倉頡的墓。在三、四十年前，還有不少文人遊客曾在倉頡墓前的兩座碑上拓片描跡。可惜這塊石碑如今不知丟置何處了，但有關倉頡造字的故事，一直流傳至今。

講述人：曹文芳，男，四十八歲，漢族，河南省開封市龍亭區文化館幹部

採錄人：韓順發，男，四十六歲，漢族，大學畢業，河南省開封市博物館陳列部主任

採錄時間：一九七九年夏

採錄地點：河南省開封市延慶觀

倉頡造字（五）

黃帝殺了蚩尤，功績昭彰。為了讓後代知道自己的豐功偉業，就叫倉頡當史官，給他記載下來。可是當時沒有文字，怎麼記載呢？倉頡感到十

分為難。黃帝說：「什麼不是人創造的？沒有文字，你不會創造文字嗎？」

倉頡聽了黃帝的旨意，就創造起文字來。他仿造物的形象，造的都是象形文字，如日、月，就仿照太陽、月亮造成。沒幾天，他造了許許多多文字，天被驚得下起米麵，狼蟲虎豹也被唬得咆哮嚎叫。

倉頡把黃帝的豐功偉業用造的字刻在骨頭上，當刻「蚩尤」兩個字時，因為蚩尤是人，沒有形象可仿，字造不出來，他作了難。黃帝說：「蚩尤雖是人，但臉似黑炭團，右頰上還長了個肉瘤，左腿短，沒腳，右腿長，腳還往上翹，猙獰醜陋，像條蟲。我殺了他，把他壓在太行山下了。你根據這個意思，不會給他造兩個字嗎？」

倉頡聽了頓時大徹大悟，根據黃帝所說的意思，就造出了「蚩尤」這兩個字。「蚩」字，不就是山下壓一條蟲嗎？「尤」字，不就是一個臉頰長個肉瘤，左腿短，沒腳，右腿長，腳還往上翹的人嗎？

講述人：王百貞

採錄整理：王廣先

採錄時間：一九八三年二月

採錄地點：河南省武陟縣城關鎮

倉頡造錯字

倉頡為了造福於人類，嘔心瀝血，費盡畢生精力，製造出十萬八千字。這些字無論是以字形還是字義上說，字字在理。於是，普天下人們都為此興高采烈，讚嘆不止。正在這時，卻有人向倉頡提出了異議，說他造錯四個字。一是「好」字，一女一男（子）合為一個「好」字，不確切，應該唸為「姦」字；二是「姦」字，三個女人在一起，怎能成「姦」？應該唸成「好」字，不應該唸「姦」；三是「出」字，山本來就是很重的，卻又加上個「山」，應唸成「重」字，不應唸「出」；四是「重」字，它是由「千里」兩字組成的，出外離家千里之遙，應該唸為「出」字較切，不應唸「重」。倉頡聽了，恍然大悟，連連說道：「有理呀，有理！」認識到自己確實造錯了四個字。

儘管倉頡嘴裡說錯了、錯了，可是心裡卻很有氣。他認為自己費盡千辛萬苦造出了十萬八千字，字字在理，功勞很大，唯獨這四字有錯，讓人們提出了異議，很是生氣，幾乎要把肚皮氣崩。

後來，人們認為倉頡造字著書，功績很大，於是，就蓋廟塑像紀念他。廟裡的倉頡塑像肚子特別大，還箍有三道鐵箍子，這是人們怕把他的肚皮氣崩了，才在他肚皮上箍了三道箍子。

講述人：付孟經，男，五十五歲，漢族，高中畢業，河南省清豐縣政協幹部

採錄人：儀朝江，高中畢業，河南省清豐縣政協主席

採錄時間：一九八七年三月

採錄地點：河南省清豐縣政協辦公室

倉頡四隻眼

傳說，中華民族開始造字的人——倉頡原是天上文曲星投胎凡間。

當年，玉皇大帝為幫助軒轅黃帝治國安邦，想派文曲星下到凡間。這個消息被蟠桃園一個仙女知曉。這仙女對文曲星早有愛慕之心。為表別離之情，她摘下一對並蒂仙桃來給文曲星送行。正在這時，玉皇大帝又傳來聖旨，令仙女歸園。文曲星慌忙將並蒂仙桃往嘴中一填，算是藏入腦殼，就下凡人間了。

這文曲星踏破九重處，正是軒轅丘硯池之地。這裡一戶姓侯岡的農家夫人正要分娩。當時只見硯池上空一道金光「咔」一閃，一男孩兒在侯岡氏家呱呱落地，侯岡一家人歡喜異常，祭天，祭地，遂取名叫倉頡。

原來這侯岡家和洧水河灣漁家早訂有約，要作「胎裡媒」。今侯岡家先生一男，只等著漁家能生一女，好做親家。事有巧，也是老天有眼，正

當人們議論紛紛的時候，忽然報來喜訊：洧河灣漁家與侯岡家同日同時生下一女孩兒，賽若天仙，遂取名「仙姑」。

人間怎知天上事，哪知那天蟠桃仙女摘桃送別文曲星的事被王母看在眼裡，說她觸犯天規，打下凡世。

侯岡家男，漁家女，胎裡有媒約，又是同年同日生，真是前世姻緣，天生一對。

倉頡天生一副怪相，頭大如斗，大耳方面，天庭飽滿。少年聰慧，成人後思維敏捷，智慧超群。黃帝看中他的才華，封為史官，主管祭祀。

那時候世上還沒文字，是用結繩記事的。每年的春夏秋冬都要祭天、祭地、祭神仙，得打出許多的繩結來。倉頡想，時間長了，誰能記得這許許多多的繩結來？

「我得想個更好的辦法代替這種記事的方法。」他把這個想法告訴給妻子仙姑，仙姑很贊成他的想法，並答應幫助他。

一天，倉頡經過洧水河邊，見一漁夫正挑兩簍魚回家。忽一條魚躍出魚簍，落在沙灘上。漁夫走過去了，魚在沙地上蹦跳，留下許多魚樣的模印兒。倉頡心想：若將魚的形狀畫下來，人們看到不就知道了這是「魚」的意思嗎？要是能知道，這不就是一種記事方法嗎？回到家裡，他先在地上畫出個魚的形狀，問妻子這是什麼，妻子說那是一條魚。倉頡高興得跳了起來：「我找到新的記事方法啦！」隨後他把他的想法告訴了妻子，夫妻倆不一會兒，造出許多字來。

倉頡在造字過程中，意識到世上的事物千種百樣，不能都用「象形」的辦法來表達，還得有別的方法造字。他把這個想法告訴仙姑，仙姑當即在地上畫出三個字樣：「人」在「一」上為「上」，「人」在「一」下為「下」，「人」在「口」中為「囚」。倉頡看罷，這三個字正屬指事一類，心中大喜，連聲誇讚妻子聰慧！

仙姑在家每天都造字。有些字樣畫得很繁雜，可倉頡回來一看，都能認出是什麼字來，於是想出個點子難為他一下。

這一天，倉頡不在家，仙姑從南河灣掏了一隻螃蟹回來，放到平鋪的沙土上，用盆蓋住。螃蟹在盆裡的沙土上左右橫爬，爬出亂七八糟的許多爪跡來。倉頡回到家，仙姑問他這是什麼字，倉頡上看下看，右看左看，說不出什麼名堂來。一會兒，急得頭上汗如泉湧，肌肉亂跳。他伸手去擦額上汗珠，突然，腦門上又長出兩隻眼睛來！四隻眼睛盯住地面，大聲說道：「哎呀，這是螃蟹留下的爪跡！」

原來，倉頡生下來就頭大如斗，正是因為裡面藏有兩個並蒂仙桃。腦門上突生的這兩隻大眼睛，正是顯仙桃之靈而生。

所以，後世傳說：倉頡四隻眼，站著不動就能上觀奎星圓曲，下察龜文、鳥羽、山川、指掌而造文字。

採錄整理：王耀斌

採錄時間：一九八三年二月

採錄地點：河南省新鄭城關鎮

倉頡奶奶

傳說，倉頡造字廢寢忘食一生辛苦，卻連一個妻子也沒討上，但在他的廟後殿樓中，為何又塑著一位品貌端正的倉頡奶奶呢？

傳說在盛夏的一天，吳村村裡的數名姑娘在田間挖菜，驕陽當空，酷熱難當，於是就躲進廟內乘涼。其中一名少女名叫玉秀，獨自望著倉頡塑像出神，想倉頡立下這麼大的功勞，為人類做下這麼大的貢獻，現在卻這樣淒涼孤單，無人陪伴，不禁深表痛惜。此時有的姑娘提議說，用菜籃子往倉頡頭上套，誰套中，誰為倉頡妻子。結果半天無一人投中。最後玉秀一投，正套中倉頡脖子。大家一陣嬉笑，齊稱玉秀為「倉頡奶奶」。

大家歡笑一陣就回家了。事後也都忘了，誰知玉秀回家後一病不起，終日昏昏沉沉，百醫無效。父母問起發病原因，玉秀就把廟中戲言說了一遍。父母好言解勸，仍請醫生治療，但終沒治好，玉秀就死了。全村人就籌措錢款在大殿後蓋了座樓閣，為玉秀塑了金身，並敲鑼打鼓張燈結綵，讓玉秀與倉頡成親，葬於廟東倉頡陵。

玉秀懷念這一方百姓，凡是缺吃少用的人家，只要在前一天夜裡禱告一番，把筐放到廟院中井內，第二天清晨提出，筐內就應有盡有了。特別是婚喪嫁娶需用的碗、碟之類，器具精巧，令人愛不釋手。時間久了，取多還少，慢慢地倉頡奶奶就不借給他們了。

講述人：任占，男，六十五歲，河南省南樂縣文化館館長

採錄人：魏發軍，大專畢業，幹部

採錄時間：一九八九年九月

採錄地點：河南省南樂縣城關鎮

倉頡造字如此，嫘祖造衣也是如此。民間社會講述其發明創造，也是依附於軒轅黃帝。與眾多神話傳說不同的是，這些傳說故事越來越仙話化，如：

黃帝修德問道的傳說

很早以前，在有熊國都以西四十多里的地方有個觀寨村。觀寨村裡有個修道觀，修道觀裡塑有黃帝和嫘祖像。傳說黃帝和嫘祖當年曾在這裡修過道。

黃帝打敗蚩尤之後，天下太平，百姓也都過上了安居樂業的日子。黃帝想，自己征戰、操勞了大半輩子，現在老了，身體和心力都不濟了，應該早早叫年輕人幹。於是他就把國君的位置傳給兒子昌意，與妻子嫘祖周遊天下，求仙訪道去了。

黃帝與嫘祖離開有熊國都往西走。當時正是五黃六月天，天空的太陽像一團熊熊烈火，大地熱得像一個大火盆。黃帝和嫘祖走啊，走啊，從早

上一直走到正午，走得渾身直流汗，餓得肚子咕嚕嚕響，渴得張口喘粗氣。在太陽偏西時候，他們爬上了一座小山頭，見小山頭上有一塊平地，平地上長著一株大亢樹，大亢樹的下邊有一塊大石頭，大石頭上一個白鬍子老頭和一個灰鬍子老頭正專心致志在下棋，他們的旁邊放著兩碗茶。黃帝和嫘祖怕驚擾他們，就躡手躡腳地來到他們跟前，想等他們下完這盤棋再打擾他們。黃帝和嫘祖等啊，等啊，足足等了兩個時辰，眼看太陽快落山了，那兩個老頭還在一個勁地下。黃帝和嫘祖又飢又渴，實在忍不住了，向兩位老頭作了個揖說：「老人家，打擾你們了，天氣老熱，我和妻子嫘祖實在口渴得慌，想向兩位老人討口水喝，還想問問這離神仙洞有多遠，怎麼個走法？」

那白鬍子老頭抬頭看了下黃帝和嫘祖，沒有說話，只管下棋。那灰鬍子老頭連頭也沒抬。黃帝見他們不搭理，只好再打躬作揖討擾。這一次那個灰鬍子老頭抬頭看了他們。嫘祖有些按捺不住了，想數落他們幾句。黃帝急忙攔住她，就又上前打躬作揖，說：「實在對不起，不該打擾您老人家下棋，向您賠禮了。」說完，拉著嫘祖就往回走。

黃帝與嫘祖走出二、三十步遠時，身後有人喊：「那不是軒轅和嫘祖嗎？既然來訪道，為何又要走呀？」

黃帝聽見身後有人，就扭回頭來看，只見那個下棋的灰鬍子老頭捻著鬍鬚對著他們笑。

黃帝與嫘祖見喊他們，就急忙拐回來，再次打躬作揖說：「軒轅、嫘祖給您老人家施禮了。」那白鬍子老頭把手中的棋子放到棋盤上，說：「你們不是老渴嗎？這裡有兩碗清茶，你們喝吧。」那灰鬍子老頭將兩碗清茶端過來，黃帝和嫘祖接過來一飲而盡。灰鬍子老頭從懷中掏出兩個又大又紅的桃子給他們吃，黃帝與嫘祖有些難為情。白鬍子老頭說：「吃吧，這是你們倆的造化。」

黃帝與嫘祖實在太餓了，也顧不了許多，將桃子在身上蹭了兩下，就大口大口地吃了起來，幾口就把桃子吃完了。說也奇怪，黃帝和嫘祖一吃下桃子也不渴了，也不累了，覺得渾身清爽、有力氣，似乎有種說不出來的飄飄然感覺。

那白鬍子老頭說：「你們倆不是想去神仙洞嗎？這裡是雞山，由此往西，順小河走二里地，前面那架山腳下，風景最優美的那個地方就是神仙洞。」

黃帝和嫘祖按照白鬍子老頭指的路，順著小河往西走，大約走了半個時辰，來到一座山腳下，果然這裡百花盛開，洞府清幽。黃帝見洞外草坪上有兩個道童在玩耍，就作揖說：「請問道童，這可是神仙洞？你家洞主可曾在府？」其中大一點的道童點點頭說：「請跟我來。」說著將黃帝與嫘祖往洞中引去。黃帝與嫘祖跟著那道童，走過一個個又窄又矮的石洞門，跨過一條條嘩嘩流淌的小溪，繞過一塊塊巨石，穿過一道道小徑，終於來到一個人間仙境。只見這裡春光明媚，萬紫千紅，乳燕啾啾，龍飛鳳舞，尤其是道旁，各種花草樹木，葉黃葉綠，花開花落，像一個萬花筒，使人眼花撩亂。黃帝、嫘祖無心觀景，緊跟道童來到一座殿前。那道童讓黃帝、嫘祖稍等，先進內通稟。一會兒那道童出來向他們招手，引黃帝與嫘祖走進殿內，只見殿中几案上，香煙繚繞，一個老道手執拂塵，坐在一個金光閃閃的蒲團上說：「人仙各異，互無理通。意薄之人，求仙難成。人間至尊，富貴幸榮。仙界清淡，終生平庸。勸你速歸，莫誤前程。回去吧，回去吧，送客！」那老道又說了些什麼，黃帝與嫘祖沒有聽清。二人正在發愣，只聽那道童催促說：「施主請吧，洞主送客了。」黃帝和嫘祖無奈，只得跟著道童走出洞來。他二人又順著來路走到雞山那棵大亢樹下棋盤石前，忽然聽見空中傳來一個聲音：「心誠則靈。求道並不難，就怕志不堅！」抬頭看時，卻不見人影，黃帝無奈，只好順著原路回有熊國都。

黃帝與嫘祖回到國都，哪知有熊國君君位已傳給孫子顓頊。黃帝與嫘祖這才想起在神仙洞內所見樹葉黃綠變化和花開花落的情景，原來那就是年代的更替，感嘆人生是多麼短暫。

黃帝與嫘祖在宮中休息了三日，不顧子孫勸留，就又離開了國都，往西行四十里，在一處風景幽美的地方，搭起一座庵棚，每日在這個庵棚裡修身、靜心、養性，反省一生中的功過得失。三年以後，黃帝與嫘祖又到神仙洞求道，終於被神仙收為門徒，修成了正果。

宋真宗咸平三年（一〇〇〇年），當地官紳為紀念黃帝功德，就在黃帝和嫘祖搭庵棚修德問道的地方建了一座觀，取名「修德觀」。金代，密縣縣令劉文饒重修道觀，親自撰寫的〈修德觀問道碑記〉流傳至今。

採錄整理：高力升、李高強

採錄時間：一九八三年二月

記錄地點：河南省新密城關鎮

黃帝煉仙丹

傳說黃帝在具茨山西麓的神仙洞跟廣成子修道三年。有一天，廣成子對軒轅黃帝說：「軒轅氏，你在這裡整整三年了，已經修成正果，可以回去了。」

黃帝說：「先師，我已修成正果，可是我有熊國百姓，雖然豐衣足食，但是經常發生疾病，不知先師有何靈丹妙藥解救百姓疾苦。」

廣成子說：「這也不難，你可到密岵山採來晶潔玉花，將它放進煉丹爐，用你丹田之氣，向丹爐發功九九八十一天，將那玉花煉成仙丹，不僅可治百姓病，還可益壽延年。」

黃帝又問：「請問尊師，不知丹爐在何處，那密岵山又在何方？」

廣成子說：「那丹爐你可到銀汞峪藏寶洞去，那裡自會有人指點於你。由此往南二十里，過馬嶺山，再過洧水河，就見一座山，那就是密岵山。」

黃帝拜謝廣成子，向南而去，一路春風拂面，腳下飄然生風，不到兩個時辰，就來到密岵山下。黃帝抬頭仰望，只見這裡山勢陡峭，林木蔥郁，雜草叢生，百鳥飛鳴，果然是一座奇山。黃帝想快點採得玉花，爬過一座峰又一座峰，越過一道澗又一道澗，只見滿山紅的巖、青的石、綠的水、黃的花，就是不見那晶潔的玉花。他順著山峰找啊找啊，發現一條石縫，那石縫中白光閃爍，對！那就是玉花。

黃帝心情特別激動，他不顧山高峰險，只管手抓籐條，腳蹬石板，一步一步地往山上爬。手被籐條磨破了，鮮血直流；腳被石稜劃傷了，疼痛難忍。一百丈、五十丈、三十丈、十丈、五丈……眼看就要爬到山頂時，他突然踩掉一塊石頭，一步踏空，就軲軲轆轆地滾下山去，一下失去知覺。大約過了半個時辰，他醒了過來，只見摔得遍體是傷，腿上還往外滲血。他想爬起來，再去爬那座山峰，可是身子剛一動，就痛得昏了過去。黃帝在恍惚中看見一匹背上生翼的黃鬃烈馬，「咴咴」叫著朝他跑來。那馬邊叫、邊跑，還對他說話。黃帝心想：「這是哪來的怪物？馬怎麼會說人話？」

突然那黃鬃烈馬來到他的身邊，對黃帝說：「軒轅莫怕，我是玉皇大帝的天馬，玉皇大帝見你在受苦，叫我幫你採那密岵山上的玉花。」說罷就臥在黃帝面前。黃帝就爬起來，騎在天馬的背上。說也奇怪，黃帝一坐上馬背，身上的疼痛一下子全消失了。那天馬站起身來，就地一跳，飛上了半空，眨眼間就到了密岵山的頂峰。

黃帝在石縫中採了一袋晶潔玉花，背在身上，又騎上天馬，下山而去。這時，黃帝閉上雙眼，只覺得耳邊生風，突然間那天馬尥了個蹶子，自己從馬背上掀了下來，在空中翻了幾個筋斗，跌落在平地。

黃帝心想：這下可完了。大叫一聲，原來是個夢。可是黃帝覺得背上沉甸甸的，用手一摸，袋子鼓囊囊的，裝著東西，取出來一看，正是晶潔玉花。黃帝抬起頭來一看，他跌落的這個地方，正是廣成子指的那個藏寶洞 —— 銀汞峪。這時從峪口走來一個道童，將黃帝帶到煉丹爐前。

煉丹爐中烈火熊熊。黃帝從袋中取出晶潔玉花，投入爐中，然後按照廣成子的指教，面對煉丹爐，將那丹田之氣注入爐內。黃帝在煉丹爐旁，整整發功九九八十一天，終於煉成了仙丹。

黃帝帶著仙丹又回到神仙洞，去見廣成子。廣成子見仙丹煉成，十分高興，就問：「這仙丹有多少？」黃帝說：「整整八十一粒！」廣成子又問：「這些仙丹，你如何使用？」黃帝說：「全部發給有病生災的黎民百姓，不知先師有何指教。」廣成子點點頭說：「善哉，善哉！你真是一代仁君。不過這仙丹，你可留兩粒，你和嫘祖服用，其他七十九粒交給你子昌意。你和嫘祖吃了仙丹，那時，自有人前來接你。那七十九粒，每遇疾病流行，將它放於水中一粒，病人一飲丹水，病即可癒！」黃帝聽罷廣成子教誨，又是打躬又是作揖，再三感謝先師之恩，就辭別廣成子，帶著仙丹，下山回國都而去。

黃帝走到一個叫雞山的地方，正好碰上嫘祖、昌意和風后一班大臣趕來尋找黃帝回都。黃帝說：「我離開宮中已經三年了，在廣成子先師那裡修道煉丹。這仙丹共九九八十一粒，按照先師吩咐，我與嫘祖各服一粒，其餘七十九粒由昌意保管，若有疾病流行，可取一粒投入水中，得病之人飲丹水，即可病癒。」黃帝說罷，臣民齊呼黃帝聖德。

黃帝與嫘祖服下仙丹。這時嫘祖從懷中取出一個石匣說：「這石匣乃是人間珍寶，可容納天下每日發生的大小事情。今後大家不管有什麼要求，只需敲擊石匣，就可以如願以償。」嫘祖還沒把話說完，忽聽響起陣陣天鼓聲。人們抬頭望去，只見一朵五彩祥雲自西天飄來，雲端站著南極仙翁，手持拂塵說：「軒轅星君與錦衣公主，趕快啟程到玉帝那裡領旨去吧！」南極仙翁話音剛落，又聽見東邊具茨山處一聲巨響，只見從黑龍潭中騰起一條「八翼黑龍」，慢慢地飛到黃帝和嫘祖身邊。黃帝與嫘祖騎到黑龍背上，那黑龍騰空而起。嫘祖趁機將她的上衣脫掉，投下山坡。黑龍馱著黃帝與嫘祖越過雞山山峰，向東而去。

古人認為黃帝騎龍昇天，曾在神仙洞留下詩章：「一別雞山再徘徊，八翼騰飛去復來。軒轅乘龍陟王屋，廣成信步臥龍臺。」

且說嫘祖拋下的上衣，飄啊飄啊，最後，飄落在神仙洞頂的山梁上。當臣民們趕到時，那上衣早化成兩個形似雙乳的山峰。在那山峰上有兩股淡乳色的泉水，從乳頭流出，真像兩股乳汁，在山下匯成一條潺潺小溪流進洧水河中。從此，人們就將嫘祖上衣化成的兩個山頭叫「奶頭山」，把嫘祖留在奶頭山坡上的那個六角八稜石匣叫做「靈石」。直到如今，那些尋求愛情的青年男女，求子求孫的爸爸媽媽、爺爺奶奶，仍不辭勞苦地爬上奶頭山，去敲擊「靈石」，乞求得到滿足。

講述人：慎廣建

採錄整理：高力升、高帆

採錄時間：一九八三年三月

採錄地點：河南省新密城關鎮

玉皇大帝強占修道洞

軒轅黃帝的大太子軒武，在封地風后嶺深受老百姓的愛戴，黃帝決定讓位給他。黃帝先派趙、王二令官召軒武下山，軒武婉言謝絕了。後來，黃帝又親自出馬，軒武還執意不肯繼位。為了避開父親，軒武決定出家修道，脫離凡俗。他在風后嶺東側半山腰，鑿了一個山洞，還在洞下開了一塊平地，白天在洞外誦經修行，夜裡在洞內歇息。

這件事傳到玉皇大帝的耳朵裡，他覺得軒武人才難得，凡間的天下應該讓軒武掌管。這天，玉皇大帝借出遊的機會，帶著王母娘娘來到風后嶺，想會會軒武。正巧，軒武訪友不在家。玉皇大帝望著石洞，計上心來，對王母娘娘說：「妳看這地方怎麼樣呀？」王母娘娘站在洞口，向東望去，沃野千里，直至東海，非常高興，說：「這洞真好，我要有這樣一個行宮，閒時住住，就心滿意足了。」玉皇大帝大喜，立即宣旨：「往後，這洞就叫王母娘娘洞吧！」並傳令在洞外建一座玉皇宮，作為自己的行宮。其實呢，他們夫婦強占軒武洞，是為了擠走軒武，讓他乖乖地接住黃帝的帝位。

軒武雲遊歸來，見玉皇大帝和王母娘娘占了自己的洞，非常生氣，可又不能說什麼，只得離開山洞。去哪兒呢？找父親去，黃帝必然還讓他繼位，他說啥也不想下山。無奈何，只好來到風后嶺山頂，另建修道住處。在山頂搬石頭時，由於心裡生氣，狠狠地跺了一腳，吐了一口唾沫。巧啦，這一腳正好跺在原來修道的山洞頂上。洞的上方立刻裂開了一條長縫，唾沫順著裂縫直淌到洞裡。

後來，人們只得把軒武原來修道的山洞，改叫王母娘娘洞；洞外那座宮殿，叫老天爺廟。王母娘娘洞頂上至今還有那條裂縫，不管雨天還是晴天大日頭，裂縫經常往下淌水，人們說那是軒武的唾沫。

講述人：史丙辰，四十六歲，幹部

採錄整理：張寶鎖

講述時間：一九八二年三月

講述地點：河南省新鄭風后嶺

黃帝尋訪大隗真人

傳說大隗真人有智有謀，神通廣大，是黃帝戰蚩尤時的一員名將。

當年，蚩尤占領中原大片土地。黃帝與他作戰屢戰不勝，一籌莫展，後來為尋求擊敗蚩尤之策，到崆峒山（今新鄭西南具茨山西麓）拜訪廣成子。廣成子叫他上具茨山拜訪大隗真人。

黃帝從崆峒山回來，一天，來到一座松柏成林、花草茂盛、翠竹蔽天的山前，正往山上攀登，突然被一塊巨石擋住。黃帝覺得奇怪，就左繞右轉，可是轉來轉去，總是被那巨石在前面擋著路。黃帝正在為難，忽然聽到巨石背後傳來歌聲：「天皇皇，地皇皇，行路之人莫慌張，大隗真人在此候，專等軒轅求安邦。」

黃帝聽到歌聲，就坐在草坪上，閉目小憩。大約過了半個時辰，睜開眼睛一看，大吃一驚：眼前的巨石不見了，自己坐在一個鬆軟的蒲團上，四周金碧輝煌，香菸繚繞。黃帝不知這是來到哪家神仙的洞天府地。他正在莫名其妙，見一個身著黃色錦衣、眉清目秀的童子，手托茶盤來到他的面前，輕聲說：「請先用茶。」說著將一杯香茶遞了過來。黃帝又飢又渴，接過香茶，一飲而盡，然後用衣袖擦了擦下巴問道：「請問仙童，不知這是哪家神仙的洞府。」

錦衣童子笑了笑，也不作答，只是說：「師父知道今天軒轅君到此，令我在此候迎。」

說話間，一個黑髮披肩、容光煥發、手持拂塵的中年漢子走進廳來施禮說：「貴客可是軒轅君？」

黃帝答道：「在下正是有熊氏軒轅。遵照廣成子指教，前來這具茨山尋訪聖仙大隗真人，不料迷路到此。請問仙道尊姓大名？」

那漢子用拂塵指了指黃帝身後，笑著說：「我是何人，請看看背後便知。」

黃帝扭轉臉去，只見身後一塊木板上寫著「大隗真人修道洞」。黃帝一看，眼前這位就是自己要尋訪的大隗真人，就忙起身施禮說：「在下不知真人在前，恕罪恕罪！」大隗真人請黃帝坐下，自己坐在黃帝對面一個蒲團上，問黃帝：「不知軒轅君來此有何貴幹。」

黃帝說：「我與蚩尤作戰，眼看幾載，屢不能勝，今日奉廣成子指教，特來尋訪聖仙，求戰勝蚩尤之策，請聖仙賜教。」大隗真人想了想說：「蚩尤作亂，騷擾天下，違反天意，理應剪除。只是那蚩尤異常勇猛，且又善施法術，變化無常。要想戰勝蚩尤，必須到東海捉住夔牛，抽筋、剝皮、剔骨。將其皮製成大鼓，用其骨做成鼓槌，擂鼓助威，方可擒獲蚩尤。」

黃帝聽了十分高興，說：「多謝聖仙指教！前日我在崆峒山受廣成子指點，讓我求訪真人和風后、力牧。今日有幸得到聖仙真言，還求聖仙出山，助我一臂之力！」

大隗真人說：「既是廣成君所言，我當義不容辭。不過要想徹底平除蚩尤，還需拜求三個人。」

黃帝問：「哪三個人？」

大隗真人說：「這三個人就是大鴻氏、武定和常先。軒轅君再得此三人，將是如虎添翼！」說到這裡，大隗真人對錦衣童子說：「黃蓋童子，將我〈神芝圖〉拿來，交於軒轅君。」

黃帝如夢初醒，原來身邊那身著錦衣的童子就是久聞大名的仙道——黃蓋童子。黃帝起來要給黃蓋童子施禮，大隗真人制止說：「軒轅君是一代明君，既然我等輔佐於你，就不必客氣了！」

黃蓋童子將〈神芝圖〉取來。大隗真人交給軒轅黃帝說：「這〈神芝圖〉是我集百年日月星辰精華、生死輪迴奧祕，寫成的文韜武略，對今後治國平天下大有用場！」黃帝接過〈神芝圖〉，心中更是高興，又是一番道謝，遂告別大隗真人，回有熊國去了。

傳說，黃帝平定蚩尤之後，封賞眾將，將具茨山北一片地封給了大隗真人。那大隗真人拒絕黃帝分封，只求有一塊淨土，繼續修仙行道。黃帝只好在這裡為他修了一道觀，作為修仙行道之所。這個地方，就是後來的大隗鎮，大隗真人原來修道的具茨山，當地人又稱為「大隗山」。

講述人：許鶴亭

整理：高力升、李高強

記錄時間：一九八三年三月

講述地點：河南省新密城關鎮

相應的文獻紀錄，同樣撲朔迷離。如「大隗氏見於南密，記謂大隗氏之居，即具茨也，或曰泰隗。昔黃帝訪泰隗於具茨」（《路史》卷三），「又東三十里，曰大隗山。又次十一，有大隗山」（《山海經．中山經》），「河南郡有大隗山，蓋壓禹、密、新三縣也」（《漢書．地理志》），「黃帝將見大隗於具茨山」（《莊子．徐無鬼》），「大隗即具茨山也」（《水經注》），「在縣東南四十五里，溵水出其阿。流為陂，謂之玉女池。今其山有軒轅避暑洞。巔有風谷，下有白龍湫，每旱致禱輒應」（《河南通志》），「大隗山在縣東南五十里，本具茨山，黃帝見大隗於具茨之山，故亦謂大隗山，溵水出於此」（唐李吉甫《元和郡縣誌》），「具茨有大隗者，即上世之泰隗氏也，能設於無垓之宇，而遊於泰清」（清乾隆《新鄭縣誌》）。

黃帝傳說的宗教化，一方面使得中國古典神話越來越豐富，另一方面形成文化主體的變異。這應該是中國文化發展變化的普遍規律，也是其綿延不絕的主要原因。又如：

軒轅黃帝拜三皇

黃帝戰敗蚩尤，平定中原以後，建都有熊。他政務有暇，就與妻子住在雲巖宮。

他和嫘祖每月逢三、六、九，都要去距雲巖宮四十里洧水河谷的天爺洞（靈崖山）祈天拜祖。

當黃帝帶嫘祖頭一次去天爺洞時，因為路不熟，沿著洧水河走到一個岔路口時，不知道走哪條路。正遲疑時，忽然水邊飛來一隻白鵝，邊飛邊叫，給黃帝、嫘祖引路，黃帝很高興。後來人們就把這裡叫「鵝溝」，以後就又叫成「莪溝」了。

當時，黃帝和嫘祖走了幾里地，又遇上了一個岔路口。正當二人猶疑觀望時，從旁邊山坡上跑來一隻山羊，邊跑邊叫給黃帝引路。

黃帝和嫘祖走到洧水河上游的空桐山（也叫栲栳山）天爺洞，這裡有山有水，景色很美。他們興致勃勃地爬上天梯，鑽過龍眼洞，穿過層層懸岩，最後登上天爺洞的峰頂「三皇殿」。

三皇殿裡敬的是天皇伏羲、地皇神農、人皇女媧。三皇是炎、黃二帝的先祖。

黃帝和嫘祖祈天拜祖之後，當天就又回雲巖宮去了。

天爺洞的祭祀活動一直持續了五、六千年，就是從黃帝拜三皇開始的。至今每年的正月初九天爺生日、暑伏會時的廟會，人山人海，十分熱鬧，人們都要來敬天拜祖。

講述人：李富裕，男，六十二歲，河南省新密縣文化館館長

採錄時間：一九九〇年十一月二十九日

採錄地點：河南省新密縣縣委招待所

黃帝拜三皇

有熊國的洧水河上游有一個嵩林山，這裡有個「龍泉」村（在今新密市境）。在村南面的崖壁上，有排溶洞群，人稱「天爺洞」。傳說這裡是黃帝拜天祭地的地方。

很久以前，黃帝與蚩尤為爭奪中原這塊寶地打起仗來。

蚩尤是天上黑牛星下凡，身高丈八，頭如柳斗，臉似火盆，眼如燈盞，頭上還長著一雙大犄角，說起話來甕聲甕氣好像打雷，性格凶狠殘暴。開始黃帝與蚩尤打仗，由於準備不足連吃敗仗。蚩尤旗開得勝，自以為得計，就向中原長驅直入。眼看著黃河以南大片土地淪於蚩尤之手，黃帝十分著急。有一日，他在國都召集謀士和大將們商議反攻蚩尤、收復失地的良策。大臣們紛紛獻計獻策，意見各不相同。最後，大臣風后說：「以前幾仗失敗的原因，是對付不了蚩尤的邪門妖法。要想打敗蚩尤，除了訪求有神法的武將外，還得求助於上天神人。」

黃帝說：「我也是這麼想，只是不知道去什麼地方祈禱上天的幫助。」

風后說：「過去您曾求助崆峒山神人廣成子大法師指點幫助，何不再去拜見他，讓他再給我們指點迷津。」

黃帝說：「我已經去過崆峒山，聽道童說廣成子去雲遊四海了，半年以後才能回來。到那時候，我們一切都完了。」

風后想了想說：「聽說洧水河上游有一個天爺洞，那裡是玉皇大帝在

人間的行宮。我們不妨去朝拜一次，也許老天爺會幫助我們。」

黃帝點點頭，決定到天爺洞去拜天。

第二天正好五月初一，天氣晴朗，萬里無雲。黃帝一大早就與嫘祖、風后以及手下幾位文臣武將，離開國都，順洧水河尋天爺洞去了。

古時候，這個地方人煙稀少，到處是森林和沼澤。黃帝帶領手下一群人，披荊斬棘，一路西行，走了二十多里，見一條深溝出現在面前。溝內河水潺潺，雜樹叢生。黃帝一夥人發愁找不著道路，忽然聽到蘆葦叢中傳出撲稜稜一陣響聲，一會兒見一對白鵝來到黃帝面前，一邊搖擺著長脖頸，一邊「嗯啊、嗯啊」地大叫。那白鵝用嘴叼住黃帝的衣服，向蘆葦叢中走，大夥就跟著白鵝分開蘆葦叢往前走去。

大家跟著白鵝走了一個時辰，見河岸邊有一條彎彎曲曲的小道，就順著小道一直走到一個山勢陡峭、綠樹成蔭、河水清澈的地方。來到這裡，只見那對大白鵝向崖壁上甩著頭，叫個不停，然後順原路展翅飛去。黃帝抬頭向崖壁上望去，只見洧水南岸的石壁上煙雲繚繞，洞穴精緻，果然是一處神仙居住的洞天福地。黃帝回頭看，那對大白鵝已飛向藍天。黃帝為感謝這對大白鵝的帶路之功，就把白鵝引路的那條溝封為「鵝溝」，就是現今超化鎮的莪溝村。

黃帝目送白鵝飛走後，就帶領大家沿石階而上，對每座洞穴中的神仙一一跪拜，最後登上巖壁最高處那座巖洞。只見這座巖洞中有香菸雲霧飄出，迎門坐著三位神仙。左邊那尊神仙穿著獸皮獸衣，手託日、月、星、辰；中間一尊身披「胡葉」，頭上生角，手中握著人間眾生；右邊坐著一尊女神，烏髮披肩，人首蛇身，左手拿塊閃閃發光的五色石，右手掌中站著膚色各異的小人兒。黃帝進洞跪下就拜，其他文臣武將也都一一跪拜。黃帝、嫘祖、風后一邊磕頭，一邊祈禱，請求玉皇大帝和諸位神仙保佑黃帝部落人丁興旺，戰勝蚩尤。祈禱完畢，黃帝正要起身，忽聽左邊那尊神仙開口說：「面前跪的可是有熊氏軒轅黃帝？」

黃帝一驚，說：「正是軒轅。」

那神仙又說：「都起來吧，我是天皇，是玉皇大帝跟前的護法神，分管日月星辰。人間的每個大人物都有一個星辰照耀，只要照耀他的星辰一落，他也就不久於世了。」

接著中間那位神仙說：「我是替玉皇大帝掌管地上人間各種靈性生辰壽日、生老病死輪迴的星官，人們叫我『地皇』。」

最後那位人首蛇身的女神說：「我是補天的女媧娘娘，專替老天爺繁衍生靈，人們叫我『人皇奶奶』。」

他們三個一起說：「軒轅帶領你的妻子和群臣前來朝拜，一定是遇到了什麼不順心的事吧？」

黃帝急忙說：「感謝天皇、地皇爺爺和人皇奶奶恩德，弟子軒轅與蚩尤作戰失利，中原被侵占，部落黎民百姓遭蚩尤塗炭。我身為部落首長，不能平蚩尤救黎民實在慚愧，特來拜求眾神靈傳授克敵之策。」

三位神仙聽罷，哈哈一笑說：「這乃是小事一樁，現在就可教你克敵之策。」

天皇爺說：「我送你天書三卷、〈八陣圖〉一張，你等可回去細心研讀，照此法布陣用兵，自可取勝。」

地皇爺說：「我將蚩尤魂靈迷住，不久他的星辰就可隕落。」

人皇奶奶說：「我將蚩尤部落人丁收去一半，再將你黃帝部落人丁增長一半。」

黃帝聽罷三尊神仙的指點後，跪拜再三，方才離開天爺洞。黃帝與風后採用八陣兵法與蚩尤作戰，果然連連取勝。不久又將蚩尤趕回涿鹿，困在八卦陣中，將他活捉斬首。

平定蚩尤叛亂之後，天下太平，黃帝部落日漸興旺。為了感謝三位神仙的幫助，黃帝下令每年農曆三月三、六月六、九月九為朝拜「三皇祖」

的盛日。黃帝每逢這一日都要帶領妻子和文臣武將到天爺洞朝拜。這一風俗沿襲至今，每逢農曆三月三、六月六、九月九，前來天爺洞拜祭的人絡繹不絕，香火極盛。

講述人：魏洪基，五十八歲，小學畢業，河南省新密龍泉村人

採錄整理：高力升

記錄時間：一九八三年二月

記錄地點：河南省新密龍泉村

黃帝登嵩山拜華蓋

嵩山太室最高峰峻極峰西北有一山峰，叫華蓋峰。傳說黃帝曾經來遊，並拜華蓋為師，制定曆法。

華蓋，傳為居住在那個峰上的一個能人。因為他經常觀測天象，了解日月星辰的運轉規律，思索出春夏秋冬的四季變化，對人類生活和植物生長有很大幫助，所以遠近聞名。後來，人們根據天文四象中天宮華蓋星名，就叫他居住的山峰為「華蓋峰」了。

黃帝戰敗蚩尤以後，為了部族人民的生活，為了在炎帝教人種植五穀的基礎上，發展農業生產，他親自率領大臣登上嵩山拜訪華蓋。當時山上樹木茂密，狼蟲虎豹很多。他們一邊用弓箭扎槍驅逐野獸開路前進，一邊互相呼喊在林中採集各種果實。他們往返周轉好多峰巒溝壑，最後找到了華蓋老人。那是個鶴髮童顏的百多歲的老人，非常健談，聽說黃帝到來，榮幸之至，把長期觀察到的日、月與金、木、水、火、土星的七政和二十八宿、四象、三垣、十二次分野等分別加以敘述，並說到它們和人們生活以及植物生長的關係。黃帝聽得津津有味，並不時插話提問，或提些自己的看法。他讓隨去的大臣倉頡將重要的都記下來。華蓋老人非常高興，黃帝也非常滿意，再三拜謝，下山而去。

黃帝回到有熊國都，立刻安排制定曆法的事，讓羲和占日，讓常羲占

月，讓叟區占星氣，讓大撓作甲子，以干支記日，讓容成綜六律而制定曆法，將一年分為春夏秋冬四季，再分十二個月，再分二十四節氣。這樣，根據四季、氣溫、降雨和物候的變化，進行植物種植，發展農業生產，對人民生活的改善和提高發揮了很大作用。

採錄整理：耿直

採錄地點：河南省登封城關鎮

採錄時間：一九八三年二月

可比較文獻中的記錄：「北到洪堤，上具茨山，見大隗君。又見黃蓋童子，受〈神芝圖〉七十二卷。」（《雲笈七籤．軒轅本紀》）民間社會又有記述：

黃帝訪廣成子

黃帝在雲崖宮建城的想法沒有成功，心裡結了個疙瘩。但是他打敗炎帝重整河山的決心沒有改變。為了國富民強，黃帝叫全部落的百姓墾荒種地，發展畜牧。還在雲崖宮南的臺崗上，挖了一個摩旗穴，豎起了招兵大旗。十年以後，黃帝存了不少糧草，就在雲崖宮西北五六裡的地方建了個大糧倉。後來這地方成了一個大村莊，就是如今的劉寨鄉倉王村。在雲崖宮東邊，又建了養育軍用馬匹的大馬場，就是今天的養馬莊村。為了儲備草料，黃帝在離養馬場不遠的地方，建了個草料場，就是現在的草場崗。黃帝見兵強馬壯、草足糧多，可以打敗炎帝了。

正要出兵去打炎帝，一位白鬍子老道雲遊來到雲崖宮，對黃帝說：「聽說你要打炎帝？」黃帝點點頭說：「不錯，我要報他打我的仇！」

老道士笑了笑說：「如今你雖然兵強馬壯，可是你手下兵多將少，兵沒良將，怎麼會打勝仗？」

黃帝見這個老道容光煥發，一臉正氣，講話很有道理，就問他：「以老道長的意思，我可以到啥地方求將呢？」

老道士用拂塵朝南一指說：「從這裡往南有個崆峒山，山上有個道觀，叫逍遙觀。觀裡有人指點你。」老道士說完話，一陣清風不見了。黃帝這才知道，原來這是仙人指點他。於是，他就打點了行裝，前往崆峒山訪道去了。

崆峒山風景很美。山清水秀，紫氣盈盈，逍遙河源出崆峒山的半山腰，飛流直瀉，好像一道簾子，從空中降下來，好看極了。逍遙峰懸崖峭壁，怪石成行成林。逍遙峰頂上有一片樹林，在樹林的綠葉枝蔓中，可以看到一個紅牆綠瓦的道觀。觀門上寫著三個大字「逍遙觀」。黃帝來到觀門口，被兩個小道童攔住了。黃帝說明來意之後，一個道童忙進觀中稟報。停了一會，那報信的道童出來把黃帝領進觀內。經過九曲十八轉，繞過太極殿、大雄寶殿，在一個寫著「養心齋」的小殿門前停住。黃帝偷偷往養心齋裡觀看，見屋裡燈燭明亮，香火冒著股股青煙。一個鶴髮童顏的老道雙手在胸前合掌打禪。他兩眼塌蒙著對門外說：「門外站的可是軒轅有熊氏嗎？還不趕快進屋來，愣著幹什麼？」

身邊的小道童拉了拉黃帝的衣襟，說：「師父讓你進屋哩，快去吧！」

黃帝趕忙進屋。老道抬起頭來，指了指身邊的一個蒲團說：「請坐！」

黃帝坐下後忙問：「請問道長尊姓大名，道號怎麼稱呼？」

老道說：「吾乃廣成子是也。」

黃帝聞聽廣成子的名字，急忙跪拜說：「久聞道長大名，今日才得見面，受弟子一拜！」黃帝給廣成子作了個揖，磕了個頭，又說：「這次，我承蒙一位仙人指點，前來求教老道長，指點打敗姜氏炎帝的辦法，望您示教。」

廣成子聽罷，微微睜開雙眼，從眼縫裡看了看黃帝。然後點了點頭，慢慢地說：「炎帝姜氏與你本是一母同胞。弟兄之情親如手足，本應該和睦相處，不可亂動殺機。不過炎帝不講仁義先打了你，應該得到懲罰。這樣吧，你把手伸過來。」

黃帝將左手伸給廣成子，廣成子看了看，然後在他手掌心裡劃了個八卦，說：「炎帝有九九八十一個孩子，手下良將不下數十人。你要想打敗他，必得風后、力牧相助。我在你手掌心裡劃了個八卦，今後可保你免禍去災，你就大膽地去吧！」

黃帝聽罷很高興，又禮拜了一番，問道：「這風后、力牧二將現在什麼地方？讓我到啥地方去找哇？」

廣成子說：「東海邊上有風后，北楚雲夢澤畔有力牧。鐵梁磨成針，不負有志人，你就去吧！」廣成子說罷，一甩拂塵回靜心軒而去……道童將黃帝送出觀外，他只好回雲崖宮來。為了求得這兩個大將，黃帝第二天就上路了。他風餐露宿，歷盡了千難萬苦，步行了七七四百九十個日日夜夜，終於找到了風后和力牧。

黃帝將風后與力牧請到了雲崖宮中。封風后為宰相，力牧為大將。將過去的練兵場又擴大了很多，把摩旗臺命名為力牧臺。黃帝又將雲崖宮改建了一番，增蓋了殿堂和山門。東邊山門稱軒轅門，西邊山門叫講武門。從此，黃帝、風后、力牧白天在臺崗（力牧臺）練兵習武，晚上在雲崖宮中講兵法，又製出了「風后八陣圖」陣法。經過幾年的苦心經營準備，黃帝下令討伐炎帝。這次炎帝遭到了慘敗，又逃回到冀州阪泉去了。從此，中原的老百姓又過上了太平日子，男耕女織，繁衍子孫，使中原地帶成了中華民族的搖籃。

講述人：張造

採錄整理：高力升

記錄時間：一九八三年二月

記錄地點：河南省新密城關鎮

文獻有許多相應記載，如《莊子．在宥》：「黃帝立為天子十九年，令行天下。聞廣成子在於空同之上，故往見之。」《路史》卷十四：「《抱朴子》真源云：黃帝以地皇九年正月上寅，詣首陽山，宰牧從焉。次駕東行詣青丘，紫府先生授三皇籙及天文大字；次西入空桐禮廣成子；回駕王屋，啟石函，發玉笈，得九鼎、飛靈神丹訣。」民國二十三年（一九三四年）《河南省汝州府志》：「崆峒山，州西六十里，上有丹霞院，即廣成子修道之處。今有墓存山下，有峒。相傳洞中有白犬常常外遊。故號小塚為玉狗峰。上有廣成廟及崆峒觀。下鶴山有廣成城。」《禹縣誌》民國二十八年（一九三九年）刻本：「火門山東八裡日崆峒山，一名大仙山，逍遙河出焉。《莊子》：黃帝為天下十九年，令行天下，聞廣成子在崆峒之上，往見之，即是山也。溯逍遙河盤旋而上，中有逍遙觀，一名大仙觀，清雍正十年敕修。河北懸崖有洞，為黃帝問道處，額日『得道庵』。」

黃帝時代不僅僅是歷史的記憶，而且形成了特定的語域。地方社會風俗用生活事項具體述說黃帝的神聖事蹟，在方志文獻等材料中表達出一方民眾對這位祖先英雄的崇敬。

如《開封府志》記述：「軒轅廟，在新鄭西，黃帝有熊氏，有熊國君少典之子，姓公孫，名日軒轅，其母附寶，感電光繞北斗而有娠，生帝於軒轅之丘，因名之。後代神農氏有天下，都涿鹿，在位百年。或日都有熊。」

《嵩書》日：「嵩高何神也？日中天王也。中天之封何代也？日唐玄宗天寶五載也。」

呂履恆《景冬陽〈說嵩〉序》引《禹貢》稱：「嵩山。太室夕黃帝時已有是名，不自虞始矣。」

唐韋行儉《新修嵩嶽中天王廟記》日：「太室為九州之險，五嶽之觀。孕靈生賢，作鎮地中。」

《水經注異聞錄．洛異》：「黃帝東巡河過洛，修壇沉璧，受《龍圖》於河，《龜書》於洛，赤文綠字。」

《水經注異聞錄·玉雞》:「昔黃帝之時，天大霧三日。帝遊洛水之上，見大魚。殺五牲以醮之。天乃甚雨，七日七夜。魚流，始得圖書，今《河圖·視萌篇》是也。」

中嶽嵩山成為黃帝的神都。光緒《登封縣誌》引劉定之言曰：「天之頂心，當嵩高山，地以崑崙為中。參差而不相對。此載西北多山言之也。若合東南多水處均平論，則地仍以嵩高山下陽城為中也。中州地形，大抵以嵩高為心，汴京為腹，以汝伊為左右手，河淮為左右足。」其引《中興天文志》稱「中宮黃帝，其精黃龍，為軒轅」。

光緒《密縣縣誌》記述:「(大隗山)在縣東南四十五里，濟水出其阿，流為陂，俗謂之玉女池。今其山有軒轅避暑洞，巔有風后，下有白屯湫，每旱致禱輒應。」

景冬陽《說嵩》引張衡言：「軒轅如龍之體，主雷雨之神。……而皆司於軒轅。故曰：軒轅黃帝之精，下應土宮也。……黃以應中方之色。」又引馬端臨文：「軒轅降神，而生聖人，有熊以土德王。上合天道，頌為軒轅。」

《新唐書·則天皇後記》記述：「垂拱四年，改嵩山為神嶽，封其神為天中王，配為天靈妃。萬歲通天元年，尊天中王為神嶽天中黃帝，天靈妃為天中黃後。」

《漢書·地理志》記述：「河南郡密有大隗山，潩水所出。蓋壓禹密新三縣地。西南屬禹，東南屬新鄭，西北屬密。」

光緒《禹縣縣誌》:「書堂山東曰大鴻寨山。昔黃帝臣大鴻氏屯兵於此，故名。《圖書整合》職方典：大鴻山即具茨也。」其引《國語》「史伯謂鄭桓公曰：主芣騩而食溱洧」，韋昭注「芣騩山名，即大騩山也」，「酈道元以潩水所出之山為大騩，即具茨。蓋據最高之峰言。曹氏《禹州圖》以大鴻山為大騩即具茨，據最大之峰言。山統名具茨，不能定其何峰為具茨也。……其上有軒轅廟，其腹有黃帝避暑洞。風后頂……北壁懸崖為軒轅避暑洞。其西山腰峰迴處為南岸宮。祀黃帝岐伯雷公。世傳黃帝登是山，升於洪堤上，受〈神芝圖〉於黃蓋童子，其在是歟！七聖廟。在古窯溝。即共迷襄野之七聖地」。

《密縣縣誌》:「崆峒山，在火門山東八里，又名大仙山。黃帝為天下十九年，令行天下。逍遙河上，中有逍遙觀，一名大仙觀。河北懸崖有洞向離，為黃帝訪廣成子問道處。顏日得道處。上有廣成子廟及崆峒觀。下有廣成子墓，即黃帝問道處。」其引《中州雜俎》:「在大隗鎮南三里許。古窯溝中，數椽已圮。嘗往尋故址。唯阪礫鳴春流耳。然自新鄭軒轅丘至此四十餘里即可。南走襄城，尚隔五、六舍，豈可稱襄城之野？縱真迷科，未必迷此。因其古而古之，學士之常也。」

《新鄭縣誌》辯證方以智《通雅》所存「茾騩即大騩具茨山也」，稱「《水經》中潩水出河南密縣大騩山」，即「黃帝登具茨，升洪堤，受〈神芝圖〉於黃蓋童子。史伯答桓公主茾騩而食溱。鄭語作主茾騩而食溱洧」云云。

中原地區以河南為中心，西部包括山西、陝西、甘肅，東部包括山東，南部包括湖北的一部分，北部為長城以南的廣大地區，到處都能找到黃帝的神話遺跡，這並不是偶然的。除了典籍和方志等文獻外，這一地區的碑石所記述的黃帝神話等內容，也應屬於黃帝神話時代的一部分。

光緒《密縣縣誌》保存有舊碑文，唐獨孤及〈雲巖宮風后八陣圖記〉:「黃帝受之。始順殺氣以作兵法，文昌而命將。於是乎，征不服，討不庭，其誰佐命？日:元老風后。蓋戎行之不修，則師律用爽;陰謀之不足，則凶器何恃？故天命聖者，以廣戰術。俾懸衡於未然，察變於倚數。握機致勝，作為陣圖。夫八宮位正，則數不愆，神不忒，故入其陣，所以定位也。衡抗於外，軸布於內。風雲附其四維，所以備物也。虎張翼以進，蛇向敵而蟠，飛龍翔鳥。上下其勢，所以致用也。至若疑兵以固餘地，遊軍以按其後列。門具將發，然後合戰。弛張則二廣迭舉，犄角則四奇皆出，必使陷堅陣，拔深壘，若星馳天旋，雷動山破。……既而圖成樽俎，帝用經略，北逐獯鬻，南平蚩尤，勘黎於阪泉，省方於崆峒，底定萬國，旁羅七曜，鼎成龍至，去而上仙。」

金代劉文饒〈修德觀問道碑記〉：「《南華真經》云：黃帝聞廣成子在崆峒之上，故往見之。又云：黃帝將見大隗於具茨之山。至襄城之野，七聖皆迷。遇牧馬童子問途焉。按圖考之，密縣東南有大隗山。大隗之西，有具茨山，又南有襄城。遇牧馬童子其在斯乎！大隗東北有廣成，廣成子隱居之地。大隗，亦謂之崆峒。見廣成子其在斯乎！襄城西北有古廢基，俗謂之雕崖觀。蓋遇牧馬童子之處也。廣成西有修德觀，蓋廣成子之處也。而俗言唐季移雕崖觀於此者，其言無據。鄭，有熊之國，黃帝所都。其見廣成子宜其往返不一。莊氏之云，隨其所遇而言之。或謂黃帝都涿鹿，西至崆峒。而史遷謂其遷徙往來無長處，謂此也。然世之言莊子者，皆謂曰寓言。觀此豈虛言哉！……（黃帝修德治兵）教熊羆貔貅貙虎，與炎帝戰於阪泉，與蚩尤戰於涿鹿，不順者往而徵之。披山通道，未嘗寧居。舉風后、力牧以為相，勞勤心力耳目，節用水火財物，然後萬國和。……黃帝於是且戰且學，迎日推策，三百八十年，接萬靈於明廷。……修德觀在崇崖絕壁之上，前瞰大隗，東望廣成，黃帝之跡，皎然在目，廣成之言，歷然在耳。敬即其至道而有德者修之。……念問道之跡不彰，人徒以為雕崖之觀，移而置之。殊不知事蹟不同，觀亦異焉。由是慨然發憤，即其堂立黃帝問道之像，繪遇牧馬童子與昇仙之像於其壁，使人知其由。」包括〈敕建重修修德宮[56]記〉：「夫帝王所居曰宮，神仙所居曰觀。……黃帝問

[56] 作者注：修德觀在河南省密縣（今新密市）大隗鎮西三里，宋代崇寧三年（一一〇四年）建。碑石記述有廣成子所居，黃帝問道處，門臨洧水，古檜雙聳如蓋云云。此碑石在河南省密縣大隗西三里修德宮東小溪溝橋上被發現。

道之所於是，而修德以為治平之本，……龍虛宮有詩斯以天下之奇觀矣。廣成子曾隱於大隗之山，……赤松子與黃帝有問答之書傳於世。」

中原神話調查組考察新鄭北關祖師廟，知悉此處原有軒轅觀，可惜宮殿經多次考察也沒有找到。地方民眾介紹這邊有花園和竹園，傳說都是黃帝宮娥彩女出來休息遊玩的地方。具茨山書院也是黃帝身邊讀書人休息的地方，花園與竹園相離宮院不會遠。他們說碑立在這，軒轅故里是他的家鄉。有一個人稱五嬸的老人講軒轅故里碑被城裡人弄走了，當時叫「槐抱碑」。《重修新鄭縣文廟碑記》記「新鄭為軒轅黃帝故都，文明肇啟，有自來矣。春秋之世，裨諶，世叔諸賢，彬彬乎稱極盛焉。下建元明」等內容。

河南與陝西交界處的靈寶市，舊時有閿鄉縣，分布著許多黃帝神話遺跡，如光緒《閿鄉縣誌》記述：「鑄鼎原，在城東南十里。《史記》：黃帝採首山之銅，鑄鼎於荊山之陽。……後因其地曰鼎湖，弓曰烏號。鑄鼎原。在城南大湖峪中峰真武廟後。現有鐘一口，高約丈餘。天旱禱雨者，擊之即雨，有驗。黃帝陵。在城東南十里鑄鼎原。漢武帝建宮。黃帝廟。東南十里鑄鼎原。鑄鼎原在城東南十里。《史記》：黃帝採首山銅，鑄鼎於荊山之陽。鼎成，有龍垂鬍髯下迎。帝騎龍昇天。群臣後宮從者七十餘人。小臣不得上，悉持龍髯。髯拔，墮弓，抱弓而號。後因名其地曰鼎湖，弓曰烏號。按：先王治定功成，則鑄之鼎彝，以垂不朽。其在位也，則曰時乘六龍以御天。其升遐也，不敢斥言，則曰騎龍昇天云爾。然則軒轅鼎功成也，謂騎龍昇天者，崩也。天下思其功而號泣。功與弓相近而誤也。後世乃傳帝得仙術，妄哉！」

其保存〈唐貞元十七年軒轅黃帝鑄鼎碑銘〉記：「唯天為大，唯帝堯則之。唯道為大，唯黃帝得之，《南華經》曰：道，神鬼神帝，生天生地。黃帝守一，氣衍《三墳》，以治人之性命，乃鑄鼎茲原。鼎成上升，得神帝之道。原有為谷之變，銘紀鑄鼎之神。銘曰：道能神帝，帝在於人，大哉！上古軒轅為君，化人以道，鑄鼎自神。漢武秦皇，仙冀徒勤。去道日遠，失德及仁。恭唯我唐，玄德為鄰。方始昌運，皇天所親。唐與茲原，名常鼎新[57]。」

《閿鄉縣誌》存明黃方〈鼎原黃帝廟奎閣記〉記：「閿鄉縣治之東南岡巒一帶，若起若伏迤逶而來者，黃帝鑄鼎原也。昔黃帝採首山銅鑄鼎茲原。載在典籍，可考而知也。……維此有廟創自漢唐，斷碑可識也。……殿之前數步為中門，匾曰：騎龍遺蹤，夾道而出，為三門，題曰：古荊山，蓋黃帝採首山之銅，鑄鼎於荊山之陽，即此處也。」

其保存明代李服義〈重建黃帝廟記〉：「鼎原舊有黃帝廟址，世遠久湮。前令吉水黃公諱方，為風氣重建，廟建之後，閿之人文果稍稍漸振。……閿之風氣關乎鼎原形勝，崇德報功仁也。餘因曰：培風氣以煥人文，此作事者之雅意也。」

民國《閿鄉縣誌》存孫叔謙〈重修鑄鼎原黃帝廟奎星樓記〉：「閿鄉城東南十里，岡巒起伏，孤峰獨秀。土人呼為黃帝陵，蓋鑄鼎原故址也。古史謂黃帝鑄鼎於荊山之下，即為其地。相傳漢唐嘗立廟於茲。今僅存王顏所為碑銘。又石廟一間。明萬曆中縣令黃方，始為廟三楹以祀黃帝。又於廟後起奎閣與縣學奎樓相對，而以其旁為僧舍數間。天啟三年，廟毀於火。崇禎初，李服義重修之。明末寇至，又毀焉。國朝康熙中，耿君文蔚復建廟。乾隆丙寅，梁君溥從邑人請，重構奎樓，高六、七丈。咸同之際，廟因兵燹被焚，僧舍亦無存。余以己丑秋來蒞是邑。時方議修河堤，相度地勢，瑕日偕邑人循視至此曰：此縣城來脈也，胡傾圮若斯。邑人因歷述廟樓興廢，以為地據巽方，實為一邑文明所關。

[57] 作者注：《唐貞元十七年軒轅黃帝鑄鼎碑銘》，銘並序一百三十七字。虢州刺史泰原王顏撰，華州刺史兼御史中丞陳郡袁滋籀書唐貞元十七年（八〇一年）歲次辛巳正月九日癸卯書。

今斯邑科名不振，已四十餘年，或以此故。余乃亟思所以培植之。與紳士募資重修廟宇，並立僧舍六間。舊建奎星樓，亦皆丹堊一新。功甫竣，而余調任武陟。又三年甲午科，劉生必勃舉於鄉。於是邑人士欣喜相告，以謂風氣之轉移，科名且自此益盛也。……余謂形法家言，是烏可盡信哉！劉生之獲舉，果因修樓而後驗乎！夫因其廢而復修之者，地之有司之事也。為其事而務求其名，施之於政且不可，況於為學。吾願邑之父老教子弟以修身立行植其基，講學為文窮其理。黃帝曰：日中必熭。言功效之自至也。諸生慎勿泥風水之說，以擾其精進之功，是則餘之所厚望也。夫有志之士，其以餘言為信否耶！時光緒二十一年五月。」

一九八〇年代，中原神話調查組考察發現〈唐貞元十七年軒轅黃帝鑄鼎碑銘〉記黃帝鑄鼎昇天的故事。碑陰記一故事，記述王顏曾在鑄鼎原上四尺深地下得一塊玉珮，傳說為黃帝昇天時小臣所遺。這些碑文是更珍貴的神話傳說，應該是黃帝神話時代文化遺跡的一部分。

與此相關聯的，還應該提到一個特殊的神話時代，即王母神話時代。軒轅黃帝神話是黃帝神話時代的核心內容，《黃帝內傳》記述有「帝會嵩山，王母飲以金液」云云。從黃帝與西王母相會的故事可以設想，他們並存於同一個神話時代。

首先，王母神話主要分布在中原視角的「西方」。西方在神話時代中是聖潔而神祕的另一個世界。王母神話形象非常奇特，應該包含著一方人看另外一方人的神祕感。如《山海經．西次三經》：「又西三百五十里，曰玉山，是西王母所居也。西王母，其狀如人，豹尾、虎齒而善嘯，蓬髮戴勝，是司天之厲及五殘。」

《山海經．大荒西經》記述更為詳細：「西海之南，流沙之濱，赤水之後，黑水之前，有大山，名曰崑崙之丘。有神，人面虎身，有文有尾皆白處之。其下有弱水之淵環之，其外有炎火之山，投物輒然。有人戴勝，虎齒，有豹尾，穴處，名曰西王母。此山萬物盡有。」

《山海經．海內北經》:「西王母梯幾而戴勝杖。其南有三青鳥為西王母取食，在崑崙虛北。」

後世有《漢學堂叢書》輯《河圖括地圖》記:「崑崙在弱水中，非乘龍不得至。有三足神烏，為西王母取食。」

《博物誌．雜說上》:「老子云:萬民皆付西王母，唯王、聖人、真人、仙人、道人之命上屬九天君耳。」

王母娘娘的神話形象從古典神話到仙話化，以萬民皆付的身分被確立之後，便無所不在、無所不能。

文獻對於神話傳說的記憶傳承是必不可少的，但是文獻又是十分有限的，其不完整性為後世的文化辨識給予了許多空間，也製造了很多障礙。但是，仍然可以從神話傳說中找到不同神話間的聯繫。

如牛郎織女神話，究竟屬於哪一個具體的神話時代呢？表面上看起來它是獨立於各個神話時代之外的，而其大量敘事中都有王母作為織女的外祖母，並直接造成牛郎織女分隔的內容。所以，可以認定其屬於王母神話傳說系統，在歸屬上屬於黃帝時代。

牛郎織女在《詩經．小雅．大東》中登場:「維天有漢，監亦有光。跂彼織女，終日七襄。雖則七襄，不成報章。睆彼牽牛，不以服箱。」其後文獻更多，如《月令廣義．七月令》引《小說》:「天河之東有織女，天帝之子也。年年機杼勞役；織成雲錦天衣。帝憐其獨處，許嫁河西牽牛郎。嫁後遂廢織紝。帝怒，責令歸河東，但使一年一度相會。」《歲時廣記》卷二六引《淮南子》記述為「烏鵲填河成橋而渡織女」，《歲華紀麗》卷三引《風俗通》記述為「織女七夕當渡河，使鵲為橋」，《古今注》卷中記述為「鵲一名神女」，《星經》卷下記述為「織女三星在天市東端。天女主瓜果絲帛收藏珍寶。及女變明大，天下和平」，《爾雅翼》卷十三記述為「涉秋七日，（鵲）首無故皆髡。相傳以為是日河鼓與織女會於漢東，役烏鵲為梁以渡，故毛皆脫去」。

牛郎、織女融入社會風俗生活，使得神話傳說更為豐富。如〈荊楚歲時記〉記述：「七月七日為牽牛織女聚會之夜。是夕人家婦女結綵縷，穿七孔針，或以金銀石為針，陳瓜果於庭中以乞巧。有喜子網於瓜上，則以為符應。」

《說郛》卷六十輯《風土記》記述：「七月七日，其夜灑掃於庭，露施幾筵，設酒脯、時果，散香粉於筵上，以祈河鼓織女，言此二星神當會。守夜者咸懷私願。或雲見天漢中有奕奕正白氣，有耀五色，以此為徵應。見者便拜，而願乞富乞壽，無子乞子，唯得乞一不得兼求。三年乃得言之，頗有受其祚者。」

龔明之《中吳紀聞》卷四「黃姑織女」記述宋代牛郎織女神話傳說地方化特徵更為明顯：「崑山縣東三十六里，地名黃姑。古老相傳云：嘗有織女牽牛星，降於此地。織女以金篦劃河，河水湧溢，牽牛因不得渡。今廟之西，有水名百沸河，鄉人異之，為之立祠。……祠中舊列二像，建炎兵火時，士大夫多避地東岡，有范姓者，經從祠下，題於壁間云：『商飆初至月埋輪，烏鵲橋邊綽約身，聞道佳期唯一夕，因何朝暮對斯人？』鄉人遂去牽牛像，今獨織女存焉。」明清之後，戲曲小說不斷繁榮，牛郎、織女神話傳說融入文學作品更多，神話形象更為飽滿。

與文獻材料相對的是大量民間傳說在當世的流傳，成為地方社會的文化風景。如河南省魯山縣有牛郎山村、牛郎坡、牛郎洞和織女村等地名，與牛郎織女神話傳說的故事情節對應。那裡的孫姓族人眾多，自稱牛郎的後代，保存著自己的家譜，供奉著牛郎的祖先牌位。山東、河北、山西、江蘇、浙江等地，此類傳說故事數不勝數。這是中國神話傳說的流傳規律，也是其不斷衍生成為文化「雪球」的重要因素，其中的民族情感具有決定性作用。所有這些內容，都可以看作牛郎織女神話傳說的衍生，是黃帝時代神話傳說的一部分。

第七章
顓項帝嚳時代

顓項、帝嚳都是黃帝子孫，處於同一時代。《史記．五帝本紀》：「帝嚳高辛者，黃帝之曾孫也。高辛父日極，極父日玄囂，玄囂父日黃帝。」「顓項崩，而玄囂之孫高辛立，是為帝嚳。」《國語．周語下》：「星與辰之位，皆在北維，顓項之所建也，帝嚳受之。」《山海經．海內經》：「黃帝妻嫘祖，生昌意；昌意降處若水，生韓流；韓流擢首、謹耳、人面、豖喙、麟身、渠股、豚止，取淖子日阿女，生帝顓項。」他們因為「星辰之位」而產生帝位繼承，但真正使讓他們有所關聯的是兩件事：一是與共工的戰爭，一是與重、黎的關係。

第一節　軒轅黃帝的子孫

《山海經．大荒南經》：「有國日顓項，生伯服，食黍。」在《大荒南經》和《大荒北經》中，顓項之子為「季禺之國」、「淑士之國」和「叔歜之國」、「中之國」等，《大荒西經》中還有一個三面一臂的「不死」之子，這些顓項之子共同構成了龐大的顓項氏族神性集團。

顓項是黃帝子孫，以此為背景，他的出生塗上了一層相當神祕的色彩。如《大戴禮記．帝系》：「昌意娶於蜀山氏之子，謂之昌濮氏，產顓頊。」「昌意降居若水。」《呂氏春秋．仲夏紀．古樂》：「帝顓頊生自若水，實處空桑，乃登為帝，唯天之合。」《竹書紀年》沈注：「母日女樞，見瑤光之星，貫月如虹，感己於幽房之宮，生顓頊於若水。」《太平御覽》卷七九引《河圖》：「瑤光之星，如霓貫月，正白感女樞幽房之宮，生黑帝顓頊。」

顓頊「仗萬靈以信順，監眾神以導物，役御百氣，召致雷電」（《繹史》卷七引《真誥》），「首戴鉤」（《帝王世紀》），「渠頭並幹，通眉帶午」（《路史．後紀八》），「有曳影之劍，騰空而舒。若四方有兵，此劍則飛起指其方，則克伐。未用之時，常於匣裡，如龍虎之吟」（《拾遺記》卷一），「上法月參，參整合紀，以理陰陽」（《春秋元命苞》），所以「共工為水害」，這位「帶午」、「並幹」的高陽帝輕而易舉地就誅殺了他。

當然，共工亦非等閒之輩。《管子．揆度》：「（共工）乘天勢以隘制天下。」《韓非子．五蠹》：「共工之戰，鐵銛短者及乎敵，鎧甲不堅者傷乎體。」最能撼人者，是《列子．湯問》中的「共工氏與顓頊爭為帝」，其「怒而觸不周之山，折天柱，絕地維」，使天地都發生了變化。《史記．律書》：「顓頊有共工之陣，以平水害。」《太平御覽》卷九〇八引《瑣語》：「昔共工之卿日浮游，既敗於顓頊，自沒沉淮之淵。」

打敗共工和共工氏族的，不獨顓頊，而且有「伯夷父」、「老彭」和「大款、赤民、柏亮父」，此外還有天下之民謂之「八愷」的「高陽氏才子八人」，蒼舒、隤敳、檮戭、大臨、尨降、庭堅、仲容、叔達（《左傳．文公十八年》）。

《大唐新語》：「九夷亂德，顓頊徵之。」《大戴禮記．五帝德》：「乘龍而至四海，北至於幽陵，南至於交趾，西濟於流沙，東至於蟠木，動靜之物，大小之神，日月所照，莫不砥勵。」不唯如此，顓頊「死即復甦」（《山海經．大荒西經》），他「以孟春正月為元，其時正朔立春，五星會於天曆營室，天日作時，地日作昌，人日作樂，鳥獸萬物莫不應和」（《繹史》卷七引《古史考》）。他還「作渾天儀」「作《六莖》」「毀名岡，倮大澤，制十等之幣，以通有亡」（《路史．後紀八》）。最後，他命重、黎絕地天通，使「重獻上天」，使「黎卭下地」（《山海經．大荒西經》），完成了「絕地天通」（《尚書．呂刑》）的莫大業績。

《國語．楚語下》：「古者民神不雜。」「及少昊之衰也，九黎亂德，民神雜糅，不可方物。」「禍災薦臻，莫盡其氣。」「顓頊受之，乃命南正重司天以屬神，命火正黎司地以屬民，使復舊常，無相侵瀆，是謂絕地天通。」絕地天通的背後是人與神的分野，是巫的角色在顓頊神話中的集中體現。

在《山海經》中，有群巫所從上下的「登葆山」，太帝所居的「崑崙之丘」和眾帝所自上下的「建木」、「肇山」，顓頊正維持著這些登天之途為神所專用，那麼他自己這位「其佐玄冥，執權而治冬」（《淮南子．天文訓》）的北方水帝也自然是最大的巫。正由他開始，中國神話時代進入了又一個新的階段，即神性角色巫的成分逐漸加重，從而改變了以往神話角色高居於天庭的局面。在顓頊身上，神性越來越淡，以巫為表徵的人性日益濃重。

帝嚳的神性業績與顓頊大同小異。《大戴禮記．五帝德》中的高陽帝「乘龍而至四海」，同書中的高辛氏則「春夏乘龍」。《左傳．文公十八年》中，高陽帝「有才子八人」，其天下謂之「八愷」；高辛氏同樣有才子八人，其天下謂之「八元」。所不同者在於「共工氏作亂，帝嚳使重、黎誅之而不盡，帝乃以庚寅日誅重黎」（《史記．楚世家》）。

《事物紀原》卷二引《通曆》：「帝嚳平共工之亂，作鼙、鼓、控、揭、壎、箎。」《竹書紀年》沈注：「（帝嚳）使瞽人拊鞞鼓，擊鐘磬，鳳凰鼓翼而舞。」由此可見，帝嚳對顓頊的繼承在神話中異常自然。他們的神性角色日益淡化，為巫或為人所替代，這不僅由於他們共同接受了「絕地天通」的文化背景，而且關於他們後代的描述，不再像他們的前輩那樣保持著輝煌的神性。他們的子孫既有「八愷」、「八元」，更有許多不祥者，使人越來越失去心中的景仰之情。如《論衡．解除》：「昔顓頊氏有三子，生而皆亡。一居江水為瘧鬼，一居若水為魍魎，一居歐隅之間主疫病人。」《後漢書．禮儀志中》注引《漢舊儀》：「顓頊氏有三子，生而亡去為疫鬼。一居江水，是為瘧鬼，一居若水，是為魍魎鬼，一居人宮室，善驚人小兒。」[58]

《左傳．昭西元年》：「昔高辛氏有二子，伯曰閼伯，季曰實沈，居於曠林，不相能也。日尋干戈，以相征討。後帝不臧，遷閼伯於商丘，主辰，商人是因，故辰為商星；遷實沉於大夏，主參，唐人是因；以服事夏、商。」

這些人鬼之變的神話傳說，體現出人神之變的文化替代現象，意味著巫作為神話中的文化主體，其意義更複雜也更豐富，也成為神話傳說故事形態逐漸世俗化的契機，這類敘事模式迅速影響後世的各種神話體系。

在神話傳說的流傳和分布上，一方面可以看到高辛氏在南方少數民族中廣受崇拜；另一方面，在北方濮陽一帶，傳說中的附禺之山，顓頊與帝嚳漸漸融合成為民間述說對象。顓頊的神性角色除了在屈原的詩篇中展現，在其他地方則越來越黯淡。河南濮陽、內黃、清豐，那裡是雷澤的故鄉，分布著顓頊、帝嚳二帝陵等神話遺跡，民間流傳著許多關於顓頊、帝嚳絕地天通的神話傳說，形成別具特色的文化風景。顓頊、帝嚳神話傳說的遺跡化作千家萬戶日夜相伴的建築物，成為人家房頂上的各種裝飾，古典建築上的鴟吻、古墓中的鎮獸等等。

---

[58]　作者注：《左傳．文公十八年》中也有顓頊「不才子」檮杌的傳說，《神異經．西荒經》中的不才子名更多，如「檮杌」，一名傲狠，一名難馴。

第二節　民間社會的絕地天通

顓頊、帝嚳的文化主題是宗教改革，是人間世界與天庭的分離。民間社會在事實上把顓頊視為玉皇大帝的原型。文獻記載如：「帝顓頊，高陽氏，黃帝之孫，昌意之子，姬姓也。母曰景僕，蜀山氏女，為昌意正妃，謂之女樞。金天氏之末，女樞生顓頊於若水。昌意雖黃帝之嫡，以德劣，不足紹承大位，降居若水為諸侯。及顓頊生，十年而佐少昊，二十而登帝位。」（《帝王世紀》）「嚳，黃帝之曾孫。帝嚳年十五歲，佐顓頊有功，封為諸侯，邑於高辛。帝嚳卜其四妃之子，皆有天下。元妃有邰氏之女，曰姜嫄，生后稷。次妃有娀氏之女，曰簡狄，生契。次妃陳酆氏之女曰慶都，生帝堯。次妃陬訾氏之女曰常儀，生帝摯。」（《繹史》卷八《高辛紀》）民間講述顓頊、帝嚳的故事如：

二帝陵和硝河的傳說

二帝陵在內黃城西南梁莊鄉三楊莊村。北靠一個大沙崗，南臨乾涸的硝河坡，四周是一片樹林。二帝陵與硝河的傳說，一直在民間流傳著。

在四千多年前，這一帶住著一個惡魔叫黃水怪，牠經常興風作浪，口吐黃水，淹沒農田，沖毀房屋，給百姓帶來深重的災難。顓頊知道後，決心降服牠，可是黃水怪神通廣大，他倆打了九九八十一天不分勝負。顓頊就上天求女媧神相助。

女媧深明大義，不顧違犯天規，偷去天王寶劍交給顓頊，並給他傳授劍法。顓頊得了天王寶劍，很快就打跑了黃水怪。為了能給人間更好的生活環境，他用天王劍把一個大沙崗變成一座山，取名鮒魚禺山。又用劍在山旁劃一條河，取名硝河，使這裡有山有水，林木茂盛，人們過上了好日子。

不知道過了多少年，黃水怪又偷偷地跑了回來，牠惱恨地一口把硝河裡的水喝了個乾，一尾巴把鮒魚禺山打碎。從此以後，硝河乾涸了，鮒魚禺山又變成了原來的大沙崗。顓頊聽說後，連夜趕來和黃水怪打仗，半路上碰上一位算命先生，就玩一樣地問：「我會命歸何處？」算命先生答：「頭枕無石山，腳蹬無水河，死在一寇之地。」顓頊來到這裡，又和黃水怪打了七七四十九天，終於打死了黃水怪。

這時候，他也覺得自己的天年快完了，就問百姓：「這是誰家的土地？」老百姓說：「這是寇家的土地。」他忽然想起算命先生的話，四下一看，只見硝河乾涸，沙丘相連，他哈哈大笑一陣就死了。後來一帝王叫帝嚳的死後又埋在這裡，這裡就叫二帝陵了。

講述人：寇四妮，男，六十歲，小學畢業，河南省內黃縣梁莊鄉三楊莊農民

採錄人：張毅力，男，二十八歲，高中畢業，河南省內黃縣文化局幹部

採錄時間：一九八六年七月十二日

採錄地點：河南省內黃縣梁莊鄉三楊莊寇四妮家

古帝顓頊

上古黃帝的孫子顓頊，二十歲在（杞縣）高陽稱天帝了，這是咋回事？說起來才奇怪哩。

顓頊生在高陽，一落地，就會說話，三天就會跑，滿月就會騰雲駕霧，一豎耳朵就能聽千里動靜，一睜眼能看清天地間發生的大事。昌意夫婦見兒子有如此神通，格外疼愛，黃帝見孫子如此精奇，視如掌上明珠。

西方天帝少昊是顓頊的叔父，在他的管轄區，妖怪百出，弄得少昊帝和他的百姓非常不安生。黃帝想試試小孫孫的神威，下旨派顓頊到西天去輔佐少昊。

幾年光景，西方天地五穀豐登，國泰民安，黃帝和少昊都誇他不愧是天帝的後起之秀，人們都稱他是民間的大救星。

有一天，顓頊正幫助凡人管理禾苗，黃帝傳旨，令他速速回西天。他離開西天不久，西王母瑤池旁，出來一個十分凶惡的怪物，這怪物一走動，狂風大作，飛沙走石，天地昏暗，牠還不斷地吃人，糟蹋凡間婦女，鬧得地上人不得安生，天上神惶恐不安。

少昊無能除妖，忙下書召顓頊歸西天除害。顓頊看罷書信，直奔西天王母瑤池旁，忙豎耳睜目，審視天地之間的動靜，只見瑤池北邊無底洞口冒出一股青煙，隨即竄出一個數丈高的怪物，接著那怪物噴出一團煙霧，蹤跡立即消失，不多一時又見他噴著煙霧飛回。

顓頊透過煙霧，發現怪物腋下夾著一個女子。顓頊立即化成一股青煙，尾追進洞，穿過漫長洞道，現出一片曠野，瓊樓玉閣毗連在一起，樓閣裡，數百凡女，呻吟哭泣。顓頊緊追怪物，飛上一高樓。那怪物將女子放在床上，顓頊一眼看見，那女子不是別人，正是少昊女兒麗瑤。

那怪物伸開雙臂，欲要擁抱麗瑤，顓頊哪能容忍，將他化作的一縷青絲，纏在怪物身上，猛一束，怪物惡嚎一聲，自覺不妙，立即變成一粒灰塵，倉皇逃出。顓頊放出妖瓶，收住怪物，那怪物忙噴出烈焰，顓頊立即往瓶裡吐滅火漿，怪物化作一絲金光飛出，顓頊一張嘴吐出溶金珠，一眨眼，那怪物化為灰燼。至此，西方天地太平無事，神人共頌。顓頊德高望重，功與天齊。

數年後，北方天地，魔怪猖獗，甚囂塵上，鬧得人妖顛倒，神魔不分，特別是高陽地方，生靈塗炭，人毀禾絕，危在旦夕。黃帝心急火燎，三令五申，召回顓頊赴任高陽天帝，降妖滅災，扭轉乾坤。

顓頊被命為北方天帝，坐地高陽，建都帝丘。赴任前，他先察訪災情，派輔佐水神玄冥，分工眾神嚴管所有江河湖海，並在黃河上游截流，以防妖魔藉機搗亂，凡是危及的或可能危及的地方，都派大神嚴守。

顓頊神威早已遠震，那些專給人類降災的魑魅魍魎、妖魔鬼蜮，聽說顓頊登上高陽帝位聞風喪膽，有的嚇得改邪歸正，有的溜之大吉，逃之天天，剩下的都是些狂妄自尊的精怪。領頭的就是古考鰲，牠年已一萬八千多歲。牠這一生一世中，不知毀滅過幾回世界，別說世俗凡人，就是東海龍王也怕他幾分。此時此刻他正把剩下的妖魔網羅一塊，共謀對策，對付顓頊哩。此間，金龜出主意說：「顓項的輔佐水神玄冥專管水，咱來個黃水泡天，叫他神人成災。」古考鰲連稱妙計，與眾妖魔笑一會，分路行動。

顓項雖說年輕，卻胸有成竹，他料定古考鰲先發制人，拚死掙扎，因此，令玄冥在水南的故道裡，變作一汪黃水，自己化作浮雲高空探陣，又令嵩尹扮成他的模樣赴高陽佯作登基。

古考鰲生怕顓項洞察他的行跡，離黃水很遠，便命令同類化作清風，伏地面行進。雖然妖魔鬼怪變化多端，也沒有逃脫顓項的慧眼靈耳。他見妖魔洋洋自得地進入玄冥設的黃水中，自覺好笑。

古考鰲鑽入黃水，一時弄起妖術來。頃刻間巨浪滔天，急流滾滾。水神玄冥使神威，浪長堤長，水落堤落，連續三日，累得古考鰲與他的蝦兵蟹將難以支撐，眾妖哭爹叫娘，亂作一團。古考鰲大發雷霆：「嚎個屁，快變成針芒往外衝。」顓項正要兜放收妖囊，忽見妖魔變了妖術，忙收住囊器，抖開貫天地盆，將妖魔和黃水一併裝入。他剛剛收住眾魔，豎耳一聽，喊聲：「不好，嵩尹遭難，快去營救！」原來，嵩尹率眾神到了高陽，洞察辛基和丘司隱身於城外，想趁機表露功夫，忙下令眾神捉妖。眾神說：「沒有顓項帝的御旨，誰敢妄為？」嵩尹說：「我既能替職，怎不能下御旨？」眾神無奈，只好聽令。

嵩尹剛率眾神布開陣勢，與眾妖對壘，誰料想辛基和丘司早已壁壘森嚴，施展妖術拚戰起來。由於嵩尹失策，被丘司俘虜。眾妖誤認嵩尹是顓項，歡喜若狂，它們怕嵩尹逃跑，急忙駕上油鼎，行以油烹。恰在這時，顓項等駕雲來到，眾神穩住雲頭，化作青絲，結結實實將眾妖捆綁起來。然後將眾妖打入化妖囊內，一時三刻化為膿血。

顓頊除盡妖魔後，整理了天上與凡間，凡是形物各類，都諭封有神操正，凡間世俗皆由人來治理。幾年後，高陽天地間各業興旺，一派蔥蘢，人富神安，共慶富裕。

黃帝見顓頊德威齊並，自己年高志衰，便讓顓頊接替他的帝位，自己到崑崙養老去了。顓頊認為幾代天帝均出生於帝丘，高陽是天地中心，便改高陽為中天庭，仍立都為帝丘。後來，他為了人間免受災難，不斷派神巡視除疾降福。人們仍把顓頊頌為福星。據說，他一直是掌管天地的天帝。我們今天看到的虔宿星，就是顓頊天帝的星座。

講述人：李廣平，三十五歲，男，漢族，河南省杞縣農民

採錄整理：王懷聚，男，四十七歲，漢族，專科畢業，河南省杞縣文化館幹

部採錄時間：一九八三年二月

採錄地點：河南省杞縣城關鎮

帝嚳登天辯理

河南商丘古城南四十五里，有一個以帝嚳王高辛氏的名字命名的小集鎮——高辛集。集西北約一里處，有一個高大的陵墓，這就是帝嚳王高辛氏墓。

傳說高辛氏原來並不叫高辛氏，他姓姬名俊。姬俊從小就十分聰明，遇事很有辦法。顓頊在位時，曾經有九股外患齊來爭奪中原，造成天下大亂。顓頊起初只知道硬打硬拚，結果老是不能戰勝敵人，一時不知道怎樣才好。

後來，他聽說姬俊非常聰明多智，就請姬俊幫助自己出點子。姬俊說：「如今九個敵國都來侵犯，咱跟他們硬打硬拚，必然顧此失彼，怎麼能取勝呢？」顓頊問：「以你之見怎麼辦？」姬俊說：「九國敵人都想獨吞我們的地盤，他們彼此之間必然互不相讓，我們若能叫敵人互相打起來，

不就好平滅了嗎？」顓頊一想：對呀！姬俊想的這個辦法就是好。於是就派人分別到九國去，挑撥他們的關係，很快使他們彼此之間挑起了戰爭。後來顓頊沒費多大力氣，就把幾股外患一個一個地平滅了。

顓頊看姬俊很有能耐，就把他封在辛這個地方掌管一切。那時，這裡經常鬧水災。水來了，老百姓就往另一個地方遷徙；待重新遷徙的地方又鬧了水災，老百姓便再遷回來。這樣遷來遷去，老是不能安居樂業。姬俊想了一個辦法，帶領大家把住處的地勢加高。但是加高的速度卻趕不上水漲的速度，頭天加高的，第二天便又被水淹沒了。

夜裡，姬俊睡不著覺，便跑到天上去跟玉皇大帝辯理，說：「天既然生人，為什麼又故意與人為難，不叫人活下去呢？」玉皇大帝辯不過他，便派天神下來，一下子把辛這個地方的地勢抬高到了水面以上。從此，「辛」便被稱為「高辛」，姬俊便被顓頊封為「高辛氏」。顓頊見高辛氏的確才高智廣，能給人民辦好事，就把自己的皇位讓給了他。從此，高辛氏代替顓頊做了天子，號稱「帝嚳王」。

講述人：李振明、黃炳良

採錄整理：劉秀森

採錄時間：一九八三年三月

採錄地點：河南省商丘市

商人的來歷

傳說，「商人」這個名字起源於商丘。

商丘這地方，古時候叫商國。帝嚳高辛氏的曾孫相土被封在商國這個地方。相土是個很有才能的人。

相土跑了許多地方，發現商國有不少剩餘的東西，別處的人們特別需要，但卻沒有；同時，別處也有不少好東西是商國人特別需要的。他想：如果商國人能拿自己剩餘的東西到外地換回急需的東西，該有多好啊！

相土回到商國，把自己的主意一講，大家聽了都很贊成。於是，他便帶領人們肩揹著商地特有的產物，到缺的地方去交換。人們換回了一些自己需要的東西，都很喜歡。但每出外一次都需要跑很遠的路程，揹著東西費很大的力氣。人們受不了那麼大的勞累，有時能將就著過，就不願再去吃那麼大的苦了。相土看到這種情況，心裡很發愁。有什麼辦法能為人們解除勞累呢？他想啊想啊，終於想出了一個辦法。他用一塊大木板，下邊安上四個輪子，然後讓人們拉著試試，非常輕巧。大家給這種東西起個名字，叫做「車」。

從此世上有了車，相土就是車的發明者。

人們把物產放在車上，在車前邊套上牲口拉著，一次可以載運好多東西，比人用肩扛背馱輕便得多了。

商國人用自己生產的東西到別處進行交換，不但可以換回自己需要的東西，而且還可以少換多，從中取利。

這種辦法是商國人創造的，別處的人們都不會。所以，大家一見拿著物資到處進行交換的人，便說是「商國人」，後來簡稱為「商人」。

外地的人們見商國人這樣搞能從中取利，也慢慢學起來，像商國人那樣去搞交換，也被稱為「商人」。慢慢地，「商人」成了生意人的統稱。世上使用貨幣之後，凡是做買賣的人便通通被稱為「商人」，經商的行業被稱為「商業」，買賣東西的店鋪被稱為「商店」，直到現在。

講述人：王偉、郭久理

採錄整理：劉春正、劉秀森

採錄時間：一九八三年三月

採錄地點：河南省商丘市火車站

盤葫

高辛氏部落裡，有一個經常跟隨高辛氏的侍女，不知什麼時候，也不知什麼原因，在她的右鬢角上，長了一個小肉瘤。

小肉瘤起先只像一粒苞穀米那樣大，但它會長，經過十六個春秋，小肉瘤長成了大肉瘤，變成了一個比核桃大、比拳頭小的肉疙瘩。姑娘嫌長在臉上不好看，就去找高辛氏，讓他想辦法除掉。

高辛氏看了看，說：「除掉可以呀！但不知道是什麼東西在裡面作怪，需要切開看一看。」於是就命人用刀來切肉瘤子。

誰知不切便罷，手起刀落，剛一切開，只聽得「嘚嘣」一聲，一個小巧玲瓏的生靈，從肉瘤裡面蹦了出來！

細瞅這小怪物，不過有知了那麼大。牠有眼、有鼻子、有嘴，一根尾巴，四腿俱全。渾身上下光溜溜的，圍著人們跳來跳去，誰見了誰喜愛。尤其高辛氏的女兒見牠精小乖巧，就親暱地把牠捧在手裡，視若珍寶，餵吃餵喝，還把牠裝在一個葫蘆裡，放在盤子上，精心餵養，起名叫盤葫。

由於高辛氏女兒的精心餵養，不到兩年時間，盤葫就長得體態高大，行動敏捷，一身五色長毛，光澤奪目。更令人驚奇的是，牠粗通人性，整天跟著高辛氏形影不離，搖尾乞憐。白天隨高辛氏出外狩獵，夜晚便臥在部落門前，看守糧食和畜生，遇著有動靜就「汪汪」地叫，所以人們又給牠起個名字，叫「狗」。

高辛氏部落附近另有一個小部落，首領叫吳強。他剽悍凶猛，勇力過人，經常帶領手下人來高辛氏部落騷擾。高辛氏制服不了他，部落裡其他人更不是他的敵手。高辛氏無法，只好懸出重賞，說誰要能取來吳強首級，就能獲得三樣獎賞：一、部落裡的牲畜由他挑，糧食隨他拿；二、封他做部落裡的領袖；三、將自己心愛的女兒許配他。重賞之下，必有勇夫，可是他手下還是沒有制服吳強的人。

不料這一天，盤葫嘴裡噙個東西，從外邊「呼哧呼哧」跑回來。見了高辛氏，便把嘴裡東西「噗通」撂到高辛氏面前。高辛氏一看，哎呀！是個人頭。再一細看，是吳強的人頭。高辛氏大喜，馬上要按約重賞盤葫。

這時部落裡的其他領袖都來勸阻高辛氏，說盤葫是條狗，給牠糧食、牲畜，封牠做領袖，它都不會享用，大王疼愛女兒，更不能嫁給一條狗了。高辛氏一聽，覺得有理，便打算背棄諾言，不再獎賞盤葫。

他女兒知道了，十分氣憤，說道：「父王，你治理部落，應當言而有信，以信為德。盤葫降服吳強有功，有功就應當受賞。你自己許諾過的事，現在隨便反悔，那麼，以後誰還聽你的話呢？」高辛氏覺得女兒說得有道理，可他又說：「糧食、牲畜和領袖都好辦，但是，女兒妳呢？」女兒說：「只要父王同意，我情願嫁狗隨狗。」父親同意後，女兒立刻許配給盤葫，二人離開部落，到南邊大山裡去了。

盤葫和高辛氏的女兒在長滿古樹和竹籐的大山裡住下以後，一共生了八個子女。高辛氏想念自己的女兒，幾次派人去看望，走到半山腰，不是颳大風，就是起瘴霧，始終沒能見面。盤葫死了以後，高辛氏的女兒才帶著八個兒女回到中原。高辛氏很高興，要留他們長期住下。但這些住慣了深山的兒女們好山惡市，不願在平地生活，便又跑到西部大山裡，在那裡繁衍、傳續後代，這就形成以後所說的八夷。

因為盤葫的這段故事，以後人們才謙稱自己的兒子為「犬子」，而「嫁雞隨雞，嫁狗隨狗」的說法，也傳延下來。

講述人：邱海觀

採錄人：范牧、李明才

採錄時間：一九八四年五月

採錄地點：河南省南陽地區群藝館

顓頊、帝嚳時代連線軒轅黃帝與堯舜，成為中國文化的大轉折時期，是中國古史的一條重要分界線。

第八章
堯舜時代

堯舜時代是中國古典神話中的理想政治時代，它很自然地讓人想起「致君堯舜上，再使風俗淳」的詩句，幾乎所有文士都把這個時代視為政治理想的典範。特別是其中的禪讓，構成了堯舜神話的核心內容，從而也成為千古文人投身政治所期待的明君標準，化作「學而優則仕」以濟天下的情結。

從百姓的角度來說，堯舜不但是賢明的君主，而且是橫貫人寰的道德和人格理想的典範，「人皆可成堯舜」成為理想社會人人自律、修身養性的崇高境界。與此前神話發生背景不同，堯舜神話在春秋時期為儒墨文士所盛傳。如《墨子》中稱讚「堯舜禹湯文武之道」，《孟子》、《論語》等典籍也稱讚「堯、舜、禹、湯、文王」，《戰國策．趙策》把堯、舜二人列於五帝之中，《管子．封禪篇》把堯、舜列為「封泰山、禪梁父」中七十二家中的兩家，《呂氏春秋．古樂篇》所列帝王十三家也有堯與舜。

在這些書籍的渲染下，堯、舜幾乎成為理想政治的代名詞。在神話流傳過程中，堯舜不但在政治上一脈相承，有著血緣上的聯繫，甚至葬在一處，共同受到後人敬祀。如《易．繫辭》：「神農氏沒，黃帝堯舜氏作，通其變，使民不倦，神而化之，使民宜之。」《史記．秦始皇本紀》中提到「堯女，舜之妻。」《列女傳》：「有虞二妃者，帝堯之二女也，長娥皇，次女英。」《山海經．大荒南經》：「帝堯、帝嚳、帝舜葬於嶽山，爰有文貝、離俞、久、鷹、延維、視肉、熊、羆、虎、豹；朱木，赤枝，青華，玄實。」

堯舜時代是繼黃帝、顓頊和帝嚳之後神話特色尤為卓然的一個時代，在以禪讓為核心的文化背景下，具有民主色彩的古典理想政治在神話傳說中得到熱情頌揚，對於中華民族文化性格的生成、培養和發展，有著不同尋常的意義。堯舜不僅為天下民眾的安康而奔走，而且是令人欽佩的文化英雄。

第一節　堯舜成為中國政治的典範

堯和舜在血緣上與黃帝有著直接關係[59]，而作為一個新神話時代，他們各自呈現出不同的神性業績。堯的事蹟記述，以《尚書》中的《堯典》和《舜典》最為詳備：

昔在帝堯，聰明文思，光宅天下。將遜於位，讓於虞舜，作《堯典》。

曰若稽古：帝堯，曰放勳，欽、明、文思、安安，允恭克讓，光被四表，格於上下。克明俊德，以親九族。九族既睦，平章百姓。百姓昭明，協和萬邦。黎民於變時雍。

乃命羲和，欽若昊天，曆象日月星辰，敬授民時。分命羲仲，宅嵎夷，曰暘谷。寅賓出日，平秩東作。日中，星鳥，以殷仲春。厥民析，鳥獸孳尾。申命羲叔，宅南交。平秩南訛，敬致。日永，星火，以正仲夏。厥民因，鳥獸希革。分命和仲，宅西，曰昧谷。寅餞納日，平秩西成。宵中，星虛，以殷仲秋。厥民夷，鳥獸毛毨。申命和叔，宅朔方，曰幽都。

[59] 作者注：從《大戴禮．帝系篇》中可以看到，帝嚳產放勳，是為帝堯，而帝嚳出自極，源於玄囂一系。帝舜生於瞽叟，源於窮蟬，窮蟬生於顓頊，顓頊出自昌意一系。堯與舜皆出自黃帝，分為兩系。

平在朔易。日短，星昴，以正仲冬。厥民隩，鳥獸氄毛。帝曰：「諮！汝羲暨和。期三百有六旬有六日，以閏月定四時，成歲。允釐百工，庶績咸熙。」

帝曰：「疇諮若時登庸？」放齊曰：「胤子朱啟明。」帝曰：「吁！嚚訟，可乎？」

帝曰：「疇諮若予採？」兜曰：「都！共工方鳩僝功。」帝曰：「吁！靜言庸違，象恭滔天。」

帝曰：「諮！四嶽，湯湯洪水方割，蕩蕩懷山襄陵，浩浩滔天。下民其諮，有能俾乂？」僉曰：「於！鯀哉。」帝曰：「吁！咈哉，方命圮族。」嶽曰：「异哉！試可，乃已。」

帝曰：「往，欽哉！」九載，績用弗成。

帝曰：「諮！四嶽。朕在位七十載，汝能庸命，巽朕位？」嶽曰：「否德忝帝位。」曰：「明明揚側陋。」師錫帝曰：「有鰥在下，曰虞舜。」帝曰：「俞，予聞，如何？」嶽曰：「瞽子，父頑，母嚚，象傲；克諧，以孝烝烝，乂不格奸。」帝曰：「我其試哉！女於時，觀厥刑於二女。」釐降二女於媯汭，嬪於虞。帝曰：「欽哉！」

慎徽五典，五典克從。納於百揆，百揆時敘。賓於四門，四門穆穆。納於大麓，烈風雷雨弗迷。

帝曰：「格！汝舜。詢事考言，乃言厎可績，三載。汝陟帝位。」

舜讓於德，弗嗣。

《史記．五帝本紀》載「帝堯為陶唐」，又提到帝堯以唐為號。《世本》：「帝堯為陶唐氏。」《左傳．哀公六年》：「唯彼陶唐，帥彼天常，有此冀方。」《說文》：「堯，高也，從垚在兀上，高遠也。」顏師古說：「陶丘有堯城，堯嘗居之，後居於唐，故堯號陶唐氏。」《左傳．襄公二十四年》：「昔丐之祖，自虞以上為陶唐氏。」顯然，堯是與土為圖騰的文化密切相關的。人們在描述黃帝的圖騰時曾提到「中央，土也」，從這裡可以看到堯與黃帝在圖騰上的相近或一致性。

堯的活動範圍，從《左傳》、《國語》、《漢書》等文獻來看，主要在黃河中下游地區，如山西、河南、山東一帶，與黃帝大致相當。特別是山西省汾水流域，堯在民間信仰中地位甚高。《詩譜》：「唐者帝堯舊都，今日太原晉陽，是堯始居此，後乃遷河東平陽。」《魏土地記》：「平陽城東十里，汾水東原有小臺，臺上有堯神屋石碑。」《括地誌》：「故堯城在濮州鄄城縣東北十五里。」在黃河中下游地區，至今仍密集分布著堯廟等神話傳說中的文化遺址，這絕不是偶然現象，但並不能以此便斷定堯是陶的創造者。

《墨子．尚賢》：「古者舜耕歷山陶河瀕，漁雷澤。堯得之服澤之陽，舉以為天子，與接天下之政，治天下之民。」今天嬗變為《堯王訪賢》之類的民間戲曲或傳說。在禪讓神話的輝映下，堯的業績還有許多，構成塑造其成為文化英雄的重要內容。如《春秋緯．文耀鉤》：「唐堯即位，羲和立渾儀。」民間傳說把渾天儀的創造、製造追溯至遠古神話時代，附會在堯的身上，其他還有「曆象日月，陳剮考功」等。《易緯．乾鑿度》：「堯以甲子天元為推術。」《尚書緯．中候》：「陶唐氏尚白，以十二月為正，薦玉以白繒。」《禮緯．稽命徵》：「唐虞五廟，親廟四，始祖廟一。」《尚書緯．璇璣鈐》：「帝堯炳煥，隆興可觀，曰載，曰車，曰軒，曰冠，曰冕。作此車服以賜有功。」[60] 堯的時代在神話傳說中一片祥和，孔子感嘆道：「唯天為大，唯堯則之。」這一方面是對堯的神話業績、人格、道德力量的讚揚，另一方面是對堯時代的嚮往。

《述異記》卷上：「堯為仁君，一日十瑞。」十瑞乃「宮中芻化為禾，鳳凰止於庭，神龍見於宮沼，歷草生階，宮禽五色，烏化白神，木生蓮，蓮

[60] 《路史．後紀十》中有堯制弈棋等神話傳說，與其他神話時代相比，嬗變成為這一時期的核心主題，這些神話的影響力則相對較弱。

蒲生廚，景星耀於天，甘露降於地」。《博物誌．異草木》說得更神：「堯時有屈佚草生於庭．佞人入朝，則屈而指之。」《繹史》卷九引《田俅子》：「堯為天子，蓂莢生於庭，為帝成歷。」而這一切無疑都是為了襯托堯時的政治清明。

在堯的時代，夔、皋陶等一批能臣，或「擊石拊石，百獸率舞」（《尚書．堯典》），或「決獄明白，察於人情」（《白虎通．聖人》）。《論衡．是應篇》：「觟者，一角之羊也，性知有罪。皋陶治獄，其罪疑者，令羊觸之，有罪則觸，無罪則不觸。斯蓋天生一角聖獸，助獄為驗。故皋陶敬羊，起坐事之。」《說苑．君道》：「當堯之時，舜為司徒，契為司馬，禹為司空，后稷為田疇，夔為樂正，倕為工師，伯夷為秩宗，皋陶為大理。」幾乎所有能臣都聚集在堯的麾下，形成堯時代政治清明的盛景。

然而，這並不是堯神話時代的全部內容。在神話傳說中，堯時曾有洪水，有大旱，也有戰爭，這說明在禪讓政治的背後，同樣包含著無數血腥。《韓非子．外儲》說：「（堯）舉兵而誅共工於幽州之都。」《逸周書．史記解》：「久空重位者危。昔有共工自賢，自以無臣，久空大官，下官交亂，民無所附，唐氏伐之，共工以亡。」最著名的《淮南子．本經訓》中有堯使羿的一段：「逮至堯之時，十日並出，焦禾稼，殺草木，而民無所食。猰貐、鑿齒、九嬰、大風、封豨、修蛇皆為民害。堯乃使羿誅鑿齒於疇華之野，殺九嬰於凶水之上，繳大風於青丘之澤，上射十日而下殺猰貐，斷修蛇於洞庭，禽封豨於桑林。」

應該說，「為民害」者都是與堯相抗衡的部落，待戰爭平息後，始有「萬民皆喜，置堯以為天子」的局面。如文獻中所記述，《書．益稷》曰：「無若丹朱傲，唯慢遊是好，傲虐是作。罔晝夜額額，罔水行舟，朋淫於家，用殄厥世。」所以《莊子．盜蹠》講「堯殺長子」。顯然，丹朱表面上是他的兒子，其實是稱子，是南方民族臣服中央政權的體現，屬於原始文明對政權體制的表達，成為又一種形態的神話遺跡。《呂氏春秋．召類》記述更明白：「堯戰於丹水之浦，以服南蠻。」《太平御覽》卷六三引《尚書逸篇》記述道：「堯子不肖，舜使居丹淵為諸侯，故號曰丹朱。」《昭明文選》輯《六韜》：「堯與有苗戰於丹水之浦。」《史記．高祖本紀》正義引《括地誌》：「故丹城在鄧州內鄉縣西南百三十里，南去丹水二百步。」《汲塚紀年》云：「后稷放帝子丹朱於丹水是也。」《輿地誌》云：「秦為丹水縣也。」《地理志》云：「丹水縣屬弘農郡。」《抱朴子》云：「丹水出丹魚，先夏至十日夜伺之，魚浮水側，赤光上照如火，網而取之，割其血以塗足，可以步行水上，長居川中不溺。」這裡都在撲朔迷離中，述說父子之爭神話傳說背後所隱藏的祕密。或者說，這就是中國傳統政治的神話表達模式，有意維護中央集權的合理性與神聖性。

神話傳說中的戰爭與歷史上真實的戰爭有多少差別？引人遐想。堯的戰爭形象和黃帝平蚩尤是同樣的，然而文獻推重的卻不是這些，而是堯統治下的天下繁榮和太平[61]。也就是說，堯神話的流傳被分割成三個層面：一是上層統治者自比於堯的知人善任，以堯時的鶯歌鳳舞來掩飾自己的內荏；二是中間層的知識分子，他們期待著自己被重用以施展抱負，因而常把堯比作當政者，甚至一廂情願地吟誦著自己所編造的諂媚之辭；三是下層民眾，他們借堯的神話來謳歌自己心中的審美理想，激勵自己為美好的未來而奮鬥，堯時代也因此千百年來一直為千萬民眾所嚮往。所以，《尚書緯．中候》中所說的「堯即政七十載，景星出翼，鳳凰止庭，朱草生郊，甘露潤澤，醴泉出山，榮光出河，休氣四塞」，與《春秋緯．合誠圖》中所說的「出觀河之首，常若有神隨之者……赤帝起誠天下寶」相合成一幅神人政治的圖畫。

在堯的神話時代，也應包含著一連串神話。諸如「后羿射日」與「嫦

[61] 作者注：在神話傳說中，還有堯誅丹朱等內容，其實丹朱並非堯子，當是其他部落首領。後人為推崇堯讓賢不讓子，才附會成「堯取散宜氏之子……生丹朱」（《世本》張澍稡集補註本）。

娥奔月」等，神話背後都有異常複雜的文化交流、文化融合和文化衝突。如《山海經・海內經》:「堯時，十日並出，堯使羿射九日，落為沃焦。」「帝俊賜羿彤弓素矰，以扶下國。」《淮南子・本經篇》:「堯之時，十日並出，焦禾稼，……堯乃使羿誅鑿齒於疇華之野……上射十日而下殺猰貐，斷修蛇於洞庭，禽封豨於桑林。萬民皆喜，置堯以為天子。……始有道理。」《淮南子・覽冥篇》:「羿請不死之藥於西王母，嫦娥竊以奔月。」《淮南子・俶真篇》:「是故雖有羿之知而無所用之。」高誘注云:「是堯時羿，善射，能一日落九烏、繳大風、殺窫窳，斬九嬰，射河伯之知巧也，非有窮后羿也。」

《全上古三代秦漢三國六朝文》輯《靈憲》記述:「嫦娥，羿妻也，竊西王母不死之藥服之，奔月。將往，枚筮之於有黃，有黃占之，曰:吉。翩翩歸妹，獨將西行，逢天晦芒，毋驚毋恐，後且大昌:嫦娥遂託身於月，是為蟾蜍。」

《酉陽雜俎・天咫》:「舊言月中有桂，有蟾蜍。故異書言:月桂高五百丈，下有一人，常斫之，樹創隨合。人姓吳名剛，西河人，學仙有過，謫令伐樹。」

《文選・祭顏光祿文》注引《歸藏》:「昔嫦娥以西王母不死之藥服之，遂奔月為月精。」

《古今圖書集成》卷三五引《龍城錄》:「開元六年，上皇與申天師道士鴻都客。八月望日夜，因天師作術，三人同在雲上遊月中，過一大門在玉光中飛浮，宮殿往來無定，寒氣逼人，露濡衣袖，皆溼，傾見一大宮府，榜曰:廣寒清虛之府」,「少焉，步向前」,「下見有素娥十餘人」,「制《霓裳羽衣曲》」云云。

伊士珍《嫏嬛記》引《三餘帖》:「嫦娥奔月之後，羿晝夜思唯成疾。正月十四夜，忽有童子詣宮求見曰:『臣夫人之使也。夫人知君懷思，無從得降。明日乃月圓之夜，君宜用米粉作丸，團團如月，置室西北方，呼夫人之名，三夕可降耳。』如期果降，復為夫婦如初。今言月中有嫦娥，大謬。蓋月中自有主者乃結璘，非嫦娥也。」

一切都隨著文化的變遷逐漸被掩蓋，以神話傳說為表象，在不同時代留下了文化遺跡。

舜的事蹟在《尚書》中被描述為：

虞舜側微，堯聞之聰明，將使嗣位，歷試諸難，作《舜典》。

曰若稽古，帝舜曰重華，協於帝。濬哲文明，溫恭允塞，玄德升聞，乃命以位。慎徽五典，五典克從。納於百揆，百揆時敘。賓於四門，四門穆穆。納於大麓，烈風雷雨弗迷。

帝曰：「格！汝舜。詢事考言，乃言底可績，三載。汝陟帝位。」舜讓於德，弗嗣。

正月上日，受終於文祖。在璇璣玉衡，以齊七政。肆類於上帝，禋於六宗，望於山川，遍於群神。輯五瑞。既月乃日，覲四嶽群牧，班瑞於羣后。

歲二月，東巡守，至於岱宗，柴。望秩於山川，肆覲東後。協時月正日，同律度量衡。修五禮、五玉、三帛、二生、一死贄。如五器，卒乃復。五月南巡守，至於南嶽，如岱禮。八月西巡守，至於西嶽，如初。十有一月朔巡守，至於北嶽，如西禮。歸，格於藝祖，用特。

五載一巡守，群後四朝。敷奏以言，明試以功，車服以庸。

肇十有二州，封十有二山，濬川。

象以典刑，流宥五刑，鞭作官刑，撲作教刑，金作贖刑。眚災肆赦，怙終賊刑。欽哉，欽哉，唯刑之恤哉！

流共工於幽州，放兜於崇山，竄三苗於三危，殛鯀於羽山，四罪而天下咸服。

二十有八載，帝乃殂落。百姓如喪考妣，三載，四海遏密八音。月正元日，舜格於文祖，詢於四嶽，闢四門，明四目，達四聰。

「諮，十有二牧！」曰：「食哉唯時！柔遠能邇，惇德允元，而難任人，蠻夷率服。」

舜曰：「諮，四嶽！有能奮庸熙帝之載，使宅百揆亮採，惠疇？」

僉曰：「伯禹作司空。」

帝曰：「俞，諮！禹，汝平水土，唯時懋哉！」禹拜稽首，讓於稷、契暨皋陶。

帝曰：「俞，汝往哉！」

帝曰：「棄，黎民阻飢，汝后稷，播時百穀。」

帝曰：「契，百姓不親，五品不遜。汝作司徒，敬敷五教，在寬。」

帝曰：「皋陶，蠻夷猾夏，寇賊奸宄。汝作士，五刑有服，五服三就。五流有宅，五宅三居。唯明克允！」

帝曰：「疇若予工？」

僉曰：「垂哉！」

帝曰：「俞，諮！垂，汝共工。」垂拜稽首，讓於殳斨暨伯與。

帝曰：「俞，往哉！汝諧。」

帝曰：「疇若予上下草木鳥獸？」

僉曰：「益哉！」

帝曰：「俞，諮！益，汝作朕虞。」益拜稽首，讓於朱虎、熊羆。

帝曰：「俞，往哉！汝諧。」

帝曰：「諮！四嶽，有能典朕三禮？」

僉曰：「伯夷！」

帝曰：「俞，諮！伯，汝作秩宗。夙夜唯寅，直哉唯清。」伯拜稽首，讓於夔、龍。

帝曰：「俞，往，欽哉！」

帝曰：「夔！命汝典樂，教胄子，直而溫，寬而慄，剛而無虐，簡而無傲。詩言志，歌永言，聲依永，律和聲。八音克諧，無相奪倫，神人以和。」

夔曰：「於！予擊石拊石，百獸率舞。」

帝曰：「龍，朕堲讒說殄行，震驚朕師。命汝作納言，夙夜出納朕命，唯允！」

帝曰：「諮！汝二十有二人，欽哉！唯時亮天功。」

三載考績，三考，黜陟幽明，庶績咸熙。分北三苗。

舜生三十，徵庸三十，在位五十載，陟方乃死。

在《尚書緯．中候》中，有「堯即政十七年，仲月甲日至於稷，沉璧於河。青雲起，回風搖落，龍馬銜甲，赤文綠色，自河而出，臨壇而止，吐甲回滯」之類的描寫，與黃帝時「河圖洛書」故事如出一轍，其時「堯德清平，比隆伏羲」，「萬民和樂」。《龍魚河圖》稱：「堯時與群臣賢智到翠嬀之淵，大龜負圖出授堯。堯敕臣下寫取吉瑞，寫畢，龜還水中。」

待堯得舜「舉以為天子」時，文獻中出現兩種記載，一種是《山海經．海外南經》郭璞注：「昔堯以天下讓舜，三苗之君非之，帝殺之。有苗之民叛入南海，為三苗國。」另一種是《黃氏逸書考》中的《尚書緯．中候》所載：「堯歸功於舜，將以天下禪之，乃潔齋修壇於河洛之間。擇良日，率舜等升首山，遵河渚，有五老遊焉，蓋五星之精也，相謂曰：『河圖將來告帝以期，知我者重瞳黃姚。』五老因飛為流星上入昴。」《論語比考讖》中又加上「赤龍銜玉苞，舒圖刻版，題命可卷，金泥玉檢，封盛書威」，和堯所感嘆的「諮汝舜，天之歷數在汝躬，允執其中，四海困窮，天祿永終」等內容。

這兩種記載的呈現，前者較為可信。因為後一種類似的情況太多，而前一種清楚表明所謂的禪讓絕非輕而易舉的，戰爭在堯的時代從來都沒有消失過。後人還把這種禪讓神話加上堯曾讓位於許由，而許由逃入箕山潁水洗耳的內容（《高士傳》）。《孟子．萬章上》中又強調「天命」，他說：「舜相堯二十有八載，非人之所能為也，天也。堯崩，三年之喪畢，舜避堯之子於南河之南；天下諸侯朝覲者不之堯之子而之舜，訟獄者不之堯之子而之舜，謳歌者不謳歌堯之子而謳歌舜。故曰天也。夫然後之中國，踐天子位焉。」這同樣是在為堯和舜掩飾。其實，這裡面所隱沒的內容還有很多，禪讓的禮壇絕不會如此風平浪靜。舜的強大表明，政柄必須歸於「龍顏重瞳」的舜才能懾服天下。

舜作為堯的繼位者，並沒有讓自己淹沒在堯的光輝之中。他以賢能和寬容成為古典政治理想的楷模，並作為道德、人格的典範贏得了廣泛尊敬。舜與堯政治利益上的一致，使舜成為帝位候選人，而更重要的還是舜在政治鬥爭中有力地幫助堯鞏固了帝位，這見於《史記．五帝本紀》中「舜歸而言於帝」的一段：「（舜）請流共工於幽陵，以變北狄；放兜於崇山，以變南蠻；遷三苗於三危，以變西戎；殛鯀於羽山，以變東夷。」但僅此還不足以保證舜繼承或替代堯。

舜作為部落英雄，其出眾的膽識、能力和品格，贏得了廣泛擁戴，這才是關鍵。這首先表現在他耕於歷山與象相處的生活。《史記．五帝本紀》：「舜耕歷山，歷山之人皆讓畔；漁雷澤，雷澤之人皆讓居；陶河濱，河濱器皆不苦窳。一年而所居成聚，二年成邑，三年成都。」「舜父瞽叟盲，而舜母死，瞽叟更娶妻而生象，象傲。瞽叟愛後妻子，常欲殺舜。」民間流傳的神話中，講述了舜耕歷山的工具是「象」。

舜所耕的歷山在今黃河、長江的中下游，從考古材料來看，這一帶確實有許多象群出現。一九八五年春天，我們在河南省西華縣思都崗考察女媯城，親眼看見地方百姓在河渠溝底掘出一些數米長的巨型象牙。在舜的活動範圍內，以象為圖騰的部族應該是一支能與他相抗衡的巨大力量，而舜制服了這支力量，保證了這一地區的安定。這種情況在神話史上是普遍的，即象部族與舜部族的鬥爭被「瞽叟愛後妻子，常欲殺舜」所掩蓋。尤其是這種現象被後人用來進行教化時，神話的色彩就更加黯淡了。「舜姓虞」（《潛夫論．志氏姓》），而「虞」義在於「即鹿無虞，唯入於林中」（《易．屯》），意為獵。《論衡．偶會》：「舜葬蒼梧，象為之耕。」《墨子》中也有同樣記載。《帝王世紀》：「（舜）葬蒼梧九嶷山之陽，是為零陵，謂之紀市，在今營道下，有群像為之耕。」

長期以來，唯理學說極大地限制了我們對古代神話的理解，這就是導致仍有許多人把象理解為某個人的根源。這裡的「群像」才是揭開謎底的重要內容，卻只在民間神話中一再顯現，為文人士大夫們所忽視。《楚辭．天問》洪興祖補註時說「舜德足以服象」，就是把象作為人來理解的。其實，《史記．五帝本紀》正義所引《括地誌》就說：「鼻亭神，在營道縣北六十里。故老傳云，舜葬九嶷，象來至此。後人立祠，名鼻亭神。」鼻亭，無疑出自象的神話。

其次，在有關舜的神話中，諸神的愛情第一次得到自然張揚，這就是舜與堯之二女娥皇、女英的情愛。《列女傳．有虞二妃》：「有虞二妃，帝堯二女也，長娥皇，次女英。」在近世尤其是當代，使這一神話更為遠播的是毛澤東的詩句化用的「斑竹淚」。《山海經．中山經》：「（洞庭之山）帝之二女居之，是常遊於江淵。澧、沅之風，交瀟湘之淵，是在九江之間，出入必以飄風暴雨。」有人說自秦漢起，湘君、湘夫人的神話演變成了舜與娥皇、女英的神話傳說[62]，我們認為二者各有一方天地。

舜與二女的愛情故事是舜神話的重要組成部分，雖然文獻中描述較

[62] 劉城淮。《中國上古神話》。上海文藝出版社，一九八八年，第六百五十八頁。

略，但內容是非常感人的，民間神話熱烈讚揚它，是很自然的現象。《述異記》:「昔舜南巡，而葬於蒼梧之野。堯之二女娥皇、女英追之不及，相與慟哭，淚下沾竹，竹文上為之斑斑然。」《史記．五帝本紀》:「舜年二十以孝聞。三十而帝堯問可用者。四嶽咸薦虞舜，曰可。於是堯乃以二女妻舜，以觀其內；使九男與處，以觀其外。舜居媯汭，內行彌謹。堯二女不敢以貴驕事舜親戚，甚有婦道。堯九男皆益篤。……堯乃賜舜衣與琴，為築倉廩，予牛羊。」由此可知，堯之二女與舜的結合絕不是平平淡淡的相互廝守。

描述舜與二女歷經患難的是《楚辭．天問》洪興祖補引的《列女傳》:「瞽叟與象謀殺舜，使塗廩。舜告二女，二女曰:『時唯其戕汝，時唯其焚汝。鵲如汝裳，衣鳥工往。』舜既治廩，戕旋階，瞽叟焚廩，舜往飛。復使浚井，舜告二女，二女曰:『時亦唯其戕汝，時其掩汝！汝去裳，衣龍工往。』舜往浚井，格其入出，從掩，舜潛出。」

在《孟子．萬章上》和《史記．五帝本紀》中有類似情節，卻無「舜告二女」而得到二女幫助的內容。舜與二女的情誼，應該是在這樣的環境中不斷加深，這才會有「斑竹淚」的感人故事。

《列女傳．有虞二妃》:「瞽叟又速舜飲酒，醉，將殺之。二女乃與舜藥浴汪，遂往，舜終日飲酒不醉。舜之女弟系憐之，與二嫂諧。」去掉最後一句，可見二女時刻都在關愛舜，不斷助其度過難關。在《山海經．海內北經》中，舜的妻子變成了「登比氏」，有「二女之靈能照此所方百里」，我以為這是同一神話的演繹或另一種述說方式。

總之，舜與娥皇、女英的愛情被頌揚，這在神話時代的發展中是一個了不起的里程碑。因為此前的神話系統中雖然也有夫妻一類的內容，諸如伏羲兄妹、黃帝嫘祖等，但都沒有這種有關愛情的表述。伏羲與女媧結合時，還要議婚、驗婚，掩面而交；黃帝妻嫘祖也僅僅是得到一位能紡織錦繡的巧工女神。像娥皇、女英這樣揮淚斑竹以念帝舜的神話，在中國神話時代確實是第一次出現。

舜作為神話中的文化英雄，不僅以寬容即後人所理解的孝而聞名，還以文明的創造而著稱。如《呂氏春秋．古樂篇》：「舜立，命延乃拌瞽叟之所為瑟，益之八弦，以為二十三絃之瑟。帝舜乃令質修《九招》、《六列》、《六英》，以明帝德。」又如《繹史》卷十所引《屍子》：「帝舜彈五絃之琴，以歌《南風》。其詩曰：南風之薰兮，可以解吾民之慍兮；南風之時兮，可以阜吾民之財兮。」這使我們聯想起《山海經》中提到的深淵中有舜幼時所棄琴瑟的故事，可見舜時代的文化創造與其他神話時代一樣，是燦爛輝煌的。

《尚書緯．中候》：「（舜）在位十有四年，奏鍾石笙莞未罷，而天大雷雨，疾風發屋拔木，桴鼓播地，鐘磬亂行，舞人頓伏，樂正狂走。舜乃持衡而笑曰：『明哉，天下非一人之天下也，亦乃見於鍾石笙筦乎！』乃薦禹於天，行天子事……百工相和而歌慶雲，帝乃倡之曰：『慶雲爛兮，糾縵縵兮；日月光華，旦復旦兮。』群臣咸進，稽首曰：『明明上天，爛然星陳；日月光華，弘於一人。』帝乃再歌曰：『日月有常，星辰有行；四時從經，百姓允誠。於予論樂，配天之靈；遷於聖賢，莫不咸聽。』……舜乃設壇於河，如堯所行，至於下稷，容光休至，黃龍負圖，長三十二尺，置於壇畔，赤文綠錯，其文曰：禪於夏後，天下康昌。」

舜在歌舞昇平中走上神壇，又親手把禹推向神權的寶座，從而使中國神話時代走進一個新的階段。誠然，在這種歌舞昇平的背後，同樣包藏著部族間激戰的硝煙，如《尚書．舜典》中的「（舜）流共工於幽州」即一例。

值得注意的是，舜神話在流傳中逐漸融入了更多的「後母型故事」，淡化了神性的張揚和恣肆色彩，特別是把象這一圖騰族徽淡化為普通人，使舜神話漸漸蛻變為歷史傳說。堯的神話也存在著同類現象，這是神話世俗化的普遍表現。事實上，在堯舜神話中，禪讓的文化主題並非原型，後世附加的痕跡更多。自黃帝時代之後，巫成為顓頊和帝嚳的神話主題，與禪讓成為堯舜神話的主題一樣，神性色彩愈來愈淡，可見神話時代正日益走向歷史化、世俗化。所以，待禹的時代來臨時，這種趨勢幾乎達到了極致；禹時代的結束，也就是神話時代的終結。湯的出現，成為歷史正式進入明確記載階段的象徵。

也就是說，當堯舜神話的主題從戰爭和愛情轉為孝道的頌揚時，中國神話時代就基本上完成了述說歷史的任務，而轉向了對先秦諸子「道」的闡釋性表達。

第二節　中國盡舜堯

堯舜都是軒轅黃帝的子孫，上承炎帝黃帝與顓頊帝嚳，下啟大禹。堯舜的形象是道德典範，這既是從倫理出發，也是從對政治理想的期盼與表達出發。

文獻中著重描述的是禮讓。如《韓非子．說林下》：「堯以天下讓許由。許由逃之，舍於家人。家人藏其皮冠。夫棄天下而家人藏其皮冠，是不知許由者也。」晉皇甫謐《高士傳．許由》：「許由，字武仲，陽城槐里人也。為人據義履方，邪席不坐，邪膳不食。後隱於沛澤之中。堯讓天下於許由，……不受而逃去。齧缺遇許由，曰：『子將奚之？』曰：『將逃堯。』曰：『奚謂邪？』曰：『夫堯知賢人之利天下也，而不知其賊天下也。夫唯外乎賢者知之矣。』由於是遁耕於中嶽潁水之陽，箕山之下，終身無經天下色。堯又召為九州長，由不欲聞之，洗耳於潁水濱。時其友巢父牽犢欲飲之，見由洗耳，問其故。對曰：『堯欲召我為九州長，惡聞其聲，是故洗耳。』巢父曰：『子若處高岸深谷，人道不通，誰能見子？子固浮游，欲聞求其名譽，汙吾犢口。』牽犢上流飲之。許由沒，葬箕山之巔，亦名許由山，在陽城之南十餘里。堯因就其墓，號曰箕山公神，以配食五嶽，世世奉祀，至今不絕也。」

《水經注．潁水》：「（陽城）縣南對箕山，山上有許由塚，堯所封也。故太史公曰：『余登箕山，其上有許由墓焉。』山下有牽牛墟，側潁水有犢泉，是巢父還牛處也。石上犢跡存焉。又有許由廟，碑闕尚存。」

《玉函山房輯佚書．公孫宏書》：「舜牧羊於黃河，遇堯，舉為天子。」

《帝王世紀．帝舜有虞氏》：「舜能和諧，大杖則避，小杖則受，年二十始以孝聞。堯以二女娥皇、女英妻之。耕於歷山之陽，耕者讓畔；漁於雷澤，漁者讓淵；陶於河濱，陶者器不窳。堯於是乃命舜為司徒太尉，試以五典，舉八凱八元，四惡除而天下咸服。遂納於大麓，烈風雷雨弗迷，堯乃命舜代己攝政。」

《列女傳．有虞二妃》：「有虞二妃者，帝堯之二女也。長娥皇，次女英。……堯試之百方，每事常謀於二女。舜既嗣位，升為天子，娥皇為後，女英為妃，封象於有庳，事瞽叟猶若焉。天下稱二妃聰明貞仁。舜陟方，死於蒼梧，號曰重華。二妃死於江湘之間，俗謂之湘君。」

而民間社會的講述重在寬厚、忠誠、禮讓，這是和平與發展的重要基礎。如：

堯除單珠

范縣濮城東十五里，靠黃河北岸，有一個地勢高的村子叫單珠堌堆。

堯王兒子的墳墓就在這裡。

傳說，堯王只有一個兒子，叫麻。他瞎了一隻眼，人們都叫他「單珠」。

單珠和堯王不一樣，他性情暴躁，心狠手毒。在部落裡橫行霸道，很不得人心。他很奢侈，為了享樂，在黃河沿上，讓老百姓給他修了一座高大、華麗的宮殿。

堯王老了，眼看兒子又不行正道，就一心想把帝位讓給許由。誰知道許由不願意，偷偷逃到潁陽去了。堯王沒辦法，就去找舜，想把帝位讓給舜。

單珠早就想把父親的帝位接過來。他看父親不願把帝位傳給自己時，恨得咬牙切齒。於是，他就想趁堯王還沒把帝位給舜時，把老頭子害死，早日奪權。

一天，單珠來見堯王。他說：「父王，我在黃河邊專門給你修了一座華麗的宮殿，想請你晚年享個清福。所以，特意來請父王前去查看。」堯王當時就答應了。

單珠跟在堯王後面，一邊走一邊想：等走到宮殿以後，我讓老頭子先走進去，然後我把殿門一關，大鎖一鎖，再讓人用土一封，他就別想活了。

誰不知道堯王英明！單珠雖說是他的獨生兒子，但他早知道單珠為人很壞。今天單珠的陰謀詭計咋能瞞過他的眼呀！他心裡早有了主意。當他走到宮殿門口時，故意裝出高高興興的樣子，親親熱熱地讓單珠在前面帶路。單珠自然不敢違抗，只得走在前頭，先進了宮門。

單珠剛跨進去，只聽「哐啷」一聲，堯王把鐵門關上了。接著，又叫人落上大鎖，馬上運土把宮門封得嚴嚴實實的。從此，單珠再也不能作惡了。這個被土封住的宮殿就是今天的單珠堌堆。

單珠有一個沒過門的妻子，她聽說丈夫被土封在宮裡了，就連夜趕來搭救單珠。可是，這一堆土實在太多了，直到她累死，也沒把宮門扒開。人們為了紀念這位好心的姑娘，就在單珠墓前給她修了一座「仙姑廟」。

從這以後，人們一提起單珠堌堆，就講起堯王為民除害的故事。

採錄人：馮傳增

採錄整理：張中增

採錄時間：一九八三年二月

採錄地點：河南省范縣城關鎮

堯王訪許由

上古時候，中原一帶有很多部落，過著刀耕火種的原始農耕生活。因為耕作技術粗放，糧食收成很少，往往還要靠採集野果或漁獵生活。箕山一帶有一個許氏部落，日出而作，日落而息，耕種漁獵，防禦外患，部落治理得很好，人民生活也很安定。這個部落首領許由，字仲武，就是個品格高尚、不圖財利、不慕權位的人。

各個部落聯盟的首領是堯，人稱陶唐氏，名放勳，就是歷史上說的唐堯。他建國於唐，建都平陽（今山西臨汾西南），曾設官掌管時令，制定曆法，改進農耕，燒製陶器，掌管教育，掌管軍政事宜，把國家治理得很好。但隨著年紀漸漸老了，身體也漸漸衰弱了，大臣們也都想各自為政，兒子丹朱又放縱暴虐，堯越來越多地考慮接班人的事了。他不想把王位讓給兒子丹朱，其他兒子又都不賢能，便時時留心天下各部落的人才。

堯王聽說箕山一帶有個許由最賢，便想把王位讓給他。因為忙於國事走不開，就派人到箕山來訪賢，並傳達堯王的旨意。

使臣帶著堯王的使命爬過中條山，涉過黃河水，日夜兼程，來到嵩山之陽，箕山之北，路過一處石坡窯口，使者暫歇下腳，打聽許由的住處。石坡窯口附近的居民聽說堯王使臣來到，都非常敬佩，像對待堯王那樣，行了大禮，並親切招待一番，還為他親自領路。來到潁水之北的陽城腳下見了許由，使者說明堯王招賢禪讓天下之意。許由說：「感謝堯王好意，天下賢人很多，我連個小小部落都沒有治理好，怎去繼承王位，治理天下呢？請您回去吧。」使臣說：「咦！我們奉命千里迢迢來請您，您即使不願繼承王位，也該去見見堯王吧！」許由說：「王位我都不要，怎麼要去見堯王呢！」他們又說了很多，使臣辯不過，只好回去向堯王報告。

使臣走了以後，許由猜想堯王不會聽後不理，還會派人再來，便帶著妻子、兒子和部落人等連夜南逃。約行三十里，遇到一道溝壑，雖有月光照路，但途中常有野獸威脅，又走得累了，便蜷曲在溝裡背風處歇息。第二天繼續趕路。他們上了箕山，在一片濃密的槐樹林裡安了家。後來人們叫這村為「槐里」。

許由剛搭起了一座茅棚，風雨就來侵襲，雖然是初秋天氣，茅屋漏雨鑽風，夜裡寒氣逼人。好容易捱到天亮，雨停風住。看到山下一處林子裡冒出青煙，知道那裡一定有人在燃火烤燒熟食，便讓兒子下山去採取火種。兒子雖只有十五、六歲，卻長得體態健壯、五大三粗，是個身體結實的棒小夥子，所以對他下山也格外放心。

兒子折了根手臂粗的樹棍掂著護身，下山去了。他和妻子一起忙些家務。鄰村的巢父放牛走到這裡，聽說許由遷居此地，也湊上來說話、幫忙。閒談中話很投機，不久，便成了好朋友了。許由問：「為何你叫巢父呢？」巢父說：「我冬天住窯洞，很少出來；夏天在樹上架木為巢，以防野獸傷害。這樣，很多人便叫我巢父了。」許由和妻子都笑了起來。

他們又談天說地，敘古論今，巢父感到許由懂的東西很多，知識很豐富，對他更加敬重。眼看日將落山，巢父告辭的時候，許由妻子說：「天快黑了，兒子還沒回來。」巢父問：「去哪了？」許由說：「下山去取火了。」便指著冒煙的方向給他看。巢父說：「這一帶狼蟲虎豹很多，走，快去看看吧。」許由讓妻子將牛看好，二人各提一根樹棍便下山了。

他們穿過一道山溝，鑽進一片葦園，涉水擇路前進。又走進一道溝，見溝沿有一隻鼻口竄血的死豹子，看那周圍地上的荒草有搏鬥時踩踏的痕跡。他們大聲喊叫兒子，周圍沒有應聲。又往前走，喊叫，兒子才有應聲，許由放下心來。可是這時陰雲密布，一聲電閃雷鳴，天空下起雨來。雨越下越大，地上發了大水，一道大水溝擋住去路。好長時間，雨停了，洪水漸漸退去，他們才找到兒子，帶著火種、拉著死豹一起上山。之後，便留下了「葦園溝」、「豹溝」、「隔子溝」的地名。

許由感謝巢父的幫助，願意永遠留此地和他為伴。沒想到這天借巢父的牛套犁犁地的時候，堯王親自來訪賢。堯王是在聽到使臣回去彙報之後，自認為「對賢者不尊」才親自來的。他路過石坡窯口，人們聽說堯王親自訪賢，並見他白髮、白鬚、白眉，有一百多歲，自願領路去找許由，並說：「許由原先住過的地方，叫隱士溝，現在他又跑到箕山上去了。」

他們來到箕山，見許由正在吆牛犁地，堯王深施一禮說：「您就是許賢人？請歇歇腳吧。」許由吆牛停下，還禮說：「是。您是何人？」堯王說：「陶唐氏堯，上次派人來訪，是俺對賢者不尊，這次親自來請，請您出山，繼承王位。」許由一聽是堯王親自到了，一面表示尊敬，一面謝絕說：「不，我不行。」堯王說：「您一定行，您是太陽，太陽已經東昇了，而我還在燃著一燭之光，我的光焰多麼微弱；您是及時雨，大雨已經普降了，而我還在拚力澆灌，我的點滴之水真是微乎其微！您繼承王位，能力定超過我多少倍，天下一定大治！」許由說：「您治理天下，已經大得民心，要我去落個美名嗎？我像鷦鷯鳥築巢於深林，不過占樹一枝；我像鼴鼠飲於河水，不過僅為喝飽肚子。我沒有什麼本領，請您回去吧。」

許由的一口回絕，使堯王很尷尬，一時找不到話題，看到拉犁的牛屁股上都綁著一個簸箕，無話找話地問：「牛屁股上為什麼都綁個簸箕？」許由一笑說：「誰走慢了，我朝簸箕上打一下，牠就知是打牠的。」堯王若有所思說：「啊 —— 您是怕牠疼啊！」又問：「這兩頭牛，哪頭走得快呢？」許由看看牛說：「黃牛快，黑牛不慢。」堯王點點頭說：「啊 —— 都快，還是您調理得好啊！」堯王再也找不到話題了，還是勸他當王。許由堅決不答應，堯王只得走了。可是走了不遠，許由攆上來說：「當著牠們的面，我怎麼好說誰快誰慢呢？不瞞王說，還是黃牛快些。」堯王又「啊」了一聲，心想：許賢人愛惜牲口至此 —— 雖有缺點，卻不當眾揭短；雖有懲罰，卻不加重刑，可見為王之後對百姓多好了。他還是要讓賢，許由深深地施禮，回頭又吆喝牛犁地了。

又過了些日子，堯王又讓許由當九州長，親自到箕山來。路過石坡窯口，大家都認識他，還是熱情接待，並對他說：「你真是愛賢如命啊，為了選賢，第一次派人來，第二次親自來，現在又來。只有再一、再二，哪有再三、再四之理，請您不要去了吧。」堯王說：「不，這是我的誠心，我還是要去的。」說著，又上路了。這石坡窯口便留下了三過堯的美名。

堯王找到許由，提出讓他當九州長。許由聽了就覺得心煩，趕忙捂住耳朵。堯耐心地解釋，許由卻跑到潁水泉邊去洗起耳朵來。

這時，他的好朋友巢父牽牛到泉邊來飲牛，見他蹲著洗耳，問他緣故，他說：「堯王讓我繼承王位，又讓我當九州長，我厭煩聽這樣的話，所以來洗我的耳朵。」巢父聽了，鼻孔裡「哼哼」冷笑了一聲，說：「算了吧，還是怨你自己，你若住在高山深谷，存心不讓人知道你，怎麼能有這個麻煩？你故意到處遊走，顯露名聲，現在卻又到這裡來洗耳朵！可別讓水玷汙了我小牛的嘴巴喲！」說著，牽牛到上游去飲了。許由苦笑說：「咳！水是流動的，我洗耳的水早就流走了，又有新的泉水流出來，看，我還喝呢。」說著，便雙手捧著喝起來。巢父看都不看。

後來，許由仍舊過著隱居生活，並經常到泉邊來捧水喝。人們看他用手捧水，很不方便，給他一個水瓢。他舀水喝了之後，隨手將瓢掛在旁邊一棵樹杈上。可是，被風一吹，那瓢瀝瀝有聲。許由聽了，又覺心煩，便把它摘下，扔在附近的山崖上。又後來，這裡便留下「洗耳泉」、「牽牛墟」、「棄瓢崖」的地名。

許由死後，人們把他埋在箕山頂上，為了保護他的身體不被穿山甲咬吃，從四、五里外的潁河灘運沙石到箕山頂，給他封起一個一畝大的大墓塚。後來堯也封他為箕山公神。後人建了許由廟，年年祭祀，讓他享受人間香火。這山也叫許由山。

流傳地區：河南省登封

記錄人：張守真

記錄時間：一九八三年三月

堯訪許由和巢父

幾千年前，唐堯時候，他將招賢選才列為朝閣頭等大事。

有一年，朝臣們向堯推薦，說中嶽嵩山下陽城地方，有個賢人，姓許名由，此人熟農耕、識天文、知地理，兵法也略知一二。堯聽了後，如獲珍寶，便換上鄉民服裝，從唐地（今山西省）親自乘車到中嶽訪賢。

堯來到中嶽時，正是七、八月間，山坡上下，溝川河灘，所有耕地，到處長滿綠油油的莊稼。堯看著這般景象，禁不住稱讚：「真乃賢人轄地也！」說罷催促車伕，加鞭驅馬，盼望早見許由。

當他路過槐里村頭，見一個耕夫打扮的人，身高七尺，年近五旬，細腰寬背，頭戴一頂草帽，身穿鐵灰色寬袖大袍，土黃色的寬角褲高捲著，手中拿一支竹筆，俯在一塊大石案上繪製山川河流圖。堯讓車伕停住車，一瞧，這個人繪的圖樣非同一般，有獨出心裁的地方。當時堯就對這個人敬慕幾分，便問：「你認識許由嗎？」

繪畫人聽到有人問，抬起頭來，搖了搖說：「不認識。許由是個草芥之人，問他幹什麼？」

「聽說他是個大賢人呢！」堯說，「現在許由在哪裡？」

「他能稱起大賢人？」繪圖人用藐視的話說，「不知道他在什麼地方。」說罷又俯身繪起圖來。

堯向他笑了笑，揮手驅車前往陽城。

到了陽城，堯訪問鄉閭百姓。大家說的，和朝臣給他推薦時說的一樣。百姓們按照許由的話耕耘播種，年年五穀豐收，牛羊成群。他還教人懂禮貌、講文明、關心國家太平。堯越聽越愛他，就和少數護衛，由陽城長領路，徒步到槐里村，去請許由。

許由呢，正同幾個耕夫在玉米地裡挑選良種，看見當朝天子徒步來請他，感動得熱淚盈眶，跪到地下，寬袖遮臉，連呼三聲「萬歲」。堯一看許由就是俯在石上繪圖的那個人，便把許由攙起來，請他到陽城談談五穀、耕耘等事項。許由再三推讓，說他是草木之人，講不出什麼。但他執拗不過，最後只得隨堯前往陽城去了。

來到陽城，堯與許由深談多次。他了解到許由的確是個博學的賢人，就要他當九州長。許由一聽，臉色蒼白，不寒而慄，連說治國安邦，他擔當不起。他給唐堯天子推薦巢父，說他有真才實學，是個賢人。

堯聽許由說巢父是個大賢人，便問：「怎麼沒聽說過巢父？」

許由說：「巢父姓樊名仲甫，號巢父。他居住在嵩高山下，距陽城約一日路程。此人久居深山，酷愛學習，對理政建朝很有研究，辦事深有遠見，說話理正意深，對耕耘牧漁之事瞭如指掌。要治國安邦，還是請天子去聘請他吧！」

堯聽說巢父有這樣的才華，喜出望外，就把許由安置在南院，讓從人好好款待，他與陽城長徒步去請巢父。途中訪問了幾人，說的和許由推薦的俱是一樣。他們走進巢父住的村子以後，就登門去聘請。

巢父這時正在家餵馬，聽說當朝天子來請他，便走到門口，跪下相迎，連喊三聲「萬歲」。堯把他攙扶起來，請他到陽城去談。巢父見堯執意敬請，便隨同堯到陽城。堯把巢父讓進北庭，兩個人暢談了治國的道理。經過談話，堯認為巢父與許由一樣，也是一位大賢人，能夠掌管國家大事，便對巢父說出請他當九州長的事情。

巢父聽罷，目瞪口呆，連說他拙笨無能，久居深山，是個井底之蛙，天子王位應讓給許由去坐。唐堯再三勸說，巢父再三推薦許由。唐堯沒辦法，只好把巢父暫且留在北庭，讓從者好好款待。他又到南院來找許由。

唐堯來到南院時，連許由的影子也找不到了。從者講，唐堯去訪巢父的那天，許由出外散步，一去沒有回，現在大家正在找他呢！唐堯聽後，長嘆一聲，將從者喝斥一頓，又趕快到北庭來見巢父。誰知道，巢父也不見了。

話說許由離開陽城，到箕山深處去隱居。他越過潁水河，向深山走去。這裡漫山皆是盛草繁花，蝶飛蜂舞。見到這些，許由禁不住高興地說：「好個清平世界！」這時他覺得汗流浹背，便到山坪崖下一條清清溪流邊去洗汗水。開始洗，他就先洗自己的兩隻耳朵，因為堯讓他當九州長，他覺得弄髒了自己的兩隻耳朵，讓汙濁隨水東流而去，從此以後，清清白白居住山中。他剛剛洗完耳朵，猛然聽見一陣牛叫聲，許由一看，是巢父牽著一頭牛犢走進山來。

他知道巢父和他一樣，不願管理朝政，避堯而進山來隱居。他埋怨說，你巢父學識卓越，天子既然讓你做九州長，你就該理朝治國。

巢父問許由，那你為什麼洗耳呢？許由把道理講說一遍。巢父本來也準備在這個小水潭中飲飲牛犢，一聽說許由用此潭的水洗過耳朵，他怕汙濁染髒了他的牛嘴，便把牛犢牽到上游去飲。

許由和巢父隱居箕山以後，他們自己開荒耕耘，儉樸度日。他倆每逢勞動流汗的時候，便來到溪邊洗汗，到山泉崖下乘涼。說來也怪，許由、巢父沒進山隱居以前，崖壁很低，泉水也不旺。自從二位賢人隱居箕山以後，崖壁越來越高，泉水越來越旺。一年四季，清水潺潺，涼風習習，就是炎熱酷暑，人只要坐在崖下，汗水不揩而去。時間長了，這裡竟成了中嶽避暑勝地。夏秋季節，來這裡避暑的人很多，因此人們稱之為「箕陰避暑」。

後來，許由死於箕山，葬於箕山坪頂。唐堯皇帝知道以後，封許由為箕山公神，年年以五嶽之禮奉祀。許由的祠廟，人們至今還稱為「真君爺廟」。

採錄整理：王鴻鈞

採錄時間：一九八三年三月

採錄地點：河南省登封城關鎮

堯王訪賢（一）

堯王八十多了，江山讓給誰坐呢？他媳婦堯娘說：「咱的江山，還得叫咱兒子丹朱來繼承你的王位。」堯王笑了：「丹朱是咱的親生子，他有力量，驅猛獸、開墾荒田、種莊稼還有些辦法，但他光顧吃喝玩樂，不關心民間疾苦，怎能執掌江山呢？我要尋訪一個有能耐的人當帝王。」

堯王去訪賢，改扮成普通百姓，獨自一人到各處察訪，走過了山山水水，察訪過了大小部落。這天，來到雷澤，只見春風和煦，麗日高照，山清水秀，鳥語花香，一群村姑在山坡上頭簪鮮花，手拎小籃，一邊採集草藥，一邊嬉鬧追打，田間農夫趕著牲畜辛勤耕耘播種。堯王看到這種景象，心曠神怡，非常高興，心想，此地景象昇平，人民安居樂業，在這裡準能訪到賢德的人，今後，江山社稷有賢人執掌，我死也瞑目了。

堯王心裡歡喜，又看見一青年套著一頭黃牛和一頭黑牛，在山半坡裡耕地，他手中沒拿鞭子，只有半截小木棍，不時敲一下掛在犁把上的小銅盆。堯王越看越覺得奇怪，便爬上了山坡，待青年人耕到地頭，堯王問青年人：「請問壯士，耕地敲銅盆，是為什麼？」青年人答道：「我敲銅盆是為了驅趕二耕牛前進。」堯王聽了更覺奇怪：「你為什麼不用鞭子驅趕耕牛呢？」青年人將犁停在地頭，指著牛背說：「二牛為我耕地，累得滿身是汗，已經很吃力了，我怎忍心再用鞭子抽打牠們呢！再說打黃牛，黃牛奮力，黑牛輕快，打黑牛，黑牛奮力，黃牛輕快，不如敲擊銅盆為令，讓二牛合力前進，不是更好嗎！」堯王心想，此人對耕牛尚有惻隱之心，對待人一定更好，是個有才智而又仁慈的人。接著問道：「請問壯士大名？」青年人躬身施禮：「小的名舜，驪山腳下人氏，請到寒舍喝杯淡茶，再好行路。」

堯王聽說青年人叫舜，便問：「你可是下井為母撈金簪的舜？」青年人說：「為母行孝，理所應當。」

堯王說：「打擾你耕地了。」說完轉身向山坡下走去。舜說：「恕小的不能遠送。」舜敲擊銅盆，又去耕地。

隔了幾天，堯王率眾朝臣，引吉祥之獸——獬，二次來到驪山。舜大吃一驚，納頭便拜，堯王慌忙扶起了舜，說明了求賢接任之意。獬點頭擺尾，蹺起兩隻前腿，像當年拜堯王一樣，向舜拜了三揖，眾朝臣齊向舜跪拜。舜雖然再三推辭，但堯王不容分說，攜手拉舜，在眾臣簇擁下，回到了堯王城。

堯王把帝位讓給了「虞舜」，人們叫他「舜王」。從此，開河渠，種五穀，人們過著豐衣足食的生活，都稱舜為「賢王」。

講述人：崔金甲，男，六十五歲，漢族，文盲，河南省范縣農民

採錄人：崔金釗，男，六十歲，漢族，大專畢業，河南省范縣王樓鄉教育組幹部

採錄時間：一九八九年十月二十二日

採錄地點：河南省范縣王樓鄉

堯王訪賢（二）

堯王老的時候，力不從心了，想把天下大事讓給能幹的賢人。他有九個兒子，看看沒有一個能治理天下；滿朝文武呢，算來算去也不中意。他決定到民間訪一訪，找個賢人，把江山讓給他。

單說歷山腳下，住著一個名叫瞽叟的老漢，他有個兒子名叫舜。舜的母親死後，瞽叟又給舜娶個繼母。舜的繼母不賢，把舜當作眼中釘。一天，堯王來到這裡，聽人們議論舜的繼母千方百計害舜，但總是害不死，他就想見見舜這個人。這時，舜正在地裡犁地。堯王就問路去找。

堯王來到舜犁地的地方，見舜使的一頭黃牛和一頭黑牛，屁股上都綁個簸箕，長身兒地不順著犁，而是橫著犁，感到很奇怪。

堯王問他：「年輕人，人家犁地都是順著犁，你咋要橫著犁呢？」舜說：「老人家，我來時，母親交代叫橫著犁，順著犁就違背了母親的話

呀！」原來舜知道這樣犁地又慢又費力，但母親整天想法害他，怕不照著辦會惹出禍來，就只好遵從。堯王知道舜的苦處，心想：繼母不賢，也只得這樣。此人寬宏大度，難得呀！

堯王又問：「你在牛屁股上綁個簸箕幹啥呢？那不得累了牛嗎？」舜說：「鞭打牛身上牛會疼的，綁個簸箕，哪頭牛走得慢了，照簸箕上打一下，牠就知道是打牠的，就會緊走幾步攆上。為不打在牛身上，只有這個辦法呀！」堯王聽罷暗暗稱讚：此人對畜生也這樣疼愛，對人更可想而知了。

堯王覺得舜這個人與眾不同，心中高興，就坐下來和舜拉呱開了。最後，又說到牛身上，堯王問：「你的黃牛快呀，還是黑牛快？」舜說：「我的黃牛快，黑牛疾！」舜的這個回答使堯王很失望：這個人怎麼不誠實，你黃牛快就是黃牛快，黑牛快就是黑牛快，兩頭牛總不會一樣快，為什麼說黃牛快，黑牛疾呢？想到這裡就起身走了。

堯王走有百十步遠，舜又攆上去，說：「老人家！你停一下。」堯王站著，舜到他跟前悄聲說：「我知道你為什麼起來就走，是對我的回答不滿意。現在給你實說吧，本來那頭黃牛快些，黑牛稍微攆不上趟。可是剛才你那樣問，牠倆都在跟前，我說黃牛快，黑牛聽見，心裡是啥味呢？所以我說黃牛快，黑牛疾。」堯王連連點頭，心想：原來是這麼回事呀！此人辦事這麼細心，這樣講究方法，無論辦啥事都能辦得好！

堯王大喜，把舜帶進王宮，把自己的兩個女兒娥皇、女英許配給舜為妃，又把江山讓給了舜。

講述人：杜加典

採錄人：張楚北

採錄時間：一九八二年二月

採錄地點：河南省南陽市城郊

堯王喝茶

堯王微服來驪山私訪，見舜正在種茶，堯王問：「這是什麼？」舜說：「這是茶葉，喝起清香，請到我家品嘗。」堯王有些好奇，就來舜家做客。舜把茶葉放到陶碗裡，倒上開水，立即有一股清香瀰漫全屋。堯王觀碗裡的茶葉，形如紫燕舌尖，綠如鸚鵡羽毛，堯王品嘗，只覺滿嘴清香，滿腹舒暢，連聲誇好。又問：「此茶何名？」舜說：「這是自己種的，是用野茶培育的，還沒起名。每年三月摘最好，四月摘次之，五月又次，六月採的最差，這是去年三月三採摘的。」堯王喝著茶葉清香，明如碧玉，就起名叫「玉香」，後又叫「舜王茶」。

採錄人：崔金釗，男，六十歲，漢族，大專畢業，河南省范縣退休教師

採錄時間：一九八九年十一月四日

採錄地點：河南省范縣王樓鄉

堯王池

相傳遠古時候，堯王懂天文地理，又體貼民情。這年夏季的一天，堯王冒著酷暑，出訪至太行山腳下。一行人口渴難忍，當下找不到水喝，都很焦急。堯王手搭涼棚向四處張望，伸手抓起一把土，捏在手掌內，一握一鬆，土黏成團。堯王哈哈大笑說：「土黏掌，皆因溼潤也，潤地之處，豈無水乎？」和他一起巡訪的人恍然大悟，趕忙從村中借來打井工具，剛挖了五尺深，一股清泉便向上翻湧，於是大家高高興興喝起了水。

村裡百姓聽說堯王來了，紛紛前來拜見。堯王指著翻湧的清泉說：「此處地下泉水充足，如能修一條河，旱能灌田，澇能防洪，乃萬年之利也。」

堯王走後，人們按照堯王旨意，從南到北挖了一條河，在源頭修了一個大池，池塘全用青石砌成。泉源上雕一龍頭石，使一股清水從龍口中吐注池內，池底萬眼泉珠向上冒泡，泉水順河而下，村南千畝旱田變水田，

並供人們養魚、栽樹、種蓮藕。

後人為紀念堯王功德，便將這個村起名叫「捏掌」，把堯王親手挖的池叫「堯王池」。這池也就是聞名的堯河發源地。

講述人：李元懷，七十二歲，河南省沁陽縣捏掌村農民

採錄人：尚立飛、李燕

採錄時間：一九八四年六月

採錄地點：河南省沁陽城關鎮

瑤琴

相傳唐堯有兩個女兒，名叫娥皇和女英。她倆住在堯王後宮的花園裡。那兒有青竹翠柏，還有四時鮮花。花園中間挖了一個大池子，名為瑤池。瑤池旁的路邊上，種了幾棵梧桐樹。

有一天，梧桐樹上落滿了五色鳳凰。鳳凰長鳴，好像動聽的音樂。娥皇、女英見了，又高興，又驚奇，急忙稟告父王。堯王說：「鳳凰是神鳥，不落無寶之地。這梧桐一定是良材。」於是命人將梧桐樹砍倒，投入瑤池漚了一些日子，然後把它精心做成木琴，取名「瑤琴」。

一年三百六十天，瑤琴就做成三尺六寸長。按照五行金、木、水、火、土，安上絲絃五根，發出五音，稱為宮、商、角、徵、羽。瑤琴做好後，堯王就叫手下人來彈奏。據說舜彈得最好，堯便令娥皇、女英跟著舜學。後來，堯就把兩個女兒嫁給舜做妻子。

一千多年以後，到了周成王時，周文王的第三個兒子周公旦輔佐成王，開始設六宮，定禮樂，才給五絃瑤琴添了兩根弦：老弦和子弦。據說老弦可以表達對周文王被殷紂王囚於羑裡的沉痛思念，其音蒼涼而悲哀；子弦呢，用來表達對周武王討伐殷紂王大獲全勝的喜悅，其音激越而歡快。從此，瑤琴由五絃琴變成七弦琴，發出七音。這就是：宮、商、角、半徵、徵、羽、半宮。

講述人：邱海觀，男，七十二歲，河南省南陽縣農民

採錄整理：范牧

採錄時間：一九八三年六月

丹江的傳說

八百里丹江，原名叫「黑河」，發源於秦嶺的東南麓，流經三省五縣，為漢水的主要支流。一九四九年後，在這裡建成了舉世聞名的亞洲第二大水庫 —— 丹江水庫。

丹江的名字是怎麼來的呢？

很早很早的時候，堯帝治理天下，他有九個兒子，兩個女兒。俗話說，大的稀罕小的嬌，可憐就在半中腰。剛生下大兒子那陣兒，堯帝把他稀罕得像掌上明珠，起名兒叫丹珠，意思是吉祥如意的寶珠。

丹珠要吃啥，堯帝就趕緊讓人給他做啥；丹珠要穿啥，堯帝就趕緊讓人給他縫啥。丹珠騎在他脖子上一邊撒尿，一邊嚷嚷：「下雨啦，下雨啦！」他也跟著說：「下雨啦，下雨啦！」丹珠在他碗裡放個屁，拍手說：「爹，給你又添一味啦！」他也笑著說：「真香，真香！」就這樣，堯帝把丹珠慣得不像樣子。

堯帝也很想把他教育成個賢明的人，可後來，堯帝又有了其他十個子女，加上整日忙著治洪水，操國事，也沒顧上實現自己的心願。這丹珠傲世好勝，橫行霸道，常常和他的狐群狗黨吃喝嫖賭，無惡不作。

堯帝頭髮白了，腰背彎了，精力不支了，想選個合適人，繼承他的帝位。按規矩，長子丹珠是當然的繼承人，可堯帝知道丹珠不成器，難當大任。

這天，堯帝召集百官，問誰可以接替帝位。有個大臣想巴結堯帝，搶先回答：「丹珠很開明，可承帝位。」百官怕得罪堯帝，只好跟著打順風旗。堯帝嘆道：「吁！不肖之子，不足以授天下！」他嘴上這麼說，可誰不望子成龍呢？他決心試試丹珠的智力和德性，究竟有沒有改善的希望。

堯帝用文桑木做成棋盤，用犀角象牙做成棋子，教丹珠下圍棋。丹珠只學了兩局，就運用自如。堯帝大喜，以為有了希望，就派他到黃河邊去治水。哪知，丹珠一離帝都就惡習復發。那時，唯一的交通工具是船，坐上大船，才能顯出威風。丹珠想坐上大船抖抖威風，但從帝都到黃河邊沒有河道，丹珠硬是坐上船，逼著人們在旱路上拉著走。他為了取樂，趁縴夫們正用勁時，拿斧頭砍斷纖繩，使成百成百的縴夫像撂麥個兒一樣栽倒地上，一個個碰得鼻青臉腫，口鼻出血，他卻開心地哈哈大笑。

堯帝知情後，氣得眼珠子都快憋出來。他把丹珠廢為老百姓，貶到離帝都遠遠的黑河邊兒去「勞動改造」，選拔賢明的舜，繼承了帝位，還把自己的兩個女兒 —— 娥皇和女英給舜做了妻子。

丹珠得知後，對父親咬牙切齒，耿耿於懷。他暗暗串通南蠻的有苗部落起來造反。

堯帝親自帶著大兵，治服了叛軍，活捉了丹珠。堯帝要殺丹珠為民除害，舜是一個很仁慈的人，忙攔住說：「他本應繼承帝位，卻讓我替代了，他一時想不通，起來造反，是常情。只要他今後能改惡從善，就饒了他吧！」丹珠給父親跪下認了錯，才被免一死。

堯帝死後，舜看丹珠惡習已改，而且有了立功贖罪的念頭，就想給他個機會，問他願到哪兒去做官。丹珠感激萬分，流著淚說：「我在哪兒跌倒，就在哪兒爬起來吧！」舜就讓他到曾經「勞動改造」過的黑河一帶做了諸侯。

那時的黑河，河水常常暴漲，加上蛇妖作怪，百姓的生命田產屢遭禍害。他們聽說丹珠要來做諸侯，更加恐慌。因為，他們知道他的暴虐，就紛紛準備逃走。丹珠攔住想逃走的百姓，說：「父老兄弟們，過去的那個丹珠已經死了！」說著，他「噗通」跪下，對天盟誓：「我要將功補罪，做堯帝的好兒子，做舜帝的好哥哥，做百姓的好臣僕，若有半點虛假，天打五雷轟！」

從此，丹珠帶領一江兩岸的百姓，觀水道，察地形，共謀治水方案。為了使黑河北岸的淅川城不受洪水侵襲，丹珠在江邊設計了一條七里長的石壩。丹珠和大家一起開山運石，不分晝夜地幹。石壩修成了，它像一條鯿魚，橫臥在江邊，人們都叫它「七里鯿」。大家稱頌丹珠的功績。

這事兒讓住在黑龍口的一個黑蟒精知道了，惱得一蹦八丈。因為黑蟒精每年六月六要到淅川城興風作浪，吞食人畜。修成了七里鯿，就是斷了牠一條生路。這天，牠駕起幾十丈高的潮流，向七里鯿橫衝直撞而來。

丹珠正騎著一頭白象沿江而下，巡察兩岸的治水工程。忽報黑蟒精作怪，就立即返回。哪知，黑蟒精已將大壩衝了個大口子，洪水像脫韁的野馬，奔騰咆哮著向房舍田莊衝去，好多百姓在水中掙扎呼救。丹珠驅動白象，飛奔著趕到缺口中央，堵住了洪水。黑蟒精張著血盆大口，伸著鐵耙似的利爪，向丹珠撲過來。丹珠跳下背，順勢躍上潮流，揮劍與黑蟒精搏鬥。他們在水中翻上翻下，大戰幾百個回合。丹珠瞅準一個機會，一劍砍掉了蟒精的兩個利爪，與此同時，蟒精也咬住了丹珠拿劍的臂膀。那頭白象見主人遇險，就大吼一聲，撲過去，用牠那長長的鼻子捲住蟒精，用力向空中甩去，一下把蟒精甩昏在石壩的脊梁上。

這時，護壩的百姓呼號著，向被甩昏的蟒精湧來。石頭雨點般地砸向蟒精，不一會兒，黑蟒精被砸成了肉醬。

丹珠呢，雖被大家扶上石壩，可由於臂膀被咬傷，失血過多，加上搏鬥的消耗、多年的勞瘁，口吐鮮血，永遠永遠躺在了江邊。

大家根據他的遺願，把他安葬在江邊。那頭白象不願離開主人，緊緊守衛在丹珠的墓旁。後來，牠化為一座像山，那長長的鼻子形成一道山梁，伸在江邊，人們叫它「象鼻子」。

人們為了紀念丹珠，就把「黑河」改名「丹江」，把埋葬丹珠的地方稱為「王子巷」，那座墓就叫「丹珠墓」。從此，丹珠的名字就和奔騰不息的丹江一起，四海流傳。

講述人：習警文，商人，上過私塾，已故

採錄整理：習詔

流傳地區：丹江兩岸

採錄時間：一九八三年二月

舜在文獻中是另一種道德典範，如「踐天子之位，都於蒲及安邑」(《路史》注)。而民間社會是這樣講述的：

虞舜出世

傳說上古的時候，山西有個小村裡住著一戶姓虞的人家，戶主名叫虞成。虞成忠厚老實，娶了個老婆叫五英，長得比天上的仙女還漂亮。他們夫婦二人相處得很好，同鄰居們擱合得也很好。村裡人們誰提起都誇他們。

有一天，五英上山砍柴。剛要下山，見一條大彩虹從半空中向她撲來，五英一驚，迷迷糊糊地看見彩虹變成了一個美男子，把她抱著了。也不知道過了多長時間，她醒來一看，什麼人也沒有，就背上柴草回家了。

從這以後，五英就懷了孕，一直懷了九年。虞成害怕老婆肚裡懷了妖怪。他先後問了九九八十一個神漢，又問了七七四十九個巫婆，沒有一個說是怪胎，都勸他好好侍候老婆，等著抱貴子。

那時候，龍蛇妖怪很多，經常掀風起浪，到處禍害百姓。這一天，妖怪把水推到小山村，淹死了很多人。虞成的大兒子也被淹死了。眼看不逃命不行了，虞成和懷孕的五英商量了一老晌，決定到馮諸山避難。

他們一步一步地向前挪。走著走著，五英走不動了。她說：「唉！都怨我懷了孩子，要不，咱早爬到山上去了。」虞成說：「是呀，是孩子拖累了我們。」話音剛落，「喀嚓」一聲響雷，五英大叫一聲倒在地，背上炸開一個大口子，一個小男孩從裡面掉下來。虞成一見，又驚又喜，忙脫下衣衫把孩子包起來。

說也奇怪，那孩子「呱呱」一哭，正要湧上來的水浪「嘩啦」一聲退得遠遠的了。五英呢，孩子哭叫以後，背上的口子長好了，連個印也沒留。他兩口子高興極了，爭著抱這孩子。再一看，這孩子和別的孩子長得不一樣，兩隻眼裡都有兩個瞳仁；兩個手心兒呢，有深深的字紋，像個「華」字。虞成和五英商量著給孩子起個名字，抬頭一看，周圍地上長滿了叫「舜」的香草，就給孩子起名叫「舜」。他手上的紋兒像個「華」字，在家排行又是老二，就叫他「仲華」。

講述人：釋妙祥

採錄人：劉劍、柳丹

採錄時間：一九八六年一月

採錄地點：河南省桐柏縣水簾洞

效舜

人們常把尊重長輩的孩子稱為「孝順」。其實，「孝順」兩字應該是「效舜」。舜生下不多長時兒，他的親媽五英就病死了。虞成見兒子無人撫養，就給舜娶了個後娘。

這個後娘心眼兒不好。她聽說鄰居們都誇獎舜好，心裡就不美氣，動不動找碴打罵舜。過了一年多，後娘生了個男孩，起名叫象。打有了這個孩子後，後娘對舜更不好了，不打就罵。要不，就不給他飯吃，不讓他穿衣服。舜想念親媽，常常背著後娘哭泣。後娘知道了，又是狠打。後娘處處苛刻舜，舜對後娘沒有一點兒怨恨，一早一晚還問安。有一次後娘病了，得用一種叫何首烏的藥。舜住的地方沒有這種藥，他就背上乾糧上路找藥去了。走啊，走啊，渴了，喝點泉水；餓了，啃點乾糧。他整整走了七七四十九天才到山上。這深山老林裡經常有狼、蟲、虎、豹。舜還是找啊，找啊，整整翻了九九八十一道嶺，才找著何首烏。後娘捧著舜為她找的何首烏，看著連傷帶累的舜，很後悔以前自己做的事，誇舜說：「舜真是我親不溜溜的兒子啊！」

後娘病好後，原來的性兒又上來了，開始折磨舜了。虞成呢，剛開始還疼愛舜，後來眼睛病瞎以後，加上後娘常常在虞成面前說舜的壞話，慢慢地，虞成對舜也不好了。

一天晚上，虞成沒聽見舜說話，就問舜上哪去了。後娘說：「舜越長越不像話，現在和孬貨混在一起，整天酒裡肉裡過，哪裡會回來吃咱這粗茶淡飯呢。」虞成聽了很生氣。不一會兒，舜從外邊回來，後娘迎上去說：「舜兒啊，今天咱家買酒割肉，我們都吃了。你趕快到廚房吃吧。」舜從來沒有聽到後娘關心自己的話，今兒一聽，心裡很美氣。

他把酒肉拿出來讓象吃。後娘說：「他吃得太多，不能再吃了。這是給你留的，吃吧！」舜噙著淚把東西吃完，就去看父親。虞成聽說舜回來了，就問他：「你今天幹啥去了？」舜說：「我出去打聽給父親治眼的方法去了！」虞成聞見舜說話帶有酒氣，就打了他兩個耳光子。舜怎樣解釋，虞成也聽不進去。

舜想：父親眼睛看不見，才錯怪了自己。他打算找一名醫，為父親治好病。他走鄉串村，走啊，走啊，走了九九八十一里路，串了七七四十九個村，找到一位很有本事的看病先生。舜把父親送到他家裡治眼，為父親端茶端飯，煎藥熬湯。又用嘴把父親眼裡的髒東西吸出來，父親的眼睛治好了。虞成說：「舜兒真是天下難得的好兒子啊！」後娘也對象兒說：「象兒呀，當兒的要都像你舜哥那樣對待長輩就好了！」

從那以後，人們都教育自己的子女仿效舜，尊敬自己的長輩。誰家的孩子這樣了，人們就稱這孩子「效舜」。時間一長，「效舜」寫成了「孝順」。

講述人：釋妙祥

採錄人：劉劍、柳丹

採錄時間：一九八六年一月

採錄地點：河南省桐柏縣水簾洞

種麻籽

舜小的時候，親娘就早早下世了。父親續了個後娘。後娘生下個弟弟，起名叫象。舜和象雖說是弟兄倆，日子過得可差遠了。舜整天不光是挨打受罵，吃的粗茶飯，穿的破爛衣，還得幹髒活、累活；象卻是嬌生慣養，吃好、穿好，啥活也不幹。就這樣還不行，後娘為了讓象獨占家產，還天天謀劃著要把舜害死。

有一天，舜的父親叫舜和象弟兄兩人去地裡種麻。後娘見是個機會，就起了歹心。她在一旁惡狠狠地說：「叫他們弟兄倆分開種，各自種各自的。誰的麻不出來就甭想回家！」說完以後，她背地裡就偷偷把舜的麻籽炒成了熟的。

弟兄二人往地裡去的路上，象走幾步就捏些麻籽吃，因為他生性愛占小便宜，就伸手去抓了把舜的麻籽，放到嘴裡一嘗，香噴噴的，比自己的要好吃，他就鬧著要和哥哥換麻籽。舜忠厚老實，處處讓象幾分，二話沒說，就跟象換了麻籽。

結果，麻籽種下去四、五天，舜種的很快就出齊了，象種的地裡還是一塊白。舜也不把後娘的話放在心上，拉著象就一同回家去了。後娘一聽說這事，氣得半天說不出話來。

一計不成，又生一計。後娘百生法兒又想出個孬點：讓舜淘院子裡的井，等舜一下到井裡，她就和象抬來了一塊磨盤，把井口死死地蓋了起來。他們母子倆心想，這下舜可活不成了。後娘就高高興興地到廚房給象煎了兩個雞蛋，讓象吃了個痛快。

誰知道，舜剛下到井裡就見上面堵住了井口。他在井下急得團團轉，正在著急的時候，突然見井下有個洞，裡邊還有亮光照過來。於是，他便順著亮光過去，一看，又是一眼井。舜就從這眼井裡又上來了。原來自家的井和鄰居家的井下面通著呢！舜活著又回到了家裡，後娘和象大吃一驚，兩人差點兒氣死。

兩回都沒把舜害死，後娘還是不甘心。又過了些天，她又想出了更狠毒的一著：讓舜上房修房頂，點火燒死他。後娘做賊心虛，怕舜覺察不肯上，就假裝親暱地對舜說：「好孩子，你看天氣多熱，要上房幹活，給，帶著這把傘，幹會兒、歇會兒，可別累著了。」舜沒在意。

當他拿著工具上到房頂時，後娘馬上變了臉。她在這邊抽掉了梯子，象就在那邊點火燒房子。後娘在下邊惡狠狠地冷笑著說：「上次你從地裡鑽了出來，這回我看你還能從天上飛下來不成！」火越燒越大，舜在房上急得來回跑。正在危急的時候，他轉眼看見了身邊的傘，就連忙把傘撐開，「嗖」的一聲，從房上跳了下來，連一點兒皮也沒有擦破。後娘一見舜真的從天上飛了下來，當時就嚇癱到地上了。

後來，人們看舜忠厚老實，寬宏大量，就推選他做了皇帝。舜當了皇帝，並不跟後娘記仇，還是照樣孝敬她。後娘不由得滿胸羞愧，一氣之下就碰牆自盡了。

講述人：劉伯欣的母親

採錄人：劉伯欣，男，二十五歲，河南大學中文系學生

採錄時間：一九八一年

採錄地點：河南省偃師縣城關鎮

大舜耕田

相傳，唐堯那時候，有個青年叫大舜，勤快憨厚，對父母十分孝順。大舜二十歲時，母親去世，父親又娶了個後妻，生個兒子名叫象。常言說：「娶了後娘，苦了前房。」這話一點也不錯。舜的父親和象形影不離，十分喜愛；對舜，卻惡言冷語，百般虐待。舜的後母為了和象獨霸家業，總想把大舜害死。這天，他們暗中商量，叫舜趕一犋牛去耕種六十畝田地。臨行，後娘只給他發一半口糧，還說，地耕種不完不准回家。

後娘百般虐待大舜，舜還是很孝順。他聽了繼母的話，就把牛趕到歷

山腳下，自己搭了個小草棚，開始幹活了。他犁呀，犁呀，活又重，肚又飢，不幾天工夫，就把身子熬病了。但他還是日夜苦幹，毫無怨言。就這樣，他在這六十畝地中一天天地耕種。

冬去春來，轉眼又到了播種季節。大舜身患重病，累倒在地。他想著死去的母親，有氣無力地哭著。這哭聲傳開了，野豬聽了來幫他拱地，小鳥聽了來幫他啄草。舜雖說有病，終於又種上了莊稼。這年正好風調雨順，又是一個五穀豐登的好年景。

舜的後娘一計不成，就又生一計：把舜趕出遠門，叫他去大江大海裡撈魚捉鱉，想把他淹死在水裡。可是舜不怕風，不怕浪，時間一久，身體反而更結實了。

又過了一個春天，淨吃坐穿的父母和弟弟又想起舜來了。為什麼呢？因為家裡沒人乾活，倉裡的糧食也沒了，這才又把舜叫回來，還到歷山下去耕種。

大舜的德性遠近都知道。這時，堯王正悄悄在民間巡訪，想在查看民情時發現真正的人才。這一天，堯王來到歷山，一看，舜正在犁地。堯王見舜掌的那個裡首牛很好，就滿口誇獎。舜急忙輕聲對堯王說：「你誇裡首牛好，外首牛聽見生氣了，會能好好地拉犁嗎？」堯王一聽大喜，暗暗佩服大舜處世公道。他想，天下有這樣的賢人，定能挑起治國的重任。堯回朝後，跟皇后一商量，就把舜招為婿，讓娥皇、女英跟舜結為夫婦了。大舜愛護百姓，很得民心。

堯王老了，跟前沒有兒子，臨終時，把大臣、皇后等人叫到跟前說：「我死後，要讓舜繼承王位，你們一定要順乎民意。」堯王死後，大舜做了皇帝。舜在位六十年，全國人能安居樂業，太平無事。這就是後來人們稱讚的堯舜時代。

講述人：王上清，五十歲，農民

採錄人：王孟曉，河南大學中文系學生

採錄時間：一九八六年八月

採錄地點：河南省宜陽縣城關鎮

騾子為什麼不會下駒

舜當了皇帝以後，娶了兩個妃子：一個叫娥皇，一個叫女英。舜特別喜歡女英，想把她立為正宮娘娘，可是又找不到正當的理由。

這一天，舜忽然想起了個主意：讓兩個妃子分別騎著牛和騾子，從遠處到自己跟前來。誰先到他跟前，就封誰為正宮娘娘。舜私下還把跑得快的騾子送給女英，把牛留給娥皇。娥皇、女英二人分別從遠處上路以後，女英騎的騾子一路領先，心裡十分得意。娥皇因為騎牛走起來慢慢騰騰，遠遠落在女英後邊。誰知道，好景不長，當女英走到半路的時候，騾子要下駒了，一耽擱就是大半天。就這樣，女英眼巴巴地看著娥皇騎著牛攆過了自己，最先來到了舜的前面。舜費盡了心思，最後還是不能如願，一怒之下，就下了一道聖旨：不准天下的騾子再下小駒。據說，從這以後，騾子就再也不會下小駒了。

講述人：劉伯欣的母親

採錄人：劉伯欣，男，二十五歲，河南大學中文系學生

採錄時間：一九八一年五月

採錄地點：河南省偃師縣城關鎮

簫

中國有種樂器，叫簫，吹起來很好聽。據說，第一個做簫的人，是舜呀！

上古時候，舜剛剛長大成人，就被黑心的後娘趕了出來。舜有家回不去，四處流浪。這一天，他走到泰山腳下，見這裡風景好，就到村裡給長老打了個招呼，住下來開荒種地。

當時，泰山腳下的人常為雞毛蒜皮的小事爭啊、鬧呀。舜種地到了成熟季節，山邊村子裡的人進山了，不論分說，把熟了的莊稼全給搶走。舜呢，沒說啥話，還照料他種的瓜果。瓜果長得肥大肥大的。

瓜果熟了，山邊村子裡的人來把瓜果搶了。

舜沒辦法，搖了搖頭，往深山裡挪幾里，再開荒。

過些時兒，成熟的莊稼又被轟搶了。

一天，舜挖了幾片小荒地，在竹林邊歇歇兒。他擺弄著小竹棍兒，想起了小時候做的竹喇叭和柳皮喇叭。他砍了節竹筒子，仿著小竹喇叭做了個大竹喇叭。吹一吹，聲音不算多好聽吧，但總算有了個營生兒。

又一天，舜在竹林邊歇歇兒，撿了一根被蟲打了幾個眼的竹棍兒，做成了喇叭兒。一吹呀，好聽極了，「叮咚叮咚」、「淅瀝淅瀝」的。舜很高興，又砍了一截好竹筒，打了幾個洞兒。吹呀吹呀，忘記了累，心裡也不煩了。就這裡，舜有了這根竹喇叭兒，幹活累了吹，睡覺前也吹，有空兒就吹。

莊稼又熟了。山下村子裡的人又來搶。舜知道自己沒法兒攔，只好坐在一邊，吹竹喇叭。舜一吹呀，那些搶莊稼的慢慢停下來了。停停，乾脆放下手中的東西，一齊圍到舜跟前，聽舜吹。舜呢，也沒理睬，照樣吹呀吹。那些人都是瞪著眼，張著嘴，聽得入了迷。

舜一不吹，搶莊稼的人說：「喂！你這位大哥，本來這裡是我們的，不論誰種我們都收。你今天吹的東西怪好聽哩。從今後，我們不收你的莊稼了。」舜說：「想收你們還收吧。山上的野果我拾了一洞，也夠吃了。」大家說：「不收了。你收收吃吧。大哥你下山吹吹這東西，叫俺村裡人都聽聽吧！」舜一聽，他們喜歡聽自己拍馬屁，就答應跟他們一塊下山。

舜來到村子裡，兩戶人家正在打架。舜想解勸，一個人拉著他，說：「你管這事幹啥，走，咱到屋裡吹那玩意兒去。」舜進屋裡，喝點茶，就吹響了竹喇叭。他這一吹，屋裡屋外圍了好多人。打架的人也不打了，他們都靜靜地聽舜吹，個個兒都露出高興的樣子。舜吹呀吹，他們聽呀聽，聽個不夠，個個兒入了迷。舜要走了，他們拉著不讓他走，還要他吹。舜說：「我把這東西給你們留下來，你們自己學著吹吧。」舜把竹喇叭留給了他們，又教會他們咋吹。

第二天，人們成群去找舜，要學這玩意兒。舜趁著這個時候給他們講好多道理：有事莫吵，細商量啊；有氣慢慢消，莫鬧呀；有火慢慢熄，莫怒呀。又給他們做了好多喇叭。

人們常聽舜講道理，跟舜學吹竹筒子，性子慢慢兒改了，很懂禮儀，也不打架了。有個人問舜：「大哥，這玩意兒真好，又能消悶解愁，又能熄火兒消氣，它叫啥名呢？」舜想了想，就在地上寫了個「簫」字，說：「它是竹子做的，應該是竹字頭兒，人聽到就會肅靜，竹字頭下就寫個肅，合起來的字音就唸它『簫』吧。」

聽故事的要問：舜發明簫真有那麼大的用處嗎？那可不是，歷史上還有個叫張良的人，山東的，用一根簫，吹散楚霸王八千子弟呢。

據說，舜發明簫的地點是泰山，直到現在，泰山吹簫的人還很多。

講述人：釋妙祥，男，六十歲，河南省桐柏山水簾洞和尚

採錄整理：劉劍、柳丹

採錄時間：一九八五年十一月十六日

流傳地點：河南省桐柏山一帶

蒲息千秋

相傳，堯的時候，各部落的人集居在山西一帶的黃河沿岸。由於人口不斷增加，黃河又經常氾濫，堯和舜商量，決定到黃河以南找個好地方，把部落裡的人遷走一部分。

這一年，舜渡過黃河到南方查看。他跋山涉水看了許多地方都不滿意，最後來到淮河岸邊，發現一片綠洲。綠洲中有湖有山，山清水秀。舜

高興地稱這片綠洲是「神奇的土地」，並說可與他們的都城「蒲坂」媲美。他又捧起綠洲上的土一看，又鬆又軟，含著油香，激動地說：「息壤之地！息壤之地！」舜選定了這個地方，把這裡的湖和山起名為「蒲湖」、「蒲山」，還用隨身帶的獵刀在山的石壁上刻下了幾句話：「乃山乃水焉，天下之二蒲焉。移吾之民息壤耕乎，將足食亦而樂乎。」落款是「堯帝九十五歲夏月舜落」。然後，舜又繞著蒲山查看，為將要遷來的移民選擇居住的地點。選好了地點，他打算返回蒲坂，不巧生了病，只好在蒲山的一個山洞中暫住下來。

舜出來很長時間沒有回去，堯不放心，便命鯀來找他。鯀費了千辛萬苦，終於找到蒲山。他發現舜在石壁上刻的字，就在山上找，一直找到舜養病的山洞。這時候舜又病又餓，躺在山洞裡昏迷不醒。鯀找到了舜，一看是那個樣子，忙把帶的食物塞到舜的嘴裡。舜醒來以後，看見了鯀，非常高興。他開口就問：「這個地方的山壤，你都看了嗎？」鯀說：「看啦。」「好嗎？」「好，真是天下第二個蒲坂哪！」

又過些日子，舜的病好了。他和鯀一起回去的時候，路過舜刻字的地方。鯀拔出佩帶的獵刀，在舜刻的字下面，先刻出「蒲息千秋」四個大字，又刻了四句話：「虧西原之沃土，盈東濱之息壤。移故民之樂業，過神往之天堂。」

舜和鯀回去以後，稟告堯說在南方找到一個和蒲坂一樣好的地方。堯很高興，決定移民到息壤之地。第二年春天，移民千里迢迢來到這裡，見了舜和鯀刻的字，看到這裡的湖光山色和大片沃野，都是笑顏逐開，便在蒲山周圍定居下來。

後來，武王伐紂建立周朝以後，他分封諸侯，把文王的第三十七子羽達分封到這裡為息侯。羽達嫌這地方離京城太遠，不願來。武王勸說道：「息壤之地，山清水秀，金谷遍野，富民足食，是難得之處呀！」羽達聽了就高高興興地來到了這裡。

舜為開拓息壤立了大功，後人尊稱他是「息壤先人」。每年臘月三十這天，當地百姓成群結隊上蒲山朝拜他，形成了一種風俗。

講述人：金美臣，男，八十三歲，息縣豫劇團老藝人

採錄整理：李中民

採錄時間：一九八五年五月

流傳地區：河南省駐馬店信陽一帶

舜王廟（一）

偃師縣境內的邙山嶺上，有一座舜王廟。人們用「前房簷水流到洛河，後房簷水流到黃河」、「好馬跑不出山門」，來形容廟的巨大規模。

實際上，廟並不大，只不過所處的地勢有利罷了。廟前是陡坡，沒有山門，好馬想跑也跑不下去。那麼廟的山門在什麼地方呢？原來在山下四、五里地的平川上，這裡邊還有一段傳說。

據說，原來的舜王廟在山下，由於離洛河太近，常常被洪水淹沒。

有一天晚上，舜王爺顯靈，一夜之間便把廟搬到了邙山上。當晚周圍各家的牲口都被調去拉東西。第二天早上，好多人家都看到牲口身上溼淋淋的。

據說還沒有搬完，雞叫天亮了，只好把一座山門留在了原地，而山上廟前也就沒有山門了。至今山下還有一個村子叫「山門」呢！

講述人：寇文賢，六十歲，女，文盲，農民

採錄人：劉伯欣，男，二十五歲，河南大學中文系學生

採錄時間：一九八一年二月

採錄地點：河南省偃師縣

舜王廟（二）

相傳舜王在位期間，親自燒荒開地，教老百姓種莊稼，飼養牲畜，老百姓對他都很敬仰。他到了晚年，主動把王位讓給了禹王，天下百姓讚不絕口。每逢年來節到，老百姓總給他送去各式各樣的禮物。這一來，反使他坐臥不安。

有天晚上，舜王對舜王奶說：「依我看，咱還不如搬出京都，另找一個地方去住。」舜王奶一聽，忙問：「這是為什麼？」舜王說：「你看，老百姓年年給咱送這麼多禮物，勸又勸不住，我心裡很不安寧。」「搬到哪去住呢？」「地點我找好了，伏牛山中有個老慄山，那裡山高林密，很清靜，送禮的保證找不到我們。」舜王奶聽了，說：「這樣也好，何時搬呢？」「今晚就搬吧！」舜王奶一聽這麼急，忙說：「咱那六個閨女睡得正香，不喊她們一聲？」舜王說：「咱先去，蓋好房子，回來叫她們也不算遲。再說，她們在京都住慣了，要是吵鬧起來，驚動了老百姓，不是枉費心嗎？」

舜王奶一聽有理，當下就收拾東西，備好車輛，怕有聲響，又摘了牛鈴，悄悄地出了京城，直奔老慄山。不多時，就來到了老慄山頂。二人卸下車輛，蓋起房來。舜王奶本事可大了，一口氣吹起一個，要多高就吹多高。舜王手疾眼快，磚到砌成，不到兩個時辰，房子可蓋好了。

再說舜王那六個閨女，五個睡得正香。大閨女醒來小便，一瞅不見了父母，到牛屋裡看看，也不見牛和車，進屋裡瞧瞧，各種東西也找不到了。她急忙回屋喊那五個妹妹，誰知她們瞌睡大，喊了一陣，沒一個醒的。她一時急了，用拳頭在幾個妹妹身上「噗通噗通」捶幾下，五個妹妹這才醒了。她焦急地說：「爹和媽搬家了，我先在前面追，你們幾個隨後攆。」說著先跑出大門。那五個妹妹一聽說爹媽搬家了，披上衣服就攆。

大閨女順著車轍追呀追呀，當她追到老慄山頂時，見前面蓋起了一座新房子，她想：爹媽剛剛出來，哪能蓋得這樣快呢？又往前追去了，約莫跑有一里多路，聽見「哏哏哏」一聲雞叫，大閨女忙喚來三分鐘熱風，旋起一堆土，把自己遁了起來。那五個妹妹正在後面緊追，眼看新房子就在面前，雞一叫又喚了三分鐘熱風，把自己遁在土中。至今在舜王廟前和廟後，還有一個大土堆和五個小土堆。人們稱這六個土堆叫「六妮墳」，舜王住過的地方叫舜王廟。

講述人：郭延華，男，三十歲，清河鄉老莊村農民

採錄整理：郭國祥，男，三十五歲，幹部

採錄時間：一九八五年九月四日

採錄地點：河南省清河鄉老莊村

堯舜神話更多是從后羿射日拉開序幕的，這是一種特殊的寓意。中國政治傳統形成了特殊的格局，即「多難興邦」與「任人唯賢」，這是少見的。表面上看，中國社會表現出家天下的自我傳承，以個體、家族作為狹隘的利益集團。事實上，中國社會形成了家天下與普天下的統一，形成四海一體的天下意識。

與口頭傳說形成對比的是「帝俊賜羿彤弓素矰，以扶下國」（《山海經．海內經》）；「逮至堯之時，十日並出。焦禾稼，殺草木，而民無所食。猰貐、鑿齒、九嬰、大風、封豨、修蛇皆為民害。堯乃使羿誅鑿齒於疇華之野，殺九嬰於凶水之上，繳大風於青邱之澤，上射十日，而下殺猰貐，斷修蛇於洞庭，禽封豨於桑林，萬民皆喜，置堯以為天子。於是天下廣狹、險易、遠近，始有道裡」（《淮南子．本經訓》）；「是故雖有羿之知，而無所用之。」高誘注：「羿，堯時羿也，善射，能一日落九鳥，繳大風，殺窫窳，斬九嬰，射河伯，故日知也」（《淮南子．俶真訓》）；「三嵕山，俗傳以為羿射九烏之所，遂以山神為后羿。夫射烏已近誤矣。羿，堯射官也。乃遂以為有窮之后羿，豈不更謬哉！今制止稱三嵕之神，可破千古之惑」（《古今圖書集成．方輿彙編．職方典》）；「羿，古之善射者也。調和其弓矢而堅守之。其操弓也，審其高下，有必中之道，故能多發而多中」

（《管子‧形勢解》）；「羿除天下之害，而死為宗布，此鬼神之所以立。」高誘注：「羿，古之諸侯。河伯溺殺人，羿射其左目；風伯壞人屋室，羿射中其膝。又誅九嬰、窫窳之屬。有功於天下，故死託祀於宗布。祭田為宗布，謂出也。一曰：今人室中所祀之宗布是也，或曰司命傍布也」（《淮南子‧泛論訓》）；「帝降夷羿，革孽夏民，胡射夫河伯，而妻彼雒嬪。」王逸注：「雒嬪，水神，謂宓妃也。傳曰：河伯化為白龍游於水旁，羿見射之，眇其左目。河伯上訴天帝，曰：『為我殺羿。』天帝曰：『爾何故得見射？』河伯曰：『我時化為白龍出遊。』天帝曰：『使汝深守神靈，羿何從得犯？汝今為蟲獸，當為人所射，固其宜也。羿何罪歟！』羿又夢與雒水神宓妃交接也」（《楚辭‧天問》）；「《漢書音義》曰：宓妃宓犧氏之女，溺死洛水，為神」（曹植《洛神賦》李善注）。

民間社會講述如下：

前羿和后羿

遠古的時候，遍地出現了可大可大的水怪。妖魔和惡龍，各顯神通。有的噴烈火，有的吐毒氣，有的捲狂風，有的掀惡浪，把大地糟蹋得不像樣子。

人們為了防避妖怪的侵害，差不多都躲在山洞裡。只有餓極了，才出洞找點食兒吃。稍不防備，還會被妖魔吃掉。不知過了多少年，世上出現一個帶翅膀的英雄。據說他是老天爺派下來的，神通大，武藝高，神箭一射出去，直閃光，還帶響。妖魔們可怕他了。

一天，這位大英雄帶領山洞裡的人們出來找東西吃，剛出洞，就碰到一個叫「九嬰」的妖怪。這個妖怪有九個頭，叫起來像嬰兒哭一樣。平常，人們只要一聽見牠的叫聲，就腰軟腿瘓，頭暈眼花，挪都挪不動步，成了妖怪的食兒。英雄一見九嬰怪，搧搧翅膀飛了過去，張弓搭箭，「嗖嗖嗖……」一連九箭。九箭剛好射中九嬰怪的九個頭，人們搶著上去撕牠的肉吃。肉又腥又臭，沒法吃，只好搬些石頭把牠埋了。時間一長，成了個石頭山，人們稱這座山叫「九化山」。後來，山上長出很多很美的草，人們就把這山叫成了「九華山」。

又一天，這個英雄碰到一條叫「七角」的大惡龍。這條龍長有七隻角，能吞雲吐霧，吐的霧帶毒，人們只要一聞到，就會軟癱在地上，惡龍睛吃啦。這天，也該這條惡龍遭殃，還沒來得及吐毒霧，大英雄就搧搧翅膀飛起來，張弓搭箭，「嗖嗖嗖嗖嗖嗖嗖」，一連七箭，箭箭都射中惡龍。那惡龍身子一疙捲，落地了，變成了一條河。後來人們把這條河稱為「七龍河」。

從這以後，這個大英雄帶領人們走出山洞，在山坡上搭些茅庵，住了下來，平常就在山上摘些野果吃。為了讓人們過得安生些，這位大英雄又在人們中挑了些身強力壯的小夥子，跟他一起降妖捉怪。他們殺死一個妖怪，地上就多了一座山；他們殺死一條大惡龍，地上就多一條河。又過了好多年，他們射殺了許許多多的妖怪惡龍，地上就有了許許多多的高山和大河。人們說，山河就是這樣形成的。後來，天下太平了，人們為了紀念這位帶翅膀的英雄，把「羽」字放到「廾」字的上面，稱他為「羿」。為什麼這個字的發音念「一　ㄟ」呢？就是說「羿」是天下第一個大英雄。

後來，世上又出現了一位用神箭射太陽的勇士，人們也稱他為「羿」。為了區別這兩位英雄，就把射怪的英雄叫「前羿」，叫射太陽的英雄為「后羿」。

講述人：李長春，三十九歲，桐柏縣城關鎮人

採錄整理：劉劍

採錄時間：一九八二年三月十日

採錄地點：河南省桐柏縣城關鎮

第十個太陽

在很久很久以前，天上共有十個太陽，他們是上帝的十個調皮的孫子。每天一早，他們就出來玩耍。這下，地上的人可遭殃啦，莊稼枯了，河流涸了。

后羿為地上的人除害，一連射殺了九個太陽。當他正要射第十個太陽時，太陽不見了，天一下子變得黑暗，什麼都看不見。

一天，后羿聽到一個細微的聲音在叫喚，他走近去。原來，是蚯蚓在說話呢，牠說：「勇敢的弓箭天神啊，你還沒有射除所有的太陽呀，第十個太陽正在地上藏著呢。」后羿一聽很生氣，他找來找去，可就是看不到。世界上一片昏暗，到哪兒去找呢？

後來，人們實在生活不下去啦，后羿也後悔不該射第十個太陽。他們請求天帝，喚第十個太陽出來，讓人類萬物繁衍下去。

一天早上，紅彤彤的太陽又從東方走出來。開始，他還有些害怕呢，可他用溫暖的眼睛偷偷一看，人們都在歡迎他呢。從這以後，黑暗的世界變得明亮了，萬物開始生長，大地又有了生機。

那麼，第十個太陽究竟藏在哪兒呢？原來，當后羿第十次拉起弓箭的時候，馬齒莧用自己稠茂的枝蔓遮住了他，后羿才沒找到他。

太陽重回到天上以後，為報答馬齒莧的救命之恩，從來沒晒死過一棵馬齒莧，而蚯蚓一爬到地面上，就立即被太陽燒死。

講述人：林小群、楊文彪

採錄整理：李延平

記錄時間：一九八三年二月

記錄地點：河南省開封市鼓樓

羿射九日

盤古開天地後，天上沒有日頭，地上不分白天黑夜，整天混混沌沌的。有一天，一下子出來十個日頭，地上的花草、樹木呀都晒乾了，河裡坑裡的水都快晒滾了，人熱得頂不住了，十個日頭一出來，人都跑到山洞裡去，等它們落到西天邊才出來找點吃的東西。眼看就活不成了，大家都去找黃帝想辦法，黃帝能有啥法哩？就天天跪在熱地上向天上禱告。

原來這十個日頭是玉皇大帝的十個閨女。她們從小嬌生慣養，天上的規矩一點也不遵守。清早起來，不梳洗打扮，每個人踩個火輪圈從東到西去玩。她們只知道玩，地上的人可就撐不了啦。黃帝天天禱告，玉皇大帝知道了這事兒，就把十個閨女叫到跟前訓了一頓。她們真是不聽話，第二天照樣踩著火輪去玩。可把玉皇大帝氣死了，就叫來一個叫羿的天神去把她們叫回來，還安排羿說，她們要是不回來，就嚇唬嚇唬她們。

羿很正直，神通很大，拉弓射箭，百發百中。他揹著神弓，帶十支神箭，出了天宮向東去找，到天東邊一看，十個日頭跑到南天去了。羿想走近路到西邊天截住她們的頭，就來到了地上。到地上一看毀的那個樣兒，他真心疼，就大聲吆喝十姐妹趕快回天宮。誰知她們聽見羿吆喝，連理也不理。

羿就拉開弓，搭上箭說：「妳們要不回去，我就把妳們射下來！」這些嬌小姐以為自己是玉皇大帝的閨女，哪把羿放在眼裡，嘻嘻哈哈的，還用火輪的光芒直射羿的眼睛。可把羿氣壞了，心想：別說妳是玉皇的閨女，誰作惡也不中，看我懲治妳們！他使足勁，拉滿弓，對準最前邊的那個日頭射去，只聽「轟」的一聲，那個日頭炸開了！火花亂飛。人們看看天上真的少了一個日頭，覺得涼快了好些，大家喜歡得直拍手。羿見人們那高興勁兒，自己的勇氣更足了，向著天上東一個、西一個逃散的日頭繼續射去，每射出一支箭，天上便發出「轟」的一聲，一個就炸開了。

眼看天上的日頭就要被羿射完了，在旁邊看熱鬧的一個老頭猛然想起，要是沒有一個日頭，天不還是混混沌沌的嗎？就讓一個小孩偷偷從羿箭袋裡抽出了一支箭。羿以為十支箭都射完了，就停了下來。從那以後，天上就只剩一個日頭，直到現在還是這樣。

講述人：王宏玲，女，二十四歲，漢族，河南省項城王明口鄉王明口中學教師

採錄人：蘇國蘇，男，三十八歲，漢族，河南省項城賈嶺鄉文化站幹部，國中畢業

採錄整理：孔祥謙，男，五十歲，漢族，河南省項城縣文化館幹部，專科畢業

採錄地點：河南省項城王明口鄉王明口中學

馬齒菜

據說太陽晒不死馬齒菜。古時候，天上一下出來十二個太陽，晒得地上寸草不生，大小河兒都乾了，整個大地全是火辣辣、明晃晃一片。

百姓們到處求神拜佛，要求除掉這十二個太陽。可是哪個神仙也不能辦到。有位叫后羿的仙人來對百姓說：「不用到處求了，叫我來處置它們。」說罷，他拈弓拿箭去射太陽了。他爬過一道山，又一道山，上到一個最高的山上。這時他只覺得頭頂發麻，四肢發酸，脊梁上叫晒得比針扎還難受。

他「嗖」一聲抽出一支箭，往弦上一搭，使力一拉，一丟手，那箭直奔太陽而去。一小會兒，只見一個大火球從天上掉了下來。后羿一瞧射中了，心裡怪高興，接著又連射下兩個。這十二個太陽被連射下來三個，剩下九個了。這九個太陽覺得自己難保，它們就擠到一堆，把熱都聚到后羿身上。后羿可就難支了，他一狠心，咬著牙，一回發兩支箭，向太陽射去。一會兒工夫，又射下來七個，剩下那倆可不護群兒了，東跑西竄。后羿瞄準西邊的一個，「嗖」一聲就把它射下來了。再往東看，剩下的那個

沒影兒了。

這時，天下忽一下就涼了，漆黑一團，后羿不知道它藏在啥地方了，找半天也沒找著。他想：沒有太陽真黑，咋叫人過時光咧？於是，他大聲對那個太陽說：「你出來吧，我饒你一命，不過你得依我兩樣事兒。一、你要報答為你遮身的那東西；二、以後必須早上從東方出，晚上從西方落，不然，我把你也射下來。」太陽聽了，就慢慢兒從東邊兒露出半個臉，越升越高。

原來，那太陽跑到東海邊上，藏在了一棵大馬齒菜葉兒底下了。太陽聽從后羿的吩咐，就給了馬齒菜一個特殊的本領 —— 晒不死。

講述人：邢朝軍，男，二十八歲，漢族，河南省浚縣善堂鄉人

採錄整理：張俊生，男，三十歲，漢族，河南省浚縣文化館工作人員

採錄時間：一九九八年十二月

流傳地區：河南省浚縣城關鎮

后羿射日

從前，天上共有十個太陽，他們都是天帝頑皮的孫子。

那時候，人間地面上十分繁華，樹木蔥蘢，百草茂密，繁花似錦，人們在地面上辛勤耕耘，鳥兒在天空中唱歌，魚龍在河水中騰躍，豬馬牛羊成群成片，這可比寂寞清冷的天宮好多了。

那十個太陽都爭著看人間景緻，常常爭吵打架，天帝就命令他們，每天只准出來一個看一天，老大頭一天，老二第二天，老三第三天，依次類推。這幾個太陽開始十分守規矩，人間也就安居樂業。每到早晨，該誰看景緻，誰就早早爬起來，傍晚才依依不捨地離去。

後來有一天，他們又搞惡作劇了，一齊都跑了出來，樹木花草都晒焦了，豬馬牛羊都晒死了。人們也都被晒得半死不活，沒處躲藏。於是，人們就找到了神箭手后羿，請求他把十個太陽射掉。

后羿就張弓搭箭，一個一個地射，那太陽就「咕咕嚕嚕」地掉到東海去了。

后羿一連射殺九日，第十個嚇得半死，他看見地上有一堆茂密的植物，就鑽了進去，嚇得不敢露頭了。

人間沒了太陽，又黑又冷，萬物也不能復甦，人們實在生活不下去了，就請求天帝，讓再派個太陽。

第十個太陽知道了，就偷偷鑽了出來，人們熱烈歡呼，黑暗的世界有了光亮，百草樹木又萌生了，飛禽走獸又繁殖了，人們也安居樂業了。這個太陽再也不敢頑皮了，每天按時起床、休息，給人們帶來光明和溫暖。

那第十個太陽藏身的一堆植物是馬齒菜，它是太陽的恩人，自此，太陽連一棵馬齒菜也沒晒死過。

講述人：潘富榮，七十一歲

採錄人：李風雲，二十一歲，河南大學中文系一九八六級五班學生

採錄時間：一九八九年十二月

採錄地點：河南省南陽縣新店鄉賈莊村人邊莊

后羿登月

很古很古的時候，天上有十個太陽，一齊照在大地上。莊稼樹木都燒焦了，大地裂著口子，人們真是沒有法兒活了。

有一個叫后羿的人，腰圓手臂粗，力大無比。后羿不光是力大，還是個射箭的神手。他看著人們被那毒日頭晒得皮焦骨酥的，就搭上箭，一箭一個，一口氣射下了九個太陽。要不是有人攔著，興許剩下的那個日頭也被射落了呢！

是誰攔著后羿沒讓他把剩下的那個太陽射落呢？是嫦娥。原來，嫦娥從月宮裡看見后羿魁偉壯實，心裡無限愛慕。當后羿搭箭準備射第十個太

陽時，嫦娥忽然想起月宮裡還指望留下個日頭當燈點呢，就連忙從天上下來，攔住了后羿，還把他帶上了月宮，和他結成了恩愛夫妻。後來，后羿才改名叫吳剛。

后羿射日的事被當時的史官記在書上，流傳了下來，不過那史官不是別人，卻是嫦娥原來的丈夫。他恨透了嫦娥，所以，在史書上昧著良心抹去了嫦娥的功勞。那史官還編造瞎話，說嫦娥當初上月宮是偷吃了仙藥。其實，人家嫦娥是看到他又懶又饞，寫史記事也不公正，整天跟一班奸臣小人混在一起，想法子拍那昏頭昏腦的皇帝的馬屁，才獨自跑到天上去的。後人不知道內情，以為嫦娥真的是好吃嘴才撇下丈夫，跑到了天上呢。

講述人：馬富貴

採錄人：劉志偉

採錄整理：張振犁、王定翔

記錄時間：一九八二年十二月

記錄地點：河南省西峽縣城關鎮

后羿追日

上古時，地分東、西、南、北、中和東南、西南、東北、西北，是為九州。每州裡有一個太陽，一共九個。這九個太陽，有時候同時出來，放射出暴光烈火，把大地烤得焦灼滾燙，河井乾涸，草木枯焦，禾苗死亡，人禽飛獸都難以生存；有時又一個接著一個，輪換出進，不留間歇，一直白天，沒有夜晚，人們只有無休止地勞動，沒有安睡歇息的時間，把人類折騰苦了。可是，誰有啥法哩！「人皇生九子，各居在一方。分為九州地，九州九太陽。太陽輪流出，累殺眾兒郎。太陽同時出，眾生無處藏。」這首民謠就是最好的寫照。

後來，人們實在熬不下去，就不約而同，紛紛去天宮東王父那裡告狀。東王父是主管日月星斗的，聽了苦訴，勃然大怒，下令捉拿九顆太陽治罪。可是，派張三，張三說有病，派李四，李四說有事，派來派去誰都不願前去。為什麼？因為這九個太陽不僅力大無窮，行如閃電走如飛，而且渾身上下都是火，稍稍近身，就有被燒焦化成灰燼的可能，誰個不怕？所以，都怕捉拿不成，反傷了自己，便都藉口不去。

東王父看無人出戰，火性驟起，正待發作，「父王在上，兒願一往！」隨著一聲高喊，殿前閃出一人。此人二十出頭，身軀凜凜，相貌堂堂，一雙虎目似寒星，兩條劍眉如刷漆。胸脯橫闊，有萬夫難敵之威風；意氣軒昂，有千丈凌雲之壯志；心雄膽大，似撼天獅子下雲端；骨健筋強，如搖地貔貅臨座上。東王父一看，不是別人，正是自己的少子后羿。后羿是東王父的寶貝兒子。大凡做父母的，都有親溺少子之心，何況這后羿又是生得這樣英俊無雙！東王父想：讓少子前去，若有個閃差……想到這裡，不由得猶豫了一下。又一想：不對呀，除害救生要緊，再說，在眾人面前怎能顧親捨義呢？只好應允。

后羿謝過父王，來到後庭。頭戴沖天冠，上鑲無光珠；身穿抱金衫，胸披耀日鏡；腰掛斬日劍，腳蹬追日鞋；左手拿提山錘，右手戴按日掌，還背上雕寶弓和射日箭。披掛一畢，準備停當，辭別父母，直奔中嶽而去。

后羿為什麼直奔中嶽而來？中嶽是九個太陽每次出來的必經之路，再者，中嶽半山腰間有個大洞，可以隱身藏體。

后羿駕起祥雲，來到中嶽上空，然後按下雲頭，收著陣腳，著落在中嶽山巔，藏身於半山腰的大洞之中。這時，太陽過來了。一、二、三……一個個噴著烈火，射著強光，奔馳而來。后羿伏在洞口，屏著呼吸，兩眼緊緊盯著。等到第一個太陽來到洞口，他就忽地竄上去，掄起砸日錘，「嗵」地砸了下去。那太陽正得意忘形，冷不防捱了一錘，只覺得頭暈目眩，眼冒金花，眼前一黑，栽倒在地上。

后羿乘勢趕上去，右手一把緊緊抓著，左手將中嶽一提，提了起來，把太陽往下邊一放，壓到了中嶽山下。其餘八個太陽見老大被擒，壓到山下，頓時惱羞成怒，一齊圍上來替老大報仇，把后羿緊緊圍在中央，往身上噴火，往眼裡射光。但是，不管他們咋噴、咋射，后羿都毫無懼色，一點不怕，並且越戰越強。

太陽一看不是對手，不敢戀戰。心想：三十六計，走為上策，還是趕快逃命為好，便虛晃幾槍，紛紛逃去。后羿殺得性起，哪肯罷休，他掄錘舞劍，緊緊追殺，一鼓勁打倒砍傷了七個，並把他們分別壓到了崑崙山、五臺山、太行山以及東、西、南、北四嶽之下。剩餘那一個，后羿看它逃得遠了，難以追上，就取下雕寶弓，搭上射日箭，「嗖」的一下，不偏不倚，射在日頭的中心。只聽一聲慘叫，日頭栽到了地上，鮮血直流。

正待追上去殺掉，東王父下命令，讓留下一個，和月亮晝夜輪換出來，為地上的眾生造福。從此，地球上就剩了一個太陽。而這一個太陽，因為被后羿射了一箭，落了一個傷疤，經常流著鮮血，後世人看到，午時太陽中有塊黑斑，早上和傍晚太陽總是鮮紅鮮紅的，也就是這個緣故。而那八個太陽被壓到三山五嶽下之後，繼續散發熱量。時間久了，把山下的石頭和泥沙都熔化成了熾熱的水，把泉水也燒成了熱的，釀成了火山爆發和溫泉。

講述人：邱海觀，七十歲，農民

採錄整理：李明才

記錄時間：一九八三年一月

流傳地區：河南省南陽縣安皋鄉街頭

十二個太陽

傳說在很久很久以前，天上共有十二個太陽，他們都是玉皇大帝的兒子。按規定，十二個太陽輪流值班，一個太陽管一個月。可由於玉皇大帝慣壞了他們，要麼都一齊出來，要麼一個也不出來。不出來時，一連幾天甚至幾十天人間黑暗一片，寒冷得要命，人們什麼活也幹不成。出來時，大地頓時熱氣升騰，照得人們睜不開眼睛，熱得喘不過氣來，莊稼被烤得捲了葉，樹木勾了頭。凡人們受夠了太陽的折磨，決定推選一個弓箭射得又遠又準的勇士去把太陽射落下來。

這個勇士背著乾糧，帶著弓箭出發了。他走了九九八十一天，終於爬上了一座人間最高的山頭，因為這裡離太陽最近。可是等他射箭時，太陽們又都不見了。於是他就在山頭上等。一直等到把隨身帶的乾糧吃光了，太陽也沒出來。就在他抵不住飢餓準備下山時，十二個太陽都出來了。十二個太陽一露面，這個勇士馬上感到渾身像火燒著了一樣難受，他咬緊牙關，拿出弓箭射了起來。一個、兩個、三個……當這個勇士把最後一個太陽射落時，他也倒下，再起不來了。

人們恨透了這些作惡多端的太陽，他們落到哪裡，人們就趕到哪裡，將他們一個個打碎埋掉，當打完第十一個時，人們怎麼也找不到最後一個了。原來，最後一個太陽落下時，正好滾到一顆很大很大的馬食菜下邊，被馬食菜秧遮得無影無蹤。人們東找西找，就是看不到。

這時玉皇大帝得知了這件事，馬上派天神下凡向人們道歉，並傳話讓凡間饒了這最後一個太陽。人們想到世間也離不開太陽，便也不再找了。於是這最後一個太陽重又回到了天上，再也不敢胡鬧了。每天早出晚歸，按季南移北撤。從此，人間有了白天黑夜，一年分為春夏秋冬。人們日出而作，日落而息，春種秋收，平平安安過著日子。

太陽為了報答馬食菜的救命之恩，對馬食菜非常關心照顧，陽光不論多毒，都不會損傷馬食菜。如果你不相信，可以挖一棵馬食菜放在太陽下，就是晒上三天五天也不會把它晒死。

講述人：艾連香，女，三十歲，小學畢業，工人

採錄整理：艾守斌，男，三十四歲，國中畢業，幹部

採錄時間：一九八七年十月

流傳地區：河南省正陽縣城關鎮

羿和妻子

羿的妻子叫嫦娥，長得很漂亮。她整天不幹工作，還鬧著丈夫給弄好的吃。羿很愛嫦娥，經常四處打獵，取美味讓她吃。時間長了，圓圈兒一百多里的飛禽走獸被嫦娥吃光了。

一天，嫦娥鬧著非吃金烏肉（金烏肉就是老鵮肉）不可。要弄不到金烏肉，她就不活了。羿看妻子哭鬧得厲害，就答應出去獵找金烏去。

后羿穿過林子，跨過山崖，走了三天三夜，沒見一隻金烏。第四天的黃昏，羿見村邊地裡落了一隻黑雞，他眼疾手快，「嗖」的一箭，那隻黑雞拍下翅膀，伸腿了。羿高興極了，心想：妻子總該有笑臉了吧！他正要去撿哩，走過來一個老太太不願意了，說他不該把叨食兒吃的黑老母雞射死。后羿向老太太說了自己的難處，又說黃昏時，人也累了，眼也花了，求老太太原諒他。

老太太是個明白人，聽后羿這一說，也不再不依他了。后羿說：「老太太，黑老母雞也死了，我也沒找著金烏，我想拿你們老母雞當烏鴉，回家哄哄妻子算了。你要願意，我把隨身帶的乾糧放下，再給你一張虎皮，行嗎？」

老太太答應後，后羿連夜趕回家，給妻子做了碗「金烏湯」。

嫦娥喝金烏湯喝得多了，一品味就知道是假的。她把碗一摔，哭鬧著說：「你后羿不是真心愛我，你拿這假金烏湯哄我！」

后羿為了不讓嫦娥生氣，又起五更找金烏去了。

后羿一走，嫦娥就把后羿的箱子撬開。這箱子裡放有兩粒仙丹。這兩粒仙丹是羿一次在深山打獵時，被下凡遊玩的王母娘娘看中，賜給他的，讓他服下，脫去凡體，到天宮。后羿得到了仙丹，回去想告別妻子嫦娥後再服仙丹昇天。誰知，一見妻子，又捨不得走了。嫦娥長得很美嘛！想著倆人都吃吧，一人只吃一粒，上不了天。后羿就把這事兒給嫦娥說了說，就把兩粒仙丹鎖在了箱子裡。

嫦娥喝了假金烏湯後，覺得丈夫不是真心愛她了，越想越生氣，就趁后羿不在家，偷偷兒吃了兩粒仙丹。

后羿打回了真金烏，嫦娥抱著小白兔飄到天上了。

講述人：孫建英

採錄整理：馬卉欣

採錄時間：一九八四年一月

採錄地點：河南省南陽縣白河橋

嫦娥與后羿

從前，嫦娥並不是一個神仙，而是凡人，由於她長得美麗出眾，被河神看中了，想娶她為妾。嫦娥不從，觸怒了河神，他就使起魔法，霎時飛沙走石，颳起了一陣妖風，將嫦娥颳得暈頭轉向，昏倒在地上。

河神想趁機將嫦娥搶走，這時走過來一個小夥子，名叫后羿。他年輕力壯，很有正義感，看到河神欺負民女，就取出了自己的箭，朝河神射擊，正射中河神的一隻眼。河神痛得哇哇亂叫，趕忙逃走了。

嫦娥醒來，看到后羿搭救了她，非常感激。她又看到后羿長得非常英俊，就與他成了親。小兩口非常恩愛，日子過得挺幸福。

再說河神回到龍宮，非常氣恨，想狠狠報復一下人間百姓。他突然看到龍宮中樹上的九隻亮光光的金翅鳥，就決定將這九隻金翅鳥放到人間。

這九隻金翅鳥可是龍宮中的傳家寶，牠們遍體透亮，發出強烈的光，所以才把龍宮照得金碧輝煌。河神將這九隻金翅鳥放出後，牠們就飛到天上，成了九個太陽，加上原來的一個，共是十個太陽。這十個太陽一個接一個地輪番掛在天空，於是人間沒有了黑夜，天天烈日當空，地乾了，河枯了，莊稼也乾死了，許多人餓死、晒死，人間陷於悲慘的境地。

后羿看到這種情況，知道是河神搞的鬼，他決心出去學藝，制服河神，拯救百姓。於是后羿就外出求藝，一邊訪一邊學。一天，他遇到了南海法師，就把自己的想法告訴了他。南海法師說：「你學藝是好事，可是即使你學好了武藝，也奈何不得牠們呀。這樣吧，我給你一粒藥丸，到六月六日這天的正午，你就將它吞下，這樣你就會飛到月宮，那兒有個將軍叫吳剛，你向他要一副箭，就可把天上的那九個太陽射下來。」后羿感謝了南海法師，帶著藥丸回了家。

到家後，后羿將遇到南海法師的事向嫦娥說了，兩人都很高興，心想百姓快有出路了。

可是由於后羿勞累過度，回家不幾天就病倒了，昏迷不醒。到了六月六這天正午，嫦娥叫他不應，推他也推不醒，急得不得了。她想如果延誤了時辰，藥丸就會失去效用，百姓就永遠沒有活路了。於是就自己吞下了藥丸，一會兒，她就感到身子輕飄飄地，飛了起來，一會兒就到了月宮。

月宮中的仙女都出來迎接嫦娥。嫦娥向她們訴說了事情原委，提出要箭的事，仙女們於是就採集流星作箭頭，送給嫦娥，並領她見了把守月宮的將軍吳剛。吳剛從月宮中的桂樹上採下桂枝，做成箭桿送給嫦娥。

當后羿醒來時，發現嫦娥拿著管神箭站在他面前，知道嫦娥吃了藥丸後變成了神仙，人神不能長久住在一起，他們不久將要分離，於是就非常傷心地哭了起來。但他又想到救百姓要緊，就趕緊從嫦娥手中取過神箭，飛上天空，將那九個金翅鳥變成的太陽全射了下來，只剩下原來的那個。於是，人間恢復了原來的樣子，百姓們得救了。

不久，嫦娥不得不又飛回了月宮，他們夫妻不得不永遠分離了。可是嫦娥經常想念她親愛的丈夫，每當月亮圓的時候，如果你仔細看，就會發現，月亮中有一棵桂樹，旁邊倚著一個人，那就是嫦娥，她在向人間眺望她的丈夫呢。

講述人：李衛華祖母

採錄整理：李衛華，河南省正陽縣農民

採錄時間：一九八九年十二月十日

採錄地點：河南省正陽縣城關鎮

嫦娥奔月（一）

古時候，有一個漂亮善良的姑娘，名叫嫦娥。這個姑娘很能幹，她的心眼也好著哩！嫦娥的爹和娘都是老百姓，不知道在哪兒，她家弄來很多草藥。有一種藥，她爹老是不叫嫦娥看，也不叫她吃。嫦娥姑娘最好打破砂鍋問到底了。有一天，她趁著家裡的人不在家，就偷偷地打開了藥罐。哦，這藥真好吃，她想著爹娘留著好東西不給她呢，嫦娥就越吃越想吃。

不好了，嫦娥吃罷藥，肚子裡就覺得不得勁，身子像是越來越輕。嫦娥飛起來了。嫦娥飛呀飛呀，她也不知道到哪兒了，就見腳底下有圓球。嫦娥就在月亮上住下了。她後悔了，在這又冷又黑的廣寒宮裡邊真不好受，她有多想家呀！姑娘也沒法，咋著也不能回家，她哭了。姑娘的哭聲最後感動了老天爺。玉皇大帝顯了靈，派玉兔降到月亮上邊，陪著嫦娥，哄哄她，給她做個伴。上帝還派了另一個男子吳剛跟了她。從此，我們就能在月亮上看到玉兔和吳剛伐樹了。

講述人：陳藍天，男，五十歲，大學畢業，農民

採錄人：陳印景，河南大學中文系一九八六級一班學生

採錄時間：一九八九年十一月

採錄地點：河南省濮陽縣習城

嫦娥奔月（二）

回郭鎮的劉村，位於洛水兩岸。這裡有一座廟，叫宓妃廟。廟裡供奉的宓妃，是伏羲氏的女兒，也就是人們常說的「洛神」。

相傳在盤古的時候，華夏族的祖先伏羲就住在洛河南岸一帶。為了祭河圖、洛書，他在洛口築了個八卦臺。伏羲往來於黃河、洛水之間，坐的是一只獨木小舟。宓妃既美麗又聰明，伏羲外出時常常把她帶在身邊。有一次，伏羲忙於神事，很晚很晚還沒回來。宓妃覺得獨木舟挺好玩，就獨自一人駕起小舟，在洛河上下遊玩起來。划啊，划啊，划到斟郊外的訾殿、劉村之間時，突然狂風大作，陰雲密布，波濤洶湧，濁浪千丈，隨著電閃雷鳴，一條青白凶龍竄出河面，直向小舟撲來。宓妃早已魂飛膽喪，驚叫一聲，跌落水中溺死了。

伏羲失去了愛女，十分憂傷，日日夜夜守在洛河岸邊哭泣，邊哭邊呼喚「宓妃」的名字。他的哭聲感動了玉皇大帝，玉皇大帝便封宓妃為「洛水之神」，執掌洛河。洛河上空經常雲霧飄遊，那就是洛神在河面巡視往返呢。

把宓妃驚嚇落水的凶龍，原來是執掌黃河之神河伯。河伯性情放蕩，喜怒無常，心胸狹窄，盛氣凌人。宓妃生前在洛水盪舟已使他頓生妒恨，誰料死後又被封為掌管洛水之神，更加怒火中燒。心想把宓妃從洛水驅走，又懾於玉皇大帝的威嚴，不敢魯莽行事，思前想後，他終於想出一條妙計，搖身一變，化為一個英俊後生，去向伏羲求婚。河伯嘴上說早對宓妃有愛慕之意，心裡卻暗想，只要你答應了這門親事，我既可占有美麗的洛神，又能繼續在洛河逞威，豈不兩全其美！伏羲見河伯面目文雅清秀，求婚之意真切，也就答應下來。河伯走後，伏羲便來到宓妃溺水的地方，設下香案，祭禱洛神，告知已將她許配河伯，要她儘速打點嫁妝，迎候新郎。宓妃是被河伯害死的，如今舊仇未報，又添新恨，死活不肯應允。但是，父親既已應諾，想必也是天意。無奈，只得強忍怨恨，嫁給了河伯。

宓妃出嫁以後，終日以黃河的滔天巨浪為伴，這情景常常使她產生痛苦的回憶。況且這裡距離伏羲居處路途遙遠，思鄉心切。於是決意仍舊住在洛河，河伯也勉強不得。從此，河伯只得來往於河洛之間。每當河伯來洛河時，總是挾風帶雨，使得氾濫的洛水淹沒一片片農田。而當河伯離開洛河時，這裡又酷熱難當，大地龜裂，莊稼旱得又枯又焦。

有一年，河伯一去黃河不歸，天上出現了十個太陽，大地旱成一片火海，莊稼、樹木全晒死了，人也被晒死大半。這時有個射箭的英雄叫后羿，請求伏羲讓他把太陽都射下來。伏羲十分高興，並把后羿請到八卦臺上射日。后羿登臺迢迢一望，挽射日弓，搭上穿天箭，速發九箭，無一虛發，九顆太陽一個個從天上滾落下來。當后羿挽弓搭箭，欲射最後一顆太陽時，伏羲攔住了他，說是留下一個太陽普照萬物，不然天下永遠黑洞洞，那還了得。天下還有許多巨獸殘害生靈，你留下一支箭射殺牠們吧。

后羿按照伏羲的指點，越崇山，跨峻嶺，四處追射吞噬活人的巨獸。那時的野豬大得像山岡，蟒蛇有幾百里長，黑熊的掌子比麥場還大。但是，能射下太陽的利箭，還能射殺不了這些野獸？后羿瞄準一個，扳倒一個；瞄準一個，扳倒一個。終於把牠們全都射死了。那條長幾百里的蟒蛇被射死後，橫臥在黃河與洛河之間，變成了現在的邙嶺；那頭像山岡一樣大的野豬被射死，變成了豬嶺；掌子比麥場還大的黑熊，化為黑石山，牠的嘴巴被射日箭穿成大洞，那就是「黑石關」。從此以後，天下太平，四時接序，五穀豐登，百姓安居樂業。

一天，后羿騎馬來到洛河岸邊散心。在明鏡一般的洛河下游，有一股濁浪自黃河逆流而上。后羿覺得好生奇怪。等到那濁浪到了眼前，定眼一看，才發現水裡有一條凶龍。後羿一眼認出牠就是在洛河兩岸吞雲吐霧、釀造旱澇災害的禍首。於是拈弓搭箭，「嗖」的一聲，正中惡龍右眼。那惡龍怒吼一聲，騰空而去。

原來那天河伯是來找宓妃的。正在河中得意遨遊，不防被射瞎了眼睛。但他也知道后羿那張射日弓的厲害，不敢與后羿爭鬥，便來到天庭，向玉皇大帝告狀，說后羿射傷河神，罪不容赦。玉帝有心袒護功績卓著的后羿，便一邊問河伯詳情，一邊在尋找口實。當河伯說到他當時是變作一條龍向洛河游去，玉帝截斷他的話說：「龍乃蟲也。后羿射的是蟲，何罪之有？你河伯隨意化成大蟲，有辱神格，本當重責。但念你已負傷，不加治罪。去吧！」河伯只好悻悻然回到河府。

卻說宓妃見河伯眼被射瞎，而且更加醜陋，十分惱怒，便躍出水面，厲聲責問：「是誰如此大膽，竟敢射傷河神？」

后羿答道：「天上天下，誰不知道我后羿這張射日弓？一條惡龍，興風作浪，害天下民不聊生。為民除害，理所當然。」

幾句話說得宓妃無言以對。接著，后羿又把自己如何射日、射封豨、射修蛇的經過講給她聽。宓妃越聽越感動，越聽越對這位射日英雄產生仰慕之情。心想，若能把河伯換成后羿，那該多麼幸福。於是，她就把自己的不幸遭遇講給后羿聽。后羿正缺一個能給自己縫縫洗洗的女人，他當即表示要娶宓妃為妻。二人越說越投機，最後，宓妃走上岸來，和后羿一塊騎馬回到了斟，也就是現在的羅莊。后羿深深地愛著宓妃，並給她改了一個很好聽的名字，叫嫦娥。

從此以後，嫦娥終日在家，后羿照常出去打獵。后羿的箭法極好，沒有幾日，附近的野獸就全被他打光了。以後，每再出去打一次獵，就得一連數日不歸。再往後，一出去就是半個月，再往後就得半年才能回來。年長日久，嫦娥漸漸覺得寂寞難熬，心情鬱悶不樂。這天晚上，后羿終於回來了，看上去好像喝了酒，神采飛揚。他興沖沖地對嫦娥說，這次打獵，摸到了崑崙山，見到了西天王母。西天王母賜給他一包仙丹，吃了這藥以後就可昇天。還說，他要再出一趟遠門，給嫦娥備足夠下半輩子吃的野獸。然後，他就要昇天成仙了。

粗心的后羿，第二天一大早就又走了。嫦娥望著他遠去的背影，不覺潸然淚下地哀嘆自己命苦：先嫁河伯，少情寡義；後嫁給后羿，本想有個寄託，不料這人不久也要棄她而去。嫦娥不禁暗自傷神，終日在家長吁短嘆。她曾想到去尋短見，但她是神，神是死不了的。可是這樣苦苦地活著，比死還難受，往後這日子怎麼打發啊！

這天晚上，嫦娥來到院中。只見一輪明月掛在中天。那月亮上影影綽綽，似有亭臺樓閣。仔細看時，卻又是一片冰輪，潔淨無瑕。她想，那上邊一定是個純潔美妙的世界。於是她想到那天后羿的仙丹。主意拿定之後，她回到茅屋，打開箱子，從首飾匣中取出了那包昇仙之藥，也來不及倒水，便將仙丹吞了下去。霎時，只覺得頭暈目眩，飄飄欲仙，身不由己，升向天空。嫦娥舒展衣袖，天空立刻出現一團五彩繽紛的天花。那團天花越升越高，終於消逝在月亮四周那片清輝裡。嫦娥奔到月宮裡去了。

過了很久很久，后羿才從遠方回來。當他發現嫦娥吃了仙丹，奔向月宮之後，沒有悲傷，沒有眼淚，又騎上馬找西天王母去了。他希望再討來一包仙丹。仙丹討到了沒有，人們不得而知，但是后羿再也沒有回來。

嫦娥真的奔月而去了。後來，曹植到洛水時寫了一篇著名的〈洛神賦〉。那不過是借題發揮，想念自己的心上人罷了。洛神哪裡還在人間呢！

採錄整理：丁永鑑、趙現民

流傳地區：河南省鞏縣洛河沿岸地區

採錄時間：一九八二年二月

藥奶奶

早先，東山腳下住著一戶人家，老夫婦年過半百勤勞忠厚，女兒嫦娥聰明伶俐。一家人男耕女織，日子倒也歡樂。

這年夏季，從南方過來一陣瘴氣，傳來一種病症，眼看著好端端的人都被奪走了生命，嫦娥父母也先後病倒。嫦娥日夜思慮尋找解救辦法，她想起平常頭痛腦熱時，爹爹採些金銀花、荷葉之類，熬成水一喝就好了，想著一定也要有能治父母親疾病的草藥。她就不顧風吹雨打，翻了七七四十九座山，越了九九八十一道嶺，不管甜酸苦辣，溫熱寒涼，採了一百多樣草，腿跑腫了，眼熬爛了，身體瘦弱了，也沒有找著治病的藥。雖是這樣，她採藥盡孝的誠心仍然不減。

常言說，精誠所至，金石為開。她的真誠感動了上天。這天晚上嫦娥拖著疲憊的身子，剛一睡著，朦朧中見一位慈眉善目的婆婆來到她的面前，叫著她的名字說：「嫦娥姑娘，妳這一片真心，出於至誠，很是難得。可仙丹妙藥沒有現成的，必須經過一番採集的辛苦。不過造物主在造化這些草藥的時候，是給整個生靈的，妳如果只為父母採藥，怕是不易得到的。」嫦娥聽到這裡，急忙頓首下拜說：「只要能治好病，我就是赴湯蹈火也萬死不辭！」那老婆婆又說：「那好，南山有七十二峰，在這七十二峰中間，有三十六種藥在山南邊，可以治男子的病，有三十六種藥在山北邊，可以治女子的病。採集到的藥要分別放好，不要混雜。」嫦娥一聽，不由著急地說：「老婆婆，那荒山上草叢樹林到處都是，我咋知道哪些是藥呀？」那婆婆又說：「這不難，有一個小白兔在前邊給你妳路，只要小白兔用爪子抓住的東西，不管是花草樹皮、石頭蟲毛，妳都把它採集起來。草藥採全以後，小白兔就會跳到妳懷裡，妳可以把它帶回來。記下了嗎？」嫦娥點頭答應：「記下了。」說完這話，一眨眼，老婆婆就不見了。

嫦娥心中驚疑，心想著可能是神仙來授藥法哩，父母有救了，普天下凡是得病的人都有救了。她高興極了，望空叩了一個頭，起來拜見父母，把剛才的事原原本本說個明白。她父母都認為是夢中之事，哪裡能信得真。嫦娥說：「雖是夢中，言猶在耳，豈能忘記。再說，孩兒與長者約了，只能信其有，不能信其無啊！」二老說她身小力薄，去深山老林採藥，實在叫人放心不下。嫦娥說：「孩兒現在身體強壯，再帶一把護身利刃，料也無妨。俗話說，不入虎穴，焉得虎子，請二老放心吧！」她父母見她決心已定，也只好由她。

嫦娥隨即著手準備東西，做了兩個大布袋，上邊又做好標記，隨身帶點乾糧和一把匕首。一切停當，就告別父母進山了。

嫦娥進得南山，頓覺耳目一新，只見青草漫山，野花遍地，叢林茂密，奇峰陡峭，隱隱若仙家出沒之所，與東山相比強似百倍。她四處張望，到處尋找小白兔，尋啊，找啊，有幾次看到白一點的東西都當成小白兔了，等跑到跟前一看，卻總是撲了空。她心中有點不安起來。正在這時，前邊山崖上「嘩啦啦」一陣響聲，從上面掉下一些碎石子兒。她抬頭向上一看，天哪，在高高的懸崖頂上，有一隻比雪還白的小白兔，正在用爪撫摸著一棵開黃花的小草。那白兔瞪著血紅的眼望著她。

嫦娥喜出望外，陡地添了精神，不顧一切向上攀登，費了九牛二虎之力，終於到了小白兔跟前。她先拔掉白兔撫著的那棵草，按照布袋上山前山後的標誌，放進了布袋。她用手去抓小白兔，只見小白兔後腿一蹬，竄到又一個地方去了。嫦娥連忙趕過去，見小白兔正抓著一個茶杯口那麼粗的空蛇皮，嫦娥又把蛇皮放起來。白兔漫山遍嶺地跑，嫦娥在後邊拚命地追，衣服劃破了，鞋子跑掉了，手腳磨爛流血了，她全不顧。雖說拿的有乾糧，也顧不上啃一口，只是跑啊，採啊。她想著只要能採來救活父母和鄉親們的藥，就是丟擲自己一條命也是值得的。

在白兔摸蠍子、蜈蚣、土谷蛇時，她也毫不害怕了。嫦娥奔波了幾天幾夜，採來的藥終於把兩個布袋裝滿了，裡面有鮮花、綠葉、草根、樹皮、石頭、鳥糞等。凡白兔摸過的東西，她都採集回來了，就和小白兔一起回到了家裡。父母正在為女兒著急哩，一見女兒回來了，採回許多藥，又領回一隻小白兔，立即轉憂為喜，不住嘴地念起佛來。

嫦娥不顧數天的勞累，把山南山北的草藥又清理查點一遍，分別給父母熬了一些，服侍二老喝下。她這才疲乏得像散了架一樣，抱起小白兔，和衣躺在了床上。

一聲雞叫，驚醒了嫦娥，她睜開痠澀的眼睛，見懷中沒了小白兔，就連忙坐起，強撐著身子下了床，去到父母房中。見二老服藥以後真如吃了仙丹一般，病已經好了，嫦娥滿心歡喜，轉身去找白兔。她正焦急地找著，小白兔從外面回來了，嘴裡噙著異香撲鼻的一枝花。小白兔忙把花枝送到嫦娥嘴邊。嫦娥張嘴噙著一個花朵，覺一股清香，直透肺腑，疲乏頓消，神清氣爽，身體也竟然輕飄飄，從地面上飄起來。

她連忙喊叫父母，父母聽見喊聲就出來，見女兒已飄有樹梢高了。嫦娥說：「爹媽，我採的草藥已經調配好，來不及給鄉親們分了。我要是下不去了，請您給大家分吃了，盡快治好疾病，並給大夥說，我就是到天上也要繼續採藥，從天上撒下來，為大家治病。」嫦娥說著說著就飄到了半空中了，一直飄到月宮，見月宮中真個好一派明亮的水銀世界。

她來到一棵桂樹下，見那裡有一個石臼石杵。她心想在這個地方放這個東西有啥用哩，冷不防白兔「噌」地從她懷裡鑽跑了。本來，在這個新的世界裡，嫦娥把白兔當作自己的夥伴，現在白兔跑了，她感到一陣孤獨。誰知不一會白兔回來了，背上背的，懷裡抱的，嘴裡噙的，都是草藥。

白兔把藥全部放在石臼裡，望著嫦娥點點頭，又走了。嫦娥明白了，哦，這是讓我舂藥呀，我要抓緊時間，多舂一些，等太陽出來以前，把藥撒到人間。就這樣白兔不住地採，嫦娥不住地舂，他們兩個合作，乾得很有勁。

再說嫦娥的父母，自己剛好了身子，卻走了女兒，真是又喜又急。他倆跑到村上，喊醒大家，說明了情況。大家一見嫦娥的父母病全好了，又聽說嫦娥到天上還要往下撒藥，就到河裡洗臉洗澡，拔野草煮煮喝。嫦娥昇天，還要往下撒藥的消息一傳十，十傳百，不到天明就傳了很遠很遠。

這一天就是農曆五月初五端午節。以後每年的五月五日早上，人們還要到河裡洗澡，到田裡採藥，成了一種風俗，一直傳到現在。人們很懷念嫦娥，感謝嫦娥，月亮裡影影綽綽可以看見樹影下一個人影在舂藥，都說那就是嫦娥，並親切地叫她「藥奶奶」。

講述人：殷龍欣，男，四十六歲，河南省方城縣小史店鄉大林頭村農民

採錄整理：餘秀海、姚私校

採錄時間：一九八五年四月九日

採錄地點：河南省方城縣小史店鄉大林頭村

仙女變成了癩蛤蟆

后羿因為射殺了天帝的九個太陽兒子，深為天帝嫉恨，從此他被貶到地上，永遠不能上天了，和他一同下凡的妻子嫦娥，也受到了連累，不得不飽受世間之苦。心胸狹隘的嫦娥，自然容不下這麼大的悲愁和煩惱，時常抱怨和責怪后羿。后羿一方面是怕死後到地下的幽都去和那黑鬼住在一起，作為天神，這處境怎能忍受呢？另一方面，他討厭妻子的囉唆，決心重回天國。

重回天國是不可能的了，他已被專權的天帝革除了神籍，他就只好祈求長生不死，這也可以避免死後與厲鬼同處。他聽說有一個神人，叫西王母，住在崑崙山，她有一種藥，吃了能夠長生不死。后羿設法透過水火的重圍，登向崑崙山頂。他向西王母說明來意，西王母對這位有功於民的英雄的不幸遭遇深表同情，把藥葫蘆鄭重交給他，說：「這是僅有的一點藥了，夠你夫婦兩人一同吃了都不死的，一個人吃了，還有昇天成神的希望。」

后羿高興地把藥拿回家，交給妻子保管，準備選一個節日，大家同吃。嫦娥心想，自己原是天上的女神，如今不能上天，全是受丈夫的連累。靈藥既然除了使人長生更有能使人昇天的妙用，自己吃了丈夫的一份，也不怎麼虧負他。於是，趁著后羿不在家的一個晚上，把葫蘆裡的藥倒出來，一齊吞了。

這下奇蹟發生了：她漸漸覺得身子輕飄飄的，腳和地面脫離了，飄出了窗戶。外面是夜晚的藍天，灰白的郊野，還有天上一輪明月。到哪裡去呢？到天府去，準會遭眾神嗤笑，說她背離了丈夫，還是到月宮裡去吧。

哪知道她剛剛飛臨月宮，氣喘未定，就覺得異樣，脊梁骨不住地往下縮，肚子和腰身卻盡量往外膨脹，嘴巴在變寬，眼睛在變大，脖子和肩膀擠在一起，周身皮膚上長出銅錢樣的疙瘩來。她吃驚地大叫，聲音即已瘖啞；她想狂奔，只能蹲在地上遲緩地跳一跳。原來這個超群絕世的美貌仙子，只因為一念之錯，變成了一個最醜陋可憎的癩蛤蟆了。

講述人：袁珩，五十八歲，河南省濮陽縣城關鎮小學教師

採錄人：郭晉光

採錄時間：一九八九年十二月十一日

流傳地區：河南省濮陽縣

吳剛的傳說

天上人間別看相差甚遠，其實善惡美醜大致相同。不信，你聽聽吳剛的故事吧。

據說吳剛本是玉皇大帝女兒的仙師。在仙宮除了教授仙女們無窮的奧妙，還兼管編寫天書。一有空他就藉著星輝編呀寫呀，天文地理、陰陽干支、六行八道、三教九流，什麼內容都編了進去。當他寫到《農事蠶桑》一章，他對人間產生了興趣。這時，七仙女下凡，被召回天宮，他就私下向七仙女打聽人間的情況。七仙女對他述說了凡塵的美景，山清水秀，桃紅柳綠、男耕女織、夫妻恩愛……吳剛聽得入了迷，他想：「天宮的清規戒律多如牛毛，哪有人間歡樂。」於是，便向玉帝呈上條陳，藉口去重霄雲漢遊學，卻從天經閣中盜出一卷天書，偷偷離開天宮，來到人間。

吳剛來到人間，與一個名叫麗娥的姑娘結了婚。夫妻二人住在山清水秀的江南，春耕秋收，生活十分甜蜜。吳剛利用農事空閒翻看天書，製作農具，培育良種，四下傳播，很快使江南富裕起來，人們提起吳剛沒有不誇獎的。中國東南古代之所以多稱吳或吳越，就是對吳剛的懷念或敬重。後因太白李金星，入天經閣翻閱天書，發現少了一卷，三追兩查，吳剛的祕密弄破，玉帝發怒，令南天門武士擂響召仙鼓尋拿吳剛問事。

召仙鼓是很厲害的，各路神仙只要聽到它的響聲，哪怕在九霄雲外，

也得迅速返回天宮，各入本位，否則，就要化為灰土隨風飄去。在人間的吳剛正在製作飛翔降雨器，聽見召仙鼓響，頓時驚慌失措，周身絞疼。當他看到妻子麗娥已有身孕，離愁別恨一齊湧上心頭，更是悲痛萬分。又一聲鼓響，不可久待，他只好向麗娥吐露真情：自己本是從天宮中來，還要回天宮中去。然後，悽愴地唱著：「來之緩兮去之速，戀塵寰兮慟肺腑。灑淚別兮情不斷，空渺渺兮永回顧。」隨著召仙鼓三響，飄然昇天。

靈霄寶殿，神仙濟濟，玉帝威嚴地端坐在上。這時，太白金星啟奏：「吳剛仙師歸天，請聖主發落。」「傳吳剛上殿！」階下一齊呼喊：「吳剛上殿！」吳剛自知觸犯天條，進了靈霄寶殿，匍匐在地，聽從發落。

玉帝盛怒，厲聲喝斥道：「好你吳剛，冒犯仙規，盜去天書，偷下凡塵，與民通婚，若不刑戮，何法他家。喳！推吳剛於斬仙臺處之！」太白金星是玉帝的謀士，聞聽要斬吳剛，倒抽一口涼氣，近前半步，為吳剛求情：「聖主三思，吳剛仙師教授有功，斬他不妥，日後仙館誰來掌道，天書誰再編寫？」玉帝一想，對呀，斬了吳剛，女兒們還向誰求教呢？便問李金星道：「依卿之見呢？」李金星迴稟道：「不如罰他苦役，令他去砍月中桂樹，桂樹砍倒，他的罪孽也就免了。那時，再宣他回殿就職，豈不為好？」玉帝恩准，吳剛拜辭而去。

吳剛到了月宮，抬頭一看，只見桂樹盤根錯節，數圍之粗，高有丈餘。他想：砍倒這桂樹，大料也用不了多少日子。便掄起長斧，「砰喳」、「砰喳」，一下下砍起來。這響聲驚動了月宮中的嫦娥。嫦娥本來是人間后羿的妻子，因偷吃仙藥而昇天。玉帝容她不得，便令她去守月宮。

嫦娥到了月宮，一片冷冷清清，除了餵養的一隻玉兔，再無伴侶，終日形影孤單，甚是淒涼。這時忽然聽到砍伐桂樹的聲音，她輕舒廣袖，走出廣寒宮一瞧，認出是仙師吳剛，很為驚奇，便上前問道：「仙師因何事在此伐樹？」吳剛說明原委。嫦娥眉頭一皺，若有所思，慌忙從廣寒宮裡捧出桂花酒來，獻給吳剛，說：「仙師伐樹辛苦，請喝幾杯桂花酒，消愁解乏吧。」吳剛也不推辭，連飲幾杯，飲後繼續伐樹。

嫦娥說：「吳仙師可以歇息片刻，我們談談心好嗎？」吳剛一心想砍倒桂樹，好早回天宮，哪有心思閒聊，搖頭不應。原來，嫦娥是個多情女子，她看吳剛英俊魁梧，自知回不了人間，對他已有愛慕之心。因此每天都捧出桂花酒，獻給吳剛，百般殷勤。但是，吳剛心想人間的妻子，對嫦娥卻視而不見，漠然處之。

一天，嫦娥實在忍不住了，便對吳剛吐出心腹之言：「吳仙師，難道人間的七情六慾，您都忘乾淨了嗎？」吳剛眉頭皺了幾皺，愛理不理地回了半句：「沒忘。」嫦娥盈盈一笑，獻媚道：「既然這樣，我回不了人間，你也去不了塵世，咱倆可謂天涯淪落人，結為絲羅，豈不為美？」吳剛一聽，頓時臉上變色，憤憤道：「想當初妳與后羿是多麼好的一對，羿射九日，為民除害，天下敬仰。妳不該偷吃長生藥，捨棄丈夫，昇天成仙，自尋寂寞。今又胡言亂語，我吳剛乃堂堂仙師，仁義之人，哪能與妳這忘恩負義的婦人成婚，何況人間還有我的妻子日夜盼著我重返人間呢！我永遠不會背棄她。」一番話說得嫦娥面紅耳赤，無言對答，又羞又愧，悻悻而去。吳剛卻「砰喳砰喳」伐他的桂樹，以求早日解脫他的罪債。

嫦娥求愛受辱，頓生毒計。她取出一粒仙丹，化成明水，趁吳剛睏盹休息之際，偷偷噴灑在桂樹上。吳剛醒來一看，十分吃驚，原來砍伐的豁口，全都平復。他不知道是怎麼回事，但並不灰心，繼續掄起大斧，砍呀，砍呀，可是一斧砍下去，剛抽出斧刃，開口就馬上癒合在一起了。他擦一把汗水，又繼續砍下去……

所以，直到今天，我們在人間還可以清楚地看到吳剛在月宮砍伐桂樹的身影。有時月光為什麼那樣柔和，原來是吳剛在窺視地上他心愛的妻子麗娥呢。

講述人：劉繼龍，男，三十五歲，漢族，國中畢業，河南省開封縣政府招待所工人

採錄整理：文戈，男，四十八歲，漢族，專科畢業，河南省開封郊區廣播站幹部

採錄時間：一九八三年二月

射日除害

從前，天上有十個太陽，輪流值班。可是，有一天，十個太陽一齊出來了，晒得地面寸草不生。在東面的大海洋裡，有一條很長很長的龍。這條龍高興或生氣時，就會在海洋裡翻騰吼叫，那波濤把海附近的村莊吞沒了，那吼聲震得地面都裂了口。這十日和這條龍，折磨得人無法再生存下去了。在一個村莊裡，有一個叫「青龍」的人，他不僅是個射箭能手，還是個殺虎斬龍的神手呢。他看到那十日和長龍把人類折磨得無法生存，便下了決心：「我寧可自己死了，也要挽救人類。」

一天，青龍爬上一座山的頂端，勸十個太陽說：「你們快回去吧，該誰值日誰就出來，你們這樣一起出來，大地上的一切都會絕滅的。」那十個太陽正在快樂地張望著大地，聽到有人喊它們，扭過頭一看，哈哈大笑起來。青龍說：「不要笑了，趕快回去，要不我可要射死你們了。」十個太陽止住了笑，輕蔑地說：「你，一個小小的人，敢來阻擋我們。我們是玉皇大帝的兒子，你管得著我們嗎？」青龍聽了，生氣了，邊拉弓邊說：「既然你們不聽我的勸告，那就得死在我的手中。」說罷，他張弓射箭，「呼」的一聲，射出一支箭。「啊——」，一個太陽被射中了，只聽它叫了一聲，身上的火不見了，一個圓東西落在了地上。

接著青龍又射出了第二支、第三支……當青龍正要射第十個太陽時，忽然傳來喊聲：「停一停，停一停。」青龍聽見喊聲，便放下弓箭，低頭望去，只見一個農夫氣喘吁吁地向他跑來。他連忙迎上去，問道：「老伯伯，你喊什麼呢？」農夫對他說：「這個太陽就留下它吧！」「怎麼，它們這樣害人類，不該把它們都射掉嗎？」青龍不知道為什麼要留它，就問農夫。

農夫耐心地對青龍說：「地球上的光明與溫暖都是太陽送來的，如果你把它們都射掉，地球上到處黑暗，人類、生物怎樣生存呢？」青龍聽了覺得有道理，便對那個早已嚇得魂不附體的太陽下命令：「饒了你，以後你自己天天得來值班。」那個太陽聽了，連忙答道：「是，是。」以後，那個太陽每天從東方升起，從西方落下。

太陽被制服了，青龍決定去斬河裡的那條長龍。他帶了一把鋒利的寶劍來到海邊，對著大海大聲喊：「喂，長龍，你如果再來人間做壞事，我可不饒你。」那條長龍正在吃飯，忽聽有人說要殺牠，氣極了，怒氣沖沖地奔出海面。牠看見是一個人，哈哈大笑後說：「你這小人兒，我還沒吃飽哩，你自己送上門來了。好，今天就拿你做一頓美餐吧。」那條長龍吼叫一聲，張開大嘴，撲向青龍。

青龍早已有了防備，猛地一閃，閃到了龍的一邊，隨即舉起了閃閃發光的寶劍，狠狠地刺向長龍。長龍見勢不妙，掉頭撲向青龍，青龍又把身子一蹲，躲了過去。趁這機會，青龍又舉起寶劍刺了長龍一下，立刻，一股鮮血從那條長龍的腹部流了出來。這下可把那條長龍氣壞了。

牠大吼一聲，張牙舞爪地向青龍撲來。他又一次舉起了寶劍，扎進那條長龍的喉嚨。長龍「啊」地慘叫了一聲。接著，青龍舉起寶劍，使盡平生氣力向那條長龍斬去，「喀嚓」一聲，那條長龍被一刀斬成兩段。

青龍射日除害的故事就是這樣的。

講述人：劉江沛的祖父

採錄人：劉江沛，男，十八歲，河南省舞陽縣北舞渡左溝學校國中學生

採錄時間：一九八九年四月十二日

採錄地點：河南省舞陽縣北舞渡左溝學校

大江南北，關於堯舜時代的神話傳說如繁星閃閃。有的突出堯王訪問賢能，有的突出大舜孝順父母、敬愛天下，都是在為天下做出道德表率。

這些神話傳說以后羿射日為轉折點，形成完整的文化敘事，昭示天下治理的理想。

相比而言，堯舜身先天下的意義倒是越來越淡化了，這大概是中國社會注重情感的原因。

中華文明是在社會歷史發展中不斷累積所形成的，在人類文明中，不斷形成創造性的轉化與創新性的發展，從而構成東方的文明曙光這一神聖奇蹟，這是中華民族對人類和平與發展的重要貢獻。

八大神話時代的解讀，重構神話在歷史與信仰中的影響：

將神話置於多學科視角，融匯史學、文學與人類學觀點，強調其歷史化與文化基因的意義

作　　者：高有鵬
發 行 人：黃振庭
出 版 者：複刻文化事業有限公司
發 行 者：崧燁文化事業有限公司
E-mail：sonbookservice@gmail.com
粉 絲 頁：https://www.facebook.com/sonbookss/
網　　址：https://sonbook.net/
地　　址：台北市中正區重慶南路一段 61 號 8 樓
8F., No.61, Sec. 1, Chongqing S. Rd., Zhongzheng Dist., Taipei City 100, Taiwan
電　　話：(02)2370-3310
傳　　真：(02)2388-1990
印　　刷：京峯數位服務有限公司
律師顧問：廣華律師事務所 張珮琦律師

定　　價：580 元
發行日期：2025 年 04 月第一版
◎本書以 POD 印製

國家圖書館出版品預行編目資料

八大神話時代的解讀，重構神話在歷史與信仰中的影響：將神話置於多學科視角，融匯史學、文學與人類學觀點，強調其歷史化與文化基因的意義 / 高有鵬 著 . -- 第一版 . -- 臺北市：複刻文化事業有限公司，2025.04
面；　公分
POD 版
ISBN 978-626-428-120-1(平裝)
1.CST: 中國神話 2.CST: 民間文學 3.CST: 文學評論
282　　　　114004420

電子書購買

爽讀 APP

臉書